REFLEXÕES SOBRE AUTONOMIA FEMININA DA EVA PRIMORDIAL AOS DIAS ATUAIS

Editora Appris Ltda.
1.ª Edição - Copyright© 2023 da autora
Direitos de Edição Reservados à Editora Appris Ltda.

Nenhuma parte desta obra poderá ser utilizada indevidamente, sem estar de acordo com a Lei nº 9.610/98. Se incorreções forem encontradas, serão de exclusiva responsabilidade de seus organizadores. Foi realizado o Depósito Legal na Fundação Biblioteca Nacional, de acordo com as Leis nos 10.994, de 14/12/2004, e 12.192, de 14/01/2010.

Catalogação na Fonte
Elaborado por: Josefina A. S. Guedes
Bibliotecária CRB 9/870

L888r 2023	Louly, Erotides Alves de Araújo Reflexões sobre autonomia feminina da Eva primordial aos dias atuais / Erotides Alves de Araújo Louly. – 1. ed. – Curitiba : Appris, 2023. 386 p. ; 23 cm. Inclui referências. ISBN 978-65-250-5376-9 1. Mulheres. 2. Feminilidade. 3. Religião. 4. Patriarcado. 5. Educação. 6. Trabalho. 7. Autonomia. I. Título. CDD – 305.43

Appris
editora

Editora e Livraria Appris Ltda.
Av. Manoel Ribas, 2265 – Mercês
Curitiba/PR – CEP: 80810-002
Tel. (41) 3156 - 4731
www.editoraappris.com.br

Printed in Brazil
Impresso no Brasil

Erotides Alves de Araújo Louly

REFLEXÕES SOBRE AUTONOMIA FEMININA DA EVA PRIMORDIAL AOS DIAS ATUAIS

FICHA TÉCNICA

EDITORIAL
Augusto Coelho
Sara C. de Andrade Coelho

COMITÊ EDITORIAL
Marli Caetano
Andréa Barbosa Gouveia (UFPR)
Jacques de Lima Ferreira (UP)
Marilda Aparecida Behrens (PUCPR)
Ana El Achkar (UNIVERSO/RJ)
Conrado Moreira Mendes (PUC-MG)
Eliete Correia dos Santos (UEPB)
Fabiano Santos (UERJ/IESP)
Francinete Fernandes de Sousa (UEPB)
Francisco Carlos Duarte (PUCPR)
Francisco de Assis (Fiam-Faam, SP, Brasil)
Juliana Reichert Assunção Tonelli (UEL)
Maria Aparecida Barbosa (USP)
Maria Helena Zamora (PUC-Rio)
Maria Margarida de Andrade (Umack)
Roque Ismael da Costa Güllich (UFFS)
Toni Reis (UFPR)
Valdomiro de Oliveira (UFPR)
Valério Brusamolin (IFPR)

SUPERVISOR DA PRODUÇÃO
Renata Cristina Lopes Miccelli

ASSESSORIA EDITORIAL
Bruna Holmen

REVISÃO
Ana Lúcia Wehr

PRODUÇÃO EDITORIAL
Bruna Holmen

DIAGRAMAÇÃO
Andrezza Libel

CAPA
Sheila Alves

Este livro começa com uma crônica bem-humorada de Luís Fernando Veríssimo, perpassada de leveza, mesmo em se tratando de um tema espinhoso. Entretanto, o título poderia ser outro, por exemplo, MULHERES. Em tempo: as mulheres não precisam ser salvas. Somente elas podem e devem cuidar de si mesmas. Mas com a participação masculina fica muito mais interessante!

SALVEM AS MULHERES

O desrespeito à natureza tem afetado a sobrevivência de vários seres e entre os mais ameaçados está a fêmea da espécie humana. Tenho apenas um exemplar em casa, que mantenho com muito zelo e dedicação, mas na verdade acredito que é ela quem me mantém. Portanto, por uma questão de autossobrevivência, lanço a campanha "salvem as mulheres!".

Tomem aqui os meus poucos conhecimentos em fisiologia da feminidade a fim de que preservemos os raros e preciosos exemplares que ainda restam:

1. Habitat

Mulher não pode ser mantida em cativeiro. Se for engaiolada, fugirá ou morrerá por dentro. Não há corrente que as prenda e as que se submetem à jaula perdem o seu DNA. Você jamais terá a posse de uma mulher, o que vai prendê-la a você é uma linha frágil que precisa ser reforçada diariamente.

2. Alimentação correta

Ninguém vive de vento. Mulher vive de carinho. Dê-lhe em abundância. É coisa (vinda) de homem, sim, e se ela não receber de você vai pegar de outro. Beijos matinais e um "eu te amo" no café da manhã as mantém viçosas e perfumadas durante todo o dia. Um abraço diário é como a água para as samambaias. Não a deixe desidratar. Pelo menos uma vez por mês é necessário, senão obrigatório, servir um prato especial.

3. Flores

Também fazem parte de seu cardápio – mulher que não recebe flores murcha rapidamente e adquire traços masculinos como rispidez e brutalidade.

4. Respeite a natureza

Você não suporta TPM? Case-se com um homem. Mulheres menstruam, choram por nada, gostam de falar do próprio dia, discutir a relação... Se quiser viver com uma mulher, prepare-se para isso.

5. Não tolha sua vaidade

É da mulher hidratar as mechas, pintar as unhas, passar batom, gastar o dia inteiro no salão de beleza, colecionar brincos, comprar muitos sapatos, ficar horas escolhendo roupas no shopping. Entenda tudo isso e apoie.

6. *Cérebro feminino não é um mito*

Por insegurança a maioria dos homens prefere não acreditar na existência do cérebro feminino. Por isso, procuram aquelas que fingem não possuí-lo (e algumas realmente o aposentaram!). Então, aguente mais essa: mulher sem cérebro não é mulher, mas um mero objeto de decoração.

Se você se cansou de colecionar bibelôs, tente se relacionar com uma mulher. Algumas vão lhe mostrar que têm mais massa cinzenta do que você. Não fuja dessas, aprenda com elas e cresça. E não se preocupe, ao contrário do que ocorre com os homens, a inteligência não funciona como repelente para as mulheres.

7. *Não faça sombra sobre ela*

Se você quiser ser um grande homem tenha uma mulher ao seu lado, nunca atrás. Assim, quando ela brilhar, você vai pegar um bronzeado. Porém, se ela estiver atrás, você vai levar um pé-na-bunda.

Aceite: mulheres também têm luz própria e não dependem de nós para brilhar. O homem sábio alimenta os potenciais da parceira e os utiliza para motivar os próprios. Ele sabe que, preservando e cultivando a mulher, estará salvando a si mesmo.

Fonte: https//www.aldeianago.com.br/artigos/8/2058.

SER MULHER

Ser mulher é manter a forma.
Olha a saia!
Olha os modos!
Meninas não sobem em árvores,
Não soltam pipas,
Não jogam futebol, nem bolinhas de gude.
Brigar então, nem pensar!
Meninas brincam de bonecas
E aprendem logo cedo
A dizer sim.
Olha as rugas!
Pois, como dizia o poeta,
"Beleza é fundamental".
Para em conformidade estar,
Submetem-se ao padrão convencional
De mulher ideal.
Sim... Sim... Sim... E,
Não! Mulher é têmpera forte,
Que vai à luta,
Contra o mito do sexo frágil, dependente,
                        demente.
É liga que se liga no que faz e sente
É gente!
Capaz de amar e até brigar.
Tudo femininamente...

(Poesia de Adelaide Ribeiro Jordão, publicada na seção Tantas Palavras, Correio Braziliense, 18.03.2011).

Do cuidado das mulheres depende a primeira educação dos homens; das mulheres dependem também seus costumes, suas paixões, seus gostos, sua própria felicidade. Assim, toda a educação das mulheres deve ser relativa aos homens. Agradar-lhes, ser-lhes útil, fazer-se amar e honrar por eles; educá-los quando jovens, cuidar deles quando grandes, aconselhá-los, consolá-los, tornar suas vidas agradáveis e doces: eis os deveres das mulheres em todos os tempos e o que lhes deve ser ensinado desde a infância.

(Jean-Jacques Rousseau; Emílio, ou da Educação, 2014, p. 527)

AGRADECIMENTOS

À Joana Paula e Esmeralda Louly, mulheres fortes, determinadas, exemplos de vida.

À Noêmia Maria da Silva, Lindaura Rocha e Inaí Portela de Ávila, professoras do curso primário. Ensinaram as primeiras letras, descortinando o mundo do conhecimento. Saber ler e escrever é a maior oportunidade que alguém pode receber na vida.

Aos filhos, Eloara e Alessandro, e aos netos, Samantha e Francisco, que trouxeram mais cor, afeto e sabor à minha vida.

A José Ailton Alves Louly, o único amor.

Aos irmãos e irmãs, pelo privilégio de compartilhar a fraternidade nesta existência:

Orlandino, mostrando caminhos;

Estevam, a honestidade inconteste;

Waldyr, o "bala", adoçando nossa infância difícil;

Helena, a sábia;

Sebastião, o filósofo das conversas repassadas de humor e sabedoria;

Orides, a mais bonita e a mais amorosa;

Oscar, a bondade em pessoa;

Inês, a do humor leve e sutil e das trocas de ideias para o livro.

À Paula Müller, Cecília Mendes, Maria de Fátima Santos, Maria Jane Sales, melhores amigas.

AOS COLABORADORES

Orides Fonseca, Irney Aparecida F. A. Vencio e Daiane Rossa, revisoras;

Laurentino Afonso, Rodrigo Dutra Araújo e Caroline Espínola, analistas de conteúdo;

Gustavo Martins Carvalho, suporte em informática;

Gisele Krahenhöfer, responsável pelo Cosmograma do Holociclo. No seu trabalho diário, separava matérias; no convívio, trocava ideias, dando valiosas sugestões;

Holociclo/Holoteca e seus mantenedores. Holociclo/Holoteca são parte integrante do complexo pesquisístico do Centro de Altos Estudos da

Conscienciologia (CEAEC – www.ceaec.org), em Foz do Iguaçu/PR. Abriga um acervo de 7.428 dicionários em várias línguas, 608.781 recortes de jornais e periódicos (Cosmograma), além de milhares de livros e enciclopédias (base 2019). Grande parte deste livro foi pesquisada no acervo daquela extraordinária biblioteca.

PREFÁCIO

A engenhosa obra *Reflexões sobre autonomia feminina: da Eva primordial aos dias atuais,* da autora Erotides Alves de Araujo Louly, me proporcionou reflexões profundas sobre o papel da mulher na sociedade atual a partir dos movimentos históricos da humanidade. E o pensamento levou-me, por vezes, às inúmeras mulheres que foram vistas como *Evas.* Por que tantas não conseguiram libertar-se desse estereótipo social? Por que o *complexo de Eva* ainda hoje interfere no cotidiano das mulheres? Essas questões ficam mais fáceis de serem respondidas após a leitura do livro.

É fascinante a análise realizada na obra sobre a sociedade perceber *a primeira mulher (Eva) como modelo representativo de todas as mulheres.* Essa percepção social marca profundamente a construção da identidade feminina no processo de interação sobretudo com os homens, vincando a influência do cristianismo em conceitos seculares e identificando no modelo social imposto *a Eva que a mulher é e a Maria que ela deveria ser.* Esse imaginário sociorreligioso contribuiu para naturalizar a submissão e a obediência das mulheres aos homens, fazendo com que esse modelo de convivência seja aceito socialmente e incorporado por grande parte da sociedade.

O livro apresenta o cenário histórico do patriarcado laico e clerical e dos seus mecanismos milenares, raízes do papel que a mulher carrega dentro do sistema social, político, econômico e religioso. Isso mostra como esse processo milenar contaminou as relações entre homens e mulheres ao longo dos séculos, tornando-as não saudáveis, deixando impactos negativos na sociedade.

Este trabalho sobre a história das mulheres baseia-se nas relações de gênero, na influência do patriarcado e aponta as conquistas alcançadas. Busca discutir, analisar e refletir sobre esse tema ao modo de um campo definível dentro da historiografia humana, apresentando-a como temática ainda em desenvolvimento.

Percebe-se como as mulheres precisaram "lutar" para ganhar algum espaço e deixar a sua marca ao longo da história. Mesmo com tantas conquistas, sabemos que ainda temos muito a buscar e muitos problemas a resolver no âmbito de questões relacionadas à sexualidade e à violência; questões relativas ao autoritarismo masculino e feminino, à desigualdade salarial em relação aos homens, entre outras pautas. Ainda há muito a fazer para concretizar a ideia de igualdade relativa entre homens e mulheres. E você, leitor/leitora, o que está fazendo para eliminar as relações jurídicas injustamente assimétricas?

De maneira inteligente, o livro mostra como a sociedade enxerga a mulher, percebendo-a muitas vezes como inferior ao homem. Essa forma de olhar gera impactos e desequilíbrios de direitos entre homens e mulheres. Se ambos fazem parte da mesma sociedade, eles têm direito às mesmas oportunidades nos campos econômico, político, cultural e educacional. Mas que o façam dentro de uma certa harmonia, sob pena de formar-se um círculo vicioso, atribuindo o papel de submissão às mulheres e o de dominação aos homens, prejudicial a todos. Se as mulheres contribuem ativamente para o desenvolvimento da sociedade, permanecer nessa desigualdade é alimentar um mecanismo antievolutivo no contexto atual, contribuindo para não pacificar a humanidade. Como nos mostra a leitura do livro, esses comportamentos são muito antigos e replicados de geração em geração, de forma automatizada, sem analisar e refletir sobre as consequências negativas e os prejuízos que impactam a vida de homens e mulheres.

Este livro é também uma fonte para quem deseja pesquisar, conhecer e compreender a temática do feminino na sociedade.

O leitor encontrará ao longo de suas páginas uma das características mais notáveis do trabalho desenvolvido pela autora: sua sensibilidade ao elucidar informações históricas *da e sobre* a mulher, assim como sua experiência lúcida com o tema, tendo um conhecimento vasto de relatos relevantes sobre a questão da estigmatização feminina, trazendo o contexto histórico da interpretação do papel da mulher sob a perspectiva social e religiosa até os dias atuais, enfatizando as conquistas na área da autonomia feminina.

Sinto-me honrada em escrever este prefácio, pois com a leitura do livro passei a admirar ainda mais a capacidade intelectual da autora e a entender como transformou sua experiência de vida em uma linha de pesquisa esclarecedora do complexo contexto social da mulher, mostrando o quanto podemos ressignificar hábitos, preconceitos e conflitos para empreender as mudanças necessárias nesse cenário anacrônico que trava a vida de muitos homens e mulheres.

Cada palavra escrita, cada pesquisa realizada e cada citação colocada nesta obra contribuem para ampliar o conhecimento de homens e mulheres, visando ultrapassar as dificuldades que levam à estagnação no estereótipo da inferioridade feminina em contraposição ao da superioridade masculina, impedindo o desenvolvimento das identidades reais de homens e mulheres em sua plenitude.

É importante ressaltar que qualquer mudança começa nas ideias e se concretiza em ações. Este livro pode ajudar você!

Caroline Cavalcante Espínola

Formada em Direito com mestrado em Direitos Humanos. Professora universitária; consultora em Direitos Humanos com formação em mediação de conflitos; instrutora e facilitadora da Justiça Restauradora; autora do livro Dos Direitos Humanos das Mulheres à efetividade da lei Maria da Penha. Fundadora do Instituto Empatia e Rede Aragonitas

APRESENTAÇÃO I

Aos 9 anos de idade, mudei de uma periferia para outra, em cidade do interior de Minas Gerais. Fui morar numa rua contígua à "zona". A curiosidade foi aguçada ao ouvir zona de meretrício e, na boca do povo, "puxa-faca". Acabei perguntando à minha mãe. Ela disse ser um lugar onde homens iam encontrar "mulheres da vida" para beber e farrear; mulheres honestas não deveriam nem passar naquela rua. Apesar da resposta, continuei curiosa. Juntando pedaços de conversas aqui e ali, cheguei à conclusão de que essas mulheres não eram boas, cometiam pecado, destruíam famílias, e a cidade as desprezava. Morei naquela rua uns três anos e à noite, de vez em quando, ouvia tiros. "Puxa-faca", tão sugestivo, só dava para imaginar.

Foi o primeiro contato com o universo feminino transgressor.

Cursei Psicologia na Universidade de Brasília (UnB), entre 1970 e 1974. E ouvia a ala masculina da universidade comentar as "farras" nos prostíbulos do Km 7 da rodovia Brasília/Belo Horizonte (hoje BR 040); das "meninas novinhas" que "caíam na vida", por motivos os mais diversos, entre eles, a pobreza atrelada ao não acesso à educação. Com naturalidade, eles comentavam a disputa dos frequentadores por essas meninas, cuja virgindade era leiloada pelo cafetão. Pela primeira vez, senti repulsa pelos homens e percebi a agudeza da condição feminina, a ponto de meninas mal saídas da infância serem disputadas ao modo de leilão de gado em curral.

Decidi fazer o trabalho de final de curso indo aos prostíbulos do Km 7, para ouvir as histórias das meninas e mulheres daquele universo. O trabalho deveria ser feito em dupla, e nenhum dos colegas rapazes, conhecedores do lugar, quis trabalhar comigo. Não havia interessados no tema, e fui fortemente dissuadida. Eu não devia ir a prostíbulo, ainda mais os do Km 7, onde tiro e facada constavam da rotina. O Km 7 era outro nome para o "puxa-faca" da minha infância.

Foi a primeira trombada com o universo feminino: aquele em que a mulher é objeto de uso e abuso masculino; em que a posição de poder não permite escolha, nem consentimento.

É grande o desconforto, sentindo-me relativamente protegida, saber que centenas, milhares de meninas e mulheres experimentam a sanha predatória de homens de todas as idades, condições sociais, culturais e até afetivas. Estão aí os ataques, os molestamentos, os estupros de crianças, de meninas púberes, de adolescentes, de jovens, de mulheres maduras e de velhas de 60 a 100 anos. Não é invenção. É estatística. É assunto diário da mídia.

A segunda trombada com o universo feminino ocorreu quando meu casamento, uma experiência gratificante de 30 anos, começou a desmoronar. Semelhantemente a outros casais, ambos trabalhamos muito, criamos a família e construímos um patrimônio. Foi quando comecei a planejar uma vida diferente para nós: viver melhor, viajando mais e cuidando mais um do outro. Estava iludida. Ele caminhava, sutilmente, em outra direção. Fiquei atordoada. Toda a minha compreensão da vida e dos relacionamentos foi colocada à prova. Fiquei com a sensação de ter fracassado. Eu, supostamente bem-resolvida, segura e inteligente, não percebi o desgaste no relacionamento. Então, fui buscar respostas. Queria entender o que aconteceu para virar minha vida do avesso e meu mundo de pernas para o ar. As pesquisas e reflexões acerca do universo feminino, as questões da subserviência, das dependências econômica, social e emocional, o mito da inferioridade feminina e as forças religiosas, sociais e culturais de todos os tipos que sufocam a mulher e calam a sua voz são objeto desta obra.

Desde 2010, estudo o tema e a conclusão é que a educação e o trabalho se apresentam como os principais pilares para o resgate do ser feminino original que nos habita e apontar o caminho da autonomia.

Você deve estar curioso(a) sobre o final desta história aparentemente banal que acontece às centenas, todos os dias. Então, lá vai: comecei a estudar o tema porque estava desnorteada diante de uma dura realidade. O homem que amava estava começando um relacionamento com outra pessoa. Fiquei com vergonha de contar à família e aos amigos. Procurei ajuda profissional porque vivia a estranha sensação de não ser nada, não ser ninguém, se ele não estivesse ao meu lado atestando o meu valor. É o nome que se dá para dependência emocional e correlatos. A pesquisa ajudou a entender os mecanismos que levam a mulher às múltiplas dependências; a terapia me deu suporte para ressignificar todos os aspectos emocionais envolvidos no divórcio e seus desdobramentos; também me ajudou a entender que, num relacionamento, cada membro do par tem responsabilidade no êxito ou fracasso da empreitada. Só então foi possível ir desbastando a mágoa, o ressentimento, a raiva e o desejo de vingança, dando lugar à pacificação íntima que é o que realmente interessa e faz a diferença em nossas vidas.

APRESENTAÇÃO II

- Nesta obra, não há juízo de valor a respeito de quaisquer conteúdos. Apresenta ideias e fatos baseados em bibliografia.

- É possível o leitor perceber alusão à temática já contemplada em outro capítulo. Por ser um tema transversal, o imbricamento de ideias irá ocorrer naturalmente.

- O texto grafa H (homem) e M (mulher).

- Do ponto de vista da religião, o estudo e a reflexão sobre autonomia feminina fundamentam-se nas religiões monoteístas, base da cultura ocidental.

- Ao longo do texto, aparecem resumos de notícias publicadas em jornais e periódicos. O objetivo é mostrar que aquele conteúdo não é algo distanciado no passado, mas uma realidade que se impõe.

Este livro se propõe a descerrar, mesmo parcialmente, o véu que encobre os mecanismos da milenar subserviência da mulher ao homem. Faz um recorte incompleto da história feminina inserida nesta jornada. *O objetivo é informar e esclarecer.* Não é apresentar a mulher como vítima, mesmo reconhecendo que atrocidades de todos os tipos foram e ainda são perpetradas contra elas. Conhecendo o passado é possível fazer outras escolhas e trilhar novos caminhos. É fascinante observar o esforço e as estratégias das mulheres ao longo dos séculos, desejando participar da vida por inteiro, numa incessante busca de liberdade e de autonomia.

Toda reflexão acerca de fatos significativos da humanidade, por mais geral que seja, estará associada a um contexto histórico. A socialização, a modelagem de comportamentos e a escolarização operam dentro do sistema social, político, religioso e econômico de determinada sociedade, a qual apoia e reproduz o sistema. Assim sendo, a premissa da inferioridade feminina e superioridade masculina vai direcionar a socialização e a educação de meninos e meninas dentro desse parâmetro; vai contaminar a relação entre homens e mulheres em todos os níveis. Vai afetar inclusive a experiência religiosa. A premissa da inferioridade vai inviabilizar o progresso feminino, particularmente no que diz respeito à autonomia, que é uma aspiração de todo ser pensante.

Por que Eva?

No patriarcado, na religião e no senso comum, a Eva primordial é a representação mais forte do feminino transgressor e ambivalente. Desdobra-se em duas vertentes: a Eva-arquétipo carrega a experiência de todas as M em todas as eras; é também a portadora das ambiguidades. Integrante vigorosa da psique, conserva e atualiza a feminilidade em cada M, conforme a singularidade de cada qual. A Eva-mito, criada e mantida pela religião, tem de particular o fato de introduzir um elemento novo à condição da inferioridade feminina, pressuposto já consolidado no patriarcado laico. Esse elemento novo é o Mal ao modo de característica intrínseca da mulher. Naturalmente o Mal é o portador do funesto; ele porta a destruição do que é bom e do que prospera em harmonia e deve ser neutralizado. O mito de Eva carrega forte premissa que se contrapõe ao tipo de transcendência ligada a Deus e ao Bem por ele representado.

O postulado da inferioridade ainda permeia todas as relações, não só entre homem e mulher, mas a tudo que se referir ao feminino, a começar pela triste representação do homem das cavernas, arrastando sua companheira pelos cabelos, com o tacape ao ombro, uma criação do homem moderno, numa demonstração misógina e deselegante de poder. Um claro recado aos crédulos e crédulas de que era assim, é assim e vai continuar assim – se as mulheres permitirem.

SUMÁRIO

PARTE I
FEMININO E RELIGIÃO

CAPÍTULO I
RELIGIÃO 29

CAPÍTULO II
RELIGIÃO E FEMININO 35

CAPÍTULO III
IGREJA E SEXUALIDADE 39

CAPÍTULO IV
CELIBATO E SEXUALIDADE 49

CAPÍTULO V
FEITIÇARIA E RELIGIÃO 55

CAPÍTULO VI
INQUISIÇÃO 63

PARTE II
FEMININO E SOCIEDADE

CAPÍTULO VII
MATERNIDADE 81

CAPÍTULO VIII
CONTRACEPÇÃO E ABORTO 99

CAPÍTULO IX
ADOÇÃO, ABANDONO E INFANTICÍDIO 115

CAPÍTULO X
CASAMENTO...125

CAPÍTULO XI
DIVÓRCIO E INFIDELIDADE..153

PARTE III
FEMININO E CULTURA

CAPÍTULO XII
PATRIARCADO...169

CAPÍTULO XIII
SEXISMO E SUBMISSÃO..183

CAPÍTULO XIV
ESTEREÓTIPO...201

CAPÍTULO XV
PODER...205

CAPÍTULO XVI
VIOLÊNCIA...221

CAPÍTULO XVII
PROSTITUIÇÃO..249

CAPÍTULO XVIII
SILENCIAMENTO...265

PARTE IV
O FEMININO AO ENCONTRO DE SI MESMO

CAPÍTULO XIX
FEMINISMO...271

CAPÍTULO XX
BELEZA..283

CAPÍTULO XXI
EDUCAÇÃO 289

CAPÍTULO XXII
TRABALHO 317

CAPÍTULO XXIII
IDENTIDADE FEMININA.. 325

CAPÍTULO XXIV
AUTOCONHECIMENTO... 335

CAPÍTULO XXV
EMANCIPAÇÃO 341

CAPÍTULO XXVI
AUTONOMIA E DEPENDÊNCIA 353

FINALIZANDO 361

EPÍLOGO 365

BIBLIOGRAFIA 367

ANEXOS

ANEXO I.. 377

ANEXO II... 379

ANEXO III.. 381

PARTE I

Feminino e Religião

CAPÍTULO I

RELIGIÃO

A história de Eva

A história de Eva começa no Jardim do Éden, ou Jardim do Paraíso, à sombra da árvore 143, onde Deus trabalhava sua obra-prima. Ela conta:

Abri os olhos, ainda embaçados, um pouco de lama nas sobrancelhas. Acabara de nascer, moldada de uma costela e um tanto de barro. Abrindo-os melhor, dei com alguém adormecido, com um rombo no flanco direito, fluindo um líquido vermelho. Observei-o: era belo, perfeito, másculo. Meu coração disparou, e eu nem sabia que tinha coração. O encanto foi quebrado quando um velho de barba branca, isto é, Deus, num gesto brusco com a mão, fechou a ferida do adormecido. E, com voz muito forte, anunciou que eu fora criada da costela do próprio, para ser sua companheira. Mal sabia Deus que eu seria, além de companheira, má influência. Para o Senhor Deus, isso foi um fiasco, e ele nunca me perdoou pela desfaçatez.

O fato de ser uma parte de Adão incomodou-me de imediato. Qual o significado de ser parte de alguém? Doador e receptor terão de viver em simbiose? Compartilham poder? Naquela ocasião, eu não sabia, mas o poder é uma energia que não subsiste no vácuo. É da sua natureza ser tomada por alguém ou algo e ser direcionada.

Enquanto eu pensava, Adão me contemplava deslumbrado. E que olhar! Por certo, Deus não gostou daquela olhada. E logo foi estabelecendo limites, mínimos na aparência e máximos no conteúdo e consequências. Sua voz tonitruante quebrou nosso deslumbramento. Ouviu-se, então, que tudo foi criado em função de vós e a vosso serviço. A única restrição é que, entre as centenas de árvores, há uma que produz determinado fruto. O consumo deste fruto é a única proibição, que eu, Deus Todo-Poderoso, vos faço. Vossa desobediência será punida severamente e as consequências, gravíssimas, por todo o sempre.

Passado o susto, demo-nos as mãos e saímos para conhecer o Jardim do Éden. Após, a vida virou monotonia e tédio. Para ocupar o tempo, resolvemos conhecer, pelo nome, cada bicho, cada planta. Inevitavelmente, demos com a tal árvore: tão majestosa quanto as demais e carregada de frutos. A curiosidade, a ânsia de saber, conhecer e experimentar venceram o temor. Violei a proibição, colhi uma fruta e compartilhei-a com meu companheiro. O véu se rompeu; nós nos percebemos nus, e o Senhor Deus nos amaldiçoou para sempre. Adão se eximiu e, num ato covarde, me culpou perante Deus. Este, numa atitude sexista, abrandou a punição de Adão: tu comerás o pão com o suor do teu rosto e me condenou: darás à luz com dores e serás submissa ao teu marido, que quer dizer: seu lugar é na cozinha. Na fieira dos séculos, esse jargão será repetido pelos homens quando querem reafirmar o seu poder sobre nós, mulheres. E ainda farão pelos séculos vindouros se as mulheres de todas as idades e classes sociais, cada uma a seu turno, não tomarem posse de si mesmas por meio da educação e do estudo; não refletirem sobre a maneira como educam filhos e filhas, perpetuando a cultura machista; não refletirem sobre seu papel no mundo e a necessidade de trabalhar para gerir, elas próprias, sua vida e garantir sua autonomia. A mulher precisa entender que o homem não é sua escora, nem é seu inimigo. O maior inimigo é interno. Começou no momento em que o Senhor Deus fez a mulher da costela de um homem, eliminando, na fonte, qualquer chance *miraculosa* de autonomia. E é assim que este livro começa, pela religião.

Segundo o *Dicionário Houaiss* (2001), *religião* é o fato de se ligar com relação aos deuses. O vocábulo vem do latim, *religare.*

Diante da imensa variedade de fenômenos religiosos e das definições formuladas por teólogos e historiadores da religião, tais fenômenos podem ser resumidos tendo por base o *Dicionário de Sociologia,* de Gallino (2005):

a. Em toda religião está inserida uma ordem sobrenatural de seres, potências e valores inatingíveis através da experiência comum, mas que o crente pode alcançar sob determinadas condições [...]

b. Esta ordem sobrenatural confere significado especial à ordem social existente, à ordem natural e aos eventos e condições típicas da existência humana, fornecendo interpretação para os eventos coletivos, individuais e físicos. Por exemplo, "Tudo o que ligares na terra será ligado nos céus" [...] *Mateus* (16,19). Estas interpretações estão aptas a fazer os eventos parecerem legítimos, ou justos, ou razoáveis.

c. Os significados impostos por uma religião à ordem social e natural tendem a orientar a conduta do crente em todas as principais situações da existência e constituem o fundamento de sua moral.

d. Em torno das representações religiosas se agregam, se desenvolvem e se organizam várias formas de grupos, de associações, de normas ligadas a tipos específicos de comportamento coletivo e de movimento social. Toda religião tende a configurar-se como um sistema social e cultural unitário. Em geral, também tendem a incorporar em seus preceitos uma coleção de mitos que se destinam a fins específicos.

Harari, em *Sapiens* (2016, p. 218), resume o conceito de Gallino: a Religião pode ser definida como um sistema de normas e valores humanos que se baseia na crença em uma ordem sobre-humana. O papel histórico crucial da religião foi dar legitimidade sobre-humana a estruturas de organização social frágeis. As religiões afirmam que as leis não são resultado de capricho humano, e sim determinadas por uma autoridade suprema absoluta. Isso ajuda a tornar inquestionáveis algumas leis fundamentais, garantindo, assim, a estabilidade social.

Origem da religião

É próprio das religiões terem seu fundamento num evento extraordinário, geralmente derrogador da lógica natural das coisas, dando origem a um mito. Em *Mito e Realidade* (2002, p. 11), Mircea Eliade explica:

> *[...] a definição de mito que me parece menos imperfeita é: o mito conta uma história sagrada; ele relata um evento ocorrido no tempo primordial, o tempo fabuloso do princípio. [...] o mito narra como, graças às façanhas de Entes Sobrenaturais, uma realidade passou a existir, seja uma realidade total, o Cosmos, ou apenas um fragmento: uma ilha, uma espécie vegetal, um comportamento humano, uma instituição. Portanto, é sempre a narrativa de uma criação. O mito relata de que modo algo foi produzido e começou a ser.*

Em tempos imemoriais, o H primitivo sentiu medo diante dos mistérios da vida e do Universo. Seu medo era real e bem fundamentado: o leopardo estava bem ali; o raio, o trovão, a tempestade, a enchente, fenômenos sobre os quais não tinha nenhum controle. A forma encontrada para lidar com o medo foi criar algo maior, com poder para afastar a ameaça e dar proteção. Era a ideia fundamental de uma força superior a todas as forças, capaz de conjurar, afastar, eliminar, suprimir o perigo e sua origem. Essa ideia primitiva de Deus é válida para muita gente, ainda hoje.

Naturalmente, era necessário descobrir uma forma de criar um laço, um elo, visando a desenvolver a comunicação com aquele poder. Aos elos, laços, ritos, conjuros, fórmulas, deu-se o nome de religião, na qual a pequenez humana e a entidade superior tocam-se. Da perspectiva do H primitivo e até de alguns contemporâneos, o céu e a terra ficaram ligados por laços misteriosos, fios invisíveis e fluidos pacificadores do medo. Há indicadores de que as religiões estejam fundamentadas no medo ancestral do homem.

Interessante constatar que, em seus fundamentos, as religiões mudaram pouco ao longo das eras. O sacrifício (sacro-ofício, sagrado ofício) é a paga por graça recebida ou o pagamento antecipado por algo ou proteção a receber. Faz-se negócio com a divindade. Em termos de negócio, um avanço significativo das religiões refere-se à natureza da oblata: evoluiu do sacrifício humano para o sacrifício de animais, e hoje, exceto em tribos muito primitivas, a oferenda é em dinheiro ou bens.

Faces da religião

A religião é uma instituição de muitas faces. Para uma parcela da humanidade, ela é importante: consola, pacifica e ajuda o crente a viver melhor. A face ruim apresenta os dogmas, pressupostos inquestionáveis que cerceiam o pensamento crítico, derrogam a lógica, condenam a Ciência, mutilam direitos, escamoteiam ideias avançadas, maltratam a ética, menosprezam a inteligência, acorrentam a liberdade de pensamento. A face negra da religião é a matança impiedosa em nome de Deus e o fomento das guerras desde a Antiguidade aos tempos atuais.

Monoteísmo

Há três grandes religiões monoteístas, cada uma com seu profeta: o Judaísmo centrado em Moisés; o Cristianismo centrado na figura de Jesus Cristo e o Islamismo centrado em Maomé.

O livro sagrado do Judaísmo, a Torá, é baseada no Pentateuco. Para os judeus, é a parte mais importante do Antigo Testamento da Bíblia. Seu Deus é Javé.

Em relação ao Cristianismo, há consenso entre pesquisadores de que o fundador dessa religião não foi Jesus nem os apóstolos, mas Paulo de Tarso, erudito e doutor da lei (judaica), convertido ao Cristianismo a caminho de Damasco (Síria), no ano 36 da era cristã.

Inicialmente, o Cristianismo tinha apenas um líder morto de forma humilhante e um punhado de homens que acreditavam nele. Por isso, buscou seus fundamentos no Judaísmo, de cuja etnia Jesus e seus discípulos eram originários. A figura central do Cristianismo não deixou nada registrado; seus ensinamentos foram escritos após sua morte pelos quatro evangelistas – dentre eles, Mateus e João foram apóstolos e testemunharam feitos e ideias. Os ensinamentos de Cristo contestavam, de alguma forma, o status quo, daí sua possível condenação à morte. Mesmo havendo poucas evidências sobre o Jesus histórico, a sua passagem pela terra impactou de tal forma a História que parou a contagem do tempo para boa parte da humanidade. A partir dele, a contagem foi dividida em duas eras: antes de Cristo (a.C.) e depois de Cristo (d.C.).

O protestantismo, uma dissidência da Igreja romana, foi patrocinada pelo monge Martinho Lutero (1483-1546). Em 1517, Lutero, discordando de muitos dogmas da Igreja, radicalizou, proclamando as famosas 95 teses. Não se retratou conforme exigido pelo papa Leão X e, em 1520, foi excomungado, desaguando na Reforma. A Reforma Protestante se ateve, principalmente, a questões de doutrina e aos abusos da Igreja. Teve impacto considerável na comunidade cristã da Europa. As premissas do patriarcado, danosas à liberdade e autonomia das M, não sofreram alterações sob as asas da Reforma Protestante. O protestantismo ajudou pouco as M. Confirmou a subserviência e a não participação no espaço público e no espaço sagrado. Representou algum avanço na valorização do casamento e, em consequência, desvinculou, de algum modo, sexo e pecado, atenuando a crença na demonização feminina.

O Islamismo, cujo livro sagrado é o Alcorão, foi fundado por Maomé (1571-1632), em 1622. Ele afirma ter recebido os fundamentos da religião islâmica diretamente do Anjo Gabriel, preposto de Alá, o Deus único e todo-poderoso, tal qual no Judaísmo e Cristianismo. Na contemporaneidade, o Islamismo é a vertente religiosa mais fechada e mais antagônica à emancipação feminina e parece ser a mais coercitiva no que se refere à educação, ao trabalho, à liberdade e autonomia das M.

Javé, Deus-pai e Alá são entidades belicistas: justificam a guerra e a matança para preservar seu nome e sua glória.

A Igreja Católica Apostólica Romana, somada a outras religiões monoteístas e à cultura greco-romana, é o substrato da civilização ocidental. Essa Igreja, para criar seu *corpus* doutrinário, se baseou na primeira parte da

Bíblia, o Antigo Testamento, e depois no Novo. O primeiro livro, *Genesis,* descreve a criação do mundo, e o mito de Adão e Eva é o evento principal. A autonomia feminina, ou seu cerceamento, tem muito a ver com esse mito, porque as religiões cristãs apresentam o mesmo anacronismo doutrinário e o mesmo ranço misógino em relação a tudo que se refere ao feminino, afetando de perto a vida das M.

Transcendência

As religiões monoteístas apresentam a seus crentes uma ideia miúda de Deus, assentada na figura de uma entidade antropomórfica, com as qualidades e os defeitos de um humano comum, tal como está escrito em *Genesis* (1, 26), *então Deus disse: façamos o homem à nossa imagem e semelhança.*

A ideia genuína de Deus é mateológica, ou seja, fora do alcance da compreensão humana; reporta à transcendência, à energia primordial que criou todas as coisas e continua criando-as. É essa ideia de Deus, não compreendida, mas intuída, que conduz a humanidade no caminho do progresso em todos os seguimentos da vida humana, em todos os tempos. É essa ideia de Deus que inspirou o hominídeo a transformar, pela primeira vez, um pedaço de pedra bruta em ferramenta rudimentar, há, aproximadamente, 2,6 milhões de anos. Essa mesma ideia de Deus inspira o cientista no laboratório e sustenta a mãe ao pé do berço. Assim, cada criança que chega a este mundo tem gravado em sua alma a ideia da transcendência, algo maior que superintende a marcha do universo e aponta o caminho da evolução para cada ser vivente.

Desde o início dos tempos, geralmente, a religião é a pedra angular de qualquer grupamento humano e de qualquer civilização. A influência dessa força social impacta diretamente a vida das M, havendo um imbricamento entre a religião e o feminino.

CAPÍTULO II

RELIGIÃO E FEMININO

As cosmogonias[1] e teogonias[2] pagãs atribuem a criação do mundo a um deus e a uma deusa interagindo em harmonia. O ápice dessa criação é um filho, fruto do amor de ambos. Desta forma, materializa-se o mito da trindade: há um deus, o princípio masculino; há uma deusa, o princípio feminino, e o filho, de nascimento miraculoso que depois é sacrificado e renasce um deus para reinar em poder e glória com o pai e a mãe. Essas teogonias apresentam cada membro da trindade como ser autônomo, com personalidade própria e tarefas definidas no governo do mundo. São eventos que respeitam a lógica natural do Cosmos, portanto uma narrativa de intercomplementaridade.

A Trindade cristã, não. A Trindade cristã é uma tríade masculina, e o princípio feminino é derrogado. A derrogação do princípio feminino no processo da criação do mundo traz consequências para as M no contexto das relações com o masculino. Na criação do H, Eva se origina de uma costela; é parte de um outro. Tem-se, então, a partir do livro sagrado, dois fundamentos em que o princípio feminino autônomo está ausente: na Trindade e na criação da M. Como se não bastasse, Deus proíbe o casal adâmico de comer certo fruto, a famosa maçã do paraíso. Segundo o relato, Eva desobedeceu à ordem, instigada pelo demônio em forma de serpente. Provou o fruto e ofereceu-o ao companheiro. Não foi uma boa ideia. Deus se zangou de verdade, os amaldiçoou e os expulsou do paraíso. A história da M já começa desfavorável. A curiosidade de Eva, sua ânsia de conhecimento, não ajudou em nada lá no princípio e, mesmo hoje, século XXI, às vezes, ainda atrapalha, sob a ótica do patriarcado, naturalmente. A maldição imposta por Deus à M parece desproporcional. Em *Genesis* (3,16) está escrito: *Multiplicarei o sofrimento de teu parto: darás à luz com dores, teus desejos te impelirão para o teu marido e tu estarás sob o seu domínio.* Determinar

---

[1] *Cosmogonia*, segundo o *Dicionário Houaiss*, é o corpo de doutrinas, princípios (religiosos, míticos ou científicos) que se ocupa em explicar a origem, o princípio do universo; cosmogênese.

[2] *Teogonia*, segundo o mesmo dicionário, nas religiões politeístas, é a narração do nascimento dos deuses e a apresentação de sua genealogia. Para saber mais, acessar: Eliade (2002).

que, sob certas circunstâncias, alguém padecerá dores como algo natural e extinguir toda e qualquer possibilidade de autonomia é um assunto digno de reflexão pelas M e pelos H.

Provar a maçã teve consequências mais graves. Além de condenar Eva às dores do parto e à submissão, aquele momento introduz no mundo o conceito de pecado[3].

Eis configurada, desde a criação, uma sequência de eventos altamente desfavoráveis à condição feminina: originada de uma costela, é um ser híbrido, com a autonomia comprometida na origem; a desobediência seguida da maldição; ser a protagonista do pecado original, o primeiro pecado, a primeira falta, a primeira transgressão; a primeira tentativa de liberdade de pensamento, a primeira contestação feminina da autoridade vazia no exercício arbitrário de poder e o primeiro *não* ao poder masculino.

Anunciação

Como se sabe, a Bíblia é composta do Antigo e do Novo Testamento. O primeiro livro, *Genesis*, narra a criação do mundo por Deus, seguida da criação do H e da M e sua expulsão do paraíso. A narrativa acompanha a jornada humana, mas a humanidade não é a imagem e semelhança de Deus como Ele pretendia; foi necessário mandar os profetas para orientarem a volta ao caminho da retidão, de acordo com seus mandamentos. Prometeu também o Messias, aquele que iria redimir a humanidade de seus pecados estabelecendo uma nova era. Essa promessa solene é concretizada na vinda de Jesus, que, após sua morte, dará origem ao Cristianismo e ao Novo Testamento.

A vinda de Jesus está registrada em *Lucas* (1, 26-35). No relato, Maria, uma jovem adolescente, é casada com José, já velho, que, na época do evento, ainda não a conhecia (sexualmente). Segundo a narrativa, um anjo aparece a Maria e lhe comunica a boa notícia: ela foi escolhida para mãe do Messias, o Salvador. Com simplicidade, ela explica que ainda não conhece H. O anjo argumenta que tal não será necessário; a concepção se dará por obra do Espírito Santo. Ela não questiona. Aqui o registro bíblico recorre ao mito das teogonias pagãs quanto ao nascimento miraculoso de um filho, mas introduz um elemento feminino não participante da trindade, uma M comum, num momento muito posterior à criação, quando a humanidade tinha desviado tanto do caminho que precisava de um salvador.

---

[3] Pecado é a violação de um preceito religioso e aquele cometido por Adão e Eva no paraíso e pelo qual todo ser humano é culpado desde o nascimento. (*Dicionário Houaiss*)

No relato da concepção de Jesus, a semente do princípio masculino é implantada no ventre de Maria, ocorrendo a concepção miraculosa, virginal, sem o concurso do esperma, derrogando as leis naturais da procriação. É tão surpreendente que, ao se manifestar a gravidez, José fica perplexo e cogita abandonar Maria secretamente, como descrito em *Mateus* (1, 19-20). O anjo aparece novamente, agora para ele, explica o fato e tranquiliza José. A gravidez chega a termo, Jesus nasce, mas a mãe permanece virgem. Novamente, a narrativa recorre ao parto de certas deusas, que permanecem virgens após o evento. Para azar das mulheres, a Igreja não considera essa narrativa surreal uma alegoria; é transformada em dogma; e somada aos eventos míticos do início da criação tem consequências graves para a condição feminina.

Pecado e submissão

A Bíblia, quando fala do paraíso, enfatiza a existência da Árvore do Conhecimento do Bem e do Mal e que, após a desobediência, o casal adâmico se percebeu nu. Na sequência, a narrativa introduz o conceito de pecado original. Quando se juntam Árvore do Conhecimento, percepção da nudez, pecado original, maldição do parto com dor, remete-se obrigatoriamente à descoberta da sexualidade, o Mal, exemplarmente punido na pessoa da M. O sexo é a parte ruim do conhecimento. Por quê?

De modo literal, a Igreja interpretou e se apropriou das ideias do pecado original e da submissão imposta a Eva para criar toda uma estrutura de hierarquia religiosa e social em relação ao feminino. Quando a Igreja fez a conexão perversa entre a M, o Mal, o pecado e o sexo, conexão que veio a permear toda a sociedade ocidental, fez da M um ser muito mais abjeto que nas culturas grega e romana. A M, vista pela Igreja, é a filha da Eva maldita: merece e precisa ser dominada. Não só; também merece ser explorada, usada, espezinhada, torturada, abusada, morta. E o fez, em nome de Deus, principalmente na Inquisição, aos milhares.

A condição de inferioridade e de submissão femininas não é invenção da Igreja Católica, do Protestantismo ou do Islamismo. Intencional e espertamente, as religiões se apropriaram dos estereótipos advindos da cultura greco-romana, ajustando-os, quanto possível, ao seu próprio *ethos*, atualizando-o continuamente em desfavor das M. As religiões reforçaram, repisaram por todos os meios, a alegada inferioridade feminina até que esta se transformasse numa condição supostamente intrínseca, ainda hoje, considerada como tal, atenuadamente.

De um modo geral, as religiões, com sua força e seu poder, não só aproveitaram as leis civis, mas ainda criaram alguns penduricalhos de cunho religioso para encantoar ainda mais a M no escuro da inferioridade mais absurda e da passividade mais abjeta. Nas epístolas de Paulo, no início do Cristianismo, já aparecem a inferioridade e a submissão femininas como algo natural, determinado por Deus.

A história da criação da M é um ato de poder masculino, fazendo valer de modo contundente suas prerrogativas. A Igreja incorporou no seu *ethos* tais prerrogativas, incluindo as suas próprias. Daí nasceram a malignidade e a arte sedutiva para perder os H. Depois de 2 mil anos ainda vigoram, de forma sutil, aquelas prerrogativas. A Eva primordial ainda assombra os H e M deste tempo. Eva é o modelo emblemático, sendo quase impossível dissociar a figura feminina de Igreja e sexualidade.

CAPÍTULO III

IGREJA E SEXUALIDADE

A longeva influência da autoridade de Agostinho levou a Cristandade a submeter o material ao espiritual, a razão humana à ficção divina, a sexualidade à virgindade consagrada, o poder político ao poder religioso (LUZ, 2011, p. 321).

Segundo o *Dicionário Houaiss*, *sexo* é a conformação física, orgânica, celular, particular que permite distinguir o H da M, atribuindo-lhes um papel específico na reprodução. E *sexualidade* é a qualidade do que é sexual; conjunto de caracteres especiais, internos ou externos, determinados pelo sexo do indivíduo.

O *Dicionário Vaticano II* não conceitua *sexo* nem *sexualidade,* mas arrisca explicar o que a Igreja determina por uso correto de tais atributos. Assim, a encíclica *Gaudium et Spes* afirma que não pode haver contradição entre as leis divinas e a transmissão da vida. A ação no campo da sexualidade tem como critério respeitar a Lei Natural[4]. As autoridades religiosas condenam a anticoncepção por considerar que viola essa lei: crescer e multiplicar. Entretanto, a Lei Natural é muito mais abrangente; abarca aspectos éticos, morais e filosóficos que vão muito além do reducionismo aplicado pela religião.

Igreja e sexualidade

A Igreja ainda é um pilar do patriarcado e é o que, por séculos, se manteve mais resistente às mudanças e ao progresso. Na esfera sexual, sempre se posicionou e continua se posicionando por meio de dogmas e legislação própria, ajustando, sempre que possível, os seus códigos às normas da lei civil.

A posição negativa da Igreja em relação ao sexo tem raízes na Antiguidade, particularmente os mitos advindos da medicina e da filosofia: os H seriam enfraquecidos pelo esforço do coito e pela perda do sêmen. A medicina apresentava o sexo como extenuante e prejudicial à saúde, ideias

---

[4] Lei Natural, do ponto de vista da religião, é a lei de Deus, ou seja, um conjunto de coisas a fazer ou a não fazer para a própria felicidade; trata dos direitos e dos deveres do homem (LOBO, 1992, p. 184).

defendidas pelo médico Hipócrates (460-370 a.C.) e por filósofos, a exemplo de Platão (427-347 a.C.) e Aristóteles (384-322 a.C.), nos idos do século IV a.C. Reforçavam ainda a ideia desfavorável ao exercício da sexualidade, os postulados do estoicismo, filosofia que perdurou quase 600 anos, de 300 a.C. a 250 d.C. No rastro do pressuposto de o sexo ser prejudicial à saúde, o casamento passou a ser desvalorizado, e o celibato, exaltado. Tais ideias terão sua expressão máxima no ideal cristão da virgindade para os solteiros e continência sexual para as pessoas casadas.

A sexualidade é uma esfera da vida humana em que a Igreja mais se imiscuiu, criando a teologia moral. Os padres acreditavam que nenhuma falha sexual real ou inventada por eles poderia ser trivial, e o confessionário passou a ser a trincheira da vigilância. O Concílio de Trento (1563) determinou que os pecados fossem relatados com informações sobre sua espécie, o número de vezes cometido e as circunstâncias, ampliando o interesse da Teologia em criar normas e regras de conduta as mais pormenorizadas possível e fomentando no confessionário a inquirição das particularidades dos pecados. De acordo com Ranke-Heinemann, o teólogo Afonso de Ligório (1696-1787) e sua obra *Theologia Morales* tiveram impacto decisivo sobre o ulterior desenvolvimento da ética católica: *O corpo foi dividido em 3 partes: as superiores ou honrosas: face, mãos, pés; inferiores ou menos honrosas: peito, costas, braços, coxas; partes censuráveis ou desonrosas: as sexuais e adjacências* (RANKE-HEINEMANN, 1996, p. 347).

Agostinho, Ligório e Tomás de Aquino, considerados os maiores expoentes da Igreja, encamparam as ideias de condenação ao sexo dos pensadores antigos e de duas escolas filosóficas primitivas: o estoicismo e o gnosticismo. Antes do gnosticismo, a demonização da corporeidade era desconhecida. No que tange à sexualidade, os padres reduziram o sexo exclusivamente à procriação, condenando o desejo e o prazer. Este postulado perdurou séculos, pois a orientação de o casamento ser uma parceria só para fins procriativos foi retirado do direito canônico somente em 1977, há apenas quatro décadas. Antes, pelas leis da Igreja, o casamento, para ser válido, tinha de gerar prole.

Sexualidade e impureza

Qualquer fato, ato, circunstância ou consequência envolvendo sexo estava envolto em tabu e, principalmente, condenação. Os eventos naturais relativos ao sexo e ao corpo feminino, por exemplo, menstruação, gravidez, parto e puerpério, eram malvistos pela Igreja, uma herança do Judaísmo, que, segundo o Antigo Testamento, a M menstruada ficaria impura durante sete dias. Quem a tocasse tornava-se impuro. O sangue que se segue ao parto tornava a M tão impura que ela precisava passar pela cerimônia da purificação, conforme *Levítico* (12, 2-7). A cerimônia de purificação a qual Maria, mãe de Jesus, se submeteu está em *Lucas* (2, 21-24). Baseada na obrigatoriedade da purificação[5] para as M judias, Santa Hildegarda (1098-1179) afirmava que as "regras" eram um castigo decorrente do pecado original, reforçando o discurso clerical sobre a imundície do sangue menstrual e, por conseguinte, da M. O Cristianismo, como doutrina, não prescreve a purificação pós-parto, mas suas restrições ao sexo na gravidez, parto e puerpério possivelmente são resquícios dos preceitos judaicos.

Essas ideias acabam sendo confirmatórias da inferioridade feminina e da maldição de que a M é portadora: até o evento de doar a vida está envolto em impureza, sujeira, fedor e podridão. E se for uma "Evazinha", o tempo de purificação[6] é maior, porque as excretas são mais sujas, fedorentas e podres. Aos olhos do patriarcado e dos padres, esta criatura – a mulher – tem algum valor, é digna de respeito? Pode exercer o livre-arbítrio, desejar autonomia?

Condenação do prazer

A Igreja condenava explicitamente o sexo, o desejo e o prazer, promovendo a difamação e condenação da M por veicular o pecado original, a sedução e a perdição do H, motivos suficientes para valorizar tanto a virgindade quanto a castidade. Agostinho, (354-430) foi o teólogo mais importante na divulgação e defesa de tais ideias. Na trilha de Agostinho, 50 anos depois, no texto do sermão de Natal do papa Leão I (390-461), encontra-se pela primeira vez a afirmação de uma autoridade papal de que todo ato conjugal é pecado. Um século depois, o papa Gregório Magno (540-604) afirmava que satisfazer os impulsos sexuais é pecaminoso, mesmo dentro do casamento; o sexo conjugal seria sem culpa, se realizado com o fim exclusivo de procriar.

---

[5] *Purificar* significa limpar, retirar impurezas; livrar-se de pecados e manchas morais (*Dicionário Houaiss*).

[6] Tempo de purificação. A impureza da mãe dura 40 dias, se o filho for um menino, e 80 dias, se for uma menina, conforme *Levítico* (12, 2-7). A filha gera mais impureza para a mãe que o filho. Segundo Ranke-Heinemann (1996, p. 38): até 1960, a prática da purificação da mulher era seguida de forma estrita por certas vertentes religiosas.

Restrição ao sexo

Durante toda a Idade Média e parte da Moderna, as restrições quanto ao exercício da sexualidade e os castigos para quem transgredisse as prescrições eram de suma importância para a Igreja. As proibições abarcavam:

- Sexo durante a menstruação e o pós-parto;

- Sexo aos domingos e todos os dias santificados;

- Sexo durante o jejum de 40 dias antes da Páscoa, 20 dias antes do Natal, 20 dias antes de Pentecostes e três dias antes de comungar. As épocas de continência por causa das festas religiosas totalizavam, aproximadamente, cinco meses ao longo do ano. Somando os períodos da menstruação, gravidez, parto e amamentação, não sobra quase nada[7].

O pressuposto sexo-pecado alimentava a paranoia persecutória dos padres em relação aos casais, com ameaças de castigo. Por exemplo, o bispo Cesário de Arles (470-542) afirmava que todos que não conseguissem se controlar antes dos domingos ou qualquer outro dia consagrado teriam filhos cegos, surdos, mudos, leprosos, epiléticos ou possuídos pelo demônio. O castigo pela transgressão era de arrepiar: filho portador de múltiplas deficiências ou endemoninhado.

Para impor a continência aos casais ou provar a veracidade da afirmação do bispo Cesário, os padres contavam histórias em que explicitamente havia crime e castigo. Por exemplo, as relatadas pelo papa Gregório Magno (540-604) e por Gregório de Tours, (538-594), citadas por Ranke-Heinemann (1996, p. 152-153).

O relato do Papa Gregório: uma nobre mulher foi convidada pela sogra a comparecer à consagração da Igreja de S. Sebastião. Na noite anterior, vencida pelo desejo, teve relações sexuais com o marido. Mesmo com vergonha dos homens foi à Igreja. Quando as relíquias do santo estavam sendo conduzidas para o interior do templo, o espírito do mal se apossou dela e apesar de muitos esforços não pôde ser expulso.

A história de Gregório de Tours (538-594) também tem crime e castigo. Ele conta que uma mulher lhe mostrou o filho cego e aleijado e confessou em lágrimas que o concebera num domingo. Eu disse a ela que tal acontecera por causa do pecado de violar a noite do domingo.

---

[7] A Igreja estabeleceu normas rígidas para a prática sexual. Além da lista interminável de dias interditos, havia coisas curiosas: o sexo só poderia ser praticado à noite, em quarto escuro, com os parceiros vestidos; e a única posição permitida era a do 'missionário', denominação bem interessante para a clássica 'papai e mamãe'.

Esses padres são muito criativos, mas Gregório de Tours se superou, não considerando que, no século VI, pouco se sabia sobre a concepção e as mulheres não conheciam o corpo. Não era possível saber se havia engravidado num domingo. Essas lorotas foram replicadas por pregadores e escritores devotos pelos séculos seguintes.

O mais surpreendente: em meados do século XX, ainda se afirmava que o nascimento de filhos deficientes é consequência da promiscuidade sexual dos pais: *de acordo com o atual prelado Echevarría, a análise interpretativa indica que 90% dos filhos que nascem deficientes são o resultado de vida sexual promíscua de seus pais* (sem mostrar dados da pesquisa, conforme Silberstein, 2005, p.139). Eschevarría é o fundador do Opus Dei.

Sexo e procriação

A excelência da procriação e a malignidade do prazer formavam as duas premissas básicas que levaram Agostinho às exigências rigorosas para as pessoas casadas. E como ambas eram falsas, as consequências foram desastrosas para as M. Misógino a perder de vista, afirmava que elas só serviam à reprodução. Eram desqualificadas para qualquer outra coisa que dissesse respeito à mente e à inteligência. Tomás de Aquino (1225-1274) repisa Agostinho (354-430) afirmando que: a mulher é útil na procriação e no cuidado da casa, uma ideia ainda viva, que continua a ser a posição da Igreja. A propósito, 844 anos separam Agostinho e Tomás de Aquino, e 646 anos separam Aquino do papa João Paulo II, que, em pleno século XXI, defende o mesmo pressuposto. A matéria de jornal, a seguir, confirma o pensamento da Igreja sobre a subordinação da M ao H e a domesticidade feminina:

Gazeta do Povo (Mundo, 01.08.2004, p. 29) – *Vaticano ataca feminismo e pede valorização da mulher.* Documento diz que a mulher não deve se contrapor ao homem; e que os governos criem leis para as que trabalham possam também cuidar do lar.

Doutores da Igreja

Agostinho (354-430), Alberto Magno (1193-1280) e Tomás de Aquino (1225-1274) foram os principais doutores da Igreja, criando ou reformulando a doutrina católica. Grande parte de suas ideias servem de diretriz para a Igreja ainda hoje.

Agostinho é o personagem mais emblemático entre eles. Pertencia à seita dos maniqueus, ferrenhos opositores da concepção, mas favoráveis ao prazer. Após sua conversão, entrou em crise de consciência. Ele purga sua culpa em *Confissões: Eu fui concebido em pecado e em pecado me criou minha mãe. Quando eu, vosso servo, tenho sido inocente, sem pecado?* (SANTO AGOSTINHO, 1955, p. 12-13).

O Agostinho que saiu do batismo é o seu avesso. Repudiando o passado "pecaminoso", aderiu à ideia da Igreja de afirmação da procriação como mandato de Deus e negação do prazer, e este passou a ser visto como diabólico. Foi assim que o maniqueu abraçou a cruz. Ensinava ser o prazer que ressoa de todos os atos de procriação o veículo do pecado original. Com essa reversão de conceitos, aceitou os postulados do Cristianismo em que o celibato era uma condição superior à do casamento, o sexo, um pecado abominável, e a contracepção, uma ofensa a Deus e à Igreja, passível de condenação eterna. Para Agostinho, a virgindade (castidade) era moralmente superior ao casamento, e o casamento sem sexo era superior ao casamento com sexo, estabelecendo a hierarquia de pureza, baseada no exercício da sexualidade. A partir das fantasias de Agostinho, a atitude da hierarquia celibatária da Igreja era uma só: o pecado está no sexo. Agostinho ainda afirmou que todos os problemas da humanidade começaram com a mulher, ou seja, com Eva; que a expulsão do paraíso foi culpa do feminino transgressor. E até a virada do século, o Vaticano ainda lia a história fantástica da criação e da queda de Adão e Eva mais ou menos como relato histórico. Agostinho pergunta por que o demônio fala com Eva, e não com Adão; ele mesmo responde:

> *Satanás se dirigiu ao elemento inferior dos dois humanos, pressupondo que ao homem não seria assim tão fácil enganar* e alivia o lado de Adão, argumentando: *ele acedeu às sugestões por companheirismo. [...] recusou separar-se de sua companheira, mesmo que isso significasse dividir com ela o pecado.* (RANKE-HEINEMANN, 1996, p. 199).

Alberto Magno (1193-1280) foi o primeiro erudito da Igreja a analisar as obras de Aristóteles, tornando-as acessíveis ao debate acadêmico. Mas foi Tomás de Aquino, seu aluno, quem conseguiu a façanha de entrelaçar Aristóteles e teologia. Ao reinterpretar e incorporar as ideias daquele filósofo – *orgasmo provoca êxtase e torpor mental; o ato sexual é um ato natural comum à humanidade e aos animais* –, gerou mais desprezo pelo sexo e pelas M, lançando toda a esfera sexual para o plano animal ou bestial. *No ato sexual, o ser humano torna-se semelhante às bestas*, sentencia Aquino na *Summa Theo-logica* I q. 98a2. Na moralidade sexual[8], Tomás de Aquino continuou sendo a autoridade inconteste ao lado de Agostinho. Com as teses de Aquino, a teologia cristã referente ao casamento atingiu seu ponto mais baixo, criando o contexto para a demonização do sexo.

Não é de admirar que, aos olhos de Aquino, Alberto Magno e Agostinho, o prazer sexual seja "um castigo", "obsceno", "desprezível", "feio", "vergonhoso", "doente", "uma degradação do espírito", "uma humilhação da razão pela carne", "vulgar", "rebaixante", "partilhado pelas feras", "brutal", "corrupto", "depravado"; "infectado e infectante" (em relação ao pecado original) (HANKE-HEINEMANN, 1996, p. 194-195). A fixação mórbida dos celibatários da Igreja no sexo conjugal, classificando-o como pecado e, ao mesmo tempo, remédio para o próprio, a simultânea repugnância ao sexo e sua insistência nele, desencadeou todo tipo de controvérsia dentro da Igreja.

A visão distorcida do feminino levou Aquino a afirmar que os homens têm uma *razão mais perfeita e uma virtude mais forte que as mulheres*, em decorrência da *deficiência* (delas) *em sua capacidade de raciocínio, também evidente em crianças e em doentes mentais*. As crianças tinham que observar a superioridade do pai: *o pai deveria ser mais amado do que a mãe, por ser ele o princípio ativo da geração, enquanto a mãe é o passivo* (*Summa Theologica* II/II, q. 70 a.3).

A importância de Tomás de Aquino para a ética sexual advém do fato de ter mudado a visão teológica em relação à sexualidade em sintonia com sua época; ter formulado e pregado uma doutrina bastante conservadora. Por volta do século XIII, a superstição da impotência sexual por indução mágica passou a ter aceitação inconteste, embora alguns teólogos e leigos argumentassem que a tese tentava explicar efeitos cujas causas eram desconhecidas; por isso, eram atribuídas ao demônio e a seus instrumentos. O erro mais grave, que, devido à sua enorme autoridade, teve as mais devastadoras consequências, foi a oposição de Aquino aos que duvidavam terem os demônios o poder de interferir na sexualidade, tornando os homens impotentes. *A fé católica nos ensina que os demônios [...] podem prejudicar os seres humanos e até mesmo impedir as relações sexuais* (RANKE-HEINEMANN, 1996, p. 242).

---

[8] Os postulados de Aquino terão forte influência na política sexual da Igreja até o século XX. Ele compilou e organizou as teses a partir de Agostinho e as confirmou ele próprio, escrevendo: *"A continência perpétua é necessária para a devoção perfeita [...]"*. E repete o que Jerônimo já calculara no século IV: *"as pessoas virgens e castas têm recompensa celestial de 100%, os viúvos e viúvas recebem 60% e as pessoas casadas 30%.* (*Summa Theologica*, II/II q.152 a., 5ad 2).

Impotência sexual e indução mágica

Nos primeiros séculos do Cristianismo, já existia a ideia de impotência sexual por indução mágica. Mas o primeiro registro parece ser um documento de 860, numa carta escrita pelo bispo Hincmar de Rheimes (806-882). Essa superstição foi incorporada às compilações das leis de Ivo de Chartres, no código de Graciano[9], e de Pedro Lombardo, em *As Sentenças*. A superstição de o demônio causar impotência foi consolidada a partir do momento, em que passou a fazer parte das leis e códigos da Igreja. A consolidação dessa ideia abarcou de 860 a 1.100, aproximadamente, 242 anos.

O motivo de o demônio atuar sobre a sexualidade, e não sobre comer ou beber, teve muitos defensores, entre eles, o cardeal-bispo Boaventura (1217-1274). Eis seu argumento:

> *Como o ato sexual foi corrompido* (pelo pecado original) *e tornou--se por assim dizer fétido e, como os seres humanos são em grande parte por demais lúbricos, o demônio tem sobre eles muito poder e autoridade. Pode-se provar isto pelas Sagradas Escrituras* (Livro de Tobias[10]) *que um demônio de nome Asmodeus matou 7 homens na cama e não à mesa* (RANKE-HEINEMANN, 1996, p. 243).

Até o século XVIII, o Livro de Tobias era citado como prova do fato de que, embora o demônio não possa causar a morte no leito nupcial, pode, sem dúvida, causar impotência.

O período compreendido entre a Idade Média e o início da Idade Moderna representou o período em que a Igreja mais se envolveu na vida dos cidadãos, particularmente na área da sexualidade. Os cristãos viviam a certeza do juízo final e das consequências do pecado envolvendo sexo. Era impossível cumprir as imposições da Igreja, de tão absurdas. A maioria dos

---

[9] Em 1140, Graciano, monge de Bolonha, compilou as leis sobre casamento e anticoncepção num tratado chamado *Decreto de Graciano*. Tal decreto abarcava toda a legislação sobre casamento e anticoncepção na Igreja ocidental. Vigorou 777 anos. Uma de suas cláusulas: *Os que procuram os venenos da infertilidade são fornicadores, não cônjuges (Decretum* (2,32,2,7)). Só em 1917, o Decreto de Graciano foi substituído pelo Código de Direito Canônico. No século XVI, a Igreja havia substituído *As Sentenças* de Pedro Lombardo pela *Summa Theologica* de Aquino, a qual possui autoridade até hoje (RANKE-HEINEMANN, 1996, p. 218-219).

[10] O *Livro de Tobias* (8, 2-9) conta a história do casamento de Tobias com sua prima Sara. Ela havia se casado com sete homens, e todos eles foram mortos, sucessivamente, na noite de núpcias pelo demônio da concupiscência, de nome Asmodeus. Um anjo aparece e dá instruções a Tobias: "os recém-casados deveriam orar e jejuar por 3 dias. Então, o marido se aproximaria da mulher no temor de Deus e só com a intenção de procriar". Segundo estudiosos, o original foi alterado por Jerônimo (347-420), padre erudito que, ao traduzir o texto, enxertou umas "coisinhas" para reforçar o desprezo ao sexo e ao prazer. Ranke-Heinemann (1996) afirma que, no texto original do citado livro, escrito no século II a.C., o mancebo vive suas núpcias como qualquer um; os conselhos ao noivo são enxertos do asceta Jerônimo.

cristãos se sentia em pecado e aterrorizada com a perspectiva da condenação. E, mesmo dentro do clero, aqueles que praticavam a autovigilância contínua não se sentiam seguros em relação ao pecado da carne. É o que registra Anselmo, bispo da Cantuária (1033-1109). Ele se surpreende com a força do instinto e com a onipresente possibilidade de pecar:

> [...] existe um mal que esteve comigo desde o berço, cresceu comigo na infância, na adolescência e na juventude e sempre permaneceu comigo e não me abandona, nem mesmo agora que meus membros estão fraquejando por causa da velhice. Este mal é o desejo sexual, o deleite carnal, a tempestade da luxúria que esmagou e demoliu minha alma infeliz, sugando dela toda a sua força, deixando-a fraca e vazia (BARROS, 2001, p. 346).

Confessionário

No contexto da demonização do sexo, a confissão deixou de ser um sacramento para se tornar um instrumento de catarse e voyeurismo imaginativo para os confessores, quando a Igreja passou a usar a confissão para coibir e controlar o comportamento sexual dos fiéis. Nos primeiros séculos do Cristianismo, quando a sexualidade ainda não era tratada com tanta rigidez, a confissão era um evento público. Com a condenação do sexo, o sacramento da confissão passou a ser um evento privado. Surgiram os *Penitenciais*[11], livros elaborados com todo o zelo, chegando a detalhes das nuances da prática sexual desviada das normas estabelecidas. Os padres precisavam conhecer a natureza desse pecado para estabelecer corretamente a penitência. Entretanto, Lutero (1483-1546), ao romper com a Igreja, aboliu a confissão, fazendo desabar as fantasias em torno do sexo e do prazer que supostamente violavam a dignidade humana. Para os protestantes, Lutero pôs fim à subordinação antinatural da condição matrimonial à celibatária. De algum modo, o sexo e o casamento passaram a ser valorizados e abençoados no protestantismo.

Luz (2011, p. 203) relata sua experiência de confessor. *Eram numerosos os penitentes atormentados pela culpa de terem pecado contra a castidade na intimidade conjugal. [...] Os cônjuges se referiam à masturbação mútua, sexo oral ou anal.* O mesmo autor esclarece: *A moral sexual católica considera a masturbação, a felação e a sodomia pecados gravíssimos porque desviam o orgasmo de sua real finalidade: a procriação.*

---

[11] *Penitenciais* é a designação dos catálogos de pecados, sua valoração moral e as penas expiatórias correspondentes. O objetivo era guiar os padres na confissão dos fiéis. Surgiram no século VII e só foram abolidos no século XII (https://historiadaIgreja-com.webnode.com/k/livros-penitenciais-sec-vii-xii/).

A Igreja não só condenava as M por serem a perdição dos H; também as excluía da salvação. O *Apocalipse* de João, (14, 1-4), fala de 144 mil pessoas cantando um cântico novo diante do trono: *Estes são os que não se contaminaram com mulheres, pois são virgens.* Ao se referir à contaminação patrocinada pelo feminino, o evangelista João decreta não haver mulheres santas, só homens.

Igreja condena o sexo e o prazer, baseada, principalmente, no mito do pecado original, contaminado por ideias do Gnosticismo e Estoicismo. Os doutores da Igreja, a partir de Agostinho (354-430), condenam o sexo e seu desfrute como algo maligno, reduzindo-o ao ato procriativo. Condenam a anticoncepção. Condenam a M, considerando-a a principal fonte de pecado e danação do H. Fizeram a conexão absurda de o demônio interferir na vida sexual das pessoas, tornando os H impotentes, e as M estéreis. Séculos depois, essas ideias vão desaguar na Inquisição.

CAPÍTULO IV

CELIBATO E SEXUALIDADE

Millôr Fernandes considera que *de todas as taras sexuais, não existe nenhuma mais estranha do que a abstinência.*

Segundo o *Dicionário Houaiss, celibato* é o estado ou condição de celibatário, de pessoa solteira; e *celibatário*: aquele que não se casou, apesar de ter ultrapassado a meia-idade; ou a quem o casamento está interdito.

Segundo o *Dicionário do Concílio Vaticano II* (1962-1965), *Celibato* é: [...] a perfeita e perpétua continência por amor ao Reino do Céu, recomendada por Cristo Senhor – aceita com gosto e louvavelmente praticada por não poucos cristãos no decurso de tempo e também no nosso – foi sempre tida em alto preço pela Igreja, de modo especial em favor da vida sacerdotal.

O novo Código de Direito Canônico, de 1985, em concordância com o *Concílio Vaticano II*, assim formula a norma a ser seguida pela Igreja Latina: Os clérigos são obrigados a observar a continência perfeita e perpétua por causa do Reino dos Céus; por isso são obrigados ao celibato [12].

O Sínodo de Elvira (295-302) foi o primeiro a prescrever o celibato para os presbíteros. Com Tomás de Aquino (1225-1274), tal modo de vida ganhou base doutrinária; passou por vários concílios, até chegar ao de Trento (1530-1563).

Igreja e celibato

O celibato não é uma invenção da Igreja. Tem raízes pagãs. Muitos sacerdotes das antigas religiões castravam-se para não se macularem com sexo. Já existia uma conexão entre sexo e mácula. A hostilidade ao sexo e ao casamento por parte dos principais teólogos e dos papas, aliado ao desejo de poder e a fatores econômicos, levaram a Igreja a menosprezar o casamento e a instituir o celibato compulsório. Em 1139, Inocêncio II (1081-1143) declarou impedido de se tornar sacerdote quem fosse casado.

---

[12] Na Igreja oriental, o celibato não é considerado requisito obrigatório para o sacerdócio. Essa vertente da Igreja católica vê o casamento como necessidade abençoada. A Torá, livro sagrado dos judeus, aconselha o homem a contrair matrimônio a partir da idade de 18 anos.

O papa Gregório VII (1015-1085) tachou de cisão as relações entre o clero e as mulheres. No Concílio de Trento (1563), o celibato foi institucionalizado, tornando-se obrigatório para a Igreja Latina.

Ao instituir o celibato, a Igreja visava, principalmente, a dois pontos. O primeiro seria a consolidação do poder por um grupo que, aparentemente, podia dominar a força do instinto. Essa característica diferenciava o clérigo de qualquer outra pessoa, fosse H ou M, conferindo a ele autoridade inconteste nas questões espirituais. O modelo é Jesus Cristo, que, segundo a Igreja, sem nenhum fundamento histórico, era celibatário. O segundo ponto, negado pela Igreja, seria de ordem econômica, como explica Eduardo Hoornaert, padre casado e historiador da Igreja, em entrevista a Ary (2000, p. 47):

> *Durante a minha formação havia o não-dito do abandono de toda atividade sexual em função da atividade religiosa. Isso não era dito nem explicitado claramente. Mas este não-dito fundamentava uma série de ditos e práticas concretas.*

O celibato foi um ideal pisado e repisado pela Igreja como imprescindível ao exercício do sacerdócio desde os primeiros séculos. Os teólogos e, particularmente, os papas insistiam na necessidade do celibato. Talvez por ser tão antinatural e de difícil controle foi tardiamente determinado por lei canônica. A Igreja fez várias tentativas: em 1139, o papa Inocêncio II (1081-1143) determinou que a ordenação sacerdotal seria um impeditivo para o casamento; o Sínodo Provinciano de Ruão (1231) determinou a punição severa para as M dos padres; o Concílio de Trento (1563) endureceu as regras, instituindo o celibato obrigatório; também instituiu o casamento formal com juramento, padre e testemunhas. Reafirmou ainda a tese da concepção virginal de Maria.

Feminino e celibato

Quando, em 1139, o papa Inocêncio II (1081-1143) condicionou a ordenação sacerdotal ao celibato, os padres contornaram a exigência optando pelo concubinato, deixando a M vulnerável à sanha dos celibatários. A partir daquele ano, as companheiras dos padres passaram a ser rotuladas pela Igreja de concubinas, prostitutas e adúlteras. Em 1231, o Sínodo Provinciano de Ruão determinou a raspagem do cabelo das mulheres dos padres perante a comunidade reunida num ofício de acusação, e, então, eram severamente punidas (RANKE-HEINEMANN, 1996, p. 123-124).

Duas decisões do Concílio de Trento foram danosas às M: a instituição do celibato condenou as M dos padres à censura pública; a reafirmação da concepção virginal distanciou ainda mais as M do ideal cristão, expondo a sua condição de Eva maldita. Só a formalização do casamento trouxe algum benefício, mesmo assim, não para proteger a M e seus filhos, mas para proteger os interesses da Igreja e enquadrar os padres.

Modelos

Os teólogos e papas, ao elevar o celibato ao ideal de pureza e consequente modo de vida santa, ofereceram ao sexo masculino um inigualável modelo, Jesus Cristo. E para o sexo feminino? A M, um ser insignificante e pecaminoso, filha da Eva da perdição e da perfídia, se espelharia em quem? Que modelo poderia purificar e resgatar o ser feminino do lodo pútrido em que Eva o atirou por meio da desobediência e da sedução? A Igreja apresentou Maria, a mãe de Jesus, virgem, humilde e submissa, que aceitou, sem questionamento algum, a informação de um desconhecido de que engravidaria milagrosamente, ou seja, sem a participação de seu marido e sem seu conhecimento. É uma apropriação do mito da maternidade virginal correspondente às lendas e à linguagem metafórica da Antiguidade. A Igreja tomou essa imagem no sentido biológico, transformando-a no dogma da Imaculada Conceição[13]. A ideia da Igreja foi genial. Apresentou uma figura feminina para contrapor ao rigor do deus masculino do patriarcado. O exemplo de não questionamento a uma ordem, por mais estranha que fosse, era apropriado para colocar a M sob o jugo masculino; a concepção assexuada criou o ideal de pureza, que significava menosprezo ao corpo e repúdio ao sexo, ao mesmo tempo, justificando e fazendo o contraponto ao celibato dos padres.

Para os padres celibatários, mas não assexuados, lidar com as M era um grande problema. Conforme Ranke-Heinemann (1996, p. 134), Crisóstomo (347-407) afirmava, na obra *Sobre o Sacerdócio*, que:

> *[...] há no mundo muitas situações que debilitam a consciência. A primeira e a mais importante é o trato com as mulheres; por causa de sua pronta inclinação para o pecado, a obra das mulheres toca e perturba a nossa alma e não só da mulher desenfreada, mas também da mulher decente.*

---

[13] O dogma da Imaculada Conceição foi instituído em 1854, pelo papa Pio IX (1792-1878).

O celibato e os padres

A insistência na imposição do celibato leva a concluir: celibato combina com pureza e santidade; casamento combina com impureza e perdição. Entretanto, o extraordinário e antinatural modo de vida celibatário passa longe de uma vida santa. Luz (2011, p. 201), relata a experiência de um confrade, ilustrando o natural conflito entre sexo e celibato, entre sexo e santidade. Ele conta que certo padre cometeu a imprudência de alugar filmes pornográficos numa locadora em que um de seus paroquianos o reconheceu. A censura dos superiores foi por medo do julgamento da população. O problema não foi percebido: aquele homem recorria a filmes de sexo explícito para dar vazão ao irrefreável desejo proibido pelo celibato compulsório.

O mesmo autor (2011, p. 207) cita a pesquisa de *Regina Soares Jurkewvicz*, em *Desvelando a Política do Silêncio: Abuso Sexual de Mulheres por Padres no Brasil*, em que ela denuncia o alto índice de abusos sexuais dos clérigos contra M pobres e de baixa escolaridade, muitas delas serviçais dos próprios padres em secretarias e residências paroquiais. A pesquisa de Regina é relativa a mulheres; não contempla o bem documentado abuso de crianças e adolescentes por parte de padres. E há o homossexualismo. Não há pesquisa consistente que leve a concluir serem as práticas homossexuais resultado do estado celibatário dos padres, mas há indícios de alguma correlação.

O Papa Francisco parece empenhado em lancetar, de modo gradual e cuidadoso, uns furúnculos no corpo da Igreja. Segundo Martel (2019, p. 96), o papa começa a falar na homilia das missas no Santa Marta e em coletivas improvisadas da hipocrisia das *vidas ocultas e muitas vezes dissolutas* dos membros da cúria romana. O papa apontou flecha certeira àquilo encontrado por Martel em sua pesquisa: *A presença de padres em Roma Termini*[14] *à procura de prostitutos é um negócio estabelecido. Abrange inúmeros prelados e até bispos e cardeais da Cúria Romana cujos nomes conhecemos* (MARTEL, 2019, p. 125)

O livro *No Armário do Vaticano* (2019) descreve a carência e a solidão a que estão condenados os padres triplamente punidos: pela vida dupla, pelo medo de serem descobertos e pela culpa. As confidências de dois prostitutos que atendem a esses padres dão a dimensão do estrago que o celibato fez e faz no coração e na alma dos próprios. O prostituto A relata:

> Tenho padres que pagam apenas para dormir comigo. Falam de amor, de histórias de amor. Têm uma ternura louca. Parecem umas menininhas. Reclamam por quase não beijá-los, e esses beijos

---

[14] Roma Termini é um reduto de prostituição em Roma, principalmente masculina.

> *parecem importantes para eles; também há alguns que querem me "salvar". Os padres querem sempre nos ajudar, nos "tirar da rua" [...]* (MARTEL, 2019, p. 134)

O prostituto B se denomina acompanhante e se prostitui em Nápoles. Usa as redes sociais para trabalhar. O resumo de seu relato:

> *Entre os padres há, grosso modo, dois tipos de clientes. Há aqueles que se sentem infalíveis e muito fortes na sua posição. Esses são arrogantes e sovinas. Seu desejo está tão reprimido que perdem o sentido da moral e de toda humanidade: sentem-se muito acima das leis. Nem sequer têm medo da Aids [...]. O segundo tipo de cliente são padres que se sentem muito mal por serem quem são. Estão bastante ligados ao afeto, às carícias, querem nos beijar o tempo todo! Eles têm uma carência incrível. Não discutem preço; estão tomados pela culpa e tentam se justificar* (MARTEL, 2019, p. 140-142)

Martel fez centenas de entrevistas com inúmeros rapazes prostitutos do submundo de Roma e de outras cidades e constata que, muitas vezes, eles ficam chocados com a carência absurda dos padres e sua procura desvairada de amor[15]. O problema não reside somente na busca de satisfação sexual ou de satisfação emocional e vai muito além da vida dupla e arriscada. Ao transgredirem seus votos, esses padres traem seus pares, seus alunos, seu papel de confessor e de diretor espiritual.

Impondo o celibato, a Igreja não conseguiu transformar homens-sacerdotes em homens assexuados. Entretanto, conseguiu desajuste, dor e sofrimento. Não beneficiou nem os H nem as M. É o que se pode deduzir pela anotação de Agostinho/Aquino citado por Ranke-Heinemann (1996, p. 342): *para o conforto no isolamento, um homem é de melhor auxílio a outro homem.* Parece atual, considerando que o papa João XXIII (1881-1963) escreveu, em seu diário, em 1948: *Após mais de 40 anos, ainda me lembro das conversas edificantes com meu venerando bispo: [...] Quanto às mulheres, ou sua forma, ou ao que lhes diz respeito, nenhuma palavra era dita, não, nunca. Era como se não existissem mulheres no mundo [...]* (RANKE-HEINEMANN, 1996, p. 342).

Esses homens são os legisladores e os orientadores da vida espiritual de homens e mulheres reais, *urbi et orbi.*

Em relação aos padres descritos por Martel, fica uma pergunta no ar: se pudessem casar-se, ter família como todo mundo, teriam se tornado homossexuais? É possível cogitar que, no caso do seminarista com tendência

---

[15] As histórias aqui descritas são de padres homossexuais, que pertencem ao mais alto escalão da Igreja; vivem e trabalham no Vaticano, o coração da cristandade, segundo *Martel.*

homossexual, a imposição do celibato agravou uma condição dúbia preexistente? O padre casto, heterossexual ou não, luta para domar o instinto, viver sua vocação e cumprir o compromisso com a Igreja. Mas se sente traído na aridez afetiva de sua vida. As M e H com quem lida lembram-no continuamente a outra margem do rio. É só enfrentar a correnteza. É possível que o padre com tendência homossexual viva uma experiência pior e se surpreende ao perceber que a vida religiosa não adormeceu o instinto.

A imposição do celibato prejudica as M em muitos aspectos. Realimenta a misoginia, interdita o acesso ao espaço sagrado e ao poder; reforça os estereótipos de malignidade e de inferioridade e da consequente necessidade de submissão por antídoto a esses males. Para as M e para os H, o celibato contrapõe os estados de castidade-pureza-santidade e prazer-pecado-culpa-condenação.

CAPÍTULO V

FEITIÇARIA E RELIGIÃO

Em todos os tempos, sempre houve curandeiras, raizeiras, benzedeiras, adivinhas e charlatãs de todos os tipos, que ofereciam aos consulentes remédios, poções, feitiços, imposição de mãos, benzimentos, adivinhações, previsões, conjuros, visões e oráculos; era a vertente prática do paganismo. As sociedades antigas conviviam bem com essas pessoas e tiravam proveito de suas habilidades. A História não registrou perseguição tenaz a esses indivíduos. O paganismo era uma religião povoada por entidades boas e más que participavam e se imiscuíam na vida das pessoas. Havia uma relação de equilíbrio relativo entre o Bem e o Mal. Tocava-se a vida sem maiores sobressaltos espirituais, acalmando os deuses com oferendas e pedindo mais alguma coisa. A divindade era próxima, palpável, quase íntima.

Cristianismo e politeísmo

Foi quando o Cristianismo chegou, pondo abaixo toda essa estrutura simbiótica de homens e deuses, colocando no mesmo balaio as deusas pagãs e suas representantes, a parteira, a curandeira, a raizeira, a benzedeira, a adivinha, a charlatã, criando o mito da feiticeira, a bruxa diabólica. A bruxa diabólica foi fabricada pela Igreja e vai impactar a vida das M com intensa perseguição durante o período medieval e parte do moderno. A Igreja conseguiu transformar superstições, crendices e atividades curativas populares em heresia, passível de condenação e morte.

A harmonia relativa se desfez. A imposição da nova religião e do novo Deus foi traumática, particularmente para a população do campo, pobre, iletrada, supersticiosa e crédula. O conceito de pecado, com suas exigências, penitências e ameaças de punição, era desconhecido. Proibindo a crença politeísta, baniu os deuses pagãos, substituindo-os por um deus único, raivoso, exigente e vingativo; ao mesmo tempo, esse deus é o infinito bem e o infinito amor. Exacerbando a dicotomia do Bem e do Mal[16], apresentou o Demônio ao

---

[16] A dicotomia do Bem e do Mal é a base do Zoroastrismo (628 a 551 a.C.), uma religião dualista, anterior ao Cristianismo.

modo de par antitético de Deus com vocação exclusiva à prática da maldade. O postulado deus-antideus era estranho para os camponeses. Compreendendo mal os preceitos cristãos, continuaram cultuando seus deuses às ocultas, e as M se espelhavam na Deusa-mãe que as orientava, acalmava e protegia. Como registra Michelet (s/data, p. 38-39): *Essa mulher tem um segredo que jamais revela à Igreja. Ela guarda em seu coração a lembrança, a compaixão pelos antigos deuses, agora prisioneiros de sua condição de espíritos.* O seu segredo precisava ser bem guardado, pois *se os outros souberem! Seu marido é um homem prudente e teme a Igreja. Certamente a espancará. O padre faz forte campanha contra eles* (deuses) *e os persegue por todos os lados* MICHELET (s/data, p. 38-39)

Ultraje

A sociedade campesina era singela e rude. Os camponeses viviam em vilas, geralmente nas cercanias de um mosteiro ou castelo, de que dependiam. Para os servos e suas famílias, o castelão e seus comensais representavam uma ameaça devido às arbitrariedades, dentre elas a permissão de os H irem até a aldeia *se divertir*, espancando, estuprando M, moças e meninas. O marido, na tentativa de proteger sua família, era maltratado e humilhado, conforme relata Michelet (s/data, p. 45): *Vilão ciumento! Não queremos tua mulher. Ela te será devolvida esta noite, e para tua honra, grávida! Agradece, portanto, pois ascendestes à nobreza. Teu filho será um barão.* Na interpretação de Michelet, em sua desvalia, a M descrê dos padres e dos santos que não a protegem do ultraje e da sevícia. Assim, ela pensa em alguém diferente em busca de proteção. O seu delírio leva a um monólogo mental com o espírito do Mal, tão em voga naquele tempo, com poder quase igual ao do novo Deus. Quem sabe Satã não a protegeria, castigando os habitantes do castelo, aliados da Igreja e dos santos de barro? Com o passar do tempo, o sofrimento e a solidão aliados ao terror que a Igreja imprimia no indivíduo frente ao pecado, à culpa e ao inferno, levaram ao desequilíbrio mental. A partir deste ponto, começaram a aparecer as visões, os delírios e, por fim, a capitulação. O pacto com o Mal, com o Demônio, estaria firmado. Nascia a lenda da bruxa, representada pela M portadora de desequilíbrio mental. Mais tarde, sob a influência da Igreja e dos médicos, também a raizeira, a curandeira e a parteira viraram bruxas.

Pensando na M daquele tempo, Michelet resolveu estudar a visão da medicina, da filosofia e da literatura medievais em relação ao feminino e descobriu uma intensa distorção; possivelmente, essa distorção viria por influência da Igreja com seu pecado original, virgindade, sedução, bruxaria e o Diabo em pessoa. Por meio da leitura de tais obras,

> [...] *conclui-se que a mulher estaria a favor dos que a ultraja-vam, parecendo fazer crer aos homens que, tratada brutalmente e prostrada por sucessivas gestações, ela estaria feliz e satisfeita. Do capelão ao copeiro e mesmo os criados, todos acreditavam honrá-la pelo ultraje* (MICHELET, s/data, p. 45-46).

As arbitrariedades contra as camponesas devem ter durado um logo período, pois *ainda no século XVII, as grandes damas riam a valer ao escutar o duque de Lorraine contar como seus homens entravam nas aldeias tranquilas, maltratando os aldeães e atormentado e violentando todas as mulheres, inclusive as velhas* (MICHELET, s/data, p.44).

Comparando esses relatos da Idade Média com certos fatos da Modernidade, percebe-se que o mundo masculino mudou pouco. Em condição similar, tais atos seriam repetidos 300 anos depois: o senhor, seu filho ou seu capataz, descia à senzala e escolhia uma escrava para seu *divertimento*. E mesmo no século XXI, há casos de o avô seduzir a neta, o pai seduzir a filha, o padrasto seduzir a enteada, o irmão, o tio, o cunhado seduzirem a menina, às vezes sedução mesmo; noutras, a violência sexual crua. Esses H também estão se *divertindo*. Está na mídia, no plantão policial, na emergência médica, e não só casos de incesto. A M, em qualquer tempo e lugar, é a vítima preferencial de predadores sexuais.

Fatores

Numa visão ampliada, a bruxa ou feiticeira deve sua existência a fatores de ordem econômica, social, cultural, mas, principalmente, religiosa. Os fatores econômicos estão atrelados à condição dos servos a um senhor que vivia na opulência, rodeado de uma horda de comensais improdutivos, e a numerosos serviçais. O camponês e sua família viviam desesperados e encantoados, à mercê do senhor.

Os fatores de ordem social referem-se à segregação como indivíduos inferiores, destituídos de quaisquer direitos, condenados a uma subserviência contínua.

Os fatores de ordem cultural foram e ainda são a principal barreira para a independência e autonomia de H e M. O camponês estava submetido a uma ordem sociocultural impossível de romper. Tais fatores, além de favorecerem a condição aviltante do servo, moldavam e preservavam o status quo, abarcando a estrutura de poder político, religioso e econômico.

A feitiçaria está diretamente relacionada aos fatores de ordem religiosa, fortemente entrelaçados com a visão deturpada da M, baseada no *Genesis,* na cultura greco-romana e nas premissas da filosofia, por si sós, suficientes para azedar a relação entre Igreja e feminino. Com o tempo, outras questões, a exemplo da díade *mulher-pecado* e *celibato-pureza,* vêm somar para criar, entre os padres e as mulheres, a infinita distância que vai do pecado à virtude. Em relação à feitiçaria, foi assinalado que uma classe de bruxas eram M portadoras de distúrbios mentais, apregoando um suposto pacto com Satanás. Também outro grupo de M foi enquadrado no figurino de bruxa, por outras razões: inveja e ânsia de poder por parte dos médicos, charlatães e adivinhos.

O poder de curar

A medicina, desde a Antiguidade até a Idade Moderna, era privilégio das classes abastadas. Para a população desfavorecida, havia as curandeiras. Elas conheciam e usavam, principalmente, o princípio ativo das plantas, fruto de experimentação desde o início dos tempos.

A Igreja e o médico também se propunham a curar, mas estranhavam e condenavam as curas da raizeira porque esta era analfabeta e rude. De onde vinha seu poder de curar doenças? As curas promovidas pela curandeira atiçavam a inveja do médico, que tinha o apoio da Igreja, ajudando-o a estabelecer *o monopólio de sua arte com a extinção da raizeira, declarando que, se a mulher ousa curar sem haver estudado, é uma feiticeira e deve morrer* (MICHELET, s/data, p. 16).

O padre, com suas bênçãos, sua água benta, seus conselhos de se conformar com a desdita e suas justificativas condenatórias da doença e do doente, afastou a população e esvaziou a Igreja. *Aos domingos, depois da missa, acorriam aos padres multidões de doentes, que eram assim acolhidos: pecastes e Deus vos castiga. Agradecei, é um peso a menos que carregais para a vida futura. Resignai-vos, sofrei, morrei. A Igreja reza por seus mortos* (Michelet, s/data, p. 75) O padre invejava o poder da curandeira e censurava o respeito que o povo lhe devotava.

Por que a curandeira era objeto de tanta inveja e detratação? A inveja do padre, do adivinho, do médico e do charlatão estava calcada no poder da M, exercido desde o início dos tempos. Ela percebia esse poder incipiente como algo natural, sabia que precisava compreender os segredos da Natureza e o fazia pela observação e experimentação. A sabedoria adquirida nesse contato colocou nas mãos de algumas M o poder de curar. O saber oculto ou explícito estava sob o domínio feminino.

Após, tudo se reverte. O H é o senhor da vida: domina a terra e domina a M. O charlatão, o mago, o sacerdote, o médico, cada um deles se apropria de uma parcela de poder e de atributos subtraídos ao feminino. *Desde o ano de 1300, a sua medicina* (da curandeira) *é julgada maléfica, seus remédios são proibidos como venenos* (Michelet, s/data, p. 93) O paganismo começou com a sibila e vai terminar com a feiticeira, a fogueira e a morte, séculos depois.

Filtros

Michelet (s/data, p. 87) pontua: *Tudo o que se conhece dos filtros e dos encantamentos que as feiticeiras empregavam é muito fantasioso e ao que parece, quase sempre distorcidos.* Tem lógica. A repressão sexual e afetiva era um torniquete na vida dos indivíduos. É possível que os filtros (elixires do amor) e encantamentos promovessem autoconfiança, abrandassem o medo, afrouxassem as defesas, devolvendo a coragem para alguma ousadia.

Lepra

A lepra foi o flagelo da Idade Média. Por ser uma doença deformante, tanto os padres quanto a população viam no doente o pecado e a punição divina. O povo amedrontado perdeu a fé na bênção do padre e na água benta. Desafiou todas as proibições e voltou-se para a curandeira. A Igreja não aceitou a debandada de uns, nem perdoou a ousadia da outra. Se Deus não conseguia curar com os recursos da Igreja, era o demônio quem curava por meio de bruxaria. Para os padres, a feiticeira e seu comparsa Satã desafiavam o poder de Deus e o suplantava. Podia? Não, não podia.

Medicina rudimentar

É certo que os médicos se sentiam incomodados com aquela medicina rudimentar que conseguia resultados, e eles nem tanto. A História registra um único médico que foi ver de perto, conhecer e, talvez, participar de atendimentos e prescrições da curandeira. *O grande e poderoso médico Paracelso declara muito ter aprendido com a medicina popular praticada pelas curandeiras/ feiticeiras, pelos pastores e pelos carrascos, frequentemente bons veterinários e hábeis cirurgiões* (Michelet, s/data, p. 77) Segundo o autor, essa medicina rudimentar se assentava num tripé inusitado: a curandeira, o pastor e o carrasco. A curandeira trabalhava com ervas e clínica geral; o pastor adquiriu o conhecimento sobre os animais curando um ferimento, ajudando num parto difícil, imobilizando uma pata quebrada; e, ao sacrificar algum, deduziu que o corpo humano funcionária parecido. Nascia no cutelo do pastor a anatomia rudimentar, ainda hoje usada pela medicina moderna: primeiro as cobaias, depois os humanos. O pastor e a curandeira compartilhavam o mesmo ambiente e deviam trocar conhecimentos.

O carrasco é figura mais emblemática. Era um homem legalmente treinado para matar. Por isso, precisava conhecer o processo de ruptura de vértebras, tendões e músculos no enforcamento; precisava posicionar o corpo corretamente no cepo e calcular a força e o ângulo para decepar cabeças de um só golpe. Possivelmente, era quem esquartejava os corpos, se assim decidia a justiça. Todo esse conhecimento o tornava apto a quebrar ossos e romper tendões, mas também apto a consertá-los. Tal qual a curandeira, esse H deveria despertar medo e admiração. Possivelmente, também era segregado da sociedade e, sob certa ótica, era o curador mais improvável. Mas quando ficava doente, recorria à curandeira. Ela, naturalmente curiosa, indagava sobre aquele ofício incomum. Ouvia e aprendia. Os dois compartilhavam um saber solitário e interdito, daí nascendo uma possível parceria: secretamente, ele a ajudava com os pacientes fraturados. É provável ter sido esse o começo de uma medicina rudimentar mais ampla, aliando a farmacologia desenvolvida pela curandeira, a anatomia desenvolvida pelo pastor e a cirurgia desenvolvida pelo carrasco. Mesmo a medicina moderna, com centenas de especialidades e tecnologias de ponta, parece estar embasada, em parte, em princípios lá da Idade Média: a farmacologia, a anatomia e a cirurgia.

No registro histórico, a Igreja encontrou na curandeira a face da Eva maldita e a transformou em bruxa. Condenou e queimou a curandeira e o pastor como bruxos e aumentou o número e o prestígio dos carrascos.

Heresia e bruxaria

Por volta do ano de 1200, a Igreja começou a perceber a perda de controle das manifestações de heresia, particularmente aquelas ligadas à bruxaria, devido à estreita relação desta com a sexualidade e a interferência mágica na libido e no desempenho sexual. A Igreja, admitindo a veracidade daquela superstição, precisava frear o poder extraordinário da feiticeira em conluio com o demônio. Parte dessa crendice baseava-se numa pergunta: por que o demônio tem tanto interesse pela sexualidade, e não por outros atos humanos, por exemplo, comer e beber? São Boaventura (1221-1274) justifica: *como o ato sexual foi corrompido pelo pecado original, o demônio tem sobre os homens muito poder e autoridade* (Ranke-Heinemann, 1996, p. 243) Velho companheiro, o demônio estava lá no princípio dos tempos para tentar Eva. Graças aos padres, o seu poder e a sua ousadia desandaram a crescer, ficando muito mais ostensivos. A associação nefasta demônio--sexo-impotência, com alto grau de certeza por parte da Igreja, terá graves consequências para as M.

Pela desobediência de Eva, o sexo redundou em conhecimento, pecado e punição. Daí adviria uma sequência interessante de fatos: no início da Idade Média, a M, associada ao sexo pelo pecado original, fazia pacto com o Demônio. Nesse contexto, para a Igreja, o pecado gerava conhecimento, ou seja, feitiçaria e poder. Esse poder gerava conjuro ou feitiço que levaria à impotência masculina. Foi aí que a teologia desvairada colocou no mesmo caldeirão a medicina popular, o saber antigo, a curandeira, a M, a sexualidade, a castidade, o desejo, o prazer, o pecado, a misoginia, e o demônio. Mexeu e remexeu por séculos, colocando sempre mais algum ingrediente. Depois de as ideias de feitiço, cópula demoníaca, feitiçaria e bruxa terem sido cozinhadas em fogo brando no caldeirão misógino da Igreja, a feiticeira foi presa, julgada e condenada à fogueira da Inquisição. Por, aproximadamente, 400 anos, milhares de M foram sentenciadas e executadas. E ainda no início de 1800, a M continuava sendo vista ao modo de um ser inferior e diabólico que só exerceria o poder sub-repticiamente. Para a Igreja, era a cobra danada; era a Eva primordial em ação.

CAPÍTULO VI

INQUISIÇÃO

Segundo a Igreja, a Inquisição se propunha a salvar a alma da bruxa de condenação ao inferno, mas parece que a verdadeira razão seria recuperar o poder inadvertidamente delegado a Satanás. No postulado céu/inferno está implícita a ideia de, além do corpo físico susceptível à morte e destruição, algo mais sutil continuaria para além da morte. Esse algo – a alma – participa ativamente da vida física e vai arcar com as consequências dos atos éticos e não éticos praticados pela entidade corpo-alma. Atos éticos e não éticos e suas consequências remetem à recompensa e punição. A Igreja chama de virtude e pecado: céu e inferno. *A sanção céu/inferno não foi e não é exclusiva do cristianismo; encontra-se presente em maior ou menor grau em todas as principais religiões* (Thomson, 2010, p. 65). A ideia de um paraíso *post-mortem* remonta aos antigos egípcios e permanece forte na maioria das seitas religiosas.

Um pouco de História: Segundo Luz 2011, (p. 273-275), a *Inquisição medieval nasceu dentro do contexto conturbado do movimento cátaro, a partir da segunda metade do século XI.* A perseguição oficial aos cátaros incluiu uma série de medidas repressoras em relação às heresias, em geral. Por exemplo, o Concílio de Tours (1163), além de anátemas contra os hereges, afirmou não ser aceitável a passividade de autoridades religiosas e civis frente a eles. No concílio de Verona (1184), foi publicado um documento sobre erradicação das heresias, delineando algumas bases do direito inquisitorial, a exemplo da abjuração, do princípio da culpabilidade, da delação generalizada e do recurso ao poder secular para inflição dos castigos ao condenado. Inocêncio III, em 1199, emitiu um decreto incluindo o confisco dos bens e a definição da heresia como crime de lesa-majestade, punível com a morte. A perseguição aos cátaros foi oficializada pelo papa Inocêncio III, ao instituir a Cruzada Albigense no ano de 1209. Era lançada a semente da Inquisição.

Já foi assinalado que, desde o início dos tempos, certas M se destacavam por sua habilidade em dominar a magia e em curar doenças, com o uso de plantas e benzimentos. Esse saber era muito antigo; estava ligado às religiões primitivas, ao poder de divindades femininas: a Deusa-mãe, a Mãe-terra que presidiam a sexualidade, a fertilidade, a natalidade de humanos, dos animais e plantas. As Deusas dotavam suas representantes de poderes específicos de magia, de cura e do dom da profecia[17] que vigorou no paganismo, no Judaísmo e no Cristianismo dos primeiros tempos.

Com a consolidação do patriarcado e principalmente por força da Igreja, as M representantes das deusas perdem grande parcela de poder e são transformadas em magas e pitonisas e na evolução natural delas próprias, em curandeiras, benzedeiras, herbolárias, fabricadoras de sortilégios, feiticeiras, parteiras e médicas do povo. Todas elas foram personificadas na bruxa que a Inquisição perseguiu e sentenciou à morte.

A bruxaria era preocupação da Igreja desde o início porque superstição, adivinhação, conjuros, curandeirismo, feitiçaria e poções integravam o balaio do paganismo numa convivência pacífica com grande variedade de deuses e deusas. A religião do Deus único imediatamente se incompatibilizou com essa promiscuidade. A caça às bruxas movida pela Inquisição foi uma medida contra o paganismo e uma guerra contra as M e seus poderes de cura, contra sua magia e sua suposta insubordinação ao patriarcado, uma vez que suas ações desafiavam a orientação da Igreja. Parteiras, curandeiras e congêneres, assim como as sacerdotisas do poder tradicional e popular, não eram vistas com bons olhos pelo poder constituído e menos ainda pelo clero. A suspeita que pairava sobre elas foi agravada quando a peste dizimou populações inteiras, em meados de 1300. Igreja, autoridades civis e médicas se uniram para apontar a doença como castigo divino, devido aos pecados. As curandeiras e assemelhados eram parte disso. As doenças, a esterilidade da terra, a esterilidade feminina, a fome, a seca, as tempestades, tudo foi ligado à natureza da M porque, sem dúvida, recebia ajuda do Diabo, unindo-se a ele para desencaminhar os H e acabar com o mundo. Ela trazia o Mal por ser filha e herdeira da Eva concupiscente, fonte do pecado original, instrumento do Diabo. Identificada como perigosa agente de Satã, a M foi diabolizada pela Igreja.

A primeira investida oficial do papado contra a bruxaria foi em 1326. Uma bula do papa João XXII (1244-1334) condenava a feitiçaria como heresia e dava aos inquisidores poder de perseguir os que supostamente praticavam bruxaria e renegavam a fé. Ninguém ousava defender um acusado: a própria dúvida em relação à existência das bruxas e aos seus malfeitos era considerada heresia, crime punível com a morte.

---

[17] No tempo antigo, a profecia não era vista como simples adivinhação nem pertencia àquilo que chamam magia ou superstição. Acreditava-se que os deuses/deusas escolhiam seres privilegiados por intermediários, e as mulheres se adequavam ao papel. Hulda, Débora, Jesabel e Míriam são profetisas citadas no Antigo Testamento. O Novo Testamento faz referência à profetisa Ana, em *Lucas* (2,36).

A Bruxa

Segundo o *Dicionário Houaiss, bruxa* é a mulher que tem fama de se utilizar de supostas forças sobrenaturais para causar malefícios, perscrutar o futuro e fazer sortilégios; feiticeira; mulher velha e feia.

Segundo o *Dicionário Ideológico Feminista, bruxa* é a mulher que, segundo a visão popular, tem pacto com o Diabo e faz coisas extraordinárias por seu intermédio. Esse dicionário amplia o conceito de bruxa, explicando que ela se contrapõe à fada, a imagem ideal de feminilidade. Por suas qualidades, sua aparência e seus atos, essa transgressora se distancia do modelo feminino do patriarcado. É malvista e perseguida porque desafia os códigos patriarcais; ousa conquistar e exercer o poder (mágico), poder este que tanto a Igreja quanto o H comum temiam, invejavam e não podiam controlar: um poder feminino fora de alcance.

Ao modo das deusas pagãs de todas as culturas, as bruxas estavam ligadas à natureza, à fertilidade e à fecundidade, intrinsecamente relacionadas à sexualidade. Então, parece que a bruxa fabricada pela Igreja foi construída sobre a imagem das deusas que dominaram o Oriente e o Ocidente, porém destituída de seu lado benéfico, de sua ligação com a vida e o sagrado. *A Igreja sataniza a bruxa e o pacto que supostamente ela faz com o Diabo. Neste pacto ele outorga a ela poderes sobrenaturais cujo objetivo é a vingança contra o cristianismo e o homem* (BARROS, 2001, p. 353).

No início, as acusações de bruxaria eram dirigidas às M que atendiam doentes e fabricavam remédios à base de ervas, geralmente feias, velhas, rudes, analfabetas, correspondendo, no imaginário popular, à imagem estereotipada da M maligna, condizente com a função de bruxa. Em pouco tempo, M jovens, belas, ricas, letradas também passaram a ser acusadas e condenadas. As jovens ou as belas, porque eram imagem do Diabo para melhor tentar os H; as ricas, porque a riqueza era coisa do Maligno; as letradas, porque receberam tal conhecimento de Satã.

Na Inquisição, a M funcionou ao modo de *bode expiatório*[18] para os padres. Além de recuperar e reafirmar o poder da Igreja, foi um evento catártico da misoginia clerical, calcado no medo do pecado, da M, do sexo e de Satã. Eram H cultos, mas supersticiosos: eles acreditavam firmemente no

---

[18] Segundo o *Dicionário Houaiss, bode expiatório* é um bode que, na antiga Israel, uma vez por ano, era cumulado com todas as impurezas e culpas de que se pretendia libertar a comunidade; após, era atirado de um penhasco. Por extensão, pessoa ou coisa sobre a qual se fazem recair a culpa de outros; pessoas ou coisas a quem se imputam ódios, reveses, frustrações e desgraças, e que, por isso, devem ser punidas.

Demônio e suas estripulias. A Igreja como instituição, por ânsia de dominar as consciências e por ânsia de mais poder temporal e espiritual, chancelou a perseguição, a tortura e a morte de M, aos milhares.

Heresia

Desde seus primórdios, a Igreja defrontou seus cânones com dois problemas de adesão: heresia e paganismo.

Segundo Luz *o herege, sem deixar o horizonte da fé, constitui um tipo de dissidente ideológico, propositor de crença dissonante daquela oficial e ortodoxa*. A luta da Igreja contra crenças consideradas heréticas foi se exacerbando, e, no século II, as seitas gnósticas já eram alvo de perseguição. Ainda segundo Luz, no ano 407, a heresia, antes punida com a excomunhão, passou a crime de lesa-majestade, cujo castigo era a morte, segundo o Código de Teodósio. Teodósio era imperador, então essa parece ser a primeira referência do poder político legislando a favor da Igreja. Também *Justiniano I, governante do Império Romano do Oriente, entre 527 e 565, instituiu o confisco dos bens e a pena capital aos hereges através das leis de Justiniano*, selando, de alguma forma, a relação promíscua entre Igreja e Estado (LUZ, 2011, p. 271-272-274).

Conforme Barros 2001 (p. 350), a bruxaria é uma heresia diferenciada por representar ruptura com a Igreja: implicava oblação das feiticeiras ao Diabo, estabelecendo um pacto com ele, renegando a fé católica; era também um crime de lesa-majestade divina, uma escolha radical e deliberada com o objetivo de perder o H e destruir a obra de Deus.

Paganismo e bruxaria

Com o reconhecimento do Cristianismo na condição de religião oficial do Império Romano sob Constantino, no ano 380, o paganismo foi estigmatizado ao modo de um sistema de crenças em que dominava a magia, o Mal, e seus deuses e deusas identificados com o Diabo, porque tudo que não fosse referendado pela Igreja seria considerado demoníaco.

No paganismo, a benzedeira, a curandeira e a raizeira eram elementos de destaque. A perseguição de que foram alvo tem tudo a ver com suas atividades, porque essas M se destacavam pelo poder do benzimento, pelo conhecimento das propriedades curativas, venenosas, afrodisíacas e alucinógenas das plantas. Elas tinham imenso poder: presidiam o início da vida na condição de parteiras, preservavam a vida com sua medicina rudimentar e presidiam a morte, pois quem se propõe a curar, em algum momento, vai deparar com o fracasso de sua medicina. É provável que as experiências da curandeira tenham matado muita gente, visto não haver outro modo de conhecer o poder curativo das plantas. Ainda hoje, a cura e a intoxicação mortal são determinadas pela dosagem. Dessa aura de poder, brotaram os mitos de que a arte das curandeiras também poderia interferir na libido de H e M. Não é de admirar que elas enveredassem por esse caminho, fabricando "filtros do amor". Podem ter sido bem-sucedidas, pois é sabido que grande parte das disfunções sexuais são de natureza psicológica ou emocional. O "filtro" atuaria ao modo de muleta ou placebo, numa época em que a repressão sexual beirava à loucura. Neste contexto, de curandeira a bruxa, foi um passo. A solução de problemas de saúde já colocava a curandeira sob suspeita. No momento em que transpôs a barreira da saúde para a cura de disfunções sexuais, o maior tabu da Igreja foi violado. É bom lembrar que os clérigos mantinham um controle rigoroso da vida sexual das pessoas, tanto das solteiras quanto das casadas, particularmente das M.

Os diferentes autores que tratam da Inquisição apresentam divergências quanto ao início daquela perseguição religiosa, devido à interpretação de fatos históricos que a antecederam, ao modo de política de Estado. Por exemplo: *A semente da Inquisição veio a lume em 1208, com a autorização do papa Inocêncio III (1160-1216) e desenvolvida com o massacre sistemático dos hereges albigenses no sul da França* (THOMSON, 2010, p. 189).

A inquisição foi um sistema de tribunais patrocinados pela Igreja Católica, visando a julgar, punir e suprimir os hereges. Seu surgimento é geralmente fixado em 1231 com a promulgação da constituição apostólica *Excommunicamus* do papa Gregório IX (1145-1241). Antes desse documento apostólico, em 1215, no 4º Concílio de Latrão, o papa Inocêncio III convocou a Igreja para lutar contra os cátaros, considerados hereges, embora fossem cristãos. Os cátaros discordavam de muitos postulados da Igreja e por não se retratarem foram considerados hereges e condenados à morte na fogueira. Era o prenúncio da Inquisição (LUZ, 2011, p. 270-271).

Por séculos, a Igreja vinha fazendo vista grossa ante o sincretismo da religião cristã com o paganismo e suas superstições, mas, em 1326, o papa João XXII emitiu a bula *Super Illius Specula*, ponto de partida para a repressão institucional da bruxaria, cujo desfecho histórico é a Inquisição. Nesse documento, depois de os teólogos terem fomentado a histeria em massa com a ideia de relações sexuais entre aquelas e o demônio, a heresia foi equiparada à bruxaria, admitindo que suas práticas implicavam pactos demoníacos e infidelidade à fé cristã. Mas foi a *Bula das Feiticeiras* (1484), do papa Inocêncio VIII, que oficializou essa superstição, tornando-a real, ao afirmar que, além de causarem impotência, feiticeiros e feiticeiras realizavam fornicação com o demônio (RANKE-HEINEMANN, 1996, p. 250). Esse é o eixo do manual dos inquisidores em que se afirmava que a M se transformava em bruxa, selando o pacto com Satã por meio de intercurso sexual.

Num período de 158 anos, ou seja, de 1326 a 1484, nove papas emitiram nove bulas reafirmando ser a bruxaria uma heresia e orientando como lidar com esse fato. Começou com João XXII mudando a tipificação de superstição para heresia. Seguiram-se Bento XII (1280- 1342), Gregório XI (1329-1378), Martinho V (1369-1431), Eugênio IV (1383-1447), Nicolau V (1397- 1455); Pio II (1405-1464) denunciou a necromancia; mas foi realmente com Sisto IV (1414-1484) que as denominadas feiticeiras passaram a ser vistas como integrantes de uma sociedade de bruxas. A sorte das curandeiras e congêneres foi selada com a bula de Inocêncio VIII, em 1484, confirmando a existência da bruxaria e das bruxas em parceria com o demônio. Da bula *Summis Desiderantis Affectibus* nasceu o *Malleus*, o Manual da Inquisição.

Malleus

O livro *Malleus Maleficarum* (*O Martelo das Feiticeiras*) *é um manual de ódio, tortura e morte, no qual o maior crime é cometido pelo próprio legislador ao redigir a lei. As vítimas não deixaram testemunhos. É a própria sanha dos legisladores, cuja loucura os levou a expor orgulhosamente seus crimes para a posteridade* [...], pondera Carlos Amadeu B. Byington, no prefácio da obra (KRAMER, 1991, p. 20).

O *Malleus* descreve a influência e o domínio do Demônio sobre as feiticeiras, a forma de identificar a feitiçaria e estabelece normas para julgá-las e puni-las. Foi a obra mais devastadora da época, tendo condenado muitos milhares de pessoas à morte, principalmente M.

As superstições e os mitos em torno da bruxaria somados à bula papal instalaram o terror na população e possivelmente no clero. Abriu-se espaço à perseguição implacável quando Kramer e Sprenger, monges dominicanos alemães, publicaram o *Malleus*. Este manual analisa minuciosamente a questão: *por que Deus conferiu ao Demônio maior poder de conjurar contra o ato sexual e não contra qualquer outro ato humano?* A resposta está em Tomás de

Aquino. Reportando a Aquino, Josef Fuchs (1912-2005), em 1949, meados do século passado, explica: *Em vista do papel desempenhado pelo poder sexual na transmissão do pecado original, Tomás determina que o vínculo do sexo é de forma especial o reino do demônio* (RANKE-HEINEMANN, 1996, p. 246).

Conforme Barros, as M chamadas bruxas, pelo pacto com o Diabo, possuíam um sinal. No caso de acusação de bruxaria, essa marca era procurada para comprovar o delito. Um médico, com uma agulha fina e longa, espetava todo o corpo da acusada ou do acusado, à procura da marca. Começava pela cabeça, mas os lugares preferidos eram o saco escrotal, as dobras do prepúcio e o canal anal, nos homens; nas mulheres, eram os seios, a vulva, a vagina e o ânus. A marca era prova incontestável do pacto, afirmavam padres, médicos e magistrados. Se achassem algo, era a prova; se não, também era uma prova da capacidade de o demônio e o bruxo/bruxa de ludibriar e enganar.

A pessoa era condenada do mesmo modo. Procurar a marca permitia que o corpo fosse desnudo e os pelos raspados; fosse minuciosamente espetado, olhado, tocado e manipulado nas partes mais íntimas e sensíveis. Essa procura deveria propiciar o inenarrável prazer de manusear, junto da assistência igualmente excitada, o corpo do H com suas dobras e reentrâncias e o da M com os seios, as particularidades externas da genitália e a vagina úmida e escura. Proporcionava o gozo, o prazer sádico de humilhar e causar dor a esse ser voltado à luxúria, ao pecado, culpado de todos os males do mundo e de toda a perdição do H. (BARROS, 2001, p. 360-361). Era o *voyeurismo* institucionalizado e a masturbação em grupo.

Entre 1450 e 1650, tornou-se exacerbada a perseguição às chamadas feiticeiras. A responsabilidade pela satanização da M e pela caça às bruxas recai sobre os H da elite: os padres, os magistrados e os médicos. Durante séculos, a presença do Diabo e da bruxa fez parte dos tratados jurídicos, teológicos, médicos e demonológicos; fez parte da tradição, dos sermões dominicais e da memória coletiva. A bruxa diabólica, pura invenção de teólogos, papas e juristas católicos, contaminou a sociedade por inteiro, a ponto de crianças confessarem sua adoração e pacto com o diabo, como registrado por Barros (2001, p. 374-380).

Foi Tomás de Aquino quem criou os pressupostos da ética sexual cristã e desenvolveu a crença supersticiosa no poder do Demônio de tornar o H impotente e a M estéril. *A fé católica nos ensina que os demônios [...] podem prejudicar os seres humanos e até mesmo impedir as relações sexuais*, conforme

Ranke-Heinemann (1996, p. 242). Ainda hoje, surpreende que Aquino, um H inteligente e erudito, acreditasse e defendesse ferrenhamente uma superstição, um mito, e a partir dele, criasse um arcabouço teológico envolvendo a M, o Demônio e a feitiçaria que redundou na Inquisição.

As sucessivas bulas publicadas pelos papas a partir de 1326 deixam claro que a Igreja sabia da crença da população em bruxaria e dos boatos de todos os tipos sobre as atividades mágicas de bruxos e bruxas. O papa Inocêncio VIII, por meio da bula *Summis Desiderantis Affectibus* (1484), nomeou dois padres alemães, James Sprenger (1435-1495) e Heinrich Kramer (1430-1505) como inquisidores. Eles são os autores do M*alleus Maleficarum* (*O Martelo das Feiticeiras),* que orientava minuciosamente como lidar com o crime de feitiçaria e com as feiticeiras. Uma das bases era a anticoncepção provocada pelos sortilégios das bruxas. Outro aspecto do livro era insistir na tese de que, entre as mulheres suspeitas, as bruxas parteiras ultrapassavam a todas as demais em ações vergonhosas. A questão XI do *Malleus* (Kramer, 1991, p. 155), trata do assunto: *Que as bruxas parteiras matam, de várias maneiras o concepto ao nascer; ou provocam o aborto; ou fazem a oferenda de recém-nascidos aos Demônios.* A matança foi generalizada: entre três mulheres executadas, uma era parteira.

No livro *Malleus* são desenvolvidas três bases de acusação. A primeira, matar crianças sem batismo para agradar o Demônio e aumentar o número de almas no seu reino. A segunda base, impedir a concepção, e a terceira, qualquer modalidade de contracepção era considerada assassinato punível com a morte.

Nessas três bases de acusação, encaixavam-se tanto o perfil da curandeira quanto da parteira. Foi assim, visando a quem supostamente estava envolvido com bruxaria – herege, no entender da Igreja –, que a Inquisição tomou fôlego. Depois disso, qualquer M poderia ser acusada de bruxaria. Invariavelmente, ela seria presa, julgada e condenada. Segundo os padres, a bruxa carregava toda a peçonha da serpente e todo o mal da Eva maldita, determinada a levar para o reino de Satanás todos os H; com suas poções, encantamentos, conjuros, benzimentos, tencionava usurpar o poder do próprio Deus. O ato de vingança da Igreja, antes dirigido à determinada categoria, passou a punir o suposto erro de Eva em qualquer M.

Tanto a *Bula das Feiticeiras* quanto o *Malleus* estão baseados na afirmação de Tomás de Aquino, requentada pelos padres, sobre os amores diabólicos de íncubos e súcubos e é por aí que os autores explicam a questão de existirem mais bruxas que bruxos. *Toda bruxaria tem origem na cobiça carnal, insaciável nas mulheres, porque para saciar sua lascívia copula até mesmo com demônios* (Kramer, 1991, p. 121). Por isso, tanto o *Malleus* quanto a Inquisição tinham por objetivo punir a sexualidade e a M; Asmodeus era o Diabo cuja tarefa seria fazer o pacto diabólico com ela: *O verdadeiro diabo da fornicação, o soberano dessa abominação, é Asmodeus* (Kramer, 1991, p. 93), o mesmo demônio citado no Livro de Tobias.

Justificar o sentenciamento preferencial das M deu oportunidade aos dois autores do *Malleus* desenvolverem em profundidade sua visão distorcida do feminino; são celibatários e conhecem a fundo as ideias de Agostinho, Alberto Magno e Tomás de Aquino. Fazem a urdidura do coro teológico sexista da Igreja com todos os demais difamadores das M, baseados em teorias tais como as de Aristóteles, "do maior teor de água no corpo feminino", que, segundo tal princípio, as tornaria "inconstantes e não confiáveis", ideia consolidada e comum na teologia (RANKE-HEINEMANN, 1996, p. 251).

Kramer e Sprenger (1991) cospem calúnias a respeito das lágrimas das mulheres: *quando uma mulher chora, está urdindo uma cilada. Quando uma mulher chora está querendo enganar um homem* (q6, p. 116). Mas não chorar também não ajuda. É sinal de culpa e bruxaria: artifício do demônio.

Os dois padres acham motivo de condenação até da voz feminina: *"Mentirosas por natureza, seu discurso a um só tempo nos aguilhoa e nos debilita, [...] como canto da sereia, que seduz e depois mata"* (q6, p. 120)

A ideia de relações sexuais diabólicas teve terríveis consequências não só para as feiticeiras, mas também para muitas crianças, supostamente filhas do demônio: as crianças trocadas ao nascer. O livro *Malleus* afirma que *outra coisa terrível que Deus permite é o roubo de crianças que são tomadas das mulheres, enquanto estranhas crianças são colocadas no lugar pelos demônios. Algumas estão sempre doentes e choram muito.* Crianças com deficiência física ou mental eram incluídas no grupo de filhas de Satã.

Se tudo o que se referia à sexualidade os prepostos da Igreja sentiam verdadeira comichão para escarafunchar e legislar, agora existe algo concreto, susceptível de prova, sob tortura naturalmente. Segundo o *Malleus*, a M copula com o demônio e em seu corpo é possível descobrir a marca do pacto demoníaco, e tanto a sensibilidade quanto a insensibilidade às espetaduras dos inquisidores são sinal inequívoco.

É trágica a imagem de celibatários reprimidos, carentes, ávidos de sensações, interrogando, tocando, espetando M suspeitas de pactuar com demônios e de se deitar com eles na mais deslavada sem-vergonhice. Aqui se encaixa a velha fábula de Esopo, *A Raposa e as Uvas*. A raposa desdenhava as uvas maduras que não alcançava, afirmando estarem verdes e passava ao largo. Igual à maçã do paraíso, essa uva é inalcançável, é interdita ao clérigo. Os padres se encontravam diante de M nuas, objeto de seu desejo mais abjeto, que latejava em crescente ansiedade. Não conseguiam passar ao largo, indiferentes. A oração, a água benta, o jejum, a mortificação, a flagelação, o cilício entrando na carne. Ai! Quanta dor para aplacar a ansiedade e o desejo. Ensinaram-lhes um último recurso: ordenar ao demônio, aquele mesmo que tentou Eva no paraíso e a Cristo no monte, com toda a autoridade que a Igreja lhes conferia: *Vade-retro, Satanás*! Em vão. Satanás não ia, pois esse tipo de demônio só ouve a voz do instinto que, quanto mais sufocado, mais esperneia e grita.

Assim sendo, se todos os recursos para conjurar o demônio eram inócuos, eliminando a M, a fonte do Mal, o poder demoníaco seria destruído naturalmente. O celibato venceu a razão. *Inquisitoris fiat est.*

A matança preferencial de M na Inquisição assentava-se em seis premissas, conforme o *Malleus*:

a. o Demônio, com a permissão de Deus, procura fazer a maior quantidade de males possível aos H, para se apropriar de mais almas;

b. este mal se processa por meio do corpo, único domínio do Demônio;

c. foi pela sexualidade que o primeiro H pecou, portanto é a sexualidade o ponto vulnerável de todos os H;

d. por serem as M essencialmente ligadas à sexualidade, tornam-se as agentes preferenciais do Demônio.

e. a primeira e maior característica, o que dá o poder às feiticeiras, é copular com o Demônio, daí se deduzindo que ele é o senhor do prazer;

f. uma vez selado o pacto, a feiticeira se torna capaz de causar todos os males, especialmente a impotência masculina, mas também estraga as colheitas, provoca tempestades, pesteia rebanhos, provoca abortos; impede a concepção, provoca a morte de nascituros, faz oferenda de crianças a Satanás, patrocinando todo e qualquer mal que possa afligir uma pessoa (KRAMER, 1991, p. 15-16).

Por mais de três séculos, o *Malleus* foi a bíblia na banca dos inquisidores em todo julgamento. O massacre feminino na Inquisição afetou e ainda afeta a vida de muitas M. O horror as silenciou. Até pouco tempo, elas aceitavam a domesticidade, pensando que ambição e ânsia de conhecimento por parte de uma M transitariam no reino de satanás, por isso interdito a elas. O saber medicinal feminino caiu na clandestinidade ou foi apropriado pelo poder médico, em expansão nas universidades.

Acusação

Se a M fosse apanhada nas redes da Inquisição, não tinha defesa. A feitura do Manual demonstra que a intenção não era prender, processar e julgar uma infratora com equanimidade, mas condenar e matar, inexoravelmente. Para obter esse resultado era justificável iludir, mentir, engambelar, simular, dissimular, aterrorizar e torturar. A orientação era clara:

> O juiz deverá usar de sua capacidade de persuasão para induzi-la a contar a verdade. Caso contrário, que ordene aos oficiais que a amarrem e a coloquem num aparelho de tortura, mas sem demonstrarem satisfação, antes mostrando-se aparentemente perturbados pela tarefa. No entanto, se nem as ameaças nem as promessas a levarem a confessar a verdade, a bruxa deverá ser examinada com pouca ou muita violência; enquanto estiver sendo interrogada sob cada um dos pontos (da denúncia), que seja submetida à tortura com a devida frequência. O juiz não deve se apressar a usar os meios mais violentos. (KRAMER, 1991, q.14, p.432)

Aqui o juiz é instruído a ir cozinhando a acusada em fogo brando, sem trocadilho e sem graça nenhuma. As instruções prosseguem:

> Se após a devida sessão de tortura, a acusada não confessar a verdade, ser-lhe-ão mostrados outros aparelhos que ela terá de suportar [...] Se então não for persuadida a confessar pelo terror, a tortura deverá prosseguir pelo segundo e o terceiro dia. No intervalo entre as sessões, o juiz deverá tentar persuadi-la a contar a verdade [...] fazendo-lhe a promessa de que sua vida será poupada. (KRAMER, 1991, q14, p. 432-433)

O tribunal da Inquisição era o horror em estado puro. Se confessasse, era bruxa e a fogueira era seu destino. Se não confessasse, era submetida a todo tipo de humilhação ao seu pudor; a todo tipo de desrespeito a seu corpo e a sua intimidade; a todo tipo de tortura. Aterrorizada, silenciava. Aterrorizada, não chorava, o que também não ajudava a sua causa, pois os autores do *Malleus* afirmavam:

O motivo da incapacidade de derramar lágrimas talvez esteja no fato de que a graça das lágrimas é um dos principais dons concedidos ao penitente. Mas poderia objetar-se que é possível que convenha à astúcia do demônio, com a permissão de Deus, deixar que uma bruxa chore, já que o luto, as tramas e os engodos chorosos são notoriamente próprios das mulheres (KRAMER, 3, q15, p. 435)

Há instruções precisas para o interrogatório: *[...] os cabelos e os pelos devem ser raspados de todo o corpo, pois para conservarem o poder do silêncio as bruxas têm o hábito de esconder objetos supersticiosos nas roupas e nos cabelos, até mesmo nas partes mais secretas do corpo, cujo nome não nos atrevemos a mencionar* (KRAMER, 3, q15, p. 437).

Tanto pudor têm os autores que não se atrevem a nomear a genitália feminina. Mas, hipocritamente, autorizam, mandam que se futrique lá mesmo, onde o leitor está pensando. Autorizam que se escarafunche até a última dobra, que se masturbe mentalmente, que transforme a sessão de um tribunal numa sessão privada de *voyeurismo* doentio.

Entretanto, qualquer que fosse o resultado dessa violação, a M seria invariavelmente condenada à morte. Se a vergonha a deixasse paralisada, era por intervenção demoníaca. Se reagisse, se resistisse, também o demônio estava no comando para dissimular a realidade. Se chorasse, queria enganar os juízes; se não chorasse, era porque o demônio estava lá, firme, desafiando os inquisidores com a maior desenvoltura. E o inacreditável: assim acontecia sempre com a permissão de Deus. Aí cabe uma pergunta interessante: de que lado estava Deus? Facilitando a atuação de seu oponente, aumentando-lhe o poder, ou ao lado de seus filhos diletos, os prelados cheios de zelo?

Também no Brasil-colônia chegou o braço da inquisição. Em Pernambuco, em 1762, o comissário do Santo Ofício recebeu uma denúncia de Mariana Cavalcante e Bezerra de que Maria Cardosa "benzia madres" e que sua escrava Bárbara "curava madres" (DEL PRIORE, 2012, p. 107-109). E no *Dicionário Mulheres do Brasil*, está registrado o nome de 26 mulheres perseguidas pelo Santo Ofício.

Provavelmente, a Inquisição represente o fato histórico mais difícil de compreender, desafiando qualquer tentativa de minimizar, desculpar, perdoar, particularmente por ter sido patrocinada por uma agremiação religiosa contra a outra metade da humanidade, notoriamente mais frágil.

Na Igreja Católica, a figura demoníaca perdeu força e os horrores da Inquisição ainda assombram grande parcela da sociedade ocidental. Entretanto, em pleno século XXI, a crença no poder do demônio ainda faz vítimas e ainda queima pessoas regredindo à Idade Média. A imprensa registrou.

Correio Braziliense (18.01.17, p. 22) – *Tortura: começa julgamento de mãe e pastora.* A justiça do DF começa a definir o caso da menina de 7 anos mantida em cárcere privado pela mãe e pela pastora evangélica. Estava desnutrida e com anemia aguda. A criança reclamou que a mãe e a pastora ficavam falando que ela era um demônio.

Correio Braziliense (01.03.17, p. 11) – *Nicarágua: mulher é lançada na fogueira.* Vilma Trujillo, de 25 anos, morreu na madrugada de ontem, 6 dias após "ritual de exorcismo" liderado por um pastor evangélico. Segundo ele, a mulher estaria endemoniada e deveria ser purificada pelo fogo.

Ao modo de um exercício de reflexão, considerar o ponto de vista do padre celibatário de outrora em relação ao feminino: ter que lidar com a força avassaladora do instinto sexual cego; ter que lidar com metade da humanidade que o rodeava: as Evas malditas. Os padres eram atraídos para elas tal a mariposa para a luz, o metal para o ímã. Juntar desconhecimento do feminino e a repressão do instinto sexual foi fatal para as M e, em certa medida, também para os H.

Por isso, vestindo a pele de um padre celibatário de outrora, é factível compreender, sem justificar, a virulência do corpo eclesiástico contra as M. O padre reprime o instinto sexual o tempo todo e a visão da M que passa, o coleio do corpo, as formas, o cheiro, os rótulos de "serpente maldita", "perdição". Não. Não pode ser. Quanto mais reprime, mais o instinto grita, mais acossa, mais indomável se apresenta.

O padre pressente ser o instinto sexual uma força cega que tende inexoravelmente à satisfação e ao alívio. Entretanto, ele não consegue admitir que a atração feminina, tão perturbadora, é a mesma força instintiva que fustiga e lateja em seu próprio corpo, manifestada de forma diferente. É inerente à mulher. Essa atração independe dela.

Aí o padre celibatário deixa crescer o desprezo por este ser frágil e banal, que só pelo andar acorda todas as suas secretas vulnerabilidades: que seu poder de "ligar o céu e a terra" é mentira; que sua superioridade espiritual é falsa; que este Deus oferecido aos fiéis não é bondade, é vingança que não se sacia nunca. Que este ser frágil é filha da Eva maldita lá do início dos tempos, cuja desobediência ainda alimenta a ira contínua de Deus e espalha o pecado e a perdição no mundo. Ele não consegue compreender que esta criatura, aparentemente tão poderosa, é realmente frágil ante o poder masculino. Por medo, despeito, vingança, o padre ergue a mão, mas não abençoa, condena.

Com a Inquisição a Igreja pensou ter conseguido, literalmente, a ferro e a fogo, destruir a Eva maldita e com ela a serpente do Mal, na expectativa de que a M jamais se erguesse das cinzas. Expectativa errada. Embora não seja a fênix mitológica, a M renasceu, sim. Ergueu-se tímida, é verdade, porém mais viva que nunca; simplesmente mais Eva que no início dos tempos. Pensando e transgredindo, como deve ser.

Devagar, pensando e transgredindo, as M foram desenvolvendo competências, habilidades e talentos em diferentes áreas e rompendo pouco a pouco os estereótipos da maldade e da inferioridade impostos ao longo da história humana. A transgressão representa somente o passo adiante no curso natural das coisas. Representa a quebra paulatina das resistências do patriarcado no sentido de que a M venha a ocupar os espaços de poder que lhe forem devidos por competência e mérito.

Sentença

Para reflexão de H e M, parte da sentença de condenação da feiticeira à morte pelo fogo, extraída integralmente do livro *Malleus Maleficarum* (KRAMER, 1991, parte 3, questão 30, p. 489-490).

E sinceramente antes e ainda desejamos que retornasses à Santa Igreja e que afastasses de teu coração a pérfida heresia, para que pudesses salvar a tua alma e preservasses o teu corpo e tua alma da destruição no inferno; e usamos de todo o nosso empenho, mediante vários recursos para te converter à salvação; mas te entregaste ao teu pecado e foste afastada e seduzida pelo espírito do mal, e preferiste a tortura e o tormento tenebroso e eterno do inferno, e que teu corpo temporal fosse aqui consumido pelas chamas, em vez de dares ouvidos aos melhores conselhos e renunciares aos teus erros pestilentos e amaldiçoados, em vez de retornares ao seio misericordioso da Santa Madre Igreja. Pelo que, como a Igreja de Deus nada mais pode fazer por ti, tendo feito tudo o que estava a seu alcance para converter-te, nós, o bispo e os Juízes indicados para esta causa em prol da fé, aqui no Tribunal, a julgar na condição mesma de Juízes, tendo perante nós os Sagrados Evangelhos para que nosso julgamento seja como que a expressão da vontade de Deus e para que nossos olhos vejam com equidade, e tendo perante eles tão somente a Deus e a honra da Santa Fé Católica, neste dia e lugar e nesta hora, designados para que ouvisses a tua sentença derradeira, pronunciamos nosso julgamento do caso, perante ti aqui presente perante de nós, e te condenamos e te sentenciamos como verdadeira herege reincidente e impenitente, e como tal serás abandonada à justiça secular, e mediante esta sentença definitiva te expulsamos como herege reincidente e impenitente de nossa Corte eclesiástica e te entregamos e te abandonamos ao poder do braço secular da Lei; orando para que a Corte secular abrande ou modere a sentença de morte que pronunciará contra ti. Esta sentença foi exarada [...]

PARTE II

Feminino e Sociedade

CAPÍTULO VII

MATERNIDADE

Segundo o *Dicionário Houaiss*, *maternidade* é o estado, a qualidade de mãe; laço de parentesco que une a mãe a seu filho.

A economia do verbete coloca a maternidade nos devidos limites: o fenômeno biofisiológico da concepção e parição. Os acréscimos a este fato advêm da cultura, da religião e do patriarcado.

Algumas ideias sobre maternidade

1. Em geral, o homem reage à gravidez de modo ambivalente; fascínio, agressividade e necessidade de fuga se alternam para grande decepção da mulher que esperava ser aliviada e consolada em seus medos e incertezas ou por achar que tem o direito de ser adorada e protegida (PATTIS, 2000, p. 64).

2. A incompatibilidade do casamento/maternidade com a vida profissional foi e continua sendo uma das construções sociais mais persistentes. É difícil escapar da força da mitologia cultural que promove o culto da domesticidade e da maternidade como vocação natural da mulher.

3. Há pouco tempo eram raras as mulheres que acreditavam poder viver bem sem filhos e mais raras ainda as que confessavam viver mal a maternidade e lamentar a experiência (BADINTER, 2011, p. 173).

4. Era comum o abandono de bebês e em 787 foi fundado em Milão um dos primeiros orfanatos conhecidos (THOMSON, 2010, p. 164).

5. As crianças são altivas, desdenhosas, iradas, invejosas, curiosas, interesseiras, preguiçosas, volúveis, tímidas, intemperantes, mentirosas, dissimuladas; riem e choram facilmente; têm alegrias imoderadas e afeições amargas sobre assuntos mínimos; não querem sofrer o mal e gostam de fazê-lo. Já são homens (*La Bruyère*, em RÓNAI, 1985, p. 223)

6. O que fazer com uma criança? Todo mundo a adula, mas ninguém a quer (MAIER, 2008, p.111).

7. O desejo inconsciente de poder, às vezes, pode levar a uma gravidez indesejada e ao aborto, se as fantasias e expectativas não se cumprirem, principalmente se o objetivo for a gravidez (poder), e não o filho (encargo) (PATTIS, 2000, p. 64).

Mesmo hoje, alguns seguimentos da sociedade, na contramão da realidade, ainda apregoam que a única forma de realização feminina é ser mãe. Não é. O modelo é muito pobre. Há muitos outros aspectos da feminilidade não contemplados na solicitude e nos cuidados requeridos pela maternidade, "determinados" por um instinto. Não existe este instinto. Não existe este determinismo. O modelo idealizado sufoca todo o poder criativo e realizador da M. No período arcaico, a realização feminina era atendida pela fusão da mulher-pessoa na mulher-mãe. Este era todo o universo feminino. O desenvolvimento da sociedade tornou esta concepção ultrapassada. Entretanto, para boa parcela de H e M, a maternidade ainda é a essência da feminilidade. Sob este aspecto, a ideia de que a maternidade não seja uma escolha, mas apenas um consentimento num destino inexorável tem raízes profundas. Um exemplo é a decisão da M que se faz fecundar com sêmen de um doador anônimo, conduta aceita socialmente.

A maternidade começa com a concepção, cujo fruto é a criança. No século XVIII, em:

> [...] 1780, o tenente de polícia de Lenoir (França) constatou que das 21.000 crianças nascidas anualmente em Paris apenas 1.000 eram amamentadas pela mãe, outras 1.000 teriam amas de leite residentes. As outras 19.000 eram enviadas a amas de leite mercenárias desconhecidas (BADINTER, s/ data, p. 19)

É uma estatística. É um fato: há pouco mais de 200 anos, o *instinto materno* não existia; cuidados maternos eram considerados um grande embaraço e deveriam ser afastados.

Igreja e criança

Até o século XVII, a visão dominante da infância na teologia e na pedagogia era que a criança carregava a maldição. Esta visão era alimentada pelo mito do pecado original e da concupiscência de Eva, daí decorrendo a malignidade intrínseca da criança, fruto de árvore podre. O equívoco da malignidade da mãe passada ao filho tem raízes na interpretação e na formulação de Agostinho (354-430) sobre a M e o sexo. Em *Confissões* (p.12-13), ele clama aos céus: *[...] eu fui concebido em pecado e em pecado me criou minha mãe. Quando eu, vosso servo, tenho sido inocente, sem pecado?* E em *Cidade de Deus*, Agostinho, ainda reportando ao pecado original, vê a infância como o mais forte testemunho da condenação lançada sobre os H. Ele afirma que a infância evidencia a natureza corrompida, ignorante, apaixonada e caprichosa do homem. Até o século XVIII, a criança tem a seu desfavor duas premissas: representa um estorvo para a família, e mais grave, no ranço das ideias de Agostinho, a criança é um cacho de maldades. Qual poder ou quem poderia contrapor, contradizer, contra-argumentar a visão distorcida da humanidade por parte da Igreja? Não é de admirar que, com certa frequência, a sociedade e a família rejeitassem as crianças, as mandassem para a casa de amas mercenárias. Se ficassem na família em sua educação seria utilizada severidade extrema. O rigorismo, em relação à criança, à família e à educação advindas das ideias agostinianas, prevalente até o século XVII, teve o contraponto das ideias do Iluminismo[19], criando a ponte de transição da seara religiosa para o campo das ideias, deslocando o eixo da educação dos ensinamentos da Igreja; o Iluminismo arejou a cultura e influenciou fortemente a concepção de mundo; houve um esforço para ajustar a visão da criança à realidade: o ser demoníaco nada mais era que alguém imaturo, necessitado de orientação e proteção.

Iluminismo e criança

Antes do Iluminismo, a percepção era de a criança ser um fardo para muitas famílias. Algumas pela condição de pobreza; outras porque desorganizava a vida conjugal e afetava a vida social de H e M. Para o casal, o controle da natalidade era bem complicado, mas se livrar da criança, não. Foi daí que surgiram as amas de leite[20]. A prática se generalizou com o agravante de a criança ser levada para a casa de ama desconhecida e os pais nem se davam o trabalho de verificar em que condições ela iria viver.

---

[19] O Iluminismo foi um movimento intelectual e filosófico que dominou e influenciou o mundo das ideias na Europa, durante o século XVIII. Centradas na razão, as ideias iluministas defendiam a liberdade, o progresso, a tolerância, a fraternidade, o governo constitucional, a separação Igreja-Estado; combatiam a monarquia absolutista e os dogmas religiosos; davam ênfase ao método científico para obtenção de conhecimento. O Iluminismo influenciou diretamente a Revolução Francesa.
https://pt.wikipedia.org/wiki/iluminismo

[20] O hábito de contratar ama de leite é bem antigo na França. A abertura da primeira agência de amas em Paris data do século XIII. Visava a atender à aristocracia, quase exclusivamente. A prática foi se generalizando, chegando a haver escassez de amas partir no século XVIII (BADINTER, s/data, p. 55).

Esse estado de coisas levou a sociedade a reagir: em 1708, o médico-parteiro Philippe Hecquet (1661-1737) preparou uma lista dos deveres da boa mãe e por volta de 1750 já havia massa crítica para compreender e empreender a mudança de mentalidade dos pais em relação aos filhos, fermentada pelos agentes culturais, a Ciência e a Filosofia. Em 1762, Rousseau publicou *Emílio, ou da Educação*: uma síntese das novas ideias, criando um conceito de família baseada no amor materno. As ideias de Rousseau jogaram a mãe no outro extremo: da mãe relapsa e indiferente exigia-lhe o amor incondicional e sacrificial.

As implicações das ideias desse filósofo repercutirão nos séculos seguintes por meio dos agentes sociais que obrigarão a M a ser tão somente mãe, num papel artificial, irreal, fabricado, fermentado e requentado no caldeirão do patriarcado. Mudanças essenciais não se fazem sem exageros, extrapolações, depurações. Assim, a criança-estorvo se transforma em senhor absoluto da mãe: seu corpo, seu tempo, sua identidade e todos os momentos de sua vida. No auge do processo de sacralização da maternidade, anula-se a M e emerge a mãe.

Nas idas e vindas, nos ajustes que os agentes sociais vão tecendo em torno da maternidade a M paga, sozinha, o alto preço das mudanças. O H não sofre alteração na sua rotina. Houve até benefícios: o novo papel da mãe confinou a M em casa. Ela, uma propriedade do marido, passou a ser também a serviçal; o acesso à educação ainda precário foi duramente golpeado e a possibilidade de autonomia, extinta. Seu horizonte, que já não era largo, passou a ser os filhos, o marido, as panelas, a casa. As M espernearam o quanto puderam, mas, nesse nível da dominância patriarcal, as funções femininas foram delimitadas na tríade casa, cozinha, criança.

Construção do mito

Até o século XVII, condições históricas, sociais e fatores culturais levaram as M, em particular as de melhor condição econômica, a negligenciar a maternidade, vista ao modo de transtorno tanto para o pai quanto para a mãe. Em geral, os cuidados impostos pela maternidade eram rejeitados. *Ocupar-se de uma criança não é nem divertido, nem elegante* (Badinter, s/data, p. 82). Esta visão se encaixa bem no perfil da M francesa do século XIII e seguintes, de classe abastada, que desfrutava de certa liberdade, fazendo e recebendo visitas, frequentando ópera e teatro, indo a bailes, jogando cartas. Geralmente, tinha alguma instrução. Este perfil feminino não era muito diferente em outros países da Europa, afirma Badinter.

Após 1760, as pressões advindas dos agentes sociais empurraram a M para o cuidado dos filhos e do lar. Começa aí a construção do mito do instinto materno ou do amor espontâneo, natural, intrínseco, de toda mãe pelo filho e passa a ser um valor social e cultural. Atrelada à valorização da maternidade, veio a valorização da mãe. A maternidade e por consequência a mãe são colocadas no pedestal. Foi desse modo que os agentes sociais e a Igreja conseguiram manter as M ocupadas com fraldas e panelas, sem tempo, disposição e incentivo para pensar. Os argumentos para convencer as M da excelência da maternidade foram edulcorados, santificados, repisados, requentados, reembalados, consecutivamente, por dois séculos. Tanto empenho dá a entender que o tal *instinto materno* intrínseco, natural, irresistível e prazeroso não tem a dimensão que lhe é dada. É menos, muito menos, provado, na prática, pelas M. O efeito colateral: incensaram demasiado a mãe e alienaram o pai.

A nova mãe

Rousseau foi um dos intelectuais do século XVIII que revolucionou os costumes relativos à maternidade, às relações conjugais e à educação. Entretanto, em relação ao papel feminino, sua reformulação foi rasa. Devolvendo-a ao lar e exigindo a assunção da maternidade compulsória de modo absoluto, deslocou-a para o cuidado exclusivo do filho e do marido com a anulação de si própria. Em *Emílio*, Sofia deverá ser educada para satisfazer os desejos do marido e suprir as necessidades dos filhos.

Ao longo dos séculos, pensadores e outros agentes sociais expuseram ideias semelhantes baseados em Rousseau. Médicos encamparam as proposições; a Igreja avalizou.

A misoginia e o sexismo dos postulados de Rousseau prestaram um desserviço às M, confinando-as ao lar. No Brasil e em muitos países do mundo, seu pensamento embolorado ainda dita regras para o comportamento das M. Um ranço cultural difícil de extirpar: mesmo na União Europeia, ainda existem essas "peças de museu". Por exemplo:

Correio Braziliense (Mundo, 28.10.04, p. 26) – *Italiano diz que lugar de mulher é em casa.* Futuro dirigente da União Europeia adia votação da equipe de comissários após declarações machistas do candidato à pasta da Justiça. O conservador italiano Rocco Buttiglione, indicado a comissário para a pasta de Justiça e Liberdade, declarou: a homossexualidade é um pecado e a família existe para permitir à mulher fazer crianças e ser protegida pelo marido.

A partir do século XVIII a situação da subserviência feminina alterou pouco, mesmo com a avalanche de mudanças carreadas pelo Iluminismo e pela Revolução Francesa (1789). E ainda no século XX, o pressuposto ideológico do *instinto materno*, tão caro a Rousseau e seus seguidores, é definido no Larousse, edição 1971, como *uma tendência primordial que cria em toda mulher um desejo de maternidade que, uma vez satisfeito, incita a mulher a zelar pela proteção física e moral dos filhos* (BADINTER, s/data, p. 10). Esta definição é muito recente: 1971 está logo ali.

Daí se depreendem dois aspectos: no primeiro, o sentimento materno é transformado em instinto, uma força cega e incoercível que incita o organismo a atendê-la, sem remissão. O segundo aspecto, determinista, é um impulso ínsito em toda M normal. Aquela que não se encaixa é desviante da norma.

Em relação às M, a Revolução Francesa surpreendeu. O pacote esposa-mãe-dedicada avançou sob outra perspectiva. A nova visão da mulher dedicada ao marido, ao lar e ao filho não combinava com a imagem de Eva, identificada pela Igreja com a serpente diabólica, ou seja, o Mal. Os H agora lidam com uma M, não com o diabo. Nesta contraposição à Igreja, o modelo revolucionário se afasta da Eva primordial e, paradoxalmente, se aproxima de Maria, o protótipo de M e mãe casta, submissa e sacrificial. Sob este ângulo, a M é mero joguete no sutil embate entre a religião e a nova ordem. É verdade que deixou de ser demônio, mas a mudança continha uma armadilha: empurrava a M cada vez mais para o fundo do lar, a um nível de exigência e perfeição impossíveis de alcançar. Decretou a anulação do ser feminino pensante, com aspirações próprias de liberdade, autonomia e realização. E, ao longo do século XIX e parte do XX, ela foi doutrinada ao modo de alguém talhada para o lar, a maternidade e o sacrifício. Este valor estava suficientemente integrado ao modo de verdade inconteste na sociedade daquela época e ainda respinga na de hoje.

Culpa Materna

Na alvorada do século XX, a ideia de felicidade consolida-se, em contraposição ao vale de lágrimas apregoado pela Igreja. Sobre os ombros da M são colocados mais dois pesos: o da educação das crianças e a imensa reponsabilidade de propiciar a felicidade dos filhos, do marido, da família. Se o filho é grosseiro, preguiçoso, inepto, inclinado ao vício, a culpa é da mãe; se for bem-sucedido, geralmente é mérito do pai. A sobrecarga subjacente para a M e a mãe, desencadeada pela teoria de Freud (1856-1939) – a culpa materna no malogro da educação –, era algo entrevisto e pressentido pelas M. O cerco vai se fechando. Agora, porém, tem o aval da Ciência. Sob este prisma, as ideias de Freud e Rousseau representam a culpa ancestral revisitada. A Eva primordial cometeu pecado: passa a ser culpada por todos os males do mundo. Embora o pecado antigo tenha saído de moda, a culpa imputada à M, não. Há pecados novos. A mãe, digna filha de Eva, dá à luz um filho destrambelhado; ou a família se desencaminha, ela é culpada. A Modernidade substituiu o tipo de pecado e o inculpador. Antes eram Deus e a Igreja. Agora são a Filosofia e a Ciência pelas ideias de Rousseau, Freud, Mead e seus seguidores. A Eva é a mesma.

Aproximadamente 150 anos separam a teoria de Rousseau e a de Freud. Rousseau teoriza sobre a maternidade e os cuidados com a criança de modo contundente, com certeza e eloquência quase impossíveis de contestar. Ainda não existiam estudos sobre as necessidades do sujeito nas diferentes fases da vida; sobre as consequências da maternagem no desenvolvimento e equilíbrio emocional do indivíduo na infância e na adultidade. Na maternagem estaria o substrato da culpa materna.

As ideias de Rousseau, compartilhadas por seus contemporâneos e sucedâneos, atingiram o ser feminino também numa vertente insuspeitada. Deu novo alento ao machismo e ao sexismo e a teoria psicanalítica azeitou a roda da misoginia: esmagou a M contra si mesma. As teorias sobre a maternidade, transformadas em verdade científica, anularam o ser feminino em nome do pai, do filho e do lar. Com a exaltação da maternidade, o pai foi excluído. Seu papel se restringia a fornecer o sêmen e a prover. A maioria não reclamou.

Contexto

Ao contextualizar a criação do mito do amor materno, engendrado em meados do século XVIII, constata-se que a sociedade e os agentes socioculturais se movimentaram num espectro propício a mudanças. O foco desse movimento opera três eixos: a política, a economia e o cidadão. Assim, o mito da maternidade sublimada foi forjado não somente porque a criança foi reconhecida um ser frágil necessitado de proteção e cuidados por parte de quem a gerou, mas isto representa ínfima parcela da verdadeira razão de tanto empenho. O Estado e os agentes sociais perceberam que a criança cuidada e protegida podia ser um bom negócio. O investimento renderia força de trabalho para gerar riqueza; soldados para compensar perdas de guerras; padres e freiras para a glória de Deus. Havia, portanto, um cálculo econômico, militar, social e religioso no empenho de convencer as M de seu relevante e insubstituível papel de cuidar e velar pelos filhos. Mulheres descuidadas, indiferentes, relapsas, rejeitadoras não conseguiriam realizar a contento a tarefa de parir, amamentar e criar futuros cidadãos para girar a economia e fazer a guerra. Assim, os agentes sociais precisavam, a qualquer custo, recolher as M ao lar e empurrá-las para a maternidade compulsória.

Neste balaio de ideias, necessidades e resistências, Rousseau, embora não tenha testado a própria receita – seus cinco filhos foram mandados para amas de leite –, propôs um novo modelo de M: esposa, do lar e mãe extremosa que amamenta, cuida e se sacrifica até o osso por seu filho. Na esteira das ideias de Rousseau toda a sociedade se empenhou em implantar a nova mãe. As M estranharam, espernearam. A maioria, mesmo relutante, embarcou no canto da sereia que prometia alegrias, doçuras, incensos, pedestais: os agentes sociais acenavam com as chupetas. Em contraposição às chupetas havia um saco de maldades recheado de ameaças: doenças, loucura, desprezo dos parentes, abandono pelo marido, condenação social e até a morte.

Rá! É isso o que estava reservado às preguiçosas, teimosas, recalcitrantes que se negassem a cumprir sua principal e natural tarefa de gerar, nutrir, educar os filhos, cuidar do lar e do marido, num ato sacrificial de autoanulação.

Acossadas pelos novos tempos, a maioria das M aderiu à nova ordem por medo das represálias. Não só. Enxergaram ganhos no autossacrifício. A parideira percebeu a oportunidade de ser alguém; ser valorizada e reconhecida socialmente. O perfume do incenso vinha de todos os lados: da Igreja, da família, da sociedade; dos moralistas, dos cientistas, dos médicos. *Padecer no paraíso*, quem se importa se for a *rainha do lar*? Ela tem agora um reinado pífio, mas é um reinado. Ela tem um naco de poder minúsculo, mas é poder. Antes, não tinha nem isso.

Pensando bem as M foram beneficiadas pelas mudanças. É verdade que as novas tarefas requerem uma dose considerável de sacrifício e aprendizagem. É também verdade que ela é obrigada a se recolher a insignificância ainda maior, mas aprende a lidar com o orçamento doméstico; aprende a orientar e comandar pessoas. Para cuidar da casa e dos empregados e, principalmente, para educar os filhos precisa ter mínimo acesso à educação, embora direcionada, fracionada, controlada, ainda assim, educação.

REFLEXÕES SOBRE AUTONOMIA FEMININA DA EVA PRIMORDIAL AOS DIAS ATUAIS

A visibilidade do papel materno tirou a M do ostracismo social. Esta visibilidade vai levar, por vias tortas, aos movimentos feministas séculos depois. Então, de que reclamam certos pensadores, a exemplo de Montesquieu, Holbach, Condorcet e outros? De que reclamam intelectuais, feministas e M, em geral? Reclamam da negação e até da supressão de direitos; do não exercício da inteligência e da criatividade, embotadas por tarefas emburrecedoras, rotineiras e cansativas. Reclamam do não acesso à educação, porque quem não estuda não pensa, não debate, não experimenta, não tem aptidão para atuar no mundo lá fora. Reclamam que os anseios de realização pessoal foram ignorados. Elas também reclamam do confinamento no lar, sem acesso a instâncias de poder, bem conveniente aos H. Estas interdições acentuam, brutalmente, a dicotomia sexual. O H agindo no mundo exterior, na política, nos negócios, nas instâncias de poder; a M fica no comando da casa, com os filhos, o ponto de apoio e a retaguarda, para que ele brilhe. O esperneio de M e intelectuais de todos os tempos, a exemplo de Olympe de Gouges (1748-1793), no século XVIII, a Simone de Beauvoir (1908-1986), no século XX, e outras tantas serviram de mote para as ironias dos H. As que ousavam contrariar as premissas do patriarcado eram epitetadas, destratadas, desrespeitadas; suas ações eram criticadas, ideias e argumentos desconsiderados. Foram necessários 200 anos, o mundo dar muitas voltas em avanços e recuos no Direito, na Política, na Educação e na Economia para que as M recuperassem a sua voz e pudessem colocar a nu os mecanismos de opressão a elas impostos, em nome da trindade perfeita: o pai, o filho e o lar.

Nas primeiras décadas do século XX, o cenário começa a mudar com os movimentos democráticos envolvendo os direitos das minorias, abrindo espaço para o movimento das M na segunda e terceira ondas do feminismo. É contraditório que elas, sendo maioria, tiveram de se apoiar no movimento das minorias para ter alguma voz e conseguir alguma mudança. Ainda hoje, 200 anos depois, o modelo Rousseau-Freud ainda ecoa, mesmo não fazendo sentido numa sociedade plural, ciosa de direitos e deveres delineados dentro de uma democracia relativa entre os gêneros. A criança ainda é o centro do núcleo familiar, mas o poder exacerbado da mãe perde força e parte dele se desloca para a figura do pai.

Com relação à Igreja, esta poderosa instituição sempre defendeu as ideias da supremacia masculina em relação à M, agindo na sombra, em proveito próprio. Assim, percebendo a ligação natural do feminino com o sentido de transcendência, a Igreja se apropriou desta característica e passou a direcionar as transformações do papel da M, dando cada vez mais ênfase ao aspecto religioso de cada ato feminino, reforçando a ideia de submissão e sacrifício. O culto à figura de Maria, com todo o simbolismo de maternidade, bondade, submissão e pureza, foi veementemente incentivado. Surgiu o marianismo, movimento que exalta o modelo da superioridade espiritual da M. Ary cita a definição de Stevens:

> *O marianismo é o culto da superioridade espiritual feminina, que considera as mulheres semidivinas, moralmente superiores e espiritualmente mais fortes do que os homens. Esta força espiritual engendra a abnegação, quer dizer, uma capacidade infinita de humildade e sacrifício* (ARY, 2000, p. 72).

O autossacrifício exigido da mãe até há pouco tempo estava acima da condição humana, mas era o desejado porque tal modelo aproximava a mulher de Maria, a bendita entre todas. A maternidade sacrificial conduziria a M à santidade, a redimiria e a distanciaria da Eva primordial, a maldita. Quando se combinam a vocação masoquista da M com a redenção do pecado e o pedestal da santidade prometidos pela Igreja, o véu se rompe. A fronteira entre o Eu e o Outro esgarça-se. Perdem-se a identidade e a singularidade. A M deixa de ser pessoa para ser mãe. Nada mais.

Imbuído da ideia do masoquismo feminino, Winnicot (1896-1971), pediatra e psiquiatra britânico, descrevia que a mãe normalmente devotada é aquela não apressada, atenta a todas as necessidades do filho, mas isso não era suficiente. Para que a maternagem fosse bem-sucedida, era necessário, além do devotamento pleno, que a mãe encontrasse prazer em exercê-la, sem o que tudo é morto, sem utilidade e mecânico. Da devoção plena e do prazer extraído da trabalheira que um recém-nascido impõe dependem a integridade e a futura saúde mental do filho. A coleira sufoca cada vez mais a mãe: devotamento, sacrifício, trabalheira e prazer. É a receita da culpa; esses ingredientes não têm afinidade. Entretanto, os teóricos não se embaraçam. Justificam e reforçam esse modelo de maternagem com o estereótipo do masoquismo feminino. Assim, ficam explicadas e justificadas todas as proposições absurdas dos teóricos da maternidade. Analisando a dicotomia que perpassa todas as coisas e todos os fatos, se a boa mãe se encaixa no modelo, ela se anula. Se não se encaixa, é a mãe má, engolida pela culpa. Não se encaixar no modelo será considerado uma anormalidade. Neste modelo, o pai é a figura mítica, distante, inabordável, reforçando a dicotomia dos papéis sexuais: mulher-casa, homem-mundo.

Mística Feminina e culpa materna

A mística feminina, tema do livro de Beth Friedan, tem origem nas teorias freudianas vulgarizadas, encampadas e veiculadas pela imprensa num eco das vozes de professores e intelectuais. Os teóricos, os moralistas e demais agentes sociais deturparam e usaram à larga as teorias freudianas do masoquismo e da passividade. A mística se atrelava à noção de natureza feminina, cujo eixo é a maternidade, assentada num instinto profundo de ninho. Esta perspectiva afastava a M, definitivamente, do mundo exterior: ou seja, interditava sua participação nos assuntos públicos; impedia o acesso à educação e a conquista de uma profissão significativa, anulando toda possibilidade de autonomia.

O ninho é o símbolo perfeito para a consolidação dessa doutrina: é circular, não tem emendas, não tem brechas por onde escapar; é redondo, onde se anda em círculo, sem sair do lugar; quando olha, vê-se uma nesga de céu, não um horizonte largo; o espaço é clara e rigidamente limitado. Há uma defasagem descomunal entre as teorias da maternidade cantadas em prosa e verso e a vida real das M.

Quando Freud desenvolveu sua teoria da passividade e masoquismo femininos como intrínsecos, baseou-se nas diferenças entre os sexos. Com uma visão falocêntrica, ignorou os fatores socioculturais que permeiam a experiência feminina desde o berço. Foi o mesmo erro metodológico cometido por Rousseau. O apregoado masoquismo feminino é uma falácia misógina. Nunca existiu. Hoje, as M podem se recusar a sofrer, por exemplo, recorrendo à analgesia no parto, buscando amenizar as cólicas menstruais, buscando ajuda profissional para resolver conflitos emocionais.

Ao contrário do que pensa certa parcela de H, as M não gostam de apanhar, nem de serem agredidas, nem de serem furadas a faca, numa prova inequívoca de que agressão e dor as repugnam tanto quanto a eles. E o que dizer do ódio das M violadas ou brutalizadas sexualmente? São anormais porque o seu *masoquismo intrínseco* não se manifesta, fazendo-as saltar de alegria e agradecer ao seu violador?

Parecem negar o instinto materno e a falácia do masoquismo feminino os depoimentos de mulheres-mães, citados por Badinter (s/data, p. 296). Pena que a autora não registrou depoimentos de M que se sentiram gratificadas com a maternidade. Elas existem e são numerosas.

Segundo Badinter, os depoimentos foram extraídos de *Psychologie des Mères*, de B. Marbeau-Cleirens, editado em 1966.

1. Os filhos são um fardo, eles nos consomem a vida.

2. Há dias em que daríamos tudo para não tê-los; mataríamos todos eles.

3. Durante anos vivi apenas para o dever, a tal ponto que já nem sequer sabia o que me agradava.

4. Os filhos me sugam; há dias que preferiria ficar sozinha comigo mesma.

5. Certos dias sinto-me tão esgotada que o que me impede de bater neles é saber que isso não mudaria nada e que ainda pioraria coisas.

6. A mãe é uma vaca leiteira que se ordenha sem parar até que se esgote.

7. Meus filhos me sugaram. Já não me resta uma gota de vitalidade.

8. Se não passou por isso, não pode imaginar o que pode ser essa solicitação contínua.

E aí, cadê o *instinto materno* natural e irresistível? Cadê o *masoquismo intrínseco*? O que pensar de depoimentos tão contundentes? É admirável a coragem dessas M em expressar com tanto vigor a frustração no desempenho do seu papel. Mostra que, já em 1966, os estereótipos e os mitos acerca da maternidade estavam começando a trincar, publicamente.

Surpreendentemente, na contramão da ânsia por autonomia, algumas M trilham o caminho inverso:

Revista Veja (14.07.2010, p. 98-101) – *Elas estão de volta ao Lar*. Com bom currículo e trajetória ascendente, um crescente grupo de brasileiras chama a atenção por deixar o emprego para cuidar dos filhos, na contramão das gerações anteriores. O principal motivo alegado por elas diz respeito à sensação de não conseguirem incumbir-se da dupla tarefa.

Tanto para as que deixam a profissão e optam pelos filhos quanto as que continuam trabalhando a despeito da dupla jornada, há luz no fim do túnel; há esperança para as M. A autenticidade está a caminho. Mulheres reais, maternidade real. Bom para o pai, bom para a mãe, melhor para o filho. Badinter assinala: *O amor materno não é instinto, nem inerente a todas as mulheres. É um sentimento e como tal, essencialmente contingente* (s/data, p. 306).

Sim, a Natureza dotou as M de condições para desenvolver o amor materno. Essa constatação é um alívio, uma libertação. Humaniza a mãe, reeduca e aproxima o pai. O amor materno e o amor paterno se encontram e se completam para que o filho receba todo o cuidado de que eles forem capazes. As diferenças dos papéis sexuais atenuam-se e deixam de dividir pai-mãe para aglutinar a pater-maternidade em benefício de ambos e do filho. *Ecce homo* que se transmuta em pai.

Desconstrução do mito

Séculos rolaram na esteira do tempo, acalentando o *instinto materno* e o *masoquismo* ínsitos. Os agentes sociais não querem perceber que o mundo mudou. A contragosto, a cultura admite que, em relação ao instinto materno, algumas M não se encaixam. Assim sendo, a maternidade se configura um sentimento que, além de biofisiológico, é também psicoemocional. Retirando o peso das premissas socioculturais e religiosas, a maternidade se apresenta na condição de experiência feminina imperceptivelmente matizada. Quando visto sob essa ótica, a mãe despe a camisa de força e se sente livre para expressar seu amor, mas também sua decepção, por exemplo, estas jovens e corajosas M que, na contramão do esperado, vêm a público, em pleno século XXI, externar o que sentem e o que pensam acerca da maternidade:

Revista Veja (06.04.16, p. 88-91) – *Chega de padecer no paraíso*. Ganha força entre as mães de bebês pequenos, o hábito de expor sem culpa as agruras da maternidade. Os relatos ajudam as mães a lidar com uma das fases mais conturbadas da vida e a mais impregnada de tabus.

1. Eu me sentia uma péssima mãe, por não conseguir amamentar e ainda tinha que lidar com a privação total da minha liberdade. Não há conto de fadas na maternidade. (Stella Salton).

2. A maternidade é incrível, mas é tudo muito trabalhoso. (Mariana M.M. Martins).

3. Sempre quis ser mãe. Mas quando minha filha nasceu, pensei: é essa a maternidade de que falam? Antes tinha tempo para cuidar de mim, agora meu banho dura minutos contados. É muito difícil. (Juliane Amador).

Isso não quer dizer que essas M não amem seus filhos. Elas expressam, com toda a franqueza, que grande parte do glamour da maternidade é mito, que elas sentem cansaço e frustração, sim; que filho é algo muito trabalhoso, que exaure as energias, não por um dia, uma semana, mas por meses, anos. Elas são corajosas, elas são verdadeiras e ajudam outras M a perceberem que o que sentem é natural e não é nenhum pecado, nem transforma a mãe na madrasta dos Contos de Fada. Os sentimentos expressos por essas mães mostram a M real, plenamente consciente de seus sentimentos, de suas limitações e frustrações, sem deixar sua condição de mãe. E o mais importante: sem culpa. Essa nova mãe ajusta o mais possível o ponteiro de sua vida, desejando ser a mãe mais adequada para aquele filho. Sob tais perspectivas, o amor materno – ele existe, sim – se matiza em cada mãe e em cada filho, dentro de suas singularidades. Tais singularidades negam o instinto cego e humanizam o mais significativo ato feminino: conceber, parir, acolher, cuidar de um novo ser na extraordinária trajetória humana.

Desconstruindo o mito da maternidade e seus enleios, Corinne Maier, no livro *Sem Filhos* (2008), coloca algumas ideias que despem com toda a crueza o falso glamour da maternidade. Eis o resumo de cinco:

1. Não ter filho é uma escolha, e não um defeito.

2. As alegrias do parto são uma propaganda enganosa. O parto está longe de ser algo agradável.

3. Os profissionais da infância insistem: amamentar é o máximo. A experiência diz outra coisa: amamentar é uma escravidão; a mãe está sempre disponível para o recém-nascido; adequável e escravizável à vontade de outrem.

4. Deve-se reconhecer que as tarefas emburrecedoras da maternidade são um tremendo freio para desfraldar as asas do pensamento. Não é provável surgir algo novo limpando bumbum, dando mamadeira, tomando tabuada do filho;

5. A falácia do novo "pai participativo" que troca uma fralda aqui, dá um banho ali, uma mamadeira uma vez ou outra, mas, quando se trata de sair com os amigos ou da vida profissional, não sacrifica um grama: seja para ir à reunião da escola ou levar o filho ao médico. (MAIER, 2008, p. 19, 27, 31,132,134)

No livro *O Conflito: a mulher e a mãe*, Badinter (2011) analisa os conflitos que as mudanças na sociedade a partir do movimento feminista têm apresentado à M, particularmente quanto à maternidade e ao exercício de uma profissão.

No final dos anos 1970, providas dos meios de controlar a reprodução, houve uma revolução no conceito de maternidade, dando origem a muitos tipos de mães. A tradicional se dedica inteiramente aos filhos e se sente gratificada. Em maior número, há aquelas que querem ter filhos e exercer uma profissão. Há M que não os quer absolutamente; optam por investir na carreira profissional e sentem-se realizadas no trabalho. Há a M infértil que quer um filho a qualquer custo. Entretanto, a sociedade não perdoa: tanto as que não querem filhos quanto as que os querem a todo custo são malvistas e, geralmente, enfrentam censura e hostilidade por parte da sociedade e do Estado. Ambos possuem meios sutis de punir a M "rebelde", que não cumpre o seu dever (BADINTER, 2011, p. 20).

Por que se tem filhos? É possível deduzir que a consideração racional das vantagens e desvantagens da empreitada influencia muito pouco a decisão. Esta parece basear-se mais em questões afetivas e nas expectativas culturais.

Hoje, o casal tem liberdade de decidir se quer ter filho ou não. A maior responsabilidade cabe à M, porque a criança pode representar realização ou obstáculo. Badinter considera que poucos casais avaliam os benefícios e os sacrifícios da maternidade. A ilusão ofusca a realidade. Os futuros pais esperam só amor e felicidade; ignoram a outra parte, feita de esgotamento, frustração, solidão e até mesmo de alienação com seu cotejo de culpas.

Mesmo na contemporaneidade, parece que casamento e maternidade prejudicam as M e beneficiam os H, no sentido de que a injustiça doméstica, embora atenuada, permanece no que diz respeito aos cuidados da casa e dos filhos. É comum a insatisfação da M aumentar após o nascimento de um filho, em razão das demandas e do esgotamento físico e mental. Casamento e maternidade também costumam gerar custo elevado na evolução da carreira profissional e à remuneração femininas, sem computar a restrição à vida social, a viagens e a lazer. Não é por acaso que a taxa de natalidade tem caído na maioria dos países.

A autorrealização, motivação dominante da contemporaneidade, em geral, não comporta o modelo de maternidade idealizado e coloca a mãe no centro de três contradições. A primeira é social: os defensores da família tradicional desaprovam as mães que trabalham e as empresas censuram suas licenças. A segunda contradição diz respeito ao casal. A presença da criança desfavorece a vida amorosa: a dedicação exclusiva da mãe exclui o pai; o cansaço, a necessidade de sono, os sacrifícios que a criança impõe esmorecem a relação conjugal. A terceira contradição reside no íntimo de cada M, particularmente daquelas que se sentem divididas entre a dedicação exclusiva ao filho e a vida pessoal. A criança desejada como fonte de realização torna-se um obstáculo para essas mães atenderem a seus anseios.

Para o bem dela própria, do filho e do pai, há cada vez mais M conscientes de sua frustração e desapontamento, buscando ajuda profissional; e mais M optando conscientemente pela não maternidade.

Antimaternidade

A opção pela não maternidade apresenta, em geral, três caminhos: no primeiro, a M quer estudar e desenvolver uma carreira profissional de alta performance, em que não cabem fraldas e panelas. No segundo, a M quer se dedicar à Ciência; quer repartir seus achados de pesquisa em benefício do maior número possível de pessoas. Neste caso, também não há espaço para um filho. No terceiro, a M opta pela não maternidade no intuito de aproveitar a vida e experimentar tudo que ela possa oferecer em termos de diversão, prazer e novidade. Diferentemente daquelas que identificam feminilidade com maternidade, um número cada vez maior de M opta pela não maternidade. Para estas, ser mãe não representa realização pessoal, nem comporta a essência da feminilidade. Elas não apenas rejeitam; também *consideram as obrigações ligadas à maternidade dessexualizantes, logo, desfeminilizantes. A maternidade é associada a sacrifícios, à perda da identidade feminina* (BADINTER, 2011, p. 188).

Optar por não ter filhos ainda é um tabu, embora a mídia trate o assunto com naturalidade. Por exemplo:

Revista Veja (10.06.15, p. 68-77) – *A casa agora é deles*. Pesquisa do IBGE revela que, no Brasil, o número de famílias que criam cachorros é maior do que famílias que têm crianças. Causas demográficas e econômicas mostram que o fenômeno, similar ao de países ricos, vai se acentuar.

O mundo ficou melhor para as M. Livres das peias do sexo-reprodução e maternidade-realização-pessoal, estão mais bem-informadas e menos bobas: deixaram de acreditar que "padecer no paraíso" era seu destino. Descobriram que podem viver no paraíso, sem padecer nadinha, sem fraldas, choros e noites mal dormidas a perder de vista. E aquelas que, mesmo conscientes do peso, decidiram arriscar, contam, sem constrangimento, que a maternidade tem compensações, sim, mas tira a liberdade e parece que os ganhos não compensam as perdas. A mídia registra:

Correio Braziliense (Coisas da Vida, 12.03.02, p. 1) – *Nem pai, nem mãe.* Na década de 1950 as M casavam muito cedo e tinham filhos entre 18 e 25 anos. Hoje, um número maior de brasileiras quer crescer profissionalmente, conquistar independência, ter tempo para romance e viagens, sem as responsabilidades de mãe de família.

Revista Veja (29.05.13, p. 114-122) – *Filhos? Não obrigada*. O grupo de brasileiras que diz não à maternidade encabeça uma revolução de costumes que já começa a mudar a cara do país. Para a maioria das mulheres altamente escolarizadas, a maternidade não tem apelo algum. A profissão está em primeiro plano, seguido de mais especialização, viagens, lazer. Na vida desta mulher, não há espaço para filho. Elas optam pela não maternidade. As pesquisas do papel dos hormônios e outras substâncias químicas vieram corroborar a ideia de alguns pesquisadores sobre certos mitos, por exemplo, a maternidade como essência da feminilidade. As descobertas do efeito da oxitocina contribuíram para separar a maternidade da essência feminina, destaca a revista.

Embora muitos duvidem, a Ciência veio provar que o tão apregoado instinto do amor materno, ínsito e irresistível, não passa do hormônio oxitocina.

Interessante: os países mais afetados com a queda da fecundidade e pela rejeição da maternidade são aqueles em que a conjunção de dois fatores freia o impulso da M que pensa em ser mãe. O primeiro é o modelo social de "boa mãe", inatingível e escravizador; e o segundo é a ausência de uma política familiar coadjuvante. Três países, Alemanha, Itália e Japão, de fortes tradições patriarcais, têm o papel maternal supervalorizado a ponto de nele absorver toda a identidade feminina. Os três países oferecem uma imagem mítica da mãe sacrificial e todo-poderosa. Boa parcela de suas M recusam o casamento e a maternidade. Por exemplo, as japonesas:

Revista Cláudia (janeiro de 2012, p. 122) – *Liê – As japonesas rejeitam o casamento*. Elas desejam viver a vida, ganhar mais dinheiro, estudar e livrar-se de maridos que não ajudam no trabalho de casa. Quanto mais escolarizada e com dinheiro, menos a japonesa quer se amarrar, desmotivada pela tradição da esposa só dona de casa em tempo integral. A tradição manda abrir mão do trabalho e priorizar o cuidado da família, incluindo o pacote sogro e sogra. As japonesas rejeitam essa vida. Sem medo de ser feliz, estão se divorciando mais, relata o periódico.

Na maioria dos países ocidentais, certa parcela das M também não quer se identificar com a mãe admirável do mito. Nem querem se ver prisioneiras de um papel que as condena à prisão domiciliar. Por isso, recusam conscientemente a maternidade, sabendo que são malvistas e lidando como podem com a censura da sociedade.

O sentido da maternidade

Ao engravidar, a M se torna coadjuvante de Deus? Segundo certas crenças, sim. Por isso, ela se torna sagrada. Considerada apenas do ponto de vista biológico, a gravidez iguala a M a qualquer fêmea de mamífero que respira sobre a terra. Entretanto, do ponto de vista psicológico, sendo o ser humano dotado de razão, emoção e sentimento, a maternidade tem um significado diferente. Despindo os aspectos míticos, místicos e culturais, a maternidade se converte em responsabilidade. Esta responsabilidade vai ser expressa pelos cuidados da maternagem, pelo aconchego, pelo carinho, pela aceitação dos encargos que o filho requer. Na esteira desses encargos, a M desenvolve a capacidade de renúncia, a sensibilidade, a empatia pelo outro; a doação, o vínculo e o amor. Essas novas facetas do ser feminino parecem representar o principal ganho para quem se torna mãe.

Entretanto, para algumas M, e em determinados contextos, a maternidade não apresenta ganho algum, mas transtorno. Se não houve cuidado em relação à contracepção, livrar-se do embaraço aponta diretamente para o aborto.

CAPÍTULO VIII

CONTRACEPÇÃO E ABORTO

Segundo o *Dicionário Houaiss*, *contracepção* é o conjunto de métodos que visam a evitar, de modo reversível e temporário, a fecundação de um óvulo por um espermatozoide, ou, quando há fecundação, evitar que ocorra a nidação do ovo; anticoncepção.

Maternidade é concepção. O lado luminoso, festejado, desde o homem primitivo. A contraparte, o "erro" é a anticoncepção, o impedimento, a negação da possibilidade de criar uma vida.

Ao longo da trajetória humana, do ponto de vista da sociedade, gravidezes sucessivas eram importantes em função da mortalidade infantil e geração de um herdeiro. Em tais circunstâncias, a família numerosa era desejável. Os métodos mais comuns para o controle da natalidade eram o aborto puro e simples, o coito interrompido e o infanticídio

Contracepção e Igreja

A anticoncepção era e continua sendo condenada pela Igreja em função de o pecado rondar o desfrute da sexualidade. Por isso, a contracepção ainda é um espinho cravado no coração da teologia e as ideias aqui expostas tratam particularmente da posição da Igreja Católica frente ao controle da natalidade.

Agostinho (354-430) entrelaçou e atou o Cristianismo com o desprezo ao sexo. Associou o pecado original ao prazer sexual, tese que desempenhou significativo papel em seu sistema de redenção. Para Agostinho, só Cristo estava livre do pecado original, por ter vindo ao mundo numa concepção virginal. Suas ideias ainda regem boa parte da teologia cristã e fundamentam a condenação dos contraceptivos artificiais em encíclicas dos papas Pio XI (*Casti connubii*, 1930), Paulo VI (*Humanae vitae*, 1968) e João Paulo II (*Familiaris consortio*, 1981). A contracepção exerceu papel importante no controle da castidade conjugal, sobretudo a partir de Agostinho.

Para a Igreja, a contracepção é assassinato, tendo integrado a lei canônica até 1917. Eram considerados contracepção os unguentos e as poções, mas também certos tipos de coito: interrompido, anal e oral. As penas para os três últimos eram muito severas. As sentenças estabelecidas para o coito anal e oral muitas vezes eram mais severas que para o assassinato premeditado. Os clérigos achavam que certas práticas sexuais eram mais graves do que matar uma pessoa (RANKE-HEINEMANN, 1996, p. 162).

A campanha contra a anticoncepção tinha por base textos de Agostinho, sendo possível que a criminalização da anticoncepção promovida pelos papas do século XX esteja, em grande parte, ligada às teorias de Tomás de Aquino e por intermédio dele, das de Agostinho. Para Tomás, todo ato sexual tem de ser um ato conjugal, e todo ato conjugal tem de ser um ato de procriação.

Embora a medicina da Antiguidade e da Idade Média propusessem tratar cientificamente a infertilidade, a questão da contracepção tornou-se suspeita devido à crença em demônios e à perseguição das bruxas-parteiras. Estes fatos levaram as pessoas a verem esse assunto sob o domínio do diabo, sobretudo após a promulgação da *Bula das Feiticeiras* (1484), do *Malleus Maleficarum (Martelo das Feiticeiras,* 1487) e da subsequente intensificação da campanha para queimar as bruxas-parteiras. Aos casais católicos daquela época só restaram dois métodos: a continência e o coito reservado em que o parceiro masculino não podia ejacular porque precisava reservar o sêmen. Aí está o problema: o sêmen, semente divina, não podia ser desperdiçado, tinha de ser guardado ou frutificar.

No século XVIII, os achados de Thomas Malthus (1766-1834) levaram o assunto do controle da natalidade à ordem do dia. E no último quartel do século XIX, a luta contra a anticoncepção recrudesceu na Igreja, interessada no controle da natalidade e preocupada com a disseminação dos métodos contraceptivos entre as massas. Em 1866, pela primeira vez, a igreja orientou os confessores, no caso de suspeita bem fundamentada, a perguntarem sobre a prática da anticoncepção e, em caso positivo, dependendo das circunstâncias, não darem a absolvição dos pecados.

Vieram os exageros, por exemplo, o do influente teólogo moralista belga, Arthur Vermeersch (1858-1936). Em pleno século XX, ele propôs que, se o marido propuser usar camisinha, a esposa deveria resistir até ser fisicamente vencida ou até que sacrificasse 'um valor equivalente à vida' [...]. E continua: porque achar uma coisa terrível que a castidade conjugal, como todas as virtudes cristãs, exija seus mártires? (RANKE-HEINEMANN, 1996, p. 305-306). Aqui é proposto que a esposa meça forças com o marido até as últimas consequências e se defenda dele como se fosse um estuprador.

Contraditoriamente, para impedir a anticoncepção, o prazer e o desfrute legítimo do sexo entre os casais, a Igreja propõe que o direito conjugal deva ser desconsiderado. E é surpreendente que a orientação de Vermeersch às esposas fosse incluída na decisão do Vaticano, de 3 de junho de 1916.

Até nas guerras a Igreja via motivos para defender a anticoncepção. Para ilustrar, Ranke-Heinemann cita as afirmações do professor A.J. Rosemberg:

> *As guerras modernas são guerras onde as massas desempenham papel extremamente importante. Limitar deliberadamente o número de filhos significaria a renúncia a uma força nacional [...]. Milhares de pais lamentam a perda de seu único filho [...]. Deve ser castigo [...]* (1996, p. 307).

Algumas décadas antes, em 1872, no dia da Bastilha, o cardeal suíço, Gaspar Mermillod disse aos franceses: *Vocês se afastaram de Deus e Deus os atacou. Num cálculo abominável, vocês escavaram covas em vez de encher os berços com filhos. É por isso que lhes faltaram soldados* (RANKE-HEINEMANN, 1996, p. 305).

Para a Igreja a guerra e o controle da natalidade são incompatíveis. Como ousam negar soldados à nação?

Estranho que nenhuma voz tenha se erguido para contestar a cegueira dessas posições, ficando evidente o belicismo da Igreja com uma quase aprovação da guerra como forma de manter o território e a hegemonia. Não há nenhuma palavra de compaixão pelas atrocidades de todas as naturezas que acontecem nesses conflitos. A Igreja tacitamente avaliza a guerra e seus horrores em nome da concepção. A ideia macabra de ameaçar os pais com a morte prematura dos filhos, como castigo pela anticoncepção, só podia ser de pessoas que desconsideram a dor da perda de um filho, ainda justificando tal perda como castigo. É incoerente valorizar e proteger a todo custo a possibilidade de uma vida, desprezando e desconsiderando o valor de uma vida consolidada.

Numa época posterior à elegia da concepção como esforço de guerra, o cardeal Ratzinger, futuro papa Bento XVI, ataca a pílula anticoncepcional, afirmando que a pílula retira da mulher o seu ritmo biológico próprio [...] Como quer o mundo tecnológico, a mulher se torna continuamente utilizável.

Encíclicas

A partir do século XX, sucessivos papas publicaram documentos tratando de anticoncepção: em 31 de dezembro de 1930, Pio XI publicou a encíclica *Casti Connubii* declarando que não há motivo, por mais momentoso que seja, que justifique a anticoncepção.

A partir da *Casti Connubii* de 1930, dois papas passaram a ter como uma de suas principais tarefas falar e condenar continuamente o controle da natalidade: Paulo VI, em *Humanae Vitae* (1968), e João Paulo II, em *Familiares Consortio* (1981).

A Igreja saiu ferida na linha de combate à contracepção com o coito interrompido, a camisinha e outros métodos. Por volta da segunda metade do século XX recebeu o mais duro golpe com a chegada da pílula anticoncepcional ao mercado. Já em setembro de 1958, Pio XII declarou que a pílula induz uma esterilização direta e ilícita, quando se elimina a ovulação de sorte a proteger o organismo das consequências de uma gravidez que ele não pode (ou não quer) suportar.

Paulo VI, na *Humanae Vitae* (1968), independentemente das leis canônicas que proíbem a contracepção, acrescentou outro argumento:

> *Os homens sensatos podem se convencer ainda da verdade dos ensinamentos da Igreja, se voltarem a atenção para as consequências do uso da pílula [...], acima de tudo o quanto essa forma de agir pode abrir caminho largo e fácil à infidelidade conjugal. Os homens que se acostumam com a contracepção poderão perder o respeito pela mulher.* (RANKE-HEINEMANN, 1996, p. 307).

A campanha contra o desfrute da sexualidade levou as autoridades da Igreja a errarem a mão. No Congresso Internacional de teólogos moralistas realizado em Roma, em novembro de 1988, João Paulo II e seu porta-voz, Carlo Caffarra, afirmaram que *um hemofílico com Aids jamais pode manter relações sexuais com a esposa, nem mesmo depois da menopausa desta, porque Deus proibiu as camisinhas. Se o marido não conseguir se abster, é melhor que contamine a esposa do que usar a camisinha* (RANKE-HEINEMANN, 1996, p. 316).

No que diz respeito à sexualidade, a Igreja se embaraçava em três peias: sexo e prazer; sexo e procriação; sexo, prazer e anticoncepção. Tudo o que remotamente influenciasse a não concepção era tachado de anticoncepção. Por exemplo, sexo fora da posição eclesiástica, coito interrompido, sexo oral ou anal, poções, pomadas, unguentos. O Código de Direito Canônico, em vigor desde 1983, diz no cânon 1061: um casamento válido entre pessoas batizadas [...] é contraído e consumado quando os cônjuges consumaram o ato conjugal de forma condizente com a dignidade humana. Este ato é intrinsecamente destinado à procriação. A Igreja ainda não se desembaraçou de suas peias, mas o mundo contemporâneo não mais admite ingerência no quarto de dormir.

REFLEXÕES SOBRE AUTONOMIA FEMININA DA EVA PRIMORDIAL AOS DIAS ATUAIS

Para a Igreja, a sexualidade é um cacho de pecados. Dentre eles, a masturbação, o sexo anal e o sexo oral são os que parecem incomodar mais. Faz sentido. A ira da Igreja prende-se a três aspectos: a anticoncepção, o prazer decorrente de qualquer atividade sexual e o perigo de os padres celibatários aderirem às práticas proibidas.

Em quase todos os assuntos, a Igreja desenvolveu uma ambiguidade contumaz. O "crescei e multiplicai" é um mandato a favor da procriação que a Igreja preza e incentiva. Ao mesmo tempo, restringe a atividade sexual, impondo normas draconianas de continência para os casais, tirando deles o melhor do sexo – o prazer –, brandindo-lhes o pecado, a condenação, a geena.

Aborto

Segundo o *Dicionário Houaiss*, *Aborto é o* feto prematuramente expelido; descontinuação dolosa da prenhez, com ou sem expulsão do feto, da qual resulta a morte do nascituro.

Interessante observar a linguagem jurídica: "descontinuação dolosa" já criminaliza.

SAU (2000) tem outra visão do aborto, ao fazer uma pergunta: quem possui o poder de controle sobre o corpo feminino – o Estado, as autoridades religiosas, as corporações médicas, o chefe da família ou as próprias donas? É um ponto decisivo pois se trata da autonomia das M.

Esta publicação do Correio vale uma reflexão:

Correio Braziliense (Opinião, 13.08.05, p. 25) – *Aborto, Maternidade e Heroísmo*. (Ana Liési Thurler, doutora em Sociologia e pesquisadora da UnB). Ao instalar a Comissão Tripartite, o governo rompeu um silêncio secular, admitindo a existência e as dimensões sociológicas do problema do aborto e seu caráter de saúde pública. Pode-se começar a retirar do ombro das mulheres os ônus e as culpas socialmente construídos, como se os homens, os governos e a sociedade não tivessem nada a ver com isso. No Brasil, a estimativa é de um milhão de abortos por ano, mas homem algum manifestou ter qualquer implicação com eles. Estão silenciosos e tranquilos, os 1 milhão de homens-pais que, anualmente, não reconhecem seus filhos nem essas maternidades às quais se insiste em atribuir caráter de obrigatoriedade e heroísmo. É surpreendente que os setores que dogmaticamente discordam da liberdade de a mulher decidir prosseguir ou não com a gravidez não planejada, conviverem, sem nenhuma dificuldade, com uma legião de filhos de pais "desconhecidos", de "pais ignorados" e com a insensibilidade de governantes sem comprometimento com a universalização dos direitos das crianças e a igualdade entre homens e mulheres na parentalidade. Homens vinculados ao poder civil ou religioso têm decidido pela maternidade obrigatória e heroica; uma maternidade a ser vivida sem a solidariedade do homem-pai, aponta o jornal.

A proibição do aborto remete à questão da maternidade indesejada, mas compulsória, sem a solidariedade dos homens-religiosos, dos homens-governantes e dos homens-pais. E há M no meio deste grupo.

Algumas ideias sobre aborto:

1. Aceitar nascer é um ato de desprendimento pleno. Sob a perspectiva do feto, o aborto é uma traição.

2. Aborto seletivo de fetos femininos era e ainda é comum em países em que se valoriza mais a figura masculina.

3. O movimento feminista tirou o assunto da sombra, da esfera privada e o trouxe a público, conferindo outra dimensão à questão do aborto.

O aborto é uma vertente sombria da maternidade, envolvido em sofrimento, medo e culpa. Tanta informação e avanço nos métodos contraceptivos não têm sido suficientes para impedir a gravidez indesejada. É um tema envolto em dilema moral e religioso, perpassado de hipocrisia, apontada por Dráuzio Varela:

Revista Mulher (ano 4, n. 2, abr./maio/jun. 2009, p. 6, Coluna Dráuzio Varella) – *A questão do aborto*. Desde que a pessoa tenha dinheiro para pagar, o aborto é permitido no Brasil. Existem três linhas mestras na discussão do aborto: a primeira são os contra porque imaginam que a alma se instala no momento da concepção. A partir desse momento, o concepto passa a ser sagrado. Na segunda, predomina o raciocínio biológico, segundo o qual o feto até a segunda semana de gestação é portador de um sistema nervoso que ainda não apresenta resquício algum de atividade mental ou consciência. A terceira é pragmática. Se o aborto vai acontecer de qualquer jeito, melhor que seja realizado por médicos no início da gravidez e de modo seguro. A realidade é que mulheres continuam morrendo todos os dias por abortos malfeitos. Não há princípios morais, religiosos ou filosóficos que justifiquem a morte de tantas meninas e mães de baixa renda no Brasil, conclui o articulista.

Carlos Aires Brito, ex-ministro do STF, ao ler seu voto a favor do aborto de fetos anencéfalos, discursou: *Levar às últimas consequências esse martírio* (feto inviável) *contra a vontade da mulher corresponde a tortura, a tratamento cruel. Ninguém pode impor a outrem que se assuma enquanto mártir, pois o martírio é voluntário* (*Revista Cláudia*; maio 2012, p. 64).

Conforme Pattis (2000, p. 28-29), o aborto é um tema que suscita na maioria dos homens e mulheres interesse, raiva, escândalo e sentimentos ambivalentes. O aborto é um fenômeno de difícil acesso, pois medo, ansiedade e culpa estão em todas as suas dobras. Foi praticado por todos os grupos humanos até agora conhecidos, mas a forma como é visto e as formas das sociedades reagirem a ele variam conforme o construto social; aprovação ou punição é de acordo com este construto.

> *Mesmo que a legislação descriminalize o aborto, ainda resta o mandato social que determina o que a mulher pode e não pode fazer, um aparato de poder não escrito que fala por ela, decide por ela, condena e faz cumprir sentença contra ela, tirando-lhe a autonomia plena sobre o próprio corpo.* (SAU, 2000, p. 15).

O aborto não é uma decisão leviana. As razões que levam uma M a este ato são muitas e complexas, sendo cinco as mais relevantes: ameaça à saúde e à vida da mãe; violação sexual; abandono do companheiro; suspeita de malformação fetal e indigência de algum tipo. Estas não seriam razões suficientes para flexibilizar a legislação? Infelizmente, quase todos os abortos resultam de descuido nos métodos contraceptivos, tornando o próprio aborto uma forma inadequada de anticoncepção. No descuido, os parceiros não estão levando em conta quão séria é a responsabilidade no exercício da sexualidade. Precisa-se perguntar ao H o que o leva a pensar que não tem nenhuma responsabilidade a esse respeito.

Da perspectiva feminina, a maioria dos abortos é vivida com sofrimento, medo, perda e culpa. É inteligente H e M assumirem atitude responsável frente ao exercício seguro da sexualidade, criando um *novo conceito de liberação sexual: o da liberdade através do cuidado. Cuidado com o parceiro, mesmo que nunca mais se vejam, cuidado consigo próprio; cuidado com o potencial da capacidade reprodutiva, por seu poder de vida e até de morte* (WOLF, 1996, p. 179).

Não se fala de aborto sem falar em anticoncepção. As medidas de prevenção da gravidez indesejada e o planejamento familiar passam pela educação sexual franca e aberta. A gravidez e a maternidade precisam ser desmitificadas e desmistificadas, desglamourizadas, desenfeitadas, dessublimadas e encaradas como verdadeiramente são: uma tremenda responsabilidade, dedicação por meses, anos, que requerem renúncia, realismo e equilíbrio e propiciam muitas gratificações.

Tanto por parte da Igreja quanto de outros agentes culturais, o endurecimento na questão do aborto dá-se a partir do resultado da discussão (discute-se até hoje) de quando o embrião adquiria alma. A partir do século XIX, prevaleceu a convicção de que a animação ocorria no momento da concepção. Essa doutrina prevalece na teologia. O Código de Direito Canônico de 1917, revisado em 1983, só fala de "feto". A morte da mãe pode ser o preço necessário para o batismo da criança. A crença que vigora na Igreja é que a futura criança precisa ser batizada; do contrário, não pode entrar no céu por causa da mancha do pecado original. O aborto impede administrar esse sacramento.

Quem decidiu esse despropósito foi Afonso de Ligório (1696-1787), lá nos idos de 1750. Segundo seu entendimento, o feto não poderia ser abortado mesmo no caso de perigo de vida para a mãe. Decidiu que, a partir da concepção, o aborto seria pecado mortal. Foi quem inspirou a ideologia do sacrifício (morte) da mãe. A proibição do aborto é uma questão muito cara à Igreja, que se manifestou em 1884, 1886, 1889, 1895, 1898, 1930 e 1951. Em 1884, já determinava que, mesmo com risco de morte da mãe e da criança, não se justificaria o aborto para salvar a mãe (RANKE-HEINEMANN, 1996, p. 321).

Cesário (470-542), bispo de Arles, já ensinava que o aborto é assassinato e a contracepção também é: tantas contracepções, tantos assassinatos.

Outro padre, Martinho (515-580), arcebispo de Braga, Espanha, equiparava a anticoncepção ao infanticídio:

> *Quando uma mulher cometeu fornicação e depois matou a criança; quando tentou o aborto ou quando tomou precauções para não conceber, quer tendo feito isso em adultério ou no casamento legítimo, tal mulher não pode receber a comunhão até que esteja no leito de morte, conforme normas estabelecidas pelos cânones da Igreja.* (HANKE HEINEMANN, 1996, p. 161).

E os homens, onde estão? Como hoje, na sombra.

A cizânia em torno do aborto repousa no embate das forças mais poderosas da sociedade: religião, política e economia, que, no final, deságua em poder e controle. Nenhuma dessas instâncias está defendendo o interesse da M ou do feto. O dissenso é em torno da fatia de poder a que cada uma acha ter direito.

À margem dos embates pró e contra o aborto o que interessa à maioria dos que defendem o direito da interrupção da gravidez indesejada é a diminuição do número de mortes maternas em condições inseguras; é o direito de decidir se tem condições econômicas e psicológicas de assumir um filho, com o agravante da paternidade não responsável. É o direito à informação correta e segura sobre concepção, anticoncepção, gravidez, parto, amamentação; cuidados com recém-nascido; entender as repercussões positivas e negativas no relacionamento, envolvendo a si própria e ao parceiro. Que as M sejam informadas das demandas físicas e psicológicas da maternidade: grandes, novas e exaustivas.

Aborto e Sociedade

A questão do aborto começou a ser favorável para a M a partir dos anos 1970, na legislação dos países da Europa Ocidental, autorizando a interrupção voluntária da gravidez. Na maioria dos casos, a grávida deveria justificar e obter autorização médica, levando à conclusão de que não era tão voluntária assim. Ainda hoje, a M continua nas mãos da justiça e da medicina.

Em sentido amplo, o aborto não é uma opção livre porque se insere no âmbito do Código Penal, quando não se cumprem certas condições restritivas, por exemplo, concordância do pai. Mesmo em países com legislação mais aberta, há uma distância entre o texto legal e a prática. Há médicos que alegam razões de consciência para não praticar a intervenção. Sob essa ótica, *o aborto não é a simples interrupção de uma gravidez, mas a solução final para uma triste história humana, quando tudo falhou* (HIRATA, 2009, p. 22).

Falharam o poder público, a Igreja e a sociedade. Falharam a educação formal e informal; falhou a família, falhou a responsabilidade masculina no exercício da sexualidade; falhou a responsabilidade feminina na prevenção. Falhou a rede de proteção às meninas e adolescentes. Em geral, a M costuma ser a única penalizada legalmente, mas as corresponsabilidades estão aí, bem escancaradas. O aborto sempre esteve e continua sob o controle masculino. Daí a tendência de punir a M e isentar o H.

De acordo com as circunstâncias, alguns povos toleram o aborto; outros punem. Por exemplo, as leis assírias condenavam a M à morte, mas na Grécia Antiga não era considerado delito. Platão, Aristóteles e a maioria dos filósofos gregos consideravam o aborto voluntário legítimo e uma forma natural de controlar a natalidade. Daí se conclui que o controle sobre o aborto é uma decisão para atender a uma vantagem social da qual a M não participa.

Na Roma Antiga o aborto era um assunto privado. O *pater familias* tinha direito de vida e morte dentro de sua casa e o assunto seria resolvido ali. No início do Império, era prática comum; não há provas da existência de lei contra o aborto durante a República Romana; o aborto era naturalmente aceito por aquela sociedade para limitar o número de filhos ou encobrir uma traição conjugal.

A mudança veio com o imperador Sétimo Severo (145-211). O aborto passa da esfera privada para a pública; vira crime com punição no *Digesto* que trata pela primeira vez do assunto. A lei do aborto do imperador Sétimo Severo, complementada por seu sucessor Caracala (188-217), estipulava que a M casada que praticasse aborto seria exilada porque a M não poderia negar filhos ao marido impunemente. O objetivo era proteger os interesses do marido. As M solteiras que abortassem não eram punidas.

Com o imperador Constantino e a ascensão do Cristianismo a religião oficial, a Igreja reconhece o *Digesto* e declara crime o aborto.

Em relação à Igreja, o aborto terapêutico fica fora de questão como se pode observar nas sucessivas orientações do Santo Ofício que afirmava: não se pode abortar para salvar a vida da mãe. A encíclica *Castii Connubii* (1930) reforça a proibição do aborto terapêutico, explicando: o que poderia ser uma razão suficiente para justificar a morte direta de um inocente? (HANKE-HEINEMANN, 1996, p. 319). Algumas décadas depois, uma resolução do Concílio Vaticano II (1962-1965) ensina que desde o momento da concepção a vida deve ser preservada. O aborto e o infanticídio são crimes gravíssimos.

Por questões religiosas, morais, econômicas e outras, a maioria das legislações atuais tem tipificado o aborto um crime, com atenuantes ou agravantes. A hipocrisia sobre a criminalização do aborto é evidente, servindo aos interesses dos governos. Por exemplo, na França, em 1920, após a matança da Primeira Guerra, a lei do aborto foi reformulada com cláusulas muito mais restritivas; o código penal nazista previa a pena de morte; na Espanha, o governo Franco voltou a penalizar o aborto, pois convinha repor a população dizimada na guerra. Nas leis do aborto, sejam mais brandas ou mais duras, a M não tem voz nem vez. Pensadas por H, sancionadas por H, tais leis vão atender a interesses religiosos, políticos, econômicos ou demográficos.

Sob a perspectiva feminina, Pattis faz uma análise interessante: segundo ela, a contracepção é banal, calculista, programável, tirando do sexo algumas inibições, mas também despojando-o da atração do risco e da espontaneidade. Ela explica: *As mulheres ficam grávidas aparentemente contra a sua vontade, apesar de conhecer os anticoncepcionais. Algumas repetem várias vezes as gravidezes indesejadas e os abortos (PATTIS, 2000, p. 32).*

Gravidez

A vida das M é cheia de enganos, de promessas vazias. Em relação à gravidez, desejada ou não, é quase uma regra. A começar pelas peças publicitárias as quais veiculam situações míticas em que a futura mãe está sempre linda, sorridente, tranquila, amorosa, adorada pelo companheiro, recebendo paparicos de todo mundo, cercada de admiração e respeito. A realidade é mais crua. A maioria das M é surpreendida com enjoos, inchaços, cansaço, sonolência, indisposição, dores e, às vezes, indiferença do parceiro. Aí, a decepção pode se transformar em ira. É possível que, se a gravidez for indesejada, a opção pelo aborto desponte no horizonte.

A gravidez costuma permitir a certas M com traços infantis algumas extravagâncias perfeitamente aceitas pela sociedade: "desejos", exigências, birrinhas, exibição de uma fragilidade calculada; também podem experimentar algumas fantasias e a mais comum é a de poder. As M grávidas são consideradas poderosas pelo fato de gerarem vida dentro de si. Este poder é vedado aos machos, mas eles não precisam ter inveja porque gravidez e parto foram condições impostas às M pela Natureza, na verdade sem glamour algum. A gravidez pode ser fonte de poder, sim. Basta lembrar as dinastias desde os faraós nas quais a M era responsável por gerar um filho destinado a continuar a linhagem real, ou na nobreza para dar continuidade ao poder econômico. Esse é um poder com pés de barro porque, se não gerasse *um herdeiro* – algo que não dependia dela – poderia redundar em repúdio, desterro ou morte.

Na vida da M, um aspecto interessante é que, entre todos os papéis a desempenhar, o de mãe é um dos poucos com reconhecimento universal. A M grávida tem poucas críticas a temer por parte da sociedade. A futura mãe continua a ser, de algum modo, "sagrada", mesmo que depois seja abandonada com o filho. Aqui ela é enganada pelas próprias expectativas e por aquelas criadas pelo imaginário coletivo. Aqui também se conhecem a força coerciva e o braço da lei, caso a M opte pelo aborto ou cometa o sacrilégio de jogar no lixo as expectativas da sociedade.

Com tantos contraceptivos no mercado, surpreende o número de abortos praticados no Brasil. Sabe-se que há subnotificação; a realidade é pior do que os números oficiais apontam[21].

O aborto é também uma violência em relação à maternidade, e por ser uma situação limite geralmente a M decide sozinha, exceto nos casos em que o H rejeita o filho e praticamente obriga a M a fazer o aborto. Fora dessa condição atípica, em geral, o parceiro se acovarda, se afasta ou se esconde na passividade e no silêncio. Aquele H em particular não se sente parte do problema, mas os legisladores, a Igreja e os juízes, sim.

Maria José Rosado-Nunes, PhD em Ciências Sociais e Professora da PUC-SP, corrobora o que já foi exposto anteriormente: a Igreja proíbe o aborto baseada em argumentos de ordem religiosa, moral e biológica: o direito à vida, a sacralidade e na teoria da existência de uma pessoa humana, sujeito de direitos desde o momento da concepção. A proibição passou a vigorar a partir de 1869, sob o papado de Pio IX que adotou a teoria de "animação fetal imediata". Esta condenação absoluta do aborto é a posição oficial da Igreja, hoje. Maria José contesta: a interrupção voluntária da gravidez amparada em legislação é uma questão de justiça social, de democracia, de respeito aos direitos humanos das mulheres e, fundamentalmente, uma questão de ética, diz a articulista.

A seguir, um panorama bem sucinto das discussões sobre o aborto, selecionado das centenas de artigos e notícias em periódicos que tratam o tema.

Correio Braziliense (Mundo, 14.05.18, p. 11) – *Vaticano. Papa compara aborto à eugenia nazista.* No século passado, todo mundo se escandalizou com o que os nazistas faziam para preservar a pureza da raça. Hoje fazemos o mesmo. Por que não vemos anões nas ruas? Porque o protocolo de diversos médicos diz: nascerá com uma anomalia, livre-se dele. Para ter uma vida tranquila, eliminam-se inocentes.

Correio Braziliense (Brasil, 08.03.09, p. 17) – *Aborto em Pernambuco.* O presidente da regional 2 da CNBB, dom Antônio Muniz, diz que governo e médicos não podem inventar teorias para justificar aquilo que querem fazer. O aborto realizado em Pernambuco em uma paciente de 9 anos, grávida de gêmeos após ser estuprada pelo padrasto, gerou polêmica, relata o periódico.

---

[21] Segundo o portal G1, o SUS fez 80,9 mil procedimentos pós-aborto malsucedido e 1024 interrupções de gravidez sob amparo legal, no primeiro semestre de 2020. É preocupante esta estatística oficial de um semestre, apenas. https://g1.globo.com/sp/são-paulo/noticia/2020/08/20/sus

Correio Braziliense (Brasil, 19.11.05, p. 14) – *Reação a Bento XVI – Aborto*. Feministas e parlamentares pró-descriminalização criticam posição do Vaticano, lembrando que o Estado é laico. O papa, ao se reunir com a cúpula da CNBB, pediu o empenho do clero brasileiro para convencer os parlamentares a rejeitarem a proposta de descriminalização do aborto. O papa teria condenado especialmente o argumento de que a interrupção da gravidez é um direito da mulher, registra o jornal.

A *Revista* Época (04.06.18, p. 90) publicou o artigo *Aborto, assunto de Homens* de Conrado Hübner Mendes, doutor em Direito. Ele começa replicando a notícia da legalização do aborto na Irlanda, com 66% dos eleitores apoiando a mudança na lei. Lembra que é um país em que convicções religiosas sustentavam uma das leis mais restritivas à autonomia das mulheres. Comenta ainda que tramita no STF ação questionando a criminalização do aborto no código penal (arts. 124 e 126). O articulista ainda argumenta que os legisladores e a sociedade, em geral, precisam saber que quem descriminaliza não necessariamente legaliza; quem legaliza não expressa aprovação moral; quem aprova legalmente não incentiva nem está menos preocupado com a vida. Todos os países que descriminalizaram o aborto fizeram-no acompanhado de políticas públicas complexas que não celebram o aborto, não subestimam a dimensão trágica da escolha da mulher, nem ignoram a sacralidade da vida. Pelo contrário, tiraram o tema da esfera do crime e da punição e o trataram por meio de orientação, prevenção, acolhimento e procedimentos médicos seguros. Conseguiram reduzir, sem exceção, o número de abortos e de mortalidade materna. Como melhor proteger a vida, arremata o articulista.

No *Correio Braziliense*, encarte Revista do Correio (02.04.17, p. 10-11), a manchete é forte: *Aborto: o Brasil na contramão*. Devido a juízos morais, a sociedade vem se mostrando cada vez mais fechada à liberação do aborto. É o que aponta um estudo feito com 24 países, onde Brasil se coloca em penúltimo lugar, com apenas 13% dos brasileiros favoráveis. Na consolidação de todos os países analisados, 43% deles apoiam a interrupção da gravidez; só 5% dos entrevistados na pesquisa são *totalmente* contra o aborto, independentemente do cenário. No Brasil, 17% são totalmente contra, independentemente do cenário. O articulista apresenta ainda a posição de dois especialistas. Danilo Cersosimo, diretor do IPSos, pondera que o tema deveria ser discutido sob o prisma da saúde da mulher, mas é debatido por abordagens morais; a discussão é dominada pelo viés religioso. O Brasil falha por não ter essa discussão feita de maneira técnica. A antropóloga Débora Diniz, prof. da UnB, afirma que a religião é um grande entrave para quem defende o direito de abortar. O nosso maior problema é viver em um país onde o poder se confunde com as religiões; onde o poder está cada vez mais entranhado com as elites católicas e evangélicas, assinala.

Sobre a questão polêmica do aborto, a mídia ainda registra:

Correio Braziliense (Opinião, 08.05.13, p. 15) – *O Estatuto do Nascituro e o terror*. (Débora Diniz, Antropóloga e prof. da UnB). "Para os que entendem nascituro como pessoa, as células recém-fecundadas são mais que produtos do corpo humano: seriam personalidades jurídicas com direito a reclamar proteção do Estado". Há muitos equívocos na proposta do Estatuto do Nascituro. O primeiro é esquecer os vivos em detrimento de fantasias filosóficas. O nascituro é uma criação religiosa para dar personalidade jurídica às convicções morais de homens que acreditam controlar a reprodução humana pela lei penal. A mulher, além de ser vítima do violentador, é vítima também do Estado que reconhece os direitos de um espectro de pessoa como superiores à própria existência da pessoa real. O texto prevê apoio financeiro para a mulher que desistir do aborto, mesmo que tenha direito ao recurso. É a "bolsa estupro", diz o jornal.

É sintomático. Não se fala em educação para as M. Não se fala em educar os H para a paternidade responsável.

Revista Veja (Índia, 01.06.11, p. 139) – *A tragédia dos abortos*. Como em vários países da Ásia, os casais indianos preferem uma prole composta de meninos. Ao longo da última década, esta preferência provocou estimadamente o aborto de 6 milhões de fetos do sexo feminino. Os cálculos foram feitos por pesquisadores da Índia e do Canadá e publicados na revista médica inglesa *The Lancet*. Por serem ações clandestinas, não são dados oficiais. Os pesquisadores chegaram a esse resultado comparando a população de meninos e meninas com menos de 6 anos. Pelo recenseamento de 1991, havia 4,2 milhões de meninos a mais que meninas. Tal desequilíbrio não é esperado do ponto de vista demográfico. A razão é que, pela tradição, normalmente é o filho homem quem herda os bens da família, aponta a revista.

O aborto seletivo de meninas, principalmente na China e Índia, provocou a escassez de M aptas ao casamento, apresentando consequências drásticas com sequestro de M para matrimônio ou esposa múltipla, compartilhada por mais de um marido. Por exemplo:

Revista Veja (Internacional, 08.10.2003, p. 56) – *O Lado Sombrio da Grande China*. No país que mais cresce, as mulheres são até vendidas como escravas sexuais. [...] Há uma brutal diferença do modo como vive a população nas cidades e no campo, e isso é mais agudo em relação às mulheres, pelas quais a cultura chinesa tradicional tem pouco apreço. Em um relatório sobre a China, o Banco Mundial encontrou evidências de que as garotas de áreas pobres recebem menos assistência médica e alimentação menos nutritiva que os garotos. A política de filho único, instituída pelo governo em 1979, transformou o aborto e o infanticídio de meninas num fenômeno de proporções gigantescas. Uma decorrência da falta de mulheres é o frequente sequestro de moças para serem vendidas como esposas, informa a revista.

Xinran (2003, p. 268) encontrou em seu trabalho jornalístico a condição da M compartilhada, mais comum no interior do país: *ali também ocorre a prática incomum de uma esposa ser dividida entre vários maridos, geralmente irmãos, pobres, que compram uma esposa e a compartilham entre si*. Essa esposa suporta gravidezes sucessivas e é possível o aborto espontâneo ser frequente.

O aborto seletivo ou o abandono de meninas na China e Índia não são novidade. Na Grécia e Roma antigas era aceitável o abandono de recém-nascidas na via pública, acarretando também escassez de M aptas ao casamento, conforme Lins, (vol. 1, 2013, p. 107): *Na época inicial do Império Romano, havia um número bem menor de mulheres que de homens. A razão principal era de que os pais encaravam as filhas como um luxo dispendioso. Somente no século IV foi proibido o infanticídio sob a forma de exposição.*

CAPÍTULO IX

ADOÇÃO, ABANDONO E INFANTICÍDIO

A adoção visa a oferecer à criança uma família, mas o abandono puro e simples e o infanticídio são duas vertentes sombrias da maternidade, envolvidas em dor, culpa, sofrimento e morte.

Tantos avanços na área do Direito, Medicina, Psicologia, Ciências Sociais, informação e métodos contraceptivos não são suficientes para impedir o nascimento da criança indesejada, da criança mal-amada ou melhorar a situação da criança desvalida, sujeita a todo tipo de violação de direitos tal abaixo descrito:

- Prostituição infantil;
- Exploração sexual de menor;
- Pornografia infantil;
- Trabalho infantil;
- Tráfico de crianças;
- Casamento infantil;
- Criança de rua;
- Criança-soldado na África e "criança-avião" do tráfico no Brasil;
- Abandono;
- Infanticídio.

A criança nem sempre é bem-vinda. Sociedade e instituições, particularmente as religiosas, têm procurado criar mecanismos de amparo à infância indesejada, abandonada ou em situação de vulnerabilidade. Dentre os mais antigos, figuram a adoção[22] e a roda dos enjeitados.

Segundo o *Dicionário Houaiss*, *adoção* é o processo legal que consiste no ato de se aceitar espontaneamente como próprio, o filho de determinada pessoa, desde que respeitadas as condições jurídicas para tal.

---

[22] No Brasil, há 4,9 mil crianças e adolescentes aptos para adoção; dado publicado em fevereiro de 2020. https://agenciabrasil.ebc.com.br/justiça/noticia/2020

No Direito Civil, *adoção* é o ato jurídico no qual um indivíduo é permanentemente assumido como filho por uma pessoa ou por um casal que não são os pais biológicos do adotado.

A roda dos enjeitados era e a adoção ainda é mecanismo antigo de proteção à infância desvalida. A adoção daquela época era mais um investimento em mão de obra não remunerada. A criança começava a trabalhar por volta dos 7 anos e não tinha direito algum. Era-lhe permitido viver, apenas. A adoção dos tempos modernos é cercada de muitos cuidados e conta com um aparato legal para proteger o adotando e, principalmente, o adotado. Prevê as garantias de filiação legítima e garante todos os direitos à criança.

Abandono

O abandono de crianças sempre existiu em todas as sociedades. No período colonial do Brasil, tornou-se corriqueiro, principalmente, por três fatores: pobreza, condenação moral ou familiar e doença ou falecimento da mãe.

O abandono de crianças na zona rural era pequeno. Independentemente do sexo, representava uma boca a mais para alimentar, mas, no futuro, um braço a mais para trabalhar. No meio urbano, o percentual era de 10%. Entretanto, na zona portuária do Rio de Janeiro e de Salvador, a taxa girava entre 20 e 25% de abandono. Em relação aos enjeitados, as estatísticas do período mostram que a mortalidade atingia altos índices. Comparativamente, em crianças com família, de cada três, duas atingiam a juventude; no grupo de enjeitados, de cada três, apenas uma sobrevivia ao 7º aniversário. *O abandono funcionou ao modo de trágico regulador da demografia urbana da sociedade colonial entre os séculos XVIII e XIX, diminuindo o número de filhos de miseráveis que perambulavam pelas vilas e cidades* (DEL PRIORE, 2021, p. 214). Era um controle de natalidade não planejado, visto com indiferença pela Igreja e pelo Estado.

Roda dos enjeitados foi uma criação da Igreja Católica, difundida na Europa e adotada aqui pouco após o descobrimento. Era uma forma anônima e civilizada de abandonar uma criança. Não era por bondade da Igreja, mas porque a criança que morria sem batismo ia para o limbo, um tipo de condenação eterna indefinida.

A roda dos enjeitados era uma caixa, ou cilindro móvel, encaixada na parede de mosteiros ou conventos; tinha uma portinhola que podia ser aberta do lado externo e interno do prédio; foi criada para as pessoas depositarem víveres ou quaisquer doações para manutenção dos conventos. Colocava-se a ajuda e girava a roda, a qual acionava uma campainha. Alguém da parte interna recolhia o donativo. Esse dispositivo foi adaptado para receber bebês – daí o nome. Registros apontam Portugal como o primeiro país a utilizar o mecanismo da roda para receber enjeitados na Santa Casa de Misericórdia de Lisboa, a partir de 1498. De Portugal a ideia se espalhou pela maioria dos países europeus. No Brasil, as primeiras Santas Casas a instalarem a roda e receberem enjeitados foram a de Salvador, em 1726, e a do Rio de Janeiro, em 1738[23].

Conforme Del Priore (2012, p. 190), há registros de que as Santas Casas de Misericórdia do Rio e de Salvador acolheram, aproximadamente, 50 mil enjeitados durante os séculos XVIII e XIX. E de acordo com o site da Irmandade de São Paulo, a roda de expostos daquela Instituição começou a receber crianças em 2 de julho de 1825, mas seu primeiro Livro de Registro de Enjeitados data de 1876. A última criança recolhida na roda foi em 20 de dezembro de 1950. Em seguida o artefato foi retirado do muro por decisão legislativa. Entretanto, a Irmandade continuou recebendo enjeitados até 26 de dezembro de 1960[24].

Surpreende a volta da *roda dos enjeitados* no segundo decênio do século XXI, moderna, tecnológica e com a mesma finalidade: acolher um recém-nascido para que não seja atirado no lixo. Eis o resumo do artigo de Cida Barbosa.

Correio Braziliense (Opinião, 09.03.19, p. 10) – *Caixas para Vidas*. A americana Monica Kelsey, sensibilizada com o abandono de recém-nascidos, criou um sistema de acolhimento com o uso de caixas colocadas em hospitais, universidades, Corpo de Bombeiros e polícia para salvar vidas de bebês indesejados, evitando a morte por abandono. O serviço já existia, mas a mãe tinha de se expor. A caixa é semelhante a uma incubadora, com temperatura controlada, e a criança é deixada em total segurança, preservando o anonimato da mãe. Quando a criança é deixada na caixa, um sensor alerta o serviço de emergência mais próximo e, em menos de 3 minutos, ela é recolhida e encaminhada a um hospital. Foram 3.543 bebês recolhidos entre 2017 e 2018, nos cinco estados do país onde o serviço opera. No Brasil, não há roda de enjeitados, nem antiga nem moderna, mas o artigo 13 do capítulo 1 do ECA prevê a entrega da criança ao Estado, para adoção. A mãe não precisa explicar o motivo da renúncia ao filho. É tudo feito dentro da lei, enquanto o abandono de incapaz é crime, lembra a articulista.

---

[23] https://pt.wikipedia.org/wiki/Roda_dos_expostos

[24] https://www.santacasasp.org.br/portal/site/quemsomos/museu/pub/1096/a_roda

Correio Braziliense (Cidades, 12.08.13, p 19) – *Maternidade renunciada.* Desde 2011, 89 mulheres procuraram a Justiça para entregar os filhos à adoção. A maioria tem situação econômica precária, escolaridade baixa e foi abandonada pelos companheiros. Segundo a psicoterapeuta Maria Luiza Guirardi, o ato de entregar o filho para adoção é muito estigmatizado, ainda um tabu do ponto de vista da sociedade. Essas mulheres estão no lado invisível da maternidade que não é só glamour. Paradoxalmente, a atitude de doar é o oposto do abandono; significa cuidado.

O artigo 13, capítulo 1, do ECA precisa ser mais divulgado para que as tragédias diárias de abandono e morte sejam evitadas.

Infanticídio

Do ponto de vista da sociedade, da antiga à moderna, a M não é propensa ao crime, em geral, exceto o de infanticídio. A punição desse crime passou por fases: não sendo punido; punido com a morte; abrandado com pena de prisão, considerando atenuantes.

Em Roma, só no ano 374, o infanticídio passou a ser definido legalmente como assassinato. Tem a ver com leis editadas pelos imperadores romanos Setimo Severo e Caracala e mais tarde Constantino.

Segundo o *Dicionário Houaiss, infanticídio* é o assassínio de uma criança, especialmente de um recém-nascido; morte do filho provocado pela mãe por ocasião do parto ou durante o estado puerperal (jurídico). Esta acepção do *Houaiss* é a da jurisprudência, mas será usado o termo infanticídio para assassinato de criança em qualquer idade e por qualquer agente.

O mundo não é gentil com os frágeis. O infante, para chegar à vida, percorre um caminho bem tortuoso, cheio de ameaças. Até bem pouco tempo, a vida humana tinha pouco valor e a de uma criança, menos ainda. A História confirma: ainda em meados do século V a.C., o infanticídio era prática comum entre o povo e em rituais religiosos. As legislações mais antigas conhecidas não fazem alusão à prática. Sabe-se, por historiadores e filósofos, que era conduta permitida.

Segundo Lins (vol.1, 2013, p. 107) as leis mais antigas de Roma, chamadas leis de Rômulo, haviam imposto que os pais criassem todos os filhos do sexo masculino e apenas a primeira filha. A criança rejeitada era deixada numa cesta e assim condenada à morte por exposição ao tempo, ataque de animais ou fome, caso não fosse adotada por alguém. Em geral eram meninas ou crianças com deficiência, mas também meninos ilegítimos.

Também em tempo de escassez de alimentos era comum o rei decretar a morte de recém-nascidos. Criança com má-formação ou se constituísse desonra para a família poderia ser eliminada.

Por volta do século XVIII, sob a influência do Iluminismo, houve a proposição de leis mais brandas e extinção da pena de morte para a mãe. Levava-se em consideração a pobreza, o conceito de honra da família e filho com doenças graves ou com deformidades. A primeira legislação a abolir a pena de morte da mãe por infanticídio foi o Código Penal Austríaco de 1803.

No Brasil, de 1500 a 1822, vigoravam as leis portuguesas, as quais não faziam referência ao crime de infanticídio. A primeira legislação brasileira, o Código Criminal do Império (1830), já tratava do assunto: Se a própria mãe matar o filho para ocultar sua desonra, pena de prisão de 1 a 3 anos. Após a Proclamação da República, o novo Código Penal (1890) estabelece: Matar recém-nascido [...] pena de 6 a 24 anos se o crime for cometido por estranhos ou parentes; se pela mãe, para salvar a honra, 3 a 9 anos de prisão. O Código Penal de 1940, exclui a questão da honra e passa a considerar o critério psicofisiológico do estado puerperal: Matar o próprio filho sob a influência do estado puerperal[25], pena de 2 a 6 anos.

As tragédias do aborto, do abandono e do infanticídio têm tudo a ver com a paternidade responsável que envolve a M, mas, principalmente, o H.

Paternidade e Machismo

Até seres vivos rudimentares perpetuam a espécie com a interfusão dos elementos masculino e feminino e corresponsabilidade direta pelo resultado, exceto, de modo geral, no hermafroditismo e na partenogênese. À medida que o organismo vai se tornando mais complexo na escala evolutiva, também a complexidade da concepção, o nascimento e as consequências aumentam exponencialmente. O filhote humano é o que nasce mais imaturo, exigindo cuidados da mãe e do pai, por razoável período. Não é uma realidade banal; precisa ser considerada relevante por H e M, uma vez que os comportamentos machistas estão arraigados na identidade masculina, interpondo barreiras à participação paterna. A socialização do menino e da menina na família, depois a escola, depois a amplidão do mundo, criam campo fértil para comportamentos machistas. O machismo se apropria

---

[25] *Estado puerperal* é o espaço de tempo variável que vai do desprendimento da placenta até a involução total do organismo materno às suas condições anteriores ao processo de gestação. https://pt.Wikipedia.org/wiki/Estado_puerperal

das características da masculinidade numa vertente errada: a virilidade agressiva, o exacerbado senso do orgulho masculino dirigido ao mundo exterior, particularmente ao sexo oposto. Essa realidade não é propícia a desenvolver a paternidade responsável. Se certo homem vê na mulher mero objeto de desfrute sexual; se ele a vê como serviçal e um ser inferior, vai achar natural exercer sobre ela domínio e poder; vai achar natural recusar proteção a essa criatura e à cria que ela gerou. Assim sendo, é possível cogitar que o machismo esteja na raiz da irresponsabilidade paterna, em particular, nos casos de gravidezes indesejadas e consequentes aborto, abandono e infanticídio, os quais, frequentemente, penalizam somente a mulher. O homem, em geral, não é incomodado. Continua livre para engendrar tantas gravidezes quantas forem a distribuição de seu sêmen por aí.

Na ocorrência de gravidez indesejada, a resistência masculina em assumir o papel de pai é também azeitada pela visão da sociedade de que o filho é responsabilidade exclusiva da mãe. Sob essa perspectiva, cabe ao H inseminar e prover. Entretanto, a paternidade vai muito além de espermatozoide, alimentação e teto. Há cuidados, afeto, aconchego, toque. A mãe precisa do apoio masculino não só nos cuidados exaustivos com o bebê, mas também nas dificuldades e mudanças drásticas do puerpério. O homem nem imagina as inseguranças, os medos, as frustrações que advêm com o parto. A presença atenciosa do pai tranquiliza a mãe. Emocionalmente nos eixos, a mãe desempenha melhor a maternagem. Se o pai, mesmo parecendo desajeitado, lida com o bebê, estabelece um vínculo afetivo com ele para a vida toda. Sua corresponsabilidade e seu papel continuam imprescindíveis em todas as fases do desenvolvimento do filho.

Pater-maternidade responsável

Para seres humanos dotados de razão e de livre-arbítrio, é difícil compreender que um H, o macho, possa desconsiderar sua capacidade de engendrar um filho no ventre de uma fêmea. Nem todo H compreende e se responsabiliza por sua capacidade procriativa. Nem toda M compreende o poder que é gerar uma nova vida. Do ponto de vista feminino, a maternidade responsável engloba o paradoxo da não maternidade por meio da anticoncepção. Não cabe só à mulher esse cuidado. Sexo seguro é ainda a maneira mais eficaz para garantir a pater-maternidade responsável. Por isso, há urgência em educar H e M, visando a desenvolver o entendimento quanto à responsabilidade parental desde o momento da concepção até a maioridade daquele filho.

A paternidade e a maternidade geram grandes responsabilidades. Há pais negligentes, na crença errônea de que à mãe cabe integralmente os cuidados com o filho. É um equívoco. Em geral, a separação de casal com filhos menores de idade costuma gerar brigas intermináveis em relação à guarda. Nestes casos, parece haver disputa de poder sem levar em conta o bem-estar do filho. Também há H covardes usando subterfúgios para não pagar pensão alimentícia. Também existem M mal-intencionadas querendo arrancar do ex-marido pensão injusta. Considerando a obrigação moral e ética de os pais cuidarem dos filhos, tanto a recusa covarde quanto a má intenção em exigências descabidas configuram irresponsabilidade parental.

Para esperança de mães e pais, há um movimento interessante que, na contramão do machismo, propõe um novo modelo de pai, já experimentado por alguns mais corajosos. Nada de pieguice. Não arranha nem um tiquinho a masculinidade. É razão e emoção combinadas: *O novo modelo de pai assume a masculinidade como força viril aplicada à defesa e proteção, ao exercício da paternidade responsável. Esse ideal de masculinidade coloca a proteção responsável no lugar do domínio bruto* (WOLF, 1996, p. 44). A *Revista Cláudia* (mar. 2017, p. 98-99) aborda o tema na reportagem *os livros do papai*. Há 11 anos, Marcos Pingers descobriu o significado da paternidade ao se tornar pai. Mergulhou na experiência, escreveu sobre o assunto e hoje, sensibilizado pelos desafios enfrentados pelas mulheres, milita por pais mais presentes na criação dos filhos. Algumas de suas ideias:

1. As mulheres nascem em um mundo que as diminui. São elogiadas por serem bonitas, não por serem inteligentes ou interessantes.

2. Assim como as mulheres entraram no mercado de trabalho, precisamos fazer o caminho inverso: entrar nas relações familiares (e domésticas) de forma efetiva.

3. Posso afirmar que, cada vez mais, há homens buscando a via do pai participativo.

Sobre a responsabilidade do homem em relação à paternidade, as ideias dos articulistas Dioclécio Campos Junior e Jaime Pinsky trazem reflexões pertinentes:

Correio Braziliense (Opinião, 25.11.07, p. 21) – *Paternidade responsável* (artigo de Dioclécio Campos Júnior, médico, professor e Presidente da Sociedade Brasileira de Pediatria). Para o mundo de ontem e de hoje, as crianças não têm valor econômico; dependentes, exaurem os cuidadores;

improdutivas, custam caro; geradas por acaso são quase sempre indesejadas. Unida de forma inseparável ao feto, a mulher paga, solitariamente, o preço exigido pela gravidez inesperada. A solidão da mulher na gravidez e no parto é assustadora, particularmente entre a população mais pobre. A mulher se sente culpada pela gravidez, fato cuja autoria não lhe é exclusiva. O aborto é uma solução perigosa: pode morrer, ficar com sequelas, ser presa. Quando o desespero chega ao limite e deságua no infanticídio, a sociedade e o poder público condenam a mãe e nem mesmo se lembram que há um pai. Pois toda gravidez tem coautor, todo parto tem coprodutor, todo infanticídio tem corresponsável. Punir unicamente a mulher pela rejeição do recém-nascido é fazer de conta que se preza a vida. É acobertar a covardia da paternidade sem compromisso. É proteger o homem que não se faz pai, apesar de fazer filhos. É estimular a opressão de gênero, abjeta na forma, violenta no conteúdo.

Correio Braziliense (Opinião, 14.08.11, p. 21) – *De pais e filhos*. (Jaime Pinsky, historiador, professor-doutor da Unicamp). Para muitos, ser pai se resume ao ato biológico do sexo. É frequente no país homens saírem por aí distribuindo sua semente a torto e direito e, com a mesma displicência, abandonam aquela mulher prenhe ou recém-mãe em busca da próxima aventura.

O tema da paternidade responsável tem muitas faces. Entre dezenas de reportagens, o resumo de algumas para conhecimento e reflexão:

Correio Braziliense (Opinião, 04.12.13, p. 13) – *Pensão alimentícia: não ao retrocesso* (Érica Kokay, dep. federal). A proposta de reforma no código de processo civil propõe avanços significativos. Entretanto, um dos itens do projeto ameaça um direito garantido das famílias, a pensão alimentícia. A mudança prevê que os devedores não sejam mais punidos com prisão em regime fechado, mas no semiaberto ou na prisão domiciliar. Infelizmente, muitos H se recusam ou utilizam artifícios para não pagarem pensão, grande parte por motivos subjetivos e não financeiros. É preciso lembrar que a paternidade responsável é um direito do filho. O Censo Escolar de 2011 apontou 5,5 milhões de crianças sem o nome do pai na certidão de nascimento, relata a articulista.

Correio Braziliense (Brasil, 25.11.13, p. 6) – *Lobby masculino no pagamento de pensão*. Deputados incluem no Novo Código de Processo Civil proposta que altera a punição para inadimplentes. A prisão passa do regime fechado para o semiaberto.

É preciso educar H e M para a paternidade responsável. Em alguns casos, certos H se recusam a pagar pensão alimentícia como se não tivessem nada a ver com aquela criança. Entretanto, pensão alimentícia é algo tão óbvio que não precisaria de lei, muito menos prisão. E Rodrigo da Cunha Pereira do IBDFam, vai além: não basta pagar pensão. O filho precisa, quer e tem direito a muito mais. É preciso que o conceito de pai seja revisto pela sociedade, em geral, e pelo próprio H, em particular.

Correio Braziliense (Cidades, 24.05.12, p. 36) – *Em busca do nome do pai*. MPDFT realiza ação no Plano Piloto (Brasília) para completar certidões de nascimento de crianças e jovens sem identificação de paternidade. A ação faz parte do Programa Pai Legal, que, há 10 anos, percorre as regiões administrativas do DF e atende alunos matriculados na rede pública.

Gazeta do Povo (Vida e Cidadania, 06.03.2011, p. 4) – *Mulheres: as Donas da Casa*. Pesquisa da Cohab em favelas mostram o assombroso número de mulheres empobrecidas que são chefes de família na capital (Curitiba). Elas chegam a 70% do total de atendidos pela prefeitura e pelo governo federal. As titulares das casas da Cohab estudaram pouco e ganham mal, explica a matéria.

Aqui fica uma pergunta impertinente: onde está o pai?

Aqui fica a resposta: todo pai deveria ser uma pessoa confiável.

CAPÍTULO X

CASAMENTO

Desde que o mundo é mundo, H e M sentiram atração mútua. Quando essa atração evoluía para coabitação temporária ou permanente, configurava casamento. Tomado neste sentido amplo, o casamento sempre existiu, atraindo o H e a M para encontros, desencontros, reencontros. Esses encontros poderiam gerar prole: casamento, paternidade/maternidade, geralmente, são causa e consequência.

Segundo o *Dicionário Houaiss*, *casamento* é o vínculo conjugal entre um homem e uma mulher. Na jurisprudência, é a união voluntária de um homem e uma mulher, nas condições sancionadas pelo direito, de modo que se estabeleça uma família; qualquer relação comparável à de marido e mulher.

O casamento, formal ou não, pressupõe a figura da esposa e do esposo. Segundo o mesmo dicionário, *esposa* é a mulher casada, em relação a seu marido; *esposo* é o homem casado, em relação a sua mulher; marido. Em algumas sociedades, o conceito foi ampliado para abarcar os casais homoafetivos.

Observa-se que o dicionário é bem econômico. Retirando as firulas, casamento é isso mesmo, laços que unem um H e uma M. Não sugere que seja eterno; não sugere submissão; não sugere ser uma consequência de eventos anteriores. Casamento é um laço que pode ser desfeito.

Ideias sobre casamento

1. Casamento: laços frouxos, laços soltos, ou nó de marinheiro?

2. Geralmente, o casamento é uma relação de amor em busca da plenitude como homem e como mulher. Pode ser também uma relação doentia entre dependente-salvador; entre parasita-hospedeiro; reunião psicótica entre vítima-algoz.

3. O casamento era a forma mais direta de o homem controlar a mulher, particularmente no âmbito da sexualidade, mas *a revolução sexual permitiu a elas o direito de expressarem suas necessidades e seus desejos de uma forma mais franca* (COWAN, 1989, p. 58).

4. Os cinco motivos básicos do casamento: 1- O homem se casa para vencer a solidão; a mulher, para ficar só. 2- O homem se casa por constrangimento, a mulher, por desespero. 3- O homem se casa para ser marido, a mulher, para ser mãe. 4- O homem se casa para ficar em casa, a mulher, para sair. 5- O homem se casa por descuido, a mulher, por precaução (Eliachar em RÓNAI, 1985, p. 150).

5. Servir (ao homem) todos os dias de sua vida não é graça e liberalidade, mas justiça e dívida que a mulher deve ao marido e que a natureza carregou sobre ela, criando-a para este ofício, que é agradar e servir (LEÓN, s/data, p. 33).

6. A primeira e a mais importante qualidade de uma esposa é a doçura. Feita para obedecer, deve aprender a suportar até as injustiças, sem se queixar (ROUSSEAU, 2014 p. 536).

7. Ao se casar, o homem tem obrigação de prover e cuidar da esposa. Ela tem a obrigação de cuidar do marido, da casa, dos filhos (CARDOSO, 2012, p. 175).

8. Nenhuma relação humana está tão carregada de esperanças, sonhos, temores quanto à do casamento. Teoricamente, é a única relação primária que se pode escolher livremente, na maioria das culturas.

9. Em 407, o casamento foi decretado indissolúvel pela Igreja e o divórcio abolido.

10. Dependendo do grau de autoestima a mulher pode com facilidade se deixar seduzir com promessas de segurança, conforto, ascensão social ou amor eterno (ESTÉS, 1994, p. 71).

11. Por gerações, as mulheres aceitavam o papel de submissas, legitimado pelo casamento com um homem; ou legitimado pela tutela do pai, irmão, tio. Elas concordavam tacitamente que uma mulher só seria aceitável se um homem o dissesse. Sem proteção masculina, ela se tornaria vulnerável. Ainda há um ranço desta ideia vagando por aí.

As ideias sobre casamento aqui apresentadas, quase todas desfavoráveis, representam tão somente uma pequena parcela da extraordinária aventura humana na parceria conjugal. A maioria dos casamentos é relativamente exitosa, considerando as dificuldades e particularidades da empreitada: fazer o ajuste fino das singularidades sem aleijá-las; adoçar o fel dos estereótipos de gênero e contornar com diplomacia as expectativas das famílias e da sociedade. Independentemente dos tropeços, o casamento e a família são a mais significativa experiência de dar e receber.

Na atualidade, o casamento como instituição sofreu mudanças consideráveis. Aparentemente, o ícone de esposa idealizada saiu de moda. Entretanto, no inconsciente da maioria de H e M continua vivo e pulsante, porque a educação das meninas ainda carrega resquícios sutis do treino para a submissão.

O casamento com aval e presença do Estado é fenômeno recente, se comparado à milenar trajetória humana. A primeira evidência é o registro de uma cerimônia análoga ao casamento civil, ocorrida em 2350 a. C., na Mesopotâmia. O casamento civil, como tal, passou a existir na Europa só em 1836. Na Alemanha, a partir de 1875, o casamento civil passou a ser obrigatório antes do casamento religioso.

A Igreja e o Estado estabeleceram normas diferentes para a validade do casamento. A Igreja deu status de sacramento ao enlace religioso, tornando-o indissolúvel, com raríssimas exceções. Para a Igreja, o casamento civil não tem validade, e o casal continua solteiro, numa relação de concubinato. Por outro lado, o Estado não reconhece na cerimônia religiosa um casamento, daí a instituição do ato civil estabelecendo regras previstas em lei, contemplando obrigações e consequências futuras. O contrato entre o casal pode ser desfeito por meio do divórcio[26], permitindo que se casem novamente. O casamento civil oferece segurança jurídica, o religioso, a bênção de Deus, para os crentes.

Esposa

Nas sociedades arcaicas, o papel do pai não era conhecido, e a linha da descendência era matrilinear. Com a percepção do papel masculino na concepção, foram instituídas novas normas para fixar e reforçar o laço da paternidade. Antes, a paternidade era relativa ao filho, não à mãe. Na evolução natural das relações envolvendo o pai e o filho presumidos, resultou no direito de paternidade mais amplo do H sobre a criança e o consequente poder também sobre a mãe. *É a partir desse momento que, por hipótese, situo a origem histórica do papel da esposa e do esposo: seria o começo do sistema patrilinear, o sistema patriarcal que subsiste até hoje em todas as sociedades conhecidas,* assi-

---

[26] Divórcio: Lei 6.515, de 26.12.1977. A legalização está vinculada ao senador Nelson Carneiro.

nala Prado (1979, p. 30). Posteriormente, o sistema patrilinear evoluiu para também englobar o direito à propriedade privada somente para o H, confirmatório da força do patriarcado, selando a perda do poder feminino ante o masculino. O registro ficou na tradição oral e em poucos textos, a exemplo deste, que remonta a 1.000 a.C.:

> *Ouve, oh! mulher de rosto lindo [...] as mulheres antigamente não eram trancadas em suas residências, subordinadas a seus maridos e parentes. [...] de nenhuma maneira, vocês mulheres eram fiéis a seus homens e não eram acusadas por esse motivo. O hábito de vocês serem ligadas a um homem por toda a vida foi instaurado há pouco tempo.* (PRADO, 1979, p. 32).

A mudança no papel da esposa foi lenta. A história de como o sistema matrilinear passou a patrilinear não tem registro. Trabalha-se com fragmentos. Parece ser quando um H poderia apropriar-se de seus filhos e da mulher, tendo como referência o papel feminino na sociedade antes e após o reconhecimento do direito do pai em relação à paternidade social[27].

No livro *Ser Esposa*, Prado apresenta uma linha do tempo hipotética da perda de poder por parte da M e sua crescente condição de dependência e submissão. Segundo suas pesquisas, parece ter começado quando o H entendeu sua participação na concepção do filho e a consequente assunção da paternidade social. O segundo passo foi o reconhecimento por parte da comunidade, além da paternidade social, da presunção de paternidade biológica e da consequente necessidade de proteger o filho e, por tabela, a mãe. O terceiro passo foi a separação da noiva de sua família de origem, a qual renunciava. Ela deixava tudo para trás e mudava para a casa do marido, cuja família estranha passava a ser a sua.

Prado (1979, p. 33) cita um documento ilustrativo desse momento. É uma carta lida pelo representante da noiva na sua chegada à casa do marido.

> *Aceitem essa moça conforme o costume do nosso povo. [...] ela lhes pertence, podendo repreendê-la e castigá-la se necessário. Ela não é muito forte e nunca teve marido. [...] ignora o que é o casamento e é preciso que o pai de seu esposo lhe dê conselhos e a instrua carinhosamente. [...] quando sentir vontade de visitar seus pais não a impeçam. Se realmente se portar mal, não a castiguem em excesso; devolvam-na e nós lhes reembolsaremos o preço pago. Não tem o hábito de fazer visitas, nem de frequentar reuniões em que se bebe cerveja. Se adquirir esses maus hábitos será sua culpa.*

---

[27] Paternidade social: relação entre um H e uma criança como se fossem pai e filho, sem vincular a mãe.

A partir daquele momento, ela passa a pertencer ao marido, uma mercadoria (posse); não é muito forte (presume-se ser muito jovem para trabalhar e procriar). Não teve marido (é virgem); pode ser castigada (se não obedecer). Não sabe o que é o casamento (desinformada). O interessante é que ela não será instruída por uma M, mas por um H, o sogro, a autoridade na casa. Ela pode ser impedida de visitar os pais (isolamento social, controle). Reafirma a condição de mercadoria: caso não sirva, poderá ser devolvida, com direito a reembolso.

A consolidação do patriarcado fez-se atribuindo funções apropriadas para o H e para a M, baseadas numa dicotomia sexual. Sendo o braço mais ostensivo e vistoso do patriarcado, o casamento é a instituição que criou, aprova e mantém a M prisioneira da domesticidade, se ela permitir.

Para isso, a sociedade usava e usa muitos meios para confirmar e repisar os estereótipos da mulher-mãe, esposa e dona de casa. Por exemplo, há pouco mais de um século, em 1888, o *Jornal do Comércio* de Desterro, antiga capital de Santa Catarina, publicou os "Dez Mandamentos da Mulher", baseados na interpretação das ideias do positivismo pelos adeptos daquela filosofia no Sul do Brasil. Trata, particularmente, do comportamento adequado da esposa em relação a seu marido e senhor, a dependência e a submissão. Todas as frases estão no modo imperativo, ou seja, é uma ordem; não há meio-termo ou possibilidade de contestar, sempre envolvendo um verbo de ação:

1ºAmai o vosso marido sobre todas as coisas.
2º Não lhe jureis falso.
3º Preparai-lhe dias de festa.
4º Amai-o mais que a vosso pai e vossa mãe.
5º Não o atormenteis com exigências, caprichos, amuos.
6º Não o enganeis.
7º Não lhe subtraiais dinheiro, nem gasteis com futilidades.
8º Não resmungueis, nem finjais ataques nervosos.
9º Não desejais mais que um próximo e que este seja vosso marido.
10º Não exijais luxo e não vos detenhais diante das vitrines. (DEL PRIORE, 2012, p. 285).

Em Porto Alegre, sob o ideário do pensamento dos cultores do positivismo, a autoridade masculina e a submissão feminina eram compreendidas no binômio "obediência e amor". A M obedecia não porque o sistema patriarcal e a Igreja assim o exigiam, mas porque era delicada e meiga.

> *A mulher tem mais pureza que o homem [...], mais apego, mais veneração, isto é, mais amor. Estes são instintos de obediência, porque amar é obedecer, é preferir a vontade alheia à própria [...] é saborear o encanto de ver os outros felizes. [...] E para ter uma vida de obediência contínua, e com alegria, é preciso possuir uma organização privilegiada [...] Quanta sublimidade não é mister para ser mãe [...] para servir ao filho como uma escrava submissa.* (DEL PRIORE, 2012, p. 298-299).

Os positivistas do Sul do Brasil, contraditoriamente, consideravam não haver superioridade mental entre H e M. A superioridade do H seria unicamente nas qualidades práticas e na coragem, na prudência e na firmeza, que o tornam mais próprio para comandar. Às esposas, antes de tudo, tornava-se necessário saber agradar.

Outro *decálogo*, publicado em 1898, no *Gazetinha* de Porto Alegre (Apud, C.P. Cardoso; Op. Cit.; p. 80), ensinava a M a se portar:

> *1) Fala pouco, escuta muito, não interrompe nunca.*
> *2) Conserva naturalidade no tom e nos pensamentos.*
> *3) Que tua voz não seja muito baixa que aborreça quem te ouça, nem muito alta que incomode.*
> *4) Fala a cada um sobre o que ele sabe melhor ou gosta mais [...]*
> *5) Se contares alguma coisa, que as tuas narrativas possam interessar a todos. Aconselho-te que afastes delas minúcias ociosas.*
> *6) Mostra-te benévola sem lisonja, sincera sem grosseria.*
> *7) Busca antes agradar que brilhar; evita pôr-te em cena, excetua-te dos elogios [...]*
> *8) Não sejas rigorosa, nem licenciosa; não rias muito alto.*
> *9) Preocupa-te em não ofender ninguém; não use de zombaria nem maldade.*
> *10) Poupe as opiniões alheias; aceite boamente a contradição e se refutares, não disputes.* (DEL PRIORE, 2012, p. 300).

Se o Decálogo para a esposa, publicado no *Jornal do Comércio*, estabelecia as regras de submissão ao marido, esse da *Gazetinha* o complementava, descrevendo, principalmente, o comportamento social apropriado, em termos de linguagem, recato, de que dependia a honra masculina.

Interessante que o mesmo *Gazetinha* de Porto Alegre havia publicado, dois anos antes, em 1896, os *Dez Mandamentos do Marido*:

> *1) Uma boa mulher, toma bem nota, quer ser tratada com juízo; não abuse de seu coração sensível, pois os objetos frágeis quebram-se facilmente.*

2) Tuas ordens e teus desejos, que sejam brandos, pois o marido é senhor, não déspota.

3) Se alguém te zangar na rua, não te vingues na tua mulher; não exijas tudo com a máxima exatidão; tu erras, por que não fará tua mulher?

4) Não namores outras; ama unicamente tua mulher, eis o teu dever.

5) Se a mulher te pedir dinheiro por precisar dele, não deves resmungar.

6) Deves limitar suas despesas (dela), mas também não deves ser um usurário.

7) Não vás para a mesa de jogo ou dos cafés, pois tens distração bastante em casa.

8) Separa alguma coisa para a mulher e os filhos; cuida também da felicidade deles após a tua morte.

9) Ama sempre a tua mulher; não te deixes apossar do mal.

10) Caminha assim com ela, de mãos dadas e serão felizes. (DEL PRIORE, 2012, p. 300-301).

Com a dicotomia sexual se tornando mais rígida, o treinamento para as funções domésticas e matrimoniais começaria na infância. O ajuste ao papel de esposa, determinado pela divisão dos papéis sexuais, excluía a M do exercício do poder no âmbito político, social, econômico, militar e religioso.

No sistema patriarcal, o marido se apropria das funções sexuais e reprodutoras da esposa, de seus produtos (filhos) e de seu trabalho. A ausência de filhos pode ser motivo para repúdio ou divórcio, direito antigo e ainda vigente em alguns países. Em certas circunstâncias, não gerar um herdeiro do sexo masculino também poderia acarretar a mesma consequência. Henrique VIII (1491-1547), da Inglaterra, com suas seis esposas, é um exemplo.

No que se refere à sexualidade no casamento, a violação sexual não era um delito até há pouco tempo. Só os ferimentos graves poderiam ser passíveis de alguma punição, não em respeito à M, mas por causa da possível morte de uma possível mãe. Assim, a violência física ou sexual do marido contra a esposa era considerada natural. O sexo para o marido era obrigatório, e a recusa lesava um direito dele, estabelecido em lei. As gestações consecutivas que exauriam a esposa eram desconsideradas pelo H, que, geralmente, desejava o maior número possível de filhos. Por ser uma propriedade, a morte da companheira representava a oportunidade de se casar novamente.

A exigência da virgindade era a garantia da exclusividade sexual e legitimidade da prole. Entretanto, garantia de sexo exclusivo e filhos legítimos não eram o bastante e, às vezes, ainda não é. Certas sociedades criaram mecanismos adicionais para reforçar esses pressupostos do patriarcado, seja restringindo a mobilidade, seja criando véus, xadores, burcas, cintos de castidade e, pior, mutilações genitais. Em tais sociedades, maridos e futuros maridos costumam exigir o cumprimento das tradições.

Casamento e Família

As antigas religiões viam a família como uma instituição religiosa. Pai e mãe eram polaridades complementares, que reproduziam o ato criador primordial. O sexo não era estigmatizado. O casal se juntava, e pronto. O nascimento do filho era também o nascimento da família. A formalização do casamento teve início quando a sociedade, ficando mais complexa, precisou criar algumas diretrizes para o relacionamento entre H e M. Se antes o casal se juntava livremente, agora bastava expressar seu propósito diante dos pais, e estavam casados. Simples, descomplicado. Naturalmente, essa condição era mais exceção que regra: uniões clandestinas, violação, rapto, sexo forçado, gravidez precoce, bastardia, abandono de crianças e mães, bigamia e poligamia eram problemas que impactavam o tecido social. Nem mesmo a Igreja, lançando mão das poderosas armas do pecado, da excomunhão e do inferno, conseguia normatizar o casamento. Torná-lo sacramento a partir do século XII não foi o bastante. Por isso, em meados do século XVI, o Concílio de Trento (1545-1563) disciplinou o enlace matrimonial, impondo regras rígidas, quais sejam: os cônjuges deviam declarar seu consentimento na presença de um padre e duas testemunhas e a proibição de se casar sem o consentimento dos pais. Nas famílias abastadas, havia um mercado envolvendo casamento e dote[28].

O costume do dote parece coisa ultrapassada, mas ainda é praticado, principalmente, em países da Ásia e África. Na Europa, esse costume ainda pode ser observado em localidades rurais de Espanha, Portugal, Irlanda, Grécia e Malta.

Casar-se não era tarefa simples, particularmente na classe abastada. Dois dificultadores, o dote e o direito de progenitura, impactavam a vida de moças e rapazes. O dote era um imperativo para se realizar um casa-

---

[28] Em relação ao dote, os pais dos noivos negociavam a transação, uma quantia em dinheiro ou bens. A virgindade da noiva era o "selo de garantia". A moça era "vendida" à família do noivo ou "comprada" à família desta (dote do noivo), um negócio camuflado por convenções e conchavos. Acontece ainda hoje, muito discretamente, em outro formato. A tradição do dote da noiva ainda prevalece em países da África Subsaariana e em algumas regiões do Sudeste da Ásia. Entre os camponeses e servos, o casamento era diferente: juntavam-se os trapos, e pronto. As únicas exigências feitas à moça eram que fosse virgem e tivesse capacidade de trabalho.

mento, um negócio entre determinadas classes sociais. Sem dote, a moça tinha quatro alternativas: casar-se com um jovem de classe inferior, se o pai permitisse; permanecer solteira na casa dos pais; tornar-se criada em uma casa abastada; ou entrar para um convento. Se o pai tivesse muitas filhas e pouco poder aquisitivo, concentrava seus esforços em um dote mais substancial destinado à filha mais promissora a um casamento vantajoso. Geralmente, as outras eram obrigadas a ingressar na vida religiosa.

Se as moças tinham problemas com dote, os rapazes eram atingidos em cheio pelo direito de progenitura. Esse direito tornava o filho mais velho herdeiro único de todos os bens da família. Aos irmãos destituídos do direito de herança, restava conquistar uma moça com algum dote ou trabalhar como criado em casa abastada. As filhas, em qualquer circunstância, não tinham direito à herança, o que é coerente com sua condição de mercadoria; propriedade não pode herdar.

Casamento e religião

Os tabus sexuais parecem ser o único trunfo de domínio e poder da Igreja sobre os fiéis. A sexualidade é a maior neura da Igreja desde que descobriu a desobediência de Eva. É um terreno nebuloso em que o instinto reina soberano. Daí ser possível entender por que a Igreja não tenha flexibilizado quase nada em temas espinhosos, tais o controle da natalidade, envolvendo o uso de camisinha, pílula, DIU, laqueadura de trompas, vasectomia, aborto e correlatos. O advento da pílula destravou a sexualidade. Tabela de dias férteis ficou no passado; também abstinência em dias santos, quaresma, domingos. A intransigência em relação a esses temas parece ter perdido sentido, e considerável contingente de católicos aceitavam na teoria as restrições na área da sexualidade, mas praticavam o contrário na vida particular. O sexo por prazer está na ordem do dia. Interessante notar que, nas epístolas de Paulo, não há referência à relação sexual exclusivamente com a finalidade da procriação, e ainda proclama, em teoria, a igualdade de direitos de marido e mulher no casamento em 1Coríntios (7, 1-5). Na mesma carta, o autor considera o celibato opção mais interessante àqueles que conseguem manter-se castos. E em 1Coríntios (7, 5) Paulo aconselha também a castidade ritual temporária. Portanto, as relações sexuais exclusivamente para procriação e a demonização do sexo são invenções posteriores à Igreja primitiva e apontam diretamente para Agostinho.

Na evolução do casamento, a religião cristã se apegou ao pressuposto de mal necessário, por estar contaminado com a mácula sexo-pecado. Na contramão dessa ideia, o protestantismo passou a ver o casamento sob ótica mais favorável: o ideal medieval católico de castidade foi substituído pela proposta de afeição conjugal. O estado civil "casado" tornou-se a norma ética para o protestante virtuoso. O casamento nesses moldes tinha dois pilares: evitar a fornicação e procriar, um mandato divino; e para amarrar essas duas pontas, a companhia, a ajuda e o conforto mútuos. *A convergência da reforma protestante e da democracia emergente conferiu novo status e novas responsabilidades ao casamento que deixou de ser uma conjunção carnal pecaminosa para se tornar o ideal conjugal* (KOLBENSCHLAG, 1991, p. 180).

O casamento e a consequente constituição de família foram e ainda são considerados o pilar da sociedade. É a célula-mãe na qual se começa a formar o cidadão. Por isso, o casamento tem sido objeto de cuidados dos governos, dos agentes sociais, do Direito e da Igreja.

Jablonski (1991, p. 55), em *Até que a vida nos separe*, aponta que o casamento sofreu consideráveis ajustes ao longo das eras. As instituições antigas, clãs e correlatos, eram imprescindíveis para a sobrevivência e a segurança do indivíduo. Até, aproximadamente, dois séculos atrás, as funções básicas da família eram prover e proteger. O casamento servia para preservar os meios de subsistência, garantir a continuação do nome da família ou para aumentar o poder. Casamento e família também serviam para preservar propriedades e transmiti-las. A marcha da evolução criou circunstâncias propícias a mudanças. Já no final do século XVIII, a valorização crescente da criança, a tímida emancipação feminina e o isolamento familiar pelo afastamento gradativo da parentela, patrocinaram o rearranjo da família. Com a desvinculação gradual do núcleo familiar, a independência e a individualidade puderam ser cultivadas sem risco algum: a pós-Modernidade atende a questões de sobrevivência, alimento e moradia; a segurança é suprida por leis e costumes que garantem considerável grau de liberdade e autonomia. Este é o modelo da família contemporânea, fechada e autocentrada. Este modelo prejudica as M em algum grau. Elas têm se mostrado particularmente sensíveis à culpa projetada pelo deslocamento social, por não atendimento do papel esperado de esposa, mãe, dona de casa. Hoje, a maioria das M que trabalha fora reparte, com naturalidade, o papel de provedor com o marido, mas a contrapartida nas tarefas domésticas e no cuidado com os filhos é esporádica e quando ele quer, ou não acontece. É a sobrecarga da dupla jornada. Entretanto, se as M quiserem mudanças, elas próprias deverão desencadeá-las. A posição masculina é muito confortável para que o H abra mão de suas comodidades e de um naco de poder, por iniciativa própria.

É por isso que muitas M parecem sentir que sacrificaram alguma coisa (no casamento) que não deveriam: sua autonomia. Quando se casam, elas ainda alimentam fantasias, pois o clássico "eu te amo" deveria ser a garantia do "felizes para sempre". Segundo Kolbenschlag, grande parte da desilusão em relação ao casamento vem do fato de as M perceberem que a promessa de parceria não se cumpre. Estereótipos residuais dos papéis e estruturas sociais remanescentes frustram o auxílio do H na criação dos filhos e na divisão das tarefas domésticas.

Por ser uma instituição a serviço do patriarcado, há séculos, o casamento é objeto de teses, leis, normas, especulações, obras de todos os tipos. Igrejas, médicos, filósofos, educadores e outros agentes sociais escreveram sobre o assunto, ditando regras, oferecendo receitas. Mesmo os leigos se arriscam a fazer aconselhamento, por exemplo:

Revista de História da Biblioteca Nacional (fev. 2010, p. 88-89) – *Manual do casamento*. Obra do século XVII traz receita para garantir uma união harmoniosa. É uma longa carta escrita, em 1651, por Dom Francisco Manuel, um solteiro convicto. São quase 300 páginas de recomendações a um amigo recém-casado, consideradas tão boas que saiu em livro. Num trecho da carta, o missivista afirma que a felicidade do casal dependia do equilíbrio de três fatores: *A desigualdade no sangue, nas idades e na fazenda geram contradição; a contradição gera discórdia.* Se algum desses descompassos persistisse, a vantagem seria sempre do marido, *em tudo superior à mulher.* O marido deveria amar sua esposa, mas sem perder a autoridade sobre ela. Tem também uma curiosa descrição das mulheres: há as de *"rija condição"* e as *"brabas"* que os homens devem tratar com cuidado; tem as *"formosas"*; as *"feias"*; as *"doentes"*; as *"impertinentes com os criados"*; as *"ciumentas sem razão"* e as *"gastadoras"*. Com relação às feias, considera ser melhor *"viver seguro no coração do que contente com os olhos"*. Na despedida da carta, desculpa-se com as esposas por suas exortações parecerem rigorosas, mas o desejo *era encaminhar tudo a sua estima, regalo e serviço.* E para aquelas que pedissem uma carta para as casadas, deveriam contentar-se com o que deixara dito a seus maridos.

Os teóricos do casamento sabiam que é preciso treinamento para obter desempenho satisfatório em tarefas de certa complexidade, ou desagradáveis. O adestramento para ser esposa remonta a séculos. Por exemplo, do século XVII ao XIX, surgiram obras muito populares, influenciando particularmente a classe letrada. Títulos como *A Prenda de Ano Novo para Senhoras* (1688), *Máximas para Senhoras Casadas* (1796), *Legado de um Pai para suas Filhas* (1822) e *O Amigo da Jovem Senhora* (1847) fornecem conselhos íntimos, confidenciados delicadamente. Os primeiros são manuais de afazeres domésticos e os segundos tratam de assuntos mais sutis:

Como são interessantes e importantes os deveres atribuídos à mulher como esposa; como conselheira e amiga do marido, que na rotina diária alivia sua carga, ameniza suas preocupações, fá-lo satisfeito. Como anjo da guarda, ela cuida de seus interesses (HEYN, 2001, p. 52).

Em *Complexo de Amélia* (p. 52-53), a autora comenta que o assunto da maioria dos livros é a natureza da condição "esposa", a exemplo de *A jovem esposa ou os deveres da mulher na relação conjugal*. Esse livro vai direto ao ponto, sem sutilezas. O primeiro capítulo é "Submissão", seguido dos capítulos "Gentileza", "Docilidade", "Simpatia", "Delicadeza e Modéstia", "Amor ao Lar", "Simplicidade", "Asseio", "Acordar Cedo", "Economia Doméstica", e por aí vai. Interessante observar o crescendo. Sem submissão e correlatos, como alcançar a perfeição sem torcer a própria alma? O conceito de esposa é um ícone que tem muito em comum com as ideias religiosas: submissão, perfeição, virtude, doação, espírito de sacrifício. A esposa como ícone permanece com sua essência intacta, devido a seu extraordinário valor psicológico, apesar das mudanças e dos avanços.

Ao longo do tempo, a instituição casamento sofreu mudanças pouco significativas nas diferentes culturas. O eixo da subordinação feminina manteve-se.

No Antigo Egito, o casamento era um ato de foro privado, sem enquadramento jurídico e sem sanção religiosa. Há textos recomendando ao homem se casar. Recomendava também amar e procurar agradar a esposa. A idade para as meninas era entre 12 e 14 anos, e os rapazes entre 16 e 18 anos. O pai da moça tinha de aprovar o enlace após negociação com a família do pretendente. O casamento era monogâmico, mas, se a condição econômica permitisse, o homem poderia ter concubinas com status inferior ao da primeira esposa. Entre os faraós, a poligamia era comum, com harém e muitas mulheres. O harém era uma necessidade política e diplomática, representando alianças internas ou com países vizinhos. Na sociedade egípcia, só o adultério feminino era recriminado. O divórcio era previsto em casos de adultério e esterilidade.[29]

---

[29] https://pt.wikipedia.org/wiki/Casamento_no_Antigo_Egito

Na Grécia Antiga, o casamento era monogâmico e assunto privado, sem interferência do Estado ou da religião. A menina estava apta ao casamento entre os 14 e os 18 anos. O homem, geralmente, se casava por volta dos 30 anos. A poligamia não era aceita. O noivado era precedido de negociação entre o pai da moça e o noivo.

Em Atenas, em caso de adultério, só a M era punida por ser vista ao modo de contestação à autoridade do marido e por criar a possibilidade de filho ilegítimo. O divórcio consistia no simples ato de o marido repudiar a M.[30]

Na Roma Antiga, o casamento era uma das principais instituições da sociedade. Visava a gerar filhos legítimos para preservar a herança e o nome da família. Em certos casos, selavam alianças políticas ou econômicas. No início, era dispensável cerimônia legal ou religiosa. Bastava a coabitação para serem considerados casados. Até 445 a.C., os patrícios só podiam casar-se entre si, mas, naquele ano, foi editada a *Lei Canubia,* permitindo o casamento entre patrícios e plebeus.[31] Tendo observado queda acentuada da natalidade, Augusto, o primeiro imperador romano, fez uso da *Lei Lulia de maritandis ordinibus* (18 a.C.) e *Lex Papia Poppaea* (9 a.C.) para incentivar o casamento e a natalidade. Em resumo, essas leis determinavam que H entre 25 e 60 anos e mulheres entre 20 e 50 anos deveriam ser casados, caso contrário, seriam penalizados. Para os que cumprissem as determinações, eram previstos benefícios e recompensas.

A idade mínima para as meninas era 12 anos e para os meninos 14 anos. Na prática, esperava-se os 18 e 25 anos, respectivamente. Era necessário o consentimento dos noivos e dos pais. Na cerimônia de noivado, o noivo oferecia um anel que seria colocado no dedo anular da mão esquerda da noiva. Após isso, assinava o contrato nupcial, em que se estabelecia o valor do dote. A cerimônia de casamento cumpria uma série de rituais: túnica longa, véu, grinalda, superposição das mãos dos noivos com palavras ritualísticas, uma festa e entrega da noiva ao esposo.

Adultério e divórcio em Roma.

A partir de 17 a.C., o adultério passou a ser um crime da esfera pública. Se o delito fosse descoberto, o marido era obrigado a pedir o divórcio à esposa. Havia punição severa para os adúlteros, tanto para o H quanto para

---

[30] https://pt.wikipedia.org/wiki/Casamento_na_Grécia_Antiga

[31] Estrangeiros, escravos e prostitutas não tinham direito a casamento sob as leis romanas.

a M. Com relação ao divórcio, só o homem poderia pedir a anulação do casamento, em dois casos: adultério da esposa ou infertilidade[32]. As mulheres só conseguiram o direito ao divórcio no final da República, por volta de 27 a.C. Na época imperial[33], o divórcio se tornou prática corrente. Não havia interferência religiosa em relação a esse ato[34].

Livros

Há dois livros específicos sobre casamento, que serão abordados para um exercício de reflexão. Ambos foram escritos por religiosos profissionais: *A Perfeita Mulher Casada* (1583), de Frei Luís de León, de orientação católica, e *Casamento Blindado* (2012), de Renato Cardoso e Cristiane Cardoso, de orientação evangélica.

Quase cinco séculos (445 anos) separam os autores, mas a fonte dos postulados e as teses são as mesmas. Os autores de *Casamento Blindado* apenas transplantaram os postulados e as teses para a linguagem moderna, fazendo os ajustes necessários para a sociedade contemporânea. As obras se destinam a determinado público e se propõem a orientar seus adeptos. Pode-se discordar das teses, mas devem ser vistas sob essa perspectiva. A reflexão aqui proposta visa a entender por que a religião, seja ela qual for, despreza a inteligência e a capacidade crítica e cerceia a liberdade do indivíduo. Neste contexto específico, os livros prestam um desserviço: as duas obras se destinam a domesticar as M, retirando-lhes a possibilidade de autonomia.

Na apresentação de A Perfeita Mulher Casada, é explicado que Frei Luis se baseou nos textos bíblicos que falam da mulher, sobretudo a casada, da mulher sábia e temente a Deus. Ele constrói o modelo da figura feminina dentro dos padrões éticos e religiosos da Idade Média (p. 7). Apresenta o pensamento corrente da época e o próprio, justificando essa forma de pensar *com argumentos retirados da Bíblia*. É uma espécie de tratado moral, revelando a percepção da figura feminina no século XVI.

O autor começa explicando que a Bíblia contém a diretriz para a vida, *marcadamente esta das (mulheres) casadas. Desce tanto ao particular que chega até, entrando por suas casas, a colocar a agulha em suas mãos, preparar a roca e mover o fuso entre os dedos* (LEÓN, s/data, p. 14). O autor vê o casamento apenas como condição necessária à perpetuação da espécie.

---

[32] Considera-se que o primeiro caso de divórcio registrado teria ocorrido em 230 a.C., por infertilidade.

[33] O império romano teve início em 27 a.C., com o fim da República.

[34] https://pt.wikipedia.org/wiki/Casamento_na_Roma_Antiga

Didático, ele explica: para fazer bem uma tarefa, é necessário:

> [...] saber o que é, em que consiste; e gostar realmente. Primeiro falemos do entendimento e descubramos o que este ofício é, com todas as suas qualidades e partes; convém que inclinemos a vontade para saber amá-las e depois de sabidas, se queira aplicá-las. [...] para que deseje e procure satisfazer seu estado (de casada) basta-lhe saber que Deus o manda. (LEÓN, p. 16)

Em várias partes do livro, o autor insiste que a boa M casada é trabalhadeira e econômica nos gastos, no comer e no vestir. *Não deve desperdiçar, nem ser gastadora [...]*. Afirma que as necessidades das M são muito menores que a dos H [...] E é muito feio que comam muito e sejam gulosas. Com relação às vestimentas, a natureza as fez ociosas para que rasgassem pouco as roupas. *A natureza livrou a mulher de muitos custos e, com relação aos deleites e desejos, estão amarradas a estreitas obrigações, para que não sejam dispendiosas* (p. 30). Proclama que as obrigações femininas são o recolhimento, a modéstia e a índole (submissão) que deve à sua natureza, ideias que Rousseau viria defender, quase 100 anos depois.

Também fala da necessidade de a M suportar o mau companheiro, citando Basílio (330-379) *Porque por mais áspero e piores condições em que o marido esteja, é necessário que a mulher o suporte [...]. É um verdugo, mas é teu marido! É um ébrio? Mas o acordo matrimonial fez dos dois um só. É áspero e desagradável? Porém já é parte sua e a principal* (LEÓN, s/data, p. 33)

Para justificar a submissão e a extrema tolerância ao machismo e ao mau gênio do marido, o padre-autor apela para a obrigação feminina de aguentar firme, não só porque o voto do casamento assim o exige, mas também porque, na simbiose presumida, ele é "a parte principal", assim juntinhos, coladinhos, numa união indissolúvel. Se a "parte principal", a podre, arrasta a "parte secundária", a boa, em direção à lama, que esta se esforce para não se sujar, na expectativa de mudar o comportamento do cujo, o que é realmente proposto, fazendo uma admoestação ao H: *E tu não deixarás a crueza desumana da tua natureza, honrando o matrimônio?* (LEÓN, p. 33)

Rousseau propõe a mesma tese. *A mulher foi feita para agradar ao homem e para suportar até sua injustiça.* Tamanha tolerância é explicada apelando para o desejo feminino compulsório de agradar (2014, p. 581)

Em pleno século XXI, surpreende que o livro *Casamento Blindado* defenda a mesma tese: *Se o marido não é merecedor de respeito devido às coisas negativas que faz, a melhor coisa a fazer sobre as necessidades básicas dele, é supri-las.* Justificam-se a aceitação dos desaforos e injúrias maritais, invocando um mandato de Deus que assim determinou para as M. (CARDOSO, 2012, p. 204)

Isto posto, a curiosidade é tomada por urticária. Três autores, Frei Luis, Rousseau e Renato Cardoso, com tiragens extraordinárias de suas obras, usam argumentos pífios, inconsistentes, embolorados, para justificar o injustificável. Por quê? Vale o esforço de uma reflexão.

Em *A perfeita mulher casada*, Frei Luis ataca com ferocidade a vestimenta feminina apurada e a maquiagem como coisas demoníacas:

> *São feras sobre púrpura assentadas. Assim me parecem as mulheres que se vestem de ouro, enrolam o cabelo, untam as faces, pintam os olhos, tingem os cabelos [...]* Não se encontrará no seu interior por *moradora a imagem de Deus. Encontraria em seu lugar uma fornicadora e uma adúltera no secreto da alma e saberá que é verdadeira fera enfeitada ou serpente enganosa que engole o que há de razão no homem. Sua alma é um covil, onde misturando toda a sua peçonha mortal e espalhando o tóxico de seu engano e erro, o homem troca a mulher por rameira, porque o fato de se adereçar é próprio de rameira e não da boa mulher.* (LEÓN, s/data, p. 63)

Alude ao poder feminino: a mulher pode muito [...] Sabe-se do exemplo de muitas que, com seu bom conselho e discrição, corrigiram mil males sinistros em seus maridos.

Em *Casamento Blindado,* os autores expõem a mesma ideia e fazem a mesma proposta.

Com relação à maternidade, León afirma que um bom filho é responsabilidade e resultado da boa mãe. *Porque não há de pensar a mulher casada que ser mãe é só gerar e parir. O que se segue ao parto é o puro ofício de mãe, e é o que pode fazer o filho bom e o que de verdade a obriga* (p. 83).

O segundo livro, *Casamento Blindado,* regride à Idade Média e propõe a subordinação da M ao marido, como algo determinado por Deus. Por exemplo, os autores explicam que a *maldição* que afetou a M está relacionada à dependência de atenção e aprovação do marido. A *maldição* determinou ainda: *o teu desejo será para o teu marido, e ele te governará.* Ou seja, o marido ficou escravo do trabalho com a história do suor; ela ficou dependente da aprovação do marido e de ter nele a pessoa que cumprirá seus desejos e sonhos (p. 122). Em troca, fica subentendida a prestação de serviços sexuais e domésticos.

O autor admite que a ideia de submissão está meio fora de moda, mas promete: *o conceito de submissão será esclarecido em outro capítulo pra tirar o veneno que a ideologia feminista injetou na palavra* (CARDOSO, p. 123).

Ao falar de insegurança masculina, o autor justifica e amacia quanto pode:

> *O orgulho impede o homem de reconhecer os erros e aprender com eles. A raiva, a agressividade, os vícios, a mentira e outros comportamentos destrutivos são a maneira de o homem lidar com a insegurança que repousa no mais profundo do seu interior. A insegurança feminina se manifesta mais no quesito aparência e ciúmes de todos os gêneros.* (CARDOSO, p.125)

Ele considera que a autoestima feminina geralmente é baixa, mas quem a teria em patamar ideal, com a *maldição* no calcanhar?

Cardoso afirma também que as M usam a inteligência e o temperamento forte para mascarar a insegurança; muitas se rebelam contra a própria *maldição* e se declaram independentes dos H. Dizem: *não preciso de homem para ser feliz*. Por sua vez, eles reclamam que elas dizem: *homem não manda em mim* (CARDOSO, p. 125).

Segundo o autor, a dinâmica do casamento bem-sucedido funciona assim: o H será movido pelas conquistas do trabalho e a M será movida pelo desejo de ter toda a atenção do marido. Rousseau, lá no século XVIII, também falava desse desejo feminino. Traduzindo para a linguagem do patriarcado, as M têm ânsia de agradar.

Quem não se ajusta ao modelo *supremacia masculina/submissão feminina* é punido. Cardoso tem uma forma sutil de descrever a punição. Aqui não tem validade a Lei do Polegar, nem prisão, nem decapitação, nem fogueira, nem inferno, aguardando os rebeldes. Tem a infelicidade. Se o principal objetivo da sociedade hedonista pós-moderna é conquistar a felicidade perene, esta é uma punição nada desprezível. *Os que se rebelam contra a maldição caem no extremo oposto: o homem desiste de ser um conquistador, de caçar e se torna fraco. A mulher que se rebela torna-se amarga, endurecida, inalcançável e, portanto, solitária* (idem, p. 126). Espertamente, o autor joga com as dicotomias que mais assustam H e M: homem forte/homem fraco; mulher rude e independente/mulher doce e submissa. O H será uma vergonha para si e para a família. A M vai amargar a mais dolorosa solidão. Que infelicidade maior pode atingir o H e a M? É determinista: *Não adianta se rebelar contra a maldição* (CARDOSO, 2012, p. 126).

Outro aspecto do livro chama a atenção: os papéis sociais O autor assinala a mudança do papel feminino a partir de três eventos: a revolução industrial em meados do século XVIII; a Segunda Guerra Mundial que convocou as M a contribuírem com o esforço de guerra e o movimento feminista. É fato histórico que a revolução industrial impactou toda a estrutura da sociedade. Durante a Segunda Guerra, as M foram para os hospitais e fábricas; assumiram postos de comando e provaram ser tão competentes quanto os H. Ele reconhece que a partir daquela guerra a mulher começou a ganhar espaço no mercado de trabalho; mostrou-se tão capaz quanto o homem em muitas profissões.

Entretanto, ele deixa de assinalar que o acesso ao mercado de trabalho, essa parcela de autonomia, foi uma dura conquista propiciada pela educação e qualificação profissional das M. Não foi uma concessão dos H.

Cardoso lamenta as conquistas femininas: *Isso significa que a mulher não é mais a mãe e esposa que apenas cuidava de casa e recebia o marido no fim do dia com um bolo quentinho. Ela é tão ativa quanto ele lá fora, ganha tanto ou mais que ele e por isso muito diferente da mulher tradicional* (CARDOSO, 2012, p. 172).

Quanto ao feminismo, reconhece os grandes avanços, mas assinala com pesar um subproduto do movimento: *um sentimento quase odioso contra os homens. O feminismo tem levado as mulheres a verem os homens, em geral, como um inimigo pronto a oprimi-las na primeira oportunidade, [...] o que leva muitas mulheres a resistirem ao papel tradicional do homem provedor e protetor* (CARDOSO, 2012, p. 173).

O autor não registra, mas essa é a vertente do feminismo raivoso que cultiva a condição da mulher-vítima, evidentemente danosa nas relações entre os H e as M. A contraparte é o feminismo de poder que condena o machismo sem condenar o H, considerando-o um aliado na mudança da relação entre os gêneros.

É surpreendente o autor abordar um assunto tabu, mas não surpreende o fato de culpar as M. *Pela primeira vez na história, o homem começa a entrar em uma crise de identidade.* Pela recusa das M a se encaixarem no papel tradicional, *os homens ainda não conseguiram se situar neste novo cenário. São essas mudanças que vêm causando problemas no casamento. Elas têm se tornado mais independentes [...]; batem de frente com eles* (CARDOSO, 2012, p. 173-174).

Parece que esse homem antigo-novo, ao mesmo tempo que precisa de colo, exige a submissão e obediência por parte da companheira. Cardoso defende seus pares, deixando entrever que a mulher deveria continuar adaptada ao estilo antigo, tão bom! Aí o H não precisaria fazer nada para mudar; não precisaria aprender a respeitar essa M diferente que se esforçou para chegar até aqui. A receita é simples: regrida, mulher, ao início do século passado, para que a maioria dos H não seja confrontada no seu machismo, nem tenha que mudar nada no tratamento que dispensou e dispensa às M.

Numa análise crua, parece não existir crise de identidade masculina. Parece mais uma crise de poder. Certa parcela dos H ainda não se dispõe e esperneia quanto pode para não compartilhar com a M uma parcela de poder. As consequências da ascensão da mulher podem ser vistas no grande número de divórcios nos últimos anos. Vale assinalar que a maioria é a pedido delas.

O mais interessante de toda a explanação vem na conclusão do parágrafo: *Como pode algo tão bom para as mulheres ser tão ruim para nossos relacionamentos?* (CARDOSO, 2012, p. 174). O autor não deixou claro o que é esse *tão ruim* para os relacionamentos, mas fica subentendido a opção inteligente pela autonomia.

Qualquer pressuposto precisa de argumento para ter plausibilidade. Para sustentar a tese que a natureza da M é agradar e ser submissa, o autor requenta argumentos bem conhecidos.

> *Ainda que a sociedade tenha mudado, as necessidades naturais de homem e mulher continuam as mesmas. Homem continua sendo homem e mulher continua sendo mulher. Está no nosso DNA. Somos naturalmente programados: temos uma predisposição a esperar certas coisas do nosso cônjuge* (CARDOSO, 2012, p. 174).

Atém-se exclusivamente ao DNA, desconsiderando as influências da socialização, da mesologia e da epigenética.

A coautora de *Casamento Blindado*, vem ajudar: *Ao se casar, o homem tem obrigação de prover e cuidar da esposa. Ela tem a obrigação de cuidar do marido, da casa, dos filhos. A mulher tinha prazer nisso.* Olha aí, de novo, o masoquismo intrínseco, postulados de Rousseau e Freud. Ela completa: *Quando a mulher chega em casa após o trabalho, não quer cozinhar nem limpar nada e se chateia com o marido por jogar os sapatos no meio da sala. Ou seja, coisas que no passado não eram problema, hoje são motivo de conflito* (CARDOSO, 2012, p. 175).

Segundo Cardoso, o casamento como instituição está falindo sob pesados ataques de várias forças da sociedade. A internet, a mídia em geral, a cultura, a política, as leis, as celebridades, o ensino nas escolas e universidades estão transmitindo ideias predominantemente anticasamento. Isso significa:

1. União estável, marcada por um conceito de que o compromisso duradouro e absoluto não é possível;

2. Infidelidades e traições aumentarão e se tornarão mais perdoáveis;

3. O homem passará a ser dispensável para a mulher, cada vez mais independente;

4. As mulheres oscilarão entre a descrença total no amor e a descrença total nos homens (CARDOSO, 2012, p. 25).

Essas colocações merecem ser ampliadas e o tom lamentoso e catastrófico dos relacionamentos precisa ser relativizado:

1. A união estável parece ser a modalidade de relacionamento que mais contempla a liberdade do casal. Talvez por isso aporte mais responsabilidade: foi uma escolha pessoal consensada; o laço de união não vincula papel assinado ou qualquer outra modalidade de compromisso público testemunhal. A durabilidade do relacionamento conjugal é prerrogativa dos parceiros; construir o amor, alegrar-se por estar junto requer muito mais que papel e testemunha. Em se tratando de relações interpessoais nada é absoluto. A crítica do autor a esta modalidade de casamento não procede. O número de uniões estáveis[35] exitosas desenha uma espiral ascendente.

2. Infidelidades sempre existiram, particularmente em relação ao H. A pílula, a emancipação feminina, a tecnologia e o arrefecimento do poder da religião tornaram possível o aumento exponencial deste tipo de conduta também por parte delas, não beneficiando nem os H nem as M. Infidelidade machuca muito o parceiro traído, criando um dificultador à harmonia intracasamento. Nesta condição específica, faltaram maturidade e sinceridade, arranhando seriamente a confiança mútua.

3. O autor afirma que o H passará a ser dispensável para uma M cada vez mais independente. Tanto para um quanto para o outro deveria ser motivo de comemoração um grau maior de autonomia. Arrastar vida afora o fardo da dependência feminina é contraproducente para ambos.

---

[35] Cresce a procura por união estável no lugar do casamento tradicional. De 2011 a 2015, a união estável aumentou 57%. Já os casamentos cresceram 10%. São registros dos Tabelionatos de Notas. https://g1.globo.com > jornal-hoje > noticia > 2017/03

4. Como religioso profissional, lança a maldição: as mulheres oscilarão entre a descrença total no amor e a descrença total nos homens. Sim. Realmente isso acontece e vai continuar acontecendo com M crédulas, inseguras, desinformadas, acríticas ou tolas ao ponto de cultivar a ideia equivocada de a felicidade ser proporcionada por um H ao seu lado; de acreditar que a identidade feminina que as habita depende de um H para emergir e ser reconhecida.

Com pesar, o autor interpreta as mudanças provocadas pela pós-Modernidade: os H estão se sentindo deslocados e perdidos dentro do casamento. Cita um ponto nevrálgico que afeta diretamente a boa vida dos maridos. A M, trabalhando fora, se tornou concorrente, deixando de lado o tradicional papel único de auxiliadora.

Segundo o autor, as principais consequências da mudança são: a primeira, a M ficou mais independente do H e menos tolerante com as peculiaridades masculinas, toma decisões sem consultar e tem *batido de frente com ele*.

A segunda, o H, na tentativa de agradar a M, tem se tornado mais sensível, retraído na sua posição no casamento, sentindo-se desrespeitado e, às vezes, descartável.

Cardoso faz muitos volteios, mas ainda parece cismado em expor abertamente o ponto-chave de todo o livro: a submissão feminina, ao modo de mandato divino, é selo de garantia da blindagem e do sucesso no casamento. Num rasgo de lucidez, orienta: *jamais compare seu marido com outro homem, nem a seu pai. Ao invés de comparar, reconheça e elogie suas qualidades e realizações*, um conselho a ser considerado pelas mulheres (CARDOSO, 2012, p. 129).

A coautora Cristiane arrisca passar uma receita "segura-marido". Ela explica que a esposa sábia procura suprir a necessidade de admiração e respeito de que o marido precisa. Eis o resumo de alguns conselhos (p. 199-205):

a. Exalta a força do marido: quando a esposa faz o homem se sentir forte, demonstra respeito por ele. Mas algumas criticam e ridicularizam publicamente, denegrindo a sua imagem.

b. Deixa-o ser a cabeça do casal: pratica a submissão inteligente. Quando não houver acordo entre eles e a decisão dele venha contrariá-la, ela permite que o marido tenha a palavra final. Este conselho reforça a submissão e tem o efeito colateral de criar ambiente propício à dissimulação e à raiva, três situações mortais para a harmonia no casamento e para a autonomia feminina.

c. É sua fã número um: todo homem carece de admiração, pois as realizações são muito importantes para ele. Embora ele também tenha defeitos, a esposa sábia exalta as qualidades positivas e *finge* não ver as negativas. É bom lembrar: fingir não ajuda a desenvolver sentimentos verdadeiros.

d. Reconhece-o diante de todos. Mulher gosta de desabafar, mas não revela para a mãe nem para as amigas os pontos negativos do seu marido.

e. Procura ser atraente para ele: é necessidade básica do homem sentir-se fisicamente atraído pela esposa.

f. Dar espaço: o homem precisa de espaço, tempo para relaxar e processar o estresse do dia. A esposa sábia não despeja os problemas quando ele chega do trabalho. Escolhe a hora certa de falar, o que falar e como falar. As mulheres precisam ser seguras no sentido de submissão.

g. Se o marido não é merecedor de respeito devido às coisas negativas que faz, a melhor coisa a fazer sobre as necessidades básicas dele é supri-las. Não ficar esperando que ele mereça; faça o que tem de fazer, e o outro acabará correspondendo e se fazendo merecedor. Este é um conselho deveras estranho. Ele não presta, mas a mulher supre as necessidades dele, na expectativa de que ele vai mudar. Milhares de histórias por aí mostram o contrário. Ele não vai mudar. Ele vai se acostumar e exigir sempre mais. E, na perspectiva da autora, mulher está aí para isso mesmo: servir sempre, sem reclamar.

A "receita" passada por Cristiane toca em pontos sensíveis: a crítica, o ridículo, o diálogo, a admiração, o fingimento, o reconhecimento, a atração física, o momento apropriado, o merecimento, a mudança, mas em função do marido. A maioria das atitudes propostas está com sinais trocados, por exemplo, o diálogo é um monólogo: um eco da vontade dele. São proposições muito bem colocadas, mas com o objetivo específico de consolidar a submissão feminina; o propósito não é reconhecível de imediato; fica naturalmente subentendido. Porém, vale a pena ampliar um pouco tais considerações porque o casamento se constitui em uma experiência complexa, exigindo dos parceiros boa vontade e esforço para ser exitosa. Também é uma via de mão dupla. Lidar com os pontos sensíveis deve ser prerrogativa de ambos os parceiros. A crítica bem colocada; o reconhecimento das qualidades e dos defeitos; dar o devido mérito às realizações do outro, numa costura feita de diálogo e no momento apropriado, criam o ambiente propício ao entendimento. A crítica mordaz, o fingimento, a mentira, o ridículo, a dissimulação e assemelhados são atitudes desrespeitosas que ferem de morte o relacionamento. Há ainda um ponto a ser considerado: após o casamento, é comum os parceiros tenderem a descuidar da aparência. A M, após o parto e nos primeiros meses de vida do bebê, vive situações e experiências que solapam o cuidado consigo mesma. Após superada essa fase, o cuidar-se deve voltar a fazer parte da rotina.

No arremate, a autora finge surpresa: *[...] o capítulo sobre as necessidades básicas do homem foi mais longo que das necessidades da mulher. Por que será? É sua força mulher.* Pelo exposto, deduz-se que esta força é a submissão. O capítulo das necessidades básicas do homem é mais longo porque quem é submisso não tem necessidades. Elas estão entranhadas, simbioticamente, nas do outro.

Referindo-se à sexualidade, a coautora relata o conselho da mãe: *Nem sempre você vai ter vontade de fazer sexo com seu marido. Não vá pelo que você sente. Faça assim mesmo. Nunca diga "não" para ele não se sentir rejeitado* (CARDOSO, 2012, p. 217).

Pois é, fazer sexo sem vontade para protegê-lo, para ele não se sentir rejeitado. Não é possível conversar, dialogar, explicar?

Ela ainda adverte que, após gravidez e parto a M não estará tão disposta sexualmente quanto antes e o marido precisa diminuir as expectativas nesse campo. Mas não deve usar as noites sem dormir e o cansaço como desculpa. O desejo sexual dela diminuiu, mas o dele continua o mesmo (p. 219).

Aqui ela defende a dicotomia dos papéis sexuais e o direito masculino ao sexo, mesmo em condição adversa.

Mas a Eva de todos os tempos sabe melhor do que ninguém: se o pai cuidar da cria para a mãe descansar, ele vai sentir o "fogo" diminuir drasticamente. Nada como algumas noites sem dormir para acalmar a "disposição" dele. Substituir a "desculpa" pela conversa franca e o H assumindo o seu papel de pai é uma parceria bem mais proveitosa e natural do que sexo forçado.

No final do capítulo, a autora aconselha: *não ridicularize seu marido. Ser bem-humorada não é o mesmo que zombar.* Verdade. Não ridicularizar é ponto chave no relacionamento. Mas logo depois de sugerir algo tão sensato, ela se equivoca:

> *Reclamar? Não. Muitos defeitos do parceiro nunca mudarão. Talvez ele seja bagunceiro para sempre. Em vez de se frustrar e ficar confrontando a pessoa aprenda a lidar. Ponha mais cestos de roupa pela casa e pegue, sem reclamar, as outras que mesmo assim ele vai jogar no chão* (CARDOSO, 2012, p. 232-234).

Parceiros bagunceiros tornam o casamento uma experiência difícil. Afeta a harmonia do ambiente e, principalmente, entre o casal. Embora mais frequente no H, há M que apresentam comportamento similar. Existem também aquelas obcecadas por ordem e limpeza. Com paciência e boa conversa, é possível tornar agradável a convivência. Nenhum dos parceiros vem pronto para o casamento. Dependendo da maturidade, cada um vai reeducando o outro, vai ajudando a corrigir certas deficiências e a modificar certos comportamentos para tornar a vida a dois uma experiência gratificante.

Virgindade

É um conceito cultural que se refere à conservação do hímen ou da membrana protetora da entrada da vagina. A virgindade[36] era a garantia da exclusividade sexual daquele H e da paternidade dos filhos, sem tico-tico[37] no ninho.

Até poucos anos atrás, a virgindade da moça era a principal exigência para se celebrar um casamento, e a não virgindade real ou presumida era motivo suficiente para anular o enlace. A perda da virgindade fora do casamento cobria a família de vergonha e desonra. Não era pouca coisa, numa sociedade carola e moralista. Assim, os pais vigiavam a menina, ameaçavam os intrusos e procuravam casá-la cedo.

Mas de onde vem o cuidado e o medo que rondava a virgindade feminina? Num tempo muito remoto, havia a paternidade social, ou seja, o H presumia ser aquela criança seu filho. O patriarcado foi se consolidando e, para garantir de fato a paternidade, a forma de controle mais inequívoca seria a virgindade: nenhum H havia tido intercurso sexual com a eleita, e a possibilidade de um bastardo, ao menos naquele momento, estava afastada. A necessidade de controlar a sexualidade feminina era tão grande que, ainda hoje, os temas virgindade, adultério e bastardia povoam o imaginário de H e M.

---

[36] Bem curioso: em certas culturas, a virgindade de uma M é um prêmio cobiçado. Tão cobiçado que o terrorista islâmico terá, após o atentado, não uma, mas 72 virgens à sua espera. A conferir.

[37] O tico-tico leva a fama, mas o pássaro folgado que coloca os ovos em ninho alheio é o cuco. A expressão popular imputa injustamente o mau hábito ao tico-tico.

Naturalmente, a construção de um tabu é multifatorial, e um dos fatores constitutivos e mantenedores da necessidade de preservação da virgindade até o casamento são as religiões, em geral, e, no Ocidente, as Igrejas cristãs.

Casamento infantil

Na contemporaneidade, a criança ocupa o centro do núcleo familiar, e a escola cuida da educação formal. Os cuidados médicos abarcam o pré-natal, o nascimento e a infância. Entretanto, ao chegar à puberdade, parece que a criança é desvinculada da rede de proteção. Particularmente, a menina está sujeita a ser alvo de práticas sedutivas, de abuso sexual e do casamento infantil. Este, formal ou informal, que, às vezes, acontece antes dos 10 anos de idade, é um atentado à infância, o que a sociedade não deveria tolerar. No Iraque, é desejável: está tramitando uma lei estabelecendo idade mínima para o casamento de meninas aos 9 anos de idade[38]. No Brasil, o ECA se prestaria a estender a necessária rede de proteção. Apesar de ser uma legislação avançada, não é suficiente para proteger a menina do casamento infantil. Infelizmente, costuma ser ignorada. A educação abrangente e a informação correta a todos os segmentos da sociedade, aliada ao cumprimento das leis protetivas com a aplicação rigorosa das penas previstas, são o caminho alternativo para arrefecer as preocupantes estatísticas do casamento infantil.

As faces perversas da instituição casamento são o casamento sob coação, o arranjado, o forçado[39] e o casamento infantil. A rigor, todas essas modalidades são forçadas: sob o patriarcado, no passado e no presente, a mulher e o sexo são objeto de compra, venda, troca, uso e abuso.

Casamentos sob coação, arranjados, forçados e infantis eram comuns. Passaram a ser questionados a partir dos séculos XIX e XX. E só em 2013 foi adotada a primeira resolução da ONU referente a casamentos infantis, casamentos precoces e casamentos forçados. A resolução reconhece serem esses casamentos violações de direitos humanos. Casamentos forçados e

---

[38] Fonte: Revista Veja (Panorama, 04.06.2014).

[39] O casamento forçado tem muitas razões, mas a pior delas é quando ocorre para solucionar disputas familiares. Com alguma frequência, as desavenças entre famílias são resolvidas ao oferecer uma noiva, geralmente muito jovem, para a família rival. Outra modalidade: em partes do Paquistão, o *Vani* é um costume cultural em que uma jovem é forçada a se casar como punição por um crime cometido por algum parente do sexo masculino. É uma forma de casamento infantil forçado, decidido pelo conselho tribal de anciãos. https://pt.wikipedia.org/wiki/Casamento_forçado

casamentos precoces podem contribuir para meninas e adolescentes serem colocadas num ciclo de pobreza e impotência. É possível que a maioria venha a experimentar maus tratos: violência, abuso, relações sexuais forçadas. Elas tendem a abandonar a escola pouco antes de se casar, ou logo depois. É possível existir ligação direta entre a falta de acesso à educação para meninas e adolescentes e os casamentos precoces, em qualquer modalidade. Em regiões onde esses casamentos são a norma ou valorizados pela cultura e religião, espera-se que as meninas, as adolescentes e as jovens aceitem que a educação é um desperdício para aquelas destinadas a cuidar da casa, do marido e dos filhos. Rousseau também pensava assim: *Desejai a mediocridade em tudo* (ROUSSEAU, p. 602)

Para reflexão, é apresentado o resumo de dois artigos que tratam do assunto. Eles indicam que o Brasil não é diferente de outros países, e pior, está quase na dianteira.

Revista Cláudia (jan. 2016, p. 119-124) – *Noivas Meninas*. Hoje, 554 mil meninas, de 10 a 17 anos, já estão casadas. Isso no Brasil. Não é na África ou Oriente Médio. Exemplo: Ivonete Santos Silva fugiu de casa aos 12 anos e se juntou com um primo de 21. Tem agora 14 anos e uma filha de 1 ano. Ela não faz planos, mas fala como se percebe: "Não sei direito. Sou um pouco mulher, pequena demais, e meio criança também". A escola passou em branco por sua vida. Não é um caso isolado. O Brasil ocupa o 4º lugar no mundo, em número absoluto de crianças casadas. As meninas entre 10 e 14 anos são 65.709; destas, 2.600 firmaram compromisso em cartório ou Igreja. As outras 63.109 estão em situação de concubinato, o que aumenta exponencialmente a vulnerabilidade delas. Os dados fazem parte do estudo sobre casamento infantil, do Instituto Pró-mundo; foram colhidos nos estados do Maranhão e Pará, mas é um reflexo de todo o país. O fenômeno é rural e urbano. Já está tão naturalizado que nem se nota a lei a qual específica: sexo com menores de 14 anos, mesmo consensual, é crime.[40] O assunto é tabu para o governo e a sociedade, afirma a assistente social Neilza Buarque Costa. Ela analisa que a menina perde direitos: não brinca, não estuda; torna-se mais vulnerável à violência doméstica; não decide nada sobre sua vida, engravida cedo, está mais sujeita à morte materna e tende a perpetuar o ciclo de pobreza. Do total de alunas que largam a escola, entre

---

[40] Em 2019, houve uma mudança na lei em relação à idade mínima para o casamento civil. "Não será permitido, em nenhum caso, o casamento de quem não atingiu a idade núbil", que fica estabelecida em 16 anos de idade. A autora do projeto apresenta uma estatística chocante: no Brasil, 877 mil crianças se casaram até os 15 anos de idade, sendo 88 mil com apenas 10 anos (www.camara.leg.br).

Pensando: 88 mil em relação a 877 mil é quase 10%, uma porcentagem para impressionar até os distraídos.

10 e 17 anos, 75% estão casadas ou grávidas, aponta Nilza. Os motivos do casamento precoce, segundo o estudo: pobreza, gravidez precoce, desejo da família de controlar a sexualidade da filha, impor limites às atividades de risco de gravidez. Os motivos da menina: livrar-se do mando dos pais, da violência doméstica, ter uma vida diferente. Às vezes, aceita um idoso por status, e ele quer uma esposa atraente que possa moldar e dominar. Ilda Lopes Witiuik, doutora em Serviço Social e prof.ª da PUC-PR, especula que o casamento precoce para meninas pobres ou de periferia seja determinado pelo meio. Na perspectiva dessas meninas, não há amanhã. A escola não mostra uma saída possível e estudar não representa um valor, resume.

O resumo do artigo a seguir conta a história de uma dessas meninas:

Correio Braziliense (Opinião, 23.06.18, p. 8) – *Casamento é para adultos* (artigo Cida Barbosa). Marília vive no interior do Maranhão. Ela se casou aos 12 anos. Hoje, com 16 anos, cuida dos filhos e da casa. À noite, vai à escola, só quando consegue. A autora cita um estudo da ONU mostrando que o Brasil lidera o número de casamentos infantis na América Latina. O país é também o 4º no mundo em casamentos de menores de 18 anos. O casamento precoce prejudica mais a menina: encurta a infância; aumenta o risco de violência sexual e doméstica; aumenta o risco de mortalidade materno-infantil; provoca o abandono escolar; tende a perpetuar a pobreza.

CAPÍTULO XI

DIVÓRCIO E INFIDELIDADE

Segundo o *Dicionário Houaiss*, *divórcio* é o rompimento legal do vínculo do matrimônio entre cônjuges.

O poema AMOR de Paulo Leminski (1944-1989) trata do tema:

> *Amor, então, também, acaba? Não que eu saiba.*
> *O que eu sei é que se transforma numa matéria-prima*
> *Que a vida se encarrega de transformar em raiva ou em rima.*

A casuística seguinte mostra o amor transformado em raiva. A história se passa na década de 1990; ilustra as expectativas dos parceiros em relação aos papéis sexuais no casamento, sendo possível tal enredo acontecer aos milhares, com nuances, motivações e desfechos diferentes. Os diálogos foram reproduzidos na forma resumida:

> *Ela gostava de limpeza, de ordem, de casa impecável. O friso dos pneus no piso da garagem ou folha seca trazida pelo vento incomodavam. A garagem dava direto para a rua, o que os outros iam pensar?*
>
> *Um dia apareceu gota de óleo no piso: vassoura, detergente, esfregação até ficar limpo, limpíssimo. Virou rotina.*
>
> *Chegou, jeitosa, para o marido:*
>
> *- Amor, manda arrumar o carro, tá pingando óleo na garagem.*
>
> *- Amor, tá pingando óleo no piso, manda arrumar o carro.*
>
> *- Meu bem, tá pingando óleo na garagem, é difícil de limpar.*
>
> *- Sr. Silva, o senhor vai ou não vai mandar arrumar o vazamento de óleo do carro?*
>
> *O Sr. Silva divertia-se intimamente com o desespero da mulher e não levava a sério sua queixa. Nem esta, nem outras. Era incapaz de compreender que as mulheres não servem apenas para proporcionar aos homens o serviço completo de casa, cama e mesa. E também não são inteiramente felizes com a rotina doméstica, como se supõe. Na audiência de conciliação, quando o juiz perguntou a causa do rompimento, o Sr. Silva ficou de olhos baixos, taciturno, não sabia. Ela olhava para ele, esperando, como sempre, que ele desse a última palavra.*

Quando o juiz perguntou de novo, ela se levantou, e, calmamente, disse:
- Sr. Juiz: são dezoito anos de cuecas espalhadas, de jornais estripados, a bronca porque o vinco da calça não estava perfeito, o prato predileto não ficou como o de domingo passado. Mas a gota d'água foi o pingo de óleo na garagem.
- Sr. Juiz, estou cansada. Fui dezoito anos gata borralheira, esperando o príncipe encantado. Não quero mais.

Ideias sobre divórcio:

1. Divórcio: o beijo. O silêncio. O insulto.

2. A maioria das mulheres vê o fim do casamento como uma derrota pessoal.

3. Perder dói mesmo (LUFT, 2005, p. 72).

4. Um casamento acaba não por coisas que acontecem fora dele, mas por coisas que acontecem dentro dele (Padre Fábio de Melo).

5. Quanto mais as mulheres se tornam independentes, menos aceitam um casamento pobre em afeto, compreensão, proximidade, companheirismo (LIPOVETSKY, 2000, p. 35).

6. Uma parte de cada homem e de cada mulher resiste ao reconhecimento de que a morte faz parte de todos os relacionamentos. O que morre? As ilusões, expectativas, o desejo de querer que tudo seja perfeito. A ligação afetiva, iniciada com toda a boa vontade, oscila e balança quando o estágio de enamoramento se encerra (Estés).

Na música-poema *De Todas as Maneiras,* Chico Buarque descreve a dolorosa crueza do fim de um relacionamento, a frustração do não êxito e a ânsia de liberdade; um poema forte, eivado de dor e ressentimento.

DE TODAS AS MANEIRAS (Chico Buarque)

De todas as maneiras que há de amar, nós já nos amamos.
Com todas as palavras feitas pra sangrar, já nos cortamos.
Agora já passa da hora, tá lindo lá fora. Larga a minha mão,
Solta as unhas do meu coração que ele está apressado [...]
De todas as maneiras que há de amar, já nos machucamos.
Com todas as palavras feitas pra humilhar, nos afagamos.
Agora já passa da hora, tá lindo lá fora. Larga a minha mão,
solta as unhas do meu coração que ele está apressado [...]

E um poeta anônimo expressa delicadamente a corresponsabilidade de H e M no rompimento da parceria afetiva.

> *Amei, amamos, amastes.*
> *Jurei, juramos, jurastes.*
> *Quebrei, quebramos, quebrastes.*

Até poucos anos atrás, o divórcio era prerrogativa masculina, aliás, com bastante lógica: sendo a M uma propriedade, poderia ser descartada a qualquer tempo. Assim, as M não podiam divorciar-se sem o consentimento do marido na Roma pré-clássica, nas rígidas leis judaicas, no código de Manu (Índia antiga) e na lei da cultura islâmica.

Segundo Jablonski, numa crise conjugal, a continuidade do casamento é favorecida por maior liberdade, mais diálogo entre o casal, e o movimento de emancipação feminina. Por outro lado, imaturidade emocional, individualismo, superficialidade, não saber o que representa o casamento e emancipação feminina são fatores que agem contra a durabilidade do casamento.

A taxa de divórcio tem tido uma curva ascendente. Com o patriarcado perdendo força, o acesso à educação e ao trabalho criou a condição sociocultural propícia para o aumento dos pedidos de divórcio. À medida que as M ganham independência financeira, tornam-se mais propensas a terminar uniões infelizes.

A maioria das sociedades considerava o adultério feminino base suficiente para o H se divorciar, mas o oposto não se aplicava. A M divorciada era adúltera por definição; também era inadequada para criar e mesmo ver os filhos.

Segundo estudo divulgado no site especializado em divórcio (Divorce On-line), o Facebook é citado como motivo de uma em cada três separações no país. Cerca de 1,7 mil, dos 5 mil casos, mencionaram que mensagens inadequadas de pessoas do sexo oposto e comentários de ex-namorados no Facebook foram causas de problemas no casamento. Em 2011, a Associação Americana dos Advogados Matrimoniais (American Academy of Matrimonial Lawyers) divulgou que o Facebook é citado em um de cada cinco divórcios (CARDOSO, 2012, p. 26).

No Brasil, foi lançada uma rede social exclusiva para pessoas casadas que *vivem um casamento sem sexo e querem encontrar outras pessoas na mesma situação*, visando a uma *maneira discreta de ter um caso*. O slogan do site é: *o verdadeiro segredo para um casamento duradouro é a infidelidade* (CARDOSO, 2012, p. 26-27).

A pessoa sensata sabe que não é. A infidelidade pura e simples talvez nem represente uma possibilidade dentro e para um casamento genuinamente duradouro, embora o casamento longevo possa estar vinculado a muitos fatores, alguns pouco nobres, tais como dinheiro, status, poder. Entretanto, existe o casamento genuinamente duradouro. É uma experiência que sofreu metamorfose similar à da borboleta: o casulo fechado em si mesmo, a pupa transitória, o bater de asas, o contato com muitas flores, cada uma com seu jeito, seu colorido e seu perfume, às vezes, exótico, às vezes, tóxico. Essas flores não importam, porque, no casamento genuíno, cada H e cada M contorna os apelos do caminho e volta para aquele ou aquela que sua alma elegeu.

Para a maioria das M, o divórcio é uma experiência que as abala profundamente e vem carregada de dor, angústia, ressentimento e raiva. Na mesma medida em que se liberta do cativeiro e da vitimização, também deixa cicatrizes e culpas, às vezes, permanentes. Mesmo que haja alívio e trégua, há o distanciamento, a perda de amigos, a confusão dos filhos, o desencanto de parentes, o isolamento, as perdas econômicas e sociais. Acima de tudo, a sensação de fracasso e de dúvida a seu próprio respeito constitui os efeitos mais funestos do divórcio.

O divórcio não pode mais ser considerado uma consequência da rigidez pessoal ou de uma incapacidade particular de adaptação. Deve-se reconhecê-lo como um ato potencialmente criativo mais do que destrutivo; como invenção social válida, moral e sancionada; como um instrumento regular de mudança e o mais adequado para uma sociedade que está se deslocando para uma norma de casamentos consecutivos.

Dentre os relacionamentos interpessoais, o casamento é o mais complexo e o que exige maior empenho dos parceiros. As variáveis envolvidas no sucesso ou fracasso retroalimentam-se. Diálogo, aceitação, compreensão, renúncia e mais umas duas dúzias de coisas buscam o equilíbrio num mundo mutante, com valores meio fluidos e expectativas exageradas e ilusórias do casal. Neste cenário, em algum momento, faz-se necessário o realinhamento das metas e um ajuste fino das expectativas.

Por suas características, o que mais fustiga o H e o deixa na defensiva é discutir a relação. A natureza deste diálogo afeta a saúde do casamento se os parceiros não estiverem atentos, principalmente, a três aspectos: estrutura de poder, frustração feminina e incidência. A estrutura de poder intracasamento, viciada pelos estereótipos de gênero, leva o H a se aferrar ao mandato "cabeça do casal". Ele se isola e se refugia na superioridade e na autossuficiência. No segundo aspecto, quando a M, saturada de raiva e frustração, consegue encantoar o H na tal "DR", ela assume posição acusatória, desfia um rosário de queixas e apela para a vitimização. No terceiro aspecto, a repetição desse quadro acirra as diferenças, promove o afastamento, alimenta a indiferença, e o casal deixa de suprir as necessidades afetivas mútuas. A solução do impasse pode ser o divórcio com toda a sua carga de sofrimento.

Estatisticamente, hoje, as M tomam mais a iniciativa de romper o casamento. As razões são de várias naturezas: violência física, violência psicológica, dupla jornada sem contrapartida, mas também a maneira pela qual o H e a M veem e investem no casamento. As M privilegiam os sentimentos e as trocas afetivas, por isso, sentem mais intensamente o empobrecimento da vida em comum.

A mídia, antenada com as mudanças na sociedade, registra:

Correio Braziliense (Coisas da Vida, 27.04.02, p. 3) – *Começar de novo*. Indignadas, cada vez mais as mulheres têm pedido o divórcio. Querem escapar de abandono, constrangimento, perseguição, traição, agressão; fim do amor ou da paixão.

A sociedade contemporânea oferece soluções jurídicas para problemas humanos intrincados e de difícil solução, entre elas, as recentes atualizações na lei do divórcio. Nem sempre foi assim. Para a maioria de H e M, terminar um casamento era praticamente impossível, até há pouco tempo. Para contornar a dificuldade, surgiu na Inglaterra uma curiosa solução na forma de divórcio não previsto em lei, mas aceita por aquela sociedade: a venda da esposa. Embora a M precisasse concordar, pela sua condição de propriedade, o consenso talvez não fosse considerado.

Por volta do século XVII, a venda da esposa era uma maneira de terminar um casamento insatisfatório. A prática parece ser bem mais antiga, conforme registro de caso semelhante à venda de uma esposa relatado em documento de 1302, no qual está escriturado o caso de um homem "cedendo sua esposa, por escritura, a outro homem". Entretanto, o leilão de esposas em sua forma ritual e pública parece ter se tornado costume no século XVII, quando os relatos de vendas começaram a se tornar frequentes. A venda era um processo vexatório e humilhante, mas permitia tornar legítimo o fim do casamento de maneira satisfatória do ponto de vista dos envolvidos e da sociedade. Fazia-se o anúncio público da venda; após isso, o marido levava a esposa por um cabresto para o lugar indicado, geralmente um mercado de venda de animais, podendo ser incluídos filhos e bens semoventes. O leilão era semelhante ao de gado. Levava quem oferecesse o maior lance. O marido recebia o dinheiro e entregava a esposa pelo cabresto ao comprador, simbolizando a transferência de propriedade. O pagamento legitimava a transação, com recibo e testemunha. O aumento dos anúncios de venda de esposas também fez crescer a oposição à prática. Por isso, diminuiu o número de transações documentadas a partir da segunda metade do século XIX, possivelmente passando a ser uma transação particular. Discretamente, o costume persistiu até as primeiras décadas do século XX. O último caso reportado foi em Leeds, em 1926.[41]

Há algumas gerações, os divorciados eram estigmatizados, principalmente as M. As pessoas mantinham um casamento ruim e tentavam salvá-lo. Hoje, o divórcio é aceitável e até banal[42], havendo menos disposição e capacidade para entender e resolver os problemas conjugais. Entretanto, o divórcio continua sendo uma experiência emocional e jurídica bastante dolorosa.

O fim de um casamento funciona ao modo de um furacão. Espalha no ar todas as partículas emocionais dolorosas acumuladas durante o período de convivência e soterra no fundo da alma todos os momentos significativos. O sentimento dominante é o de espoliação em todos os aspectos. Frustração, dor, culpa, raiva, ideias de vingança são despejadas no mesmo caldeirão da esperança de reconciliação. O surpreendente é que a assinatura do divórcio não é garantia de alívio desses sentimentos tóxicos. Eles podem perdurar por meses, anos, às vezes, pelo resto da vida, se um dos cônjuges se exime de responsabilidade e imputa ao ex-parceiro toda a culpa pelo rompimento.

O casamento envolve componentes emocionais de grande significado para os parceiros. Deveria ser um laço, um vínculo, mas, por questões econômicas, políticas, morais, religiosas e de poder, o casamento se transformou em nó; não poderia ser desfeito, quando o significado emocional se esgotasse. A mesma força de atração do início age no sentido da repulsão. A busca de solução por meio do divórcio é muito antiga, com avanços e recuos conforme a época, envolvendo interesses da sociedade ou da religião. Foi aperfeiçoada na contemporaneidade, e, na maioria dos países, é possível devolver a liberdade a cada qual.

---

[41] https://pt.wikipedia.org/wiki/Venda_de_esposa_na_Inglaterra

[42] Segundo o IBGE, houve 383.286 divórcios em 2019.

Infidelidade

Qual é a visão do adultério nas sociedades antigas? Um exemplo vem de Roma. Era um comportamento tolerado. O adultério não era considerado uma falha moral; antes, um delito da esfera privada, sob o poder do *pater familias*. Só a partir de 17 a.C., passou a ser um crime da esfera pública. Caso descoberto, o marido era obrigado a pedir o divórcio à esposa. Havia punição severa para os adúlteros, tanto para o H quanto para a M. Com relação ao divórcio, o homem poderia pedir a anulação do casamento, em dois casos: adultério da esposa ou infertilidade. Considera-se que o primeiro caso de divórcio registrado teria ocorrido em 231 a.C., por infertilidade. As mulheres só conseguiram o direito ao divórcio no final da República, por volta de 27 a.C. Na época imperial[43], o divórcio se tornou prática corrente. Não havia interferência religiosa em relação a esse ato.[44]

Do ponto de vista feminino, *O adultério era o pior ato que uma mulher poderia cometer. Difícil avaliar o peso assustador da transgressão* (HEYN, 2001, p. 13).

Segundo o *Dicionário Houaiss*, *adultério* é a violação, transgressão da regra de fidelidade conjugal imposta aos cônjuges pelo contrato matrimonial, cujo princípio consiste em não manter relações carnais com outrem fora do casamento (jurídico).

Segundo SAU *adultério* é o delito que a mulher comete quando tem relações sexuais com um homem que não seja seu marido; delito do homem que tem relações sexuais com mulher com quem não é casado.

> *Não importa apenas que a mulher seja fiel, mas que o seja considerada pelo marido e pelos demais; a honra e a reputação não são menos indispensáveis que a castidade. Da diferença moral entre os sexos derivam princípios de dever e conveniência, que prescrevem, especialmente às mulheres, a mais escrupulosa atenção em sua conduta, maneiras e comportamento.* (ROUSSEAU, 2014, p. 522).

O tema da infidelidade, por assombrar os H em todas as épocas, constitui assunto recorrente em livros, novelas, teatro e cinema. Mesmo com a liberdade de que gozam as artes, em geral, o assunto era tratado por metáforas, sem ousadias.

---

[43] O império romano teve início em 27 a.C., com o fim da República.

[44] https://pt.wikipedia.org/wiki/Casamento_na_Roma_Antiga

Entretanto, dois romances do século XIX, *Madame Bovary* (1857) e *Ana Karenina* (1877), quebraram o tabu, e a infidelidade feminina passou à ordem do dia:

Gazeta do Povo (Caderno G, 27.10.07, p. 3) – *Adultério de uma Mulher de província*. O livro *Madame Bovary* completa 150 anos em 2007. Para ser fiel ao seu desejo, ela traiu as convenções sociais de seu tempo e o seu marido. Flaubert construiu um quadro da situação da mulher no século XIX, no qual o casamento deveria ser a preocupação mais importante, ainda que redundasse na infelicidade. O autor foi processado: a justiça alegou atentado aos bons costumes. A defesa de Flaubert conseguiu sua absolvição, argumentando que, no final, a adúltera foi punida, fazendo prevalecer "a superioridade do marido sobre a mulher".

Em *Ana Karenina*, Tolstói (1828-1910), por meio de seus personagens, mostrou seu interesse nos temas da educação feminina, direitos da M e infidelidade.

> *A discussão acerca da emancipação da mulher tem seu lado espinhoso: o da desigualdade de direitos entre os cônjuges. A razão principal de tal desigualdade se fundamenta nas diferenças que estabelecem a lei e a opinião pública entre a infidelidade do homem e a da mulher.* (TOLSTÓI, 2003, p. 322).

Ana Karenina foi publicado em 1877, apenas 28 anos depois de Madame Bovary, com narrativa e desfecho semelhante. Karenina está infeliz no casamento. Encontra um H interessante, o oposto de seu marido. Há o envolvimento emocional, e ela abandona tudo para viver seu sonho de amor. O relacionamento naturalmente se desgasta e, quanto mais o amante tenta afastar-se, mais ela se apega, a ponto de sufocá-lo. Em desespero, vinga-se dele cometendo suicídio.

As duas obras relatam os mecanismos do casamento a que as M estavam sujeitas, os quais geravam frustração e infelicidade. As protagonistas tinham sonhos românticos de contos de fada, mas eles não se ajustavam à realidade. Aquelas M se sentiram logradas e acabaram afrontando as convenções, o patriarcado, a família e a religião. Despiram a máscara de boa moça e jogaram-se por inteiro na aventura. Usaram a sedução, a dissimulação e a vitimização, cultivando uma dependência absoluta em relação aos amantes. Os parceiros são o oposto de seus maridos desbotados e autossuficientes. A principal característica é que são personagens descolados, leves, descompromissados e que, mesmo percebendo a fragilidade e a carência delas, querem viver a vida, divertir-se enquanto for interessante para eles.

Tanto Bovary quanto Karenina escolheram o suicídio para cessar o sofrimento e se vingar de todo o mundo. Dentre tantos arremates possíveis, os autores escolheram o mais dramático. O recado foi dado: a M que confrontasse o patriarcado e ousasse ser infiel caminhava para a autodestruição e teria punição exemplar. Basta observar o nono mandamento, *não desejar a mulher do próximo*, no qual a possibilidade do adultério feminino nem é cogitada. Prado assinala (1979, p. 62): *Todo comportamento que não é da conveniência da coletividade torna-se desvio, sujeito a punição. A sexualidade e a reprodução pertencem ao marido, como no passado.* A infidelidade feminina se encaixa aí.

Honra

A honra da M constituía um conceito sexualmente localizado, do qual o H era o legitimador: a honra era atribuída pela ausência de um H (virgindade) ou pela presença de um, mediante o casamento, uma forma de atender ao patriarcado laico em defesa da propriedade e ao clerical, referindo-se à virgindade/pureza, contraponto à deusa pagã.

> *A religião da Mãe exaltava a fecundidade, a fertilidade, a maternidade, jamais contestadas. A religião do Pai passou a se preocupar com a paternidade que poderia ser posta em dúvida. A partir desta incerteza, o adultério passou a ser uma obsessão do macho e o homem se atribuiu a tarefa de controlar a sexualidade feminina* (BARROS, 2001, p. 56).

E o único modo de se apossar dessa sexualidade foi exigir a virgindade, instituir o casamento, punir o adultério, preocupar-se com a exogamia, trancafiar a mulher, inventar cintos de castidade, e por aí vai. E a violência doméstica, em qualquer tempo e lugar, quase sempre sob o argumento da infidelidade, passa a ser justificada e tolerada.

O adultério é um fantasma que assombra o casamento desde os primeiros tempos. Na Bíblia, é um pecado imputado somente à M. Tratado com rigor, a punição é pública, com a morte por envenenamento, descrito em *Números* (5,11-31), ou por apedrejamento, descrito em *João* (8,3-11). O apedrejamento é uma modalidade de punição usada nos países islâmicos ainda hoje:

Gazeta do Povo (Mundo, 08.10.2010, p. 25) – *Onde é mais difícil ser mulher.* A determinação do Irã em matar por apedrejamento Sakineh Ashtiani, acusada de adultério, mostra quanto o abuso está ligado a políticas de Estado. O apedrejamento por adultério ainda vigora no Irã, na Arábia Saudita, no Sudão, no Paquistão, no Afeganistão e Iraque, informa o jornal.

Dentre os H eminentes que escreveram sobre o adultério, destaca-se Cesare Lombroso (1835-1909), médico italiano e conceituado criminologista do final do século XIX. Misógino a perder de vista, apontava inúmeras deficiências na M, além de lhe atribuir fortes traços de perfídia e dissimulação. Lombroso afirmava ser a M menos inteligente que o H; por isso, o tipo puro de criminoso passional seria sempre masculino, pois nunca a explosão da paixão na M poderia ser tão violenta quanto no H. Tais argumentos contribuíram para que a desigualdade de direitos fosse explicitada a nível jurídico, justificando que as leis do adultério deveriam atingir só a M.

Os psiquiatras embarcaram na ideia e se empenharam em demonstrar que o crime passional era uma expansão brutal do instinto sexual, ativo no H e passivo na M. Na esteira dessas ideias, alguns países chegaram a adotar a norma da impunidade em favor do marido que vingasse a honra.

No Brasil, o código penal de 1890 só penalizava a M por adultério porque poderia resultar em bastardia e influenciar a partilha de bens. O H tinha plena liberdade desde que não ameaçasse o patrimônio familiar. A infidelidade feminina, mesmo presumida, geralmente era punida com a morte perpetrada pelo marido, sendo o assassino beneficiado pelo argumento da loucura, do desvario momentâneo em defesa da honra. Na prática, reconhecia o direito de o H matar a M (DEL PRIORE, 2012, p. 381). Por exemplo, Doca Street matou Ângela Diniz e saiu livre no primeiro julgamento.

Como já foi dito, para assegurar a fidelidade, o adultério feminino, ou a suspeição de, era punido com rigor. Entretanto, mesmo sem suspeita, houve casos de marido confinar a esposa nas casas de recolhimento para se livrar dela ou para fazer uma viagem. Dois exemplos, ambos na Bahia, são emblemáticos. Em Salvador, foi descoberta uma mulher confinada pelo marido, havia 20 anos, no convento Nossa Senhora da Lapa. Na mesma cidade, outra M entrou na justiça pleiteando sua liberdade. Estava confinada no Recolhimento dos Perdões desde 1809. O marido viajou para Lisboa e "esqueceu" a mulher no recolhimento por mais de duas décadas. (DEL PRIORE, 2012, p. 58-59)

Na questão da infidelidade, o H é perdoado por suas transgressões sexuais. A M não. O H pode vangloriar-se de sua masculinidade: garanhão, pegador, gostosão. O mesmo ato e sua proclamação é tabu para as M, reduzindo seu valor e sua essência femininos, como deixam claro os nomes atribuídos à adúltera: rameira, puta, vagabunda, sem-vergonha. Além disso, os H não perdem nada se pegos em flagrante. Entretanto, se ela tem um caso, corre o risco de perder o casamento, o lar, os filhos, o bem-estar financeiro, o status social; essa M "má" e sensual perderá tudo o que culturalmente lhe foi oferecido antes, por ser "virtuosa". Ninguém estará inclinado a perdoar a sua transgressão. Esta dupla moral anistia o H pelo adultério e pune duramente a M. Justifica-se a benevolência por serem os H mais vulneráveis às necessidades sexuais e à traição. A natureza e a conduta de um dos sexos são tão imperiosas que a sobrevivência de um requer que o outro sexo se deforme.

Geralmente aplicada à M, a infidelidade é considerada uma desobediência porque a M casada só deve ter relações sexuais com seu marido. O adultério masculino não costuma ser visto como um delito em relação à esposa, mas uma ofensa a outro H, o marido. Até há pouco tempo era um crime de violação da propriedade.

As penalidades para o adultério têm mudado ao longo das eras. A lei caldeia mandava jogar no rio Eufrates o casal de adúlteros amarrados um ao outro.

Na dominação Síria, a M adúltera tinha o nariz cortado, e seu amante era castrado. O Judaísmo condenava a M adúltera ao apedrejamento.

Na Roma Antiga, a punição por infidelidade foi introduzida pela *Lex Julia Adulteriis Coercendis,* promulgada por Augusto, em 17 a.C. Esta parte da *Lex Julia* visava à repressão das relações sexuais consideradas inaceitáveis, em especial, o adultério. Antes dessa lei, o adultério masculino era considerado cultural, e o feminino estava sob a jurisdição do *pater familias.* A *Lex Julia* passou a punir o adultério com o banimento dos adúlteros para ilhas diferentes e o confisco de parte dos seus bens. O pai poderia matar a filha e seu parceiro, em adultério; o marido poderia matar o parceiro da esposa adúltera e era obrigado a requerer o divórcio.[45]

A infidelidade, ontem e hoje, é uma possibilidade dentro da instituição casamento. Tanto que os votos explicitam essa possível conduta. Entre as promessas de apoio e companheirismo na saúde e na doença, há o ser-te fiel, um lembrete dirigido aos noivos, exortando-os à fidelidade.

Até há pouco tempo, com as funções de esposo e esposa bem definidas, só M doidivanas se arriscavam a trair o marido e a gerar um filho adulterino, com consequências gravíssimas. A posse exclusiva da sexualidade da esposa, associada ao senso de honra daí recorrente, gera no H a necessidade de controlar a companheira. Talvez, por essa razão, o adultério feminino

---

45 https://en.wikipedia.org/wiki/Lex_Julia

assombrou e ainda assombra os machos da espécie. A perspectiva de uns *chifrinhos* tira do prumo o mais circunspecto dos H. Isto é trágico, pois, desde os tempos bíblicos, o adultério feminino, real ou presumido, é punido com a morte. Mesmo hoje, com alto grau civilizatório, abrandamento das tradições e dos costumes e o surgimento de leis protetivas, a suspeita, ou o adultério real, pode redundar em espancamento, tortura e morte. O macho moderno ainda vê a M como sua propriedade.

A rigor, por que existe adultério? Fidelidade deveria ser a atitude natural de respeito ao outro, enquanto durasse a relação. O divórcio é o instrumento legal apropriado para os casais resolverem a situação crítica de relacionamentos conjugais ruins, desrespeitosos ou desgastados de maneira civilizada.

Cardoso cita pesquisa da USP, reveladora dos novos tempos: o crescimento do número de M infiéis. Das 8200 M entrevistadas em 10 capitais, 22% delas, acima de 70 anos, afirmaram terem tido alguma relação extraconjugal; 35% entre 41 e 50 anos e 49,5% entre 18 e 25 anos. Ou seja, metade das jovens esposas traem os maridos (CARDOSO, 2012, p. 28).

Mesmo antes dessa pesquisa, a mídia havia identificado a tendência:

Revista Veja (16.01.2002, p. 76) – *Traição, relações cada vez mais perigosas.* A independência feminina promoveu mudanças em vários aspectos da sociedade, especialmente no mercado de trabalho e na organização familiar. Especialistas – médicos e terapeutas – captam sinais de que as brasileiras estão mais infiéis. Nos novos tempos, a figura da amante fixa praticamente desapareceu. O sexo casual é a forma mais comum de relacionamento extraconjugal, por não estabelecer vínculo entre os parceiros. Pesquisa da antropóloga Miriam Goldenberg da UFRJ descobriu que a maioria dos homens é infiel. A pesquisa também mostrou que os homens traem por razões ligadas à atração sexual e a circunstâncias favoráveis, pois, metaforicamente, cachorro não enjeita linguiça; e as mulheres, geralmente, traem por razões emocionais, a exemplo da decepção, desamor e vingança, ou por raiva do parceiro – aponta a pesquisadora.

O percentual significativo de M infiéis mostrado nas pesquisas parece estar relacionado com a metamorfose do papel da M dona de casa, para o papel de M ativa na sociedade. São situações propícias à infidelidade, tal qual acontece ao H. Mas não é só isso: o acesso à educação e ao trabalho significa mais conhecimento, mais liberdade, mais segurança, mais autonomia e mais independência financeira, tudo junto.

Atualmente, do ponto de vista legal, a infidelidade não pode mais ser causa de morte ou mutilação, exceto em certos países em que a lei está atrelada à religião e a força do patriarcado não foi abrandada.

A exclusão do adultério feminino da maioria dos códigos penais não é uma bondade masculina. É uma mudança para se adequar à época. Entretanto, nenhuma M desafia o patriarcado impunemente. A adúltera acaba sendo punida por leis não escritas vigentes na sociedade, das quais ela não consegue escapar. O adultério ainda subsiste como figura jurídica e pode ser motivo para perder a guarda dos filhos.

O livro *Casamento Blindado* é econômico no tema adultério, embora seja um assunto bem presente na vida dos casais. Talvez porque os autores presumam ser o casamento blindado, conforme proposto, imune a esse desvio de conduta.

> *Nos atendimentos, já vi homem tolerar falta de sexo, comer fora todos os dias porque ela não quer cozinhar, servir de babá, aguentar crises de TPM, assistir a shows pelos quais não se interessa, mas não tolera ser desrespeitado, ou desvalorizado. Quando é desrespeitado, ele vai buscar respeito e admiração no trabalho, se dedicando ainda mais e pode encontrar uma mulher livre* (ou não!) *que lhe dê respeito e admiração. Aí, o casamento acaba.* (CARDOSO, 2012, p. 199).

Interpretando: se o casamento desblinda e racha, a culpa é da M. Ela não foi suficientemente submissa.

As mídias são o principal termômetro na detecção das mudanças na sociedade. As três casuísticas resumidas a seguir são sintomáticas:

Revista Veja (25.01.2006, p. 76-83) – *Trair e Teclar é só começar*. A internet criou uma nova maneira de ser infiel: começa com mensagens, evolui para confidências; logo entra no reino das fantasias sexuais. Mesmo que nunca se transfira para a vida real, a traição machuca do mesmo jeito. Por que machuca? A traição não é apenas contato físico, mas também a miríade de detalhes que apontam para a intimidade emocional, que é o sentimento de cumplicidade, de confidências, de segredos e de fantasias.

O Globo (Jornal da Família, 13.01.2002, p. 1) – *O Preço da Traição*. A lei do divórcio exclui a necessidade de separação por adultério, um conceito medieval que esta proposta de lei (de indenização) ressuscita. (Paulo Lins e Silva, advogado de família sobre proposta de lei de indenização ao cônjuge traído).

Mas certo marido foi mais esperto e não esperou a lei que, aliás, ainda não chegou: *Correio Braziliense* (Cidades, 13.05.08, p. 27) – *Marido traído ganha indenização*. Mulher flagrada com amante é condenada a pagar indenização por danos morais alegados pela vítima.

A infidelidade se configura quando, compartilhando a conjugalidade, um dos parceiros decide relacionar-se com outra pessoa, sem prévio consentimento do outro membro do par. E, hoje, qual o papel da tecnologia? Sabe-se que a tecnologia invadiu a intimidade das famílias e dos casais. O telefone celular assegura o contato imediato com qualquer um. Sites especializados promovem a aproximação de interessados em namoro. Sexo virtual está ao alcance de um clic. Sem falar na paquera à moda antiga que costuma dar resultado. Com tantas facilidades, a infidelidade fica parecendo natural. Não deveria. A ideia de anonimato do mundo virtual atrai H e M mais para desencontros do que encontros. Imaginar que a ausência de contato físico é irrelevante não procede. O parceiro traído sofre pela quebra de confiança: a conjugalidade pressupõe muito mais que sexo. No seu bojo, estão escolha, afeto, carinho, respeito, intimidade, cuidados, renúncia. A infidelidade machuca o parceiro por trair e quebrar todos esses laços. É justo usar honestidade com o companheiro, colocando as razões da insatisfação ou entrando em acordo para que ele também possa fazer suas experiências.

Parte III

Feminino e Cultura

CAPÍTULO XII

PATRIARCADO

Esta parte do livro trata da relação intergênero. E para quem pensa haver exagero nas colocações, as ideias da desembargadora Maria Berenice Dias, com sua experiência e autoridade, esclarecem o assunto:

Revista Cláudia (mar. 2010, p. 42-47) – *A Brava Juíza dos Afetos* (entrevista com a desembargadora Maria Berenice Dias). A primeira batalha de Maria Berenice foi para se tornar juíza. Nos anos 1970, a mulher não podia disputar o posto no Rio Grande do Sul. Porém, ela chegou lá. Foi a primeira juíza nomeada no Estado. Também invadiu o reduto masculino no tribunal de justiça em 1996, ao assumir o cargo de desembargadora. Ela sempre atuou em duas frentes: interpretava as leis enxergando nelas o direito que as mulheres não tinham e, dessa forma, criava jurisprudência. Na outra frente, liderou e ainda lidera campanhas para mudar legislações arcaicas. Quando perguntada qual análise faz da mulher, hoje, explicou que na esfera pública ela avança, participa do mercado de trabalho mais consciente de seu valor; é boa gestora, embora com salários menores que seus pares masculinos. O problema maior está na esfera privada: a mulher continua em posição inferior, sob a dominação masculina. Talvez porque nos ensinaram que o casamento é a maior realização feminina. Basta ver os dados assustadores da violência doméstica. Por que o homem bate? A justificativa dele sempre é no sentido de que a mulher descumpriu o seu papel: não fez a comida; pintou a unha de vermelho e ele não gosta; trabalha muito e não vem cedo para casa. Quando a mulher se afasta do modelo ideal, ele cobra (no braço). E ela se acha devedora, parece merecer a agressão, conclui.

Maria Berenice tem seu nome ligado à elaboração da Lei Maria da Penha, aos projetos de divórcio direto, de paternidade presumida e do Estatuto das Famílias.

O *Dicionário Houaiss* assinala: *patriarcado* é a forma de organização social em que predomina a autoridade paterna; forma de organização social em que a descendência reconhecida é patrilinear; sociedade baseada nesse tipo de organização social.

O *Diccionario Ideológico Feminista* conceitua: *patriarcado* é o conjunto de leis, normas, atitudes culturais do homem, cuja finalidade explícita ou implícita foi e é manter e perpetuar a submissão da mulher do ponto de vista sexual, procriativo, econômico e afetivo.

Em geral, o patriarcado se manifesta sob muitas faces: machismo, sexismo, androcentrismo e falocentrismo, que são as partes desviantes da virilidade, a principal característica do homem.

Segundo o *Dicionário Houaiss*, *virilidade* é o conjunto de atributos e características físicas e sexuais próprias do homem, masculinidade; força física ou moral, energia, vigor, robustez.

O mesmo dicionário, assinala: *machismo* é qualidade, ação ou modos de macho, valentão; exagerado senso de orgulho masculino; virilidade agressiva; macheza; comportamento que tende a negar à mulher a extensão de prerrogativas ou direitos do homem. *Falocentrismo* é a doutrina ou crença centrada no falo, especialmente na convicção da superioridade do sexo masculino; *sexismo* é a atitude de discriminação fundamentada no sexo.

O *Diccionario Ideológico Feminista* explica: o *androcentrismo* enfoca o estudo, a análise e a investigação da perspectiva unicamente masculina e os resultados são individualizados para todos os indivíduos, homens e mulheres.

Patriarcado e machismo

O machismo é um subproduto do patriarcado. A raiz é a suposta superioridade masculina em contraposição à suposta inferioridade feminina. É a mais antiga forma de opressão inventada pelos H e consentida pelas M. Na relação masculino/feminino, o patriarcado criou um sistema fechado, no qual cada H, por mais insignificante que seja, detém uma fatia de poder que poderá exercer sobre qualquer M. A divisão de poder entre desiguais considera o outro um mero objeto a ser submetido. Sobre o alegado consentimento das M à submissão há pressões sociais, educacionais, econômicas, afetivas, morais, religiosas e características pessoais que, eventualmente, paralisam a rebeldia feminina e impedem o enfrentamento. É assim que a M compartilha o machismo, à medida que *distraída*, igual na canção do Chico Buarque, não percebe as *tenebrosas transações* para estruturar o poder e regular a divisão entre os sexos. A imago da Lilith[46] combativa está adormecida no arcabouço da psique feminina.

---

[46] Lilith representa um dos arquétipos do feminino combativo e autônomo. Originalmente, é mencionada no Talmude (séculos V a III a.C.), apresentada como a primeira mulher de Adão, criada do barro, ao mesmo tempo que ele. Na Bíblia atual, Lilith não é mencionada. Em Genesis (2,22) é descrita a criação de Eva, de uma costela de Adão (dando a entender que a primeira criação deu errado). No folclore hebreu medieval, Lilith abandona Adão, partindo do Jardim do Éden, por não aceitar ser submissa a ele. https://pt.wikipedia.org/wiki/Lilith

Barros aponta a Idade dos Metais, abarcando 3.000 a. C. a 1.000 a. C., como o momento em que o domínio do macho exacerbou-se e foi aceito. Também foi quando o panteão greco-romano se impôs, o Judaísmo foi constituído e desapareceram, quase totalmente, os semipatriarcados. Zeus, Júpiter e Jeová surgiram como pais da humanidade: os pais divinos cujo representante é o pai de família, ancorado nas leis divinas e naquelas não menos divinas que o Direito instituiu (2001, p. 51).

O patriarcado é um sistema prejudicial ao H e à M. Cumprir as expectativas da sociedade em relação ao estereótipo "ser macho" maltrata a sensibilidade da maioria dos H. Mesmo depois de tantos avanços, essas expectativas mudaram pouco. A sociedade ainda cultua o macho antigo. Basta um olhar sobre os ditos populares apresentados ao menino desde pequeno, como se fossem mantras: "homem não chora", "bom cabrito não berra", exigindo-lhe sufocar as emoções. "Cachorro não enjeita linguiça", "homem tem que dar no couro" representam o centramento no pênis, tendo no desempenho sexual a marca da identidade masculina. Se não "der no couro", deixa de ser plenamente homem. É a vulnerabilidade mais temida, mais bem guardada, que assombra a vida de parte considerável dos homens.

Gabriel García Márquez, em *Memória de minhas putas tristes* (2006, p. 52), ilustra esta condição:

O personagem, no aniversário de 80 anos, pensou comemorar em grande estilo. Pediu à cafetina sua amiga para arranjar um programa com uma adolescente virgem, mas o encontro não deu certo. A menina dormiu, e ele preferiu contemplá-la apenas. A cafetina queria remarcar o encontro, ele discordou:

> *Deixa como está. Não aconteceu nada. Além do mais serviu de prova de que eu não estou dando mais para essas coisas [...]. Desliguei o telefone saturado por um sentimento de libertação que não tinha conhecido na vida e finalmente salvo de uma servidão que me mantinha subjugado desde os meus treze anos.*

O personagem usa as palavras "libertação", "salvo", "servidão" e "subjugado", termos muito fortes quando se trata de masculinidade. Quantos H no segredo de sua intimidade sufocam esse grito na garganta e carregam vida afora o fardo de não poder errar, não poder falhar, não conseguir se libertar da canga patriarcal. É a lei mais dura do patriarcado direcionada a seus membros. Nisso as M podem ajudar. Só precisam aprender a recolher as próprias garras e confiar. Precisam aprender a olhar o homem com benevolência nos seus momentos de fragilidade; compreender sua insegurança e seu medo em relação à feminilidade; seu medo de falhar, seu medo de perder o controle, seu medo de sucumbir à força natural da sedução feminina. Também ele é vítima, em algum grau, de um sistema repressor.

Lya Luft explicita, com delicadeza, o dilema masculino no poema *Canção dos homens* (2005, p.117-119). Esta estrofe mostra toda a sua vulnerabilidade à mulher-esposa:

Que com ela eu possa ter momentos de fraqueza e de ternura, possa me desarmar, me desnudar de alma, sem medo de ser criticado ou censurado: que ela seja minha parceira, não minha dependente nem meu juiz.

Lygia Bojunga, em *A Bolsa Amarela*, num diálogo cheio de humor, trata o tema do machismo. Com sutileza, estabelece a diferença entre machismo e virilidade. A alegoria abarca o diálogo entre dois personagens que se conhecem, o galo Afonso e Terrível, um galo de briga. Terrível propõe uma luta para provar quem é o melhor.

> *Afonso: – por que você quer brigar comigo?*
> *Terrível: – pra mostrar que eu ganho de você fácil, fácil.*
> *Afonso: – então finge que a gente já brigou e você ganhou e pronto.*
> *Aí levanta a asa do Terrível e grita: campeão, campeão. Terrível ficou sem graça e perguntou:*
> *- Você não se importa de perder? De jeito nenhum, respondeu Afonso. Terrível, muito admirado: mas como é que pode?*
> (BOJUNGA, 2012, p. 57).

A virilidade é, simplesmente. O machismo precisa de prova.

O patriarcado não produz só machões. Alguns H transitam numa outra raia, como descrito no resumo:

Correio Braziliense (Opinião, 22.08.12, p. 21) – *Homem-bibelô* (André Soares, Diretor-presidente da Inteligência Operacional). Este tipo de homem abdica do protagonismo no relacionamento homem/mulher, aceita ser exibido socialmente, reduzido a troféu decorativo, ou à futilidade de um descartável souvenir de luxo. Homens-bibelô são homens de brinquedo, sem identidade, emocionalmente fragilizados, inseguros e dependentes de uma mulher forte e poderosa, conclui o articulista.

Pois é. As M aprenderam com os H. A réplica é a mulher-bibelô, exibida por H velhos, que compram essas beldades com o mesmo objetivo e com os mesmos métodos, por exemplo:

Correio Braziliense (Mundo, 27.12.10, p. 15) – *Mais uma coelha para o playboy*. Aos 84 anos, Hugh Hefner diz que vai se casar com modelo de 24. A diferença de idade é de seis décadas. É a mulher-bibelô, afirma o jornal.

Patriarcado – Origem

Na Natureza, o que sobressai é a luta pela vida. Animais e plantas desenvolveram mecanismos interessantes para atender a essa necessidade, e, entre tantos modos, a agressividade se sobressai. Também para o H primitivo, ataque/defesa/fuga e, mais tarde, astúcia foram armas que lhe garantiram sobrepor-se a inimigos maiores e mais fortes. O domínio pela força era a única garantia de estar vivo amanhã. Sob essa ótica, o desenvolvimento do patriarcado rudimentar representou o extraordinário modelo de proteção da família primitiva.

A origem do patriarcado e a da submissão feminina confundem-se. O patriarcado, ao modo de organização social, levou milhares de anos para se consolidar. A transição ocorre numa sequência temporal: matriarcado, semipatriarcado e patriarcado.

Muitos fatores vão determinar a migração do poder da M para o H. Dentre eles, estão duas descobertas: a participação masculina na concepção e o desenvolvimento de uma agricultura rudimentar. Segundo estudos, o enfraquecimento do poder matriarcal começou há, aproximadamente, 8.000 a.C., no Período Neolítico, fazendo a transição, muito lenta, para o semipatriarcado. A transição e os indícios da passagem do semipatriarcado para patriarcado podem ser percebidos, também, num processo bastante lento, a partir da idade dos metais, entre 5.000 e 3.300 a.C.

A partir de então, no decorrer dos próximos séculos, as M vão perdendo gradativamente nacos de poder, enquanto as regras do patriarcado e o poder masculino vão se expandindo como água em esponja: instituiu-se o casamento, a M passou a propriedade do H e a herança se transmite através da descendência masculina. O patriarcado vai se consolidando. Poder, controle e violência viriam juntos. Era preciso controlar a M e sua sexualidade para evitar o adultério e suas consequências; era preciso retirar-lhe todo o poder para que soubesse de sua inferioridade e aceitasse a submissão por condição natural. Ela será empurrada para o espaço doméstico, a fim de cuidar do H e de suas crias. O mito de Adão e Eva já revela essa inferioridade: o H é autônomo, e a M, uma parte sua. "Aquela costela" rende dividendos ao patriarcado até hoje.

O patriarcado é um sistema que se origina no poder do pai. A M, como alguém singular, é desumanizada: vira propriedade. O agente perpetrador e mantenedor é representado pela cultura com suas tradições e costumes; representado pela Igreja, misógina na origem; representado pelos agentes sociais detentores de poder: filósofos, cientistas, legisladores, juízes, médicos, magistrados, numa confraria de machos. Aristóteles foi o primeiro a justificar, do ponto de vista filosófico, a autoridade do pai e do marido. *A autoridade do homem é legítima porque repousa na desigualdade natural que existe entre os seres humanos, pois a natureza criou indivíduos próprios para mandar e indivíduos apropriados para obedecer* (BADINTER, s/data, p. 27).

O patriarcado ocidental se assentava num tripé: a cultura greco-romana, a teologia cristã e a monarquia absolutista. Segundo Badinter, o absolutismo político precisava justificar-se para ser aceito. Por isso, atrelava a figura do monarca à figura de Deus, reforçando a tríade: autoridade divina/autoridade do rei/autoridade paterna, tornando também absoluta a autoridade do H sobre qualquer indivíduo considerado inferior (BADINTER, p. 241-242). As três fontes de poder retroalimentavam-se e reafirmavam-se, e a autoridade do pai era extensiva a qualquer H, por mais insignificante que fosse.

A roda do tempo gira. O avanço da Ciência enfraquece o poder da Igreja, e o Iluminismo se contrapõe ao poder absoluto dos reis. O patriarcado se fortalece, permeando a sociedade num processo similar ao dos vasos comunicantes, com suas premissas se espalhando de alto a baixo na estrutura social. São tomadas por verdades comprovadas, assimiladas através da família, da educação e de outros agentes, em particular, as religiões. As religiões não são gentis com as M. Uma amostra da visão nefasta aparece, entre muitas outras ao longo da Bíblia, por exemplo, no *Eclesiastes* (capítulos 25 e 26), com os sugestivos títulos *Malícia da Mulher, Virtudes e Maldades da Mulher.*

Entretanto, desde que o mundo é mundo, se for de seu interesse, o patriarcado desconsidera seus postulados. Episódios das vidas de Sara e Judite comprovam que a beleza feminina e seu poder de sedução, tão duramente condenados, tornam-se muito interessantes em certas circunstâncias: a história de Sara descreve sua submissão e sua disposição para o autossacrifício em obediência a Abraão. Para salvar a pele, ele induz o faraó a cortejá-la e a tomá-la por esposa, como descrito em *Genesis* (12,11-19). Em outra ocasião, ele usa o mesmo recurso, conforme *Genesis* (20, 2-10), em relação ao rei Abimelec. Entretanto, Deus não repreende nem pune Abraão por mentir e expor Sara à cobiça sexual dos H frente à sua beleza; pune os reis. Já a história de Judite relata o sacrifício autoimposto. Usando a beleza, ela se infiltra na tenda do general inimigo, o seduz e o mata, permitindo ao exército de Israel vencer uma batalha, considerada impossível *Livro de Judite* (15, 9-10).

Sem nenhum pudor, os israelitas usaram o atributo da beleza de algumas de suas M, para conseguirem seus objetivos. Sob as ordens do patriarcado ou a seu serviço, elas podem seduzir; podem até se prostituir. Mas, em havendo suspeita de adultério, as medidas são drásticas, e a consequência será a morte por envenenamento ou apedrejamento.

Tanto na descrição bíblica quanto na trajetória da humanidade, fica explícito que a M é um objeto, e o sexo é um produto que o patriarcado pode usar, comprar, vender, trocar, dar de presente; expor, zombar, macular, machucar, mutilar, em geral, impunemente. A mídia registrou e registra o tráfico de M. Com alguma frequência, também registra, em âmbito privado, o abuso de H de todos os tipos: pai, avô, irmão, tio, marido, companheiro, namorado, e todas as categorias de ex. Também patrão, colega de trabalho, vizinho.

Patriarcado e religião

As religiões monoteístas, desprezando a crença nos deuses e deusas pagãos, privilegiou o masculino e tentou extirpar o culto à mãe, na relação com o sagrado. A massa desses crentes era de convertidos, os quais continuaram a cultuar a Deusa. A religião do Pai ficou alarmada e espertamente tratou de criar uma figura substituta para a deusa politeísta, lançando mão de Maria, mãe de Jesus. Para não dissolver a trindade de machos, despojou Maria dos atributos da Deusa, conservando os dois aspectos que interessavam ao patriarcado clerical: a virgindade e o nascimento miraculoso de um filho que também é o salvador. Ao oferecer o modelo da Virgem aos crentes, o clero sinaliza o controle sobre a sexualidade; o modelo também oferece a prontidão para obedecer. Isso fica claro quando Maria aceitou a orientação de um suposto anjo, sem questionamento algum. No processo de descaracterização da Deusa, agora representada por Maria, ela não faz parte do sagrado, só o tangencia.

Quando Maria aceita a missão sem questionar, se contrapõe à Eva rebelde. Mais tarde, o patriarcado vai interpretar aquele ato de submissão ao modo de um comportamento desejado pela própria M. No modelo Virgem Maria, a Deusa é alijada de sua força, seu poder e sua autonomia e humildemente os deposita nas mãos do patriarcado. Em *Lucas* (1, 38), está escrito: *Eis aqui a serva do Senhor, faça-se em mim segundo a tua vontade*, como farão as M em relação ao pai, ao marido, ao irmão, ou a qualquer outro H em relação de poder, pelos séculos afora. A Igreja, ao oferecer Maria como ideal feminino, reforça o mito da virgindade como símbolo de pureza e castidade, e o exercício da sexualidade passa a ser impuro, pecaminoso, condenável. Se a M é detentora do poder de sedução devido à sua condição de fêmea, então é um ser cheio de maldade. Na visão patrística da Igreja, o H é representante de Deus e carrega todo o Bem e a M, filha da Eva maldita, carrega todo o Mal.

O ideal feminino imposto pelo patriarcado clerical estava a anos-luz da M comum, de carne e osso. Os padres perceberam que isso era impossível de sustentar e, na tentativa de contrabalançar, resgataram outra figura feminina dos evangelhos, Maria Madalena, a pecadora, elevando-a à categoria de santa. Madalena carrega a dicotomia santa/prostituta, a imagem da deusa pagã, representante do feminino e da ambiguidade. A Igreja admite aquela dicotomia, mas cindida em entidades separadas. Isto lhe permite o jogo de dar ao povo a Deusa, a Mãe, de que é carente, mas seccionada, enfatizando o lado luminoso, representado pela virgindade e pela submissão (Maria) e condenando o lado mau, pecaminoso, fora dos trilhos, representando a sexualidade e a liberdade (Madalena). E deixa bem claro que Madalena se redimiu porque entrou na linha, abriu mão de sua autonomia, submetendo-se aos ditames do patriarcado, conforme *João*, (8, 11): *Vai e não tornes a pecar.*

No ideário masculino, a imagem dessa dicotomia ainda é forte: um dos nomes para prostituta é "mulher de vida livre". Daí se pode deduzir que mulher casada é, então, "mulher de vida escrava", mas também a santa, a casta, a submissa, que a Igreja tanto quer como ideal feminino? Será que isso explicaria o não tão antigo comportamento masculino de ter amante "teúda e manteúda" e mesmo casado dar escapadas frequentes a motéis, ou a requisição de "acompanhantes", eufemismo para prostituta, nas viagens de negócios?

Consolidação do patriarcado

Sobre a gênese do patriarcado e consequente domínio masculino em relação à M, há muitas teorias. Algumas recorrem a mitos da criação do mundo e suas alegorias: a inferioridade feminina é obra de Deus e mandato divino. A segunda advém dos filósofos, dos sábios e dos médicos que, mediante seus "estudos", também proclamam a inferioridade da M por verdade inconteste. A terceira trabalha com fatos históricos. Até onde a pesquisa pôde alcançar, os primeiros indícios do patriarcado como fato social incipiente estão localizados por volta de 8.000 anos a.C. Em relação ao patriarcado clerical, os registros são mais recentes. Sabe-se que, por volta do ano 2000 a.C., as tribos hebreias deixaram a Mesopotâmia, migrando para Canaã. O que o povo hebreu tinha de diferente: era monoteísta, a crença em um único Deus masculino, o Pai, desvinculado da Natureza e dos fenômenos naturais. No *Genesis*, a história da criação do mundo já estabelece hierarquia entre os sexos; o Judaísmo apenas incorporou à sua ideologia as premissas do patriarcado laico já consolidado. *O judaísmo foi a primeira religião a excluir o elemento feminino e a valorizar um único Deus masculino, Jeová* (BARROS, 2001, p. 188).

O patriarcado laico se firmou tomando por base as três grandes civilizações que influenciaram diretamente a cultura ocidental e os registros históricos apontam para o Egito Antigo. Até por volta de 1500 a.C., a M egípcia gozava de considerável autonomia. Graças às descobertas arqueológicas pode-se deduzir que ela vivia no sistema de semipatriarcado ao se observar a representação de cenas de seu cotidiano. A deusa Isis era forte e poderosa, representando a Grande Mãe. A legislação garantia certa parcela de poder às M. Entretanto, a partir de 1500 a.C., o Egito passou a cultuar o Deus-Sol, o pai de todos. O semipatriarcado foi recuando e o patriarcado tomando espaço até se consolidar naquela civilização.

Historicamente, a Grécia foi um patriarcado com forte assimetria sexual. No casamento, a M ateniense funcionava como reprodutora e serviçal. *O pilar do patriarcado ateniense pautou-se no controle do matrimônio e da natalidade. A mulher não tinha escolha: matrimônio e maternidade ou prostituição. Os meninos eram preferidos às meninas* (idem, p. 41-42). Está registrado: há 3.000 anos, a Grécia da Ciência, da Filosofia, do Direito e da Democracia desprezava as meninas.

Com tão longa história as M precisam estar cientes de que o patriarcado é um sistema muito forte e poderoso, com defensores convictos e declarados em pleno século XXI. Em *Casamento Blindado* (2012, p. 175), há a afirmação saudosista: *O papel da mulher era cuidar do marido, da casa e dos filhos.*

Na contemporaneidade, a cobrança por mudanças no comportamento do H ficou mais forte. Um ganho importante é a expressão da emoção masculina que a cultura vigente aceita melhor. Isto reflete na opção de praticar esportes e atividades físicas mais moderadas; cuidados com o corpo e com a saúde, com a aparência e o abandono de antigos padrões de comportamento autodestrutivos (GOLDBERG, 1994, p. 10-11). A título de informação, já existem espaços exclusivos para tratar da beleza masculina. Nos idos de 2003, a mídia registrou:

Revista IstoÉ (Beleza, 28.05.2003) – *Restrita a Homens*. São Paulo ganha megaclínica de estética masculina para alívio dos vaidosos tímidos, informa a revista.

O resumo da matéria a seguir também fala de vaidade masculina e da busca pelo rejuvenescimento. Fala também de curiosa tentativa do papa Inocêncio VIII de recuperar sua vitalidade. Uma ideia do século XV empolga a medicina do século XXI.

Revista VEJA (28.02.18, p. 84-85) – *Sangue bom é sangue novo*. Americanos acima de 35 anos pagam até 8 mil dólares para receber transfusão sanguínea de jovens. É mais um capítulo na busca da juventude eterna. Mas a ideia não é nova. No século XV, revelam os livros de História, o papa Inocêncio VIII teria recebido o sangue de três meninos de 10 anos para ter sua vitalidade restaurada. A transfusão foi oral. Os quatro morreram após alguns dias do procedimento.

A força do patriarcado, como um sistema de normas sociais autovalidantes, está longe de arrefecer. No jogo perde-ganha, o sistema sempre sai ganhando. Por exemplo, inserção das M no mercado de trabalho é fator relevante no acesso à esfera pública e na conquista da autonomia. Aparentemente, o patriarcado perdeu. Não, o patriarcado não perdeu. E não perdeu porque, geralmente, a M ganha 20% menos que o H na mesma função, diminuindo o custo de mão de obra. O patriarcado não perdeu porque a M passou a ser provedora ao lado do marido, aliviando a pressão da sobrevivência. O patriarcado não perdeu porque os ganhos femininos injetam no mercado milhões de reais em consumo de bens e serviços. E ainda: a economia é gerida por H os quais são proprietários da maioria das empresas. Por fim, o patriarcado não perdeu porque grande parte da categoria homem-marido-pai cedeu quase nada e assiste, do lugar de honra, a extenuante dupla jornada de sua companheira, sem se abalar.

Essa autonomia meia-tigela, duramente conquistada, pode parecer pouco por tanto empenho. Não é. Uma única conquista feminina remove uma montanha de entulho na forma de preconceito, desconfiança, má vontade, insegurança, medo e apego ao poder por parte do masculino. Devagar, muito devagar, se caminha essa jornada.

O patriarcado ocidental não oferece flores às M. Mas, devido à separação Igreja-Estado, não as apedreja com pedras letais. Entretanto, em certas culturas teocráticas, e outras nem tanto, particularmente severas em relação à M, o pai, o irmão, o marido, o conselho de família, da tribo ou da aldeia pode punir ou condenar à morte meninas, jovens ou M que transgridam, real ou supostamente, as rígidas normas de conduta. É o patriarcado em todo o seu esplendor e em toda a sua glória, como aponta Haddad (2011, p. 95):

> Em algumas regiões do mundo árabe muçulmano, uma das práticas mais hediondas consiste em lavar a honra, pois a mulher mancha irrevogavelmente a honra da família quando pratica sexo antes do casamento ou é estuprada; quando pede o divórcio; quando foge ou se casa contra a vontade da família. Em consequência os homens "responsáveis" por ela se tornam vítimas, uma vez que a honra deles foi violada e assassiná-la constitui autodefesa. Um exemplo é Kifaia Usain, uma jordaniana de 16 anos. Antes de lhe cortar a garganta, ela foi amarrada pelo irmão, 2 anos mais velho, em uma cadeira. Seu crime: ter sido estuprada por outro irmão.

A revista *Veja* registra fato semelhante:

Revista Veja (Panorama, 04.06.14) –*As Mulheres Invisíveis*. No Paquistão, Farzana Parveen foi morta a pauladas pelo pai, pelos irmãos e outros parentes. Crime: ter se casado sem autorização da família. No Sudão, a médica Meriam Ibrahim deu à luz acorrentada pelos pés na enfermaria da prisão. Pode ser executada pelo crime de apostasia: ela foi criada na religião cristã pela mãe, mas um tribunal religioso considerou que ela permanece atrelada ao pai desaparecido, que era muçulmano.

O *ethos* patriarcal tinha e tem, hoje atenuados, como pressupostos principais:

1. A M é menos inteligente que o H. A socialização treinava pensar assim;

2. É falsa e não confiável;

3. É infiel e interesseira por natureza;

4. É frágil fisicamente;

5. É incapaz de executar tarefas próprias do H;

6. É medrosa, supersticiosa, emotiva;

7. É dependente do H;

8. Possui habilidades específicas para tarefas menores: bordar, fiar, tecer, cuidar de criança e de idosos, cuidar de casa;

9. Tem no casamento e na família sua única utilidade e sua única razão de ser;

10. Sua maior realização é a maternidade.

A ideologia patriarcal foi e ainda é passada pela família, pelos agentes sociais, pela religião, por mitos, brinquedos, contos populares e jogos, fazendo crer que a maior parte desses valores era e é natural ou de origem divina. Era preciso domesticar a M; quanto mais domesticada e ligada ao espaço privado, mais fácil seria o controle. A M domesticada passou a ser a M ideal, venerada no altar doméstico ao ponto de a honra dela, ou o recato, ser a expressão da honra dele. Seria a origem do crime em defesa da honra?

Das premissas do patriarcado em relação à M, duas, a inferioridade feminina e a malícia, foram delineadas no mesmo momento em que a M foi criada. Nas duas vertentes, tanto Eva, a judaico-cristã, quanto Pandora, a pagã, são um ato de poder masculino. Na criação de Eva, Jeová é Deus único, não precisa fazer média, decide sozinho. Bastaram-lhe uma costela, um pouco de barro e imaginação. Só que a invenção deu errado. Ela nasceu desobediente. Ao expulsar o casal adâmico do paraíso, Deus, explicitamente, colocou a M sob o jugo masculino: *e ficarás sob o domínio do homem Genesis* (3, 16) Interessante: Eva se originou de uma costela, mas podia ser de uma orelha. A costela fica sob o braço, remete à submissão?

Na criação de Eva, o surto de misoginia por parte de Deus não é explícito, algo próprio da religião em que tudo é velado e não dá o verdadeiro nome às coisas. Quando Eva desobedece, arrasta Adão na queda. São expulsos, e a boa vida acaba ali.

O mito grego da criação da M segue o mesmo *script* do mito adâmico, com uma diferença: nessa história, a misoginia é escancarada, e estranhamente quem afrontou o deus foi o masculino numa disputa de poder entre machos. Zeus, por não ser único, fez um arremedo de divisão de poder, conclamando os deuses a participarem da tarefa. E assim criou a M não por consideração aos homens, mas por vingança[47] e por deboche.

Leal (2004, p. 42) descreve a criação de Pandora também a partir do barro: então Zeus disse a Hefaistos, o ferreiro chefe, para misturar água e terra e colocar na mistura o falar humano e a própria força, a fim de criar uma jovem bela como qualquer das deusas imortais. Os deuses foram chamados a oferecer um dom ao ser recém-criado. As deusas cercaram-na de carinho, cada uma oferecendo o seu melhor dom. Atená foi a primeira a se manifestar; cobriu-lhe a nudez e propôs-se a lhe ensinar as prendas domésticas, bem ao gosto do patriarcado. Afrodite lhe ofereceu beleza e atração sensual; a deusa Persuasão e as Graças a ornamentaram com correntes douradas, e Horas a cingiu com as flores da primavera. Digno de nota, essas oferendas das deusas foram superficiais e fugazes. Nenhuma ofereceu algo substancial, como inteligência, vivacidade, determinação, arrojo. Forjou-se a imago do feminino tal qual é percebida pelo masculino. Afrodite, a mais forte e poderosa das deusas, ofereceu futilidades, beleza e sensualidade, atributos vazios, que, no futuro, servirão de argumento à dominação masculina. Atená, maternalmente, lhe ensinou os afazeres domésticos, oferecendo mais um argumento para a domesticidade. As deusas foram solidárias, procuraram ofertar o que tinham de melhor, mas só conseguiram oferecer isso. Essas deusas não tinham mais nenhum poder; já estavam sob o jugo do patriarcado; limitadas, fraquinhas, coitadas!

Os deuses representantes do masculino fizeram questão de oferecer o que eles próprios tinham de pior. Hermes ofereceu a mente de uma cadela e a natureza de uma ladra; o Mensageiro lhe doou o talento para a palavra mentirosa e a disposição matreira. Então, o Arauto dos deuses deu-lhe o nome de Pandora, pois todos os olímpicos lhe tinham dado presentes, a fim de ser a ruína dos homens. Porque, antes de Pandora:

> Os homens haviam estado sobre a terra com suas mentes livres do mal, de trabalhos pesados e das fatalidades. Porém, Pandora, por curiosidade, levantou a grande tampa do jarro com suas mãos e deixou que saíssem as aflições para trazer a dor aos homens. Somente a esperança ficou no fundo do vaso. (LEAL, 2004, p. 42-43)

---

[47] A vingança contra os homens por parte de Zeus é também uma desforra contra o titã Prometeu. Ele era um deus irrequieto, dado a fazer experiências. Certo dia, moldando barro, fez uma figura semelhante a um deus. Achou tão interessante que criou a humanidade. Oferecendo ao homem inteligência, viu que ele fazia pouco uso. Para ajudá-lo, roubou o fogo do céu. Zeus sentiu seu poder ameaçado com essas novidades. Foi quando resolveu criar a mulher.

Essa narrativa compartilha com o mito adâmico a existência de um mundo idílico exclusivamente masculino, onde imperavam a harmonia e a ausência de dor, tudo destruído com a chegada da M.

O patriarcado, um sistema de valores bem consolidado, vai continuar por algumas centenas de anos. É a matriz de funcionamento da sociedade, operando na dicotomia homem superior/mulher inferior, pressuposto relativamente abrandado. Similar a qualquer sistema inserido na evolução da humanidade, será paulatinamente avaliado e contestado; as arestas serão desbastadas, deixando entrever o cerne. A partir deste cerne, uma sociedade mais harmônica estará sendo construída. É o legado que o patriarcado vai oferecer aos homens e às mulheres do futuro.

CAPÍTULO XIII

SEXISMO E SUBMISSÃO

Segundo o *Dicionário Houaiss, sexismo* é a atitude de discriminação fundamentada no sexo. Falocracia, machismo e misoginia são modalidades de sexismo.

Conforme o mesmo dicionário, *submissão* é o ato ou efeito de submeter-se; condição em que se é obrigado a obedecer, sujeição, subordinação.

Sexismo parece ser o produto mais vistoso da ideologia patriarcal. Insidiosamente, prejudica a aspiração natural das M à autonomia. Não só. Também abafa e sufoca a masculinidade genuína, impedindo o H de se expressar em sua plenitude. É a mais primitiva e enraizada tradição do patriarcado, tanto ocidental quanto oriental. As razões: alude-se, no particular, a recalques sexuais e a desvios psicossociais; no coletivo, alude-se a fatores socioeconômicos, culturais ou religiosos. Mas a possível razão, além de domínio e controle, parece ser o medo ancestral que o homem tem do feminino, resumido na frase do escritor inglês Samuel Johnson (1709-1784): *A Natureza deu tanto poder às mulheres que a lei não pode se dar ao luxo de atribuir-lhes mais* (FERRAZ, 2002, p. 133)

A tradição de o homem bastar-se a si mesmo e de a mulher ser apenas um apêndice dele é anterior ao Cristianismo. Mas a partir das epístolas de Paulo, a premissa de marido cabeça do casal e a mulher sua submissa foi amplamente divulgada. Essa condição foi ampliada pelo fato de o direito de propriedade ser concedido só ao H. As prerrogativas da autoridade masculina sobre a mulher estavam consignadas na maioria dos códigos civis e naquilo que o direito civil não contemplou, o direito consuetudinário instituiu.

Do ponto de vista do patriarcado, desde tempos imemoriais, o machismo é o comportamento natural esperado por parte do H. Entre as centenas de ditos sexistas de homens eminentes de todas as idades e profissões, foram transcritos aqui alguns exemplos pinçados do *Dicionário Machista*, de Salma Ferraz. O primeiro registro de sexismo explícito parece ser o de Pitágoras, lá pelo ano 500 a.C. Aqui também consta o de José Mayer, ano 2001 d.C. E desde então, há centenas de novos ditos machistas suficientes para um tratado sobre o tema.

1. Há um princípio bom que criou a ordem, a luz e o homem; e um princípio mau que criou o caos, as trevas e a mulher. Pitágoras (580-497 a.C.) (FERRAZ, 2002, p. 136).

2. Homem, tu és o amo, a mulher é tua escrava. Foi Deus que assim o quis. [...] Sim, vossas mulheres são vossas servas e vós sois os amos de vossas mulheres. (Agostinho, (354-430); (FERRAZ, 2002, p. 57).

3. Pretendeis a igualdade? A mulher é nossa propriedade; nós não somos propriedade dela. Ela nos dá os filhos e nós não lhes damos. Portanto, ela é propriedade do homem como a árvore frutífera é propriedade do jardineiro. (Napoleão Bonaparte; 1769-1821) (FERRAZ, 2002, p. 137).

4. Cada um com seus atributos e obrigações. Vossos atributos, minhas senhoras, são a beleza, a graça, a sedução. Vossas obrigações são a dependência e a submissão. (FERRAZ, 2002, p.154).

5. É evidente que a mulher, por temperamento, é destinada a obedecer. E a prova é que aquela que se acha em estado de independência absoluta, contrária ao seu temperamento, se liga imediatamente a qualquer homem por quem se deixa dirigir e dominar, porque carece de um senhor. (Schopenhauer; 1788-1860) (FERRAZ, 2002, p. 125).

6. Gatas, eis o que são sempre as mulheres. Gatas e pássaros. Elas são uma propriedade, um bem que é preciso guardar a chave; seres feitos para a domesticidade e que somente atingem sua perfeição em situação subalterna. (Nietzsche; 1844-1900) (FERRAZ,2002, p.161).

7. Mulheres carecem totalmente de existência e essência; elas não são. Elas são nada. A humanidade existe como macho e fêmea, como algo e nada. A mulher não tem participação alguma na realidade antológica, nem relação alguma com a coisa-em-si, que na interpretação mais profunda, é Deus. (Otto Weininger; 1880-1903) (FERRAZ, 2002, p. 122).

8. A meta da educação feminina há de ser, invariavelmente, a de futura mãe. (A. Hitler; 1889-1945; (FERRAZ, 2002, p. 102).

9. É da lei da Natureza que rios serpenteiam, árvores dão madeira, e, dada a oportunidade, mulheres produzem iniquidade. (Sutta Pitaka) (FERRAZ, 2002, p. 122).

O Brasil não fica de fora. O velho e o jovem pensam da mesma maneira. A seguir, citam-se dois exemplos, tanto grosseiros quanto deselegantes:

- Tá com desejo sexual? Estupra, mas não mata (Paulo Maluf, 1931-, candidato do PDS à Presidência da República, em palestra durante a campanha eleitoral em 23.08.1989).

- Mulher gosta de uma pegada firme, de uma agressividade na abordagem e até de um tapa.(José Mayer, 1949-, Revista Veja, 26.12.01).

Para completar a lista, dois ditos bastante populares, girando por aí.

- Mulher e papagaio falam muito sem nada dizer.

- Cavalo com a rédea, mulher com a espora.

Ideias sobre sexismo e submissão

1. O sexismo é tóxico para as relações interpessoais. Em efeito halo, espalha para a família, na relação pais/filhos, entre marido e M; na empresa, na Igreja e na sociedade.

2. A dicotomia sexual afeta a valoração da mesma característica, se percebida na M ou no H: *Foi atribuída à curiosidade feminina uma conotação negativa, enquanto a masculina é chamada curiosidade investigativa. As mulheres são abelhudas, os homens, indagadores* (ESTÉS, p. 72).

3. Os extremos: ocultação e superexposição do corpo da fêmea, a burca e a bunda: duas faces da moeda corrente do machismo terceiro-mundista (FERRAZ, p. 7).

4. A submissão feminina é produto do machismo que se alimenta de três fontes: patriarcado laico, patriarcado clerical e as próprias mulheres.

5. Século após século, filósofos, teólogos, juristas, médicos, moralistas e pedagogos não cessaram de dizer incansavelmente que as mulheres deveriam ficar no interior de um espaço circunscrito, por ser seu lugar e seu dever.

Em se tratando de sexismo, na pesquisa do IPEA, o machismo brasileiro fala por si:

Correio Braziliense (Brasil, 29.03.14, p. 8) – *Campanha reage ao machismo brasileiro*. Pesquisa do IPEA sobre tolerância do brasileiro em relação à violência sexual provoca perplexidade e indignação nas redes sociais com a campanha "Eu não mereço ser estuprada". O primeiro resultado da pesquisa publicado pelo IPEA aponta 65,1% dos entrevistados concordando com a afirmação "mulher que usa roupas que mostram o corpo merece ser atacada", e 58,5% concordam parcialmente com a frase corroborativa da primeira "Se as mulheres soubessem como se comportar haveria menos estupros", o que assustou até especialistas. Ninguém esperava tal força do machismo incrustado na sociedade. A pesquisa mostra o que já se sabe: a culpabilização da vítima e o machismo arraigado. Maria José Rosado, do grupo Católicas pelo Direito de Decidir, diz que boa parte da população não ver o estupro como crime revela a concepção da mulher como objeto, alguém que pode ser agredido, desrespeitado. Temos uma sociedade extremamente machista. É cultural e acaba sendo respaldado por uma onda de religiosidade essencialmente conservadora que corrobora a manutenção de tal cultura. Há Igrejas que continuam a veicular a ideia de que o lugar adequado para a mulher é dentro de casa. Não somos públicas. E, quando ousamos, merecemos ser estupradas, aponta Maria José.

Após a repercussão negativa dos dados preliminares da pesquisa, o IPEA recuou:

Correio Braziliense (Brasil, 05.04.14, p. 6) – *Um erro que cobriu o país de vergonha.* O IPEA reconhece o equívoco na pesquisa que mostra um Brasil majoritariamente machista. A parcela da população, homens e mulheres, que culpa o comportamento da mulher pela violência sexual é bem menor, segundo o instituto. A amostra da pesquisa Tolerância Social à violência contra as mulheres abrangeu 3.810 pessoas de ambos os sexos, em 212 municípios de todas as regiões do país.

Essa polêmica merece ser ampliada: os percentuais de 65,1% e 58,5% são muito próximos e coerentes com a segunda pergunta que corrobora a primeira, ou seja, a forma de se vestir faz parte do comportamento da pessoa. Infelizmente, os casos diários apontam para o resultado preliminar da pesquisa. Por isso, pode-se cogitar que não houve engano. Um instituto de pesquisa não cometeria um erro tão grosseiro. Antes de virem a público, os dados costumam ser exaustivamente revisados. Entretanto, a repercussão e a gravidade da polêmica foram tão grandes que precisou recuar.

A pesquisa abrangeu 25 itens, sendo quatro referentes a casais homoafetivos. Dos 21 que tratam especificamente sobre violência contra a M, um ou outro parece irrelevante.[48]

---

[48] Fonte: https://www12.senado.leg.

Os percentuais dos 21 itens corroboram a persistência aguda do machismo na sociedade. A mulher merecer ser estuprada pela forma de vestir ou se comportar é apenas o coroamento de uma crença partilhada por H e M. Vale a pena conferir a pesquisa.

Sejam 65,1%, sejam 58,5% ou 26%, são percentuais assustadores que põem as M em contínuo risco de ataque. Acende o sinal de alerta a todos: governo, Igreja, família, escola, homens e mulheres.

O pressuposto da submissão feminina tem estreita ligação com filosofia e religião. A filosofia, particularmente a grega, tem uma visão peculiar do feminino. Surpreende que pensadores eminentes, principalmente Aristóteles, Platão, Plotino, e outros humanistas de primeira grandeza, tenham desenvolvido raciocínios, afirmações e conclusões tão desfavoráveis em relação à M em defesa do estatuto político como estrutura de poder.

Na Bíblia, livro sagrado das grandes religiões, as M aparecem em condições nada lisonjeiras. Eva introduziu o pecado no mundo. E, ao longo da narrativa sagrada, elas são prostitutas (Madalena); ardilosas (Dalila, Salomé); intrépidas, corajosas, mas a serviço dos homens (Judite, Ruth, Ester); Maria (submissa). Judite se destaca, particularmente por ter criado condições para o exército de Israel vencer o inimigo. *Livro de Judite* (15, 9-10). Ela deve ter realizado um feito extraordinário para provocar tanto louvor e justificar a movimentação de eminências religiosas e do poder público.

A narrativa bíblica não contempla exemplo de mulher que tenha se destacado em benefício próprio ou de outras. São citadas em função de um H ou a serviço do patriarcado, nunca pelo próprio valor. A Rainha de Sabá aparece junto de Salomão para enaltecer o poder e a sabedoria dele, não o poder e a sabedoria dela.

Os textos, não só os bíblicos, também os filosóficos, científicos, teológicos, identificaram e ainda identificam humanidade com masculinidade, e a M funciona como acessório dessa humanidade. Essa condição é explicitada no *Dicionário Vaticano II* (2015, p. 936): na *Gaudium et Spes*, o Concílio Vaticano II opta pela categoria *hominis/homo* como sendo o gênero masculino o padrão para a humanidade.

Fiorenza (1992, p. 18) constata: *O estudo acadêmico tradicional identifica humanidade com masculinidade e entende as mulheres uma categoria periférica na interpretação humana.*

É ainda mais curioso que, em pleno século XXI, certos credos venham pregar abertamente a submissão feminina, a exemplo do livro *Casamento Blindado*, cuja temática é a necessidade da submissão feminina para o sucesso do casamento. *Marido, faça sua mulher se sentir amada e valorizada e você colherá os frutos desta entrega por toda a vida* (p. 205).

Aristóteles insistia na subordinação da M ao H. A teologia cristã, de raízes judaicas nada benevolentes com a M, se apropriou das ideias daquele filósofo e dos eventos narrados no *Genesis* para reforçar a condição de ser inferior, fútil, inclinado ao mal, e depois o próprio Mal, como essência do feminino.

Até bem pouco tempo, para a Igreja, a serpente do paraíso não era uma alegoria, mas o próprio demônio travestido. Na visão popular, a serpente é perigosa, e sua cabeça precisa ser esmagada. A associação do feminino com a serpente do Mal, por parte da Igreja, foi infeliz: fez crescer a ideia de que a M era má, por isso deveria ser subjugada. Sua cabeça, ou seja, suas ideias e, por causa delas, sua autonomia, deveria ser esmagada para que continuasse a rastejar e jamais levantasse o olhar para o patriarcado. O símbolo é forte demais: quem rasteja é porque não consegue erguer-se; quem tem a cabeça esmagada não fala, não pensa, não decide. É certo que essa representação e sua força habitam o inconsciente de H e M na fieira dos séculos e seu eco se faz presente, ainda hoje, quando homens silenciam, espancam, ferem e matam suas companheiras. Mudanças culturais, mas principalmente o acesso à educação e ao trabalho têm enfraquecido a força do patriarcado e vêm permitindo às Evas dos novos tempos, aos poucos, timidamente, reconstruírem seus cérebros, rearrumarem suas ideias e mostrá-las ao mundo: *Ave!* Mulheres, cheias de graça, de força e de vida! Benditas sois!

Igreja e submissão

A Igreja e a submissão feminina têm uma longa história construída a partir do Judaísmo, a fonte primária na formulação do seu *corpus* doutrinário. Nos seus primórdios, o Cristianismo já confirma a submissão feminina determinada na origem, conforme *Coríntios* (11, 7-10) *Quanto ao homem, não deve cobrir sua cabeça, porque é imagem e esplendor de Deus; a mulher é o reflexo do homem. Com efeito, o homem não foi tirado da mulher, mas a mulher do homem; nem foi o homem criado para a mulher, mas sim a mulher para o homem.* A Igreja, desde Paulo, criava certas normas para diferenciar a M cristã das pagãs, das prostitutas e de outras categorias. Paulo insistia que as M não cortassem os cabelos e os mantivessem presos sob o véu. No contexto judaico-cristão, cabelos soltos eram sinal de impureza e de pecado. Tanto que *Números* (5,18) prescreve: a M acusada de adultério terá o véu retirado pelo sacerdote e marcada publicamente, soltando os cabelos.

Mesmo na contemporaneidade, os prepostos da Igreja mudaram muito pouco em relação às M. A misoginia e a crença no seu caráter impuro ficam evidentes nas declarações atribuídas ao fundador do Opus Dei, Josemaria Escrivá (1902-1975) a respeito das M, transcritas pela autora do livro Opus Dei: a mulher é uma grande pecadora e responsável por termos sido expulsos do paraíso e a única possibilidade de diminuir sua culpa é a subordinação. A mulher deveria ser um tapete onde se pode pisar em cima [...].

No Opus Dei, elas têm mais restrições que os H e são obrigadas a se submeter a mais mortificações que eles. A explicação é simples: *Porque o fundador acreditava que as mulheres têm mais paixões o que requer mais mortificações corporais, mais disciplina para subjugarem suas falhas tão graves* (SILBERSTEIN, 2005, p. 137-138). Naquela organização, as mulheres estão encarregadas do bom funcionamento de todas as casas da Instituição, desempenhando os trabalhos domésticos. Mais uma vez, a domesticidade imposta. E, paradoxalmente, aceita.

Considerando a repressão, a difamação e a demonização das mulheres, a história das religiões e, particularmente, da Igreja Católica faz parte de um longo e arbitrário despotismo masculino sobre o sexo feminino, ainda ininterrupto. A subordinação das mulheres aos homens continua a ser um postulado dos teólogos ao longo da história da Igreja, e essa subordinação continua a ser tratada ao modo de dogma da vontade divina.

Criando uma linha do tempo, *Genesis*, o primeiro livro da Bíblia, escrito por volta do século V a.C., prescreve a submissão feminina, após a desobediência de Eva. Aproximadamente 500 anos depois, o mesmo mandato está registrado em *Efésios* (5, 22-24): *Esposas, submetei-vos a vossos maridos como convém no Senhor.* A Igreja repete essa prescrição nos cultos, nas homilias, nos escritos dos doutores da Igreja e nas encíclicas papais, ainda hoje. Essa epístola de Paulo foi escrita entre os anos 60 e 63 da era cristã, há quase 2 mil anos.

Aproximadamente 1.500 anos depois, o mesmo mandato está registrado no livro *A Perfeita Mulher Casada*, publicado em 1583: *A que teme a Deus, para que deseje e procure satisfazer seu estado* (de casada) *basta-lhe saber que Deus o manda* (p. 16). Passados mais 500 anos, o mesmo mandato está registrado no livro *Casamento Blindado,* publicado em 2012: *[...] a segunda parte da maldição determinou: o teu desejo será para o teu marido e ele te governará* (p. 122).

Castrato[49]

A misoginia dos prepostos da Igreja era tão intensa que se voltou contra seu próprio sexo. O papa Sisto V (1521-1590) proibiu a participação de mulheres no coro das Igrejas, nos palcos dos teatros públicos, nos de ópera de Roma e dos Estados Pontifícios, acelerando o processo e o número de castrações de meninos para impedir a mudança de voz. O objetivo era substituir as vozes femininas tanto nos coros das Igrejas quanto nos teatros. O Papa Inocêncio XI reiterou a proibição de Sisto V. Essa proibição de coristas na Igreja vigorou durante todo o século XVII e no XVIII.

Subordinação feminina

A Igreja, detentora do poder espiritual em relação a seus adeptos, passou a legislar sobre a vida doméstica para controlar os crentes.

> *O código doméstico no Novo Testamento tem por base 3 situações: marido e mulher, pais e filhos, senhor e escravo. Em cada uma das situações, o segundo membro do par, aquele socialmente subordinado, é exortado à obediência ao primeiro membro do par, o supraordenado.* (FIORENZA, 1992, p. 289).

No casamento, as relações entre marido e mulher são consideradas biologicamente determinadas, conforme a filosofia e a medicina. Por parte da Igreja, a subordinação da M ao marido é um mandato divino. Essas diferenças, por si sós, justificam as relações de dominação na família.

Também Aristóteles (384-322 a.C.) enfatizava a diferença entre os sexos, mas por uma questão política. Ele considerava o macho superior por natureza e a fêmea inferior; o macho governaria e a fêmea seria sujeitada. A definição da natureza da M e da esfera própria da M enraízam-se em determinada relação de dominação e subordinação entre o varão e ela. O motivo é o poder político.

---

[49] *Castrato.* A prática da castração de meninos para substituir vozes femininas remonta ao Império Bizantino, em torno do ano 400 da era cristã. O castrato era contratado para cantar tanto por particulares quanto pela Igreja. No Ocidente, os castrati começaram a aparecer no século XVI, com o banimento das mulheres do coro das Igrejas e dos teatros. A Itália foi o último país a proibir a prática da castração de meninos para esse fim, em 1870. Alessandro Moreschi (1858-1922) foi o último castrato a cantar na Capela Sistina. (https://pt.wikipedia.org/wiki/Castrato)

Os papéis sexuais rigidamente determinados é um produto do *ethos* patriarcal aliado às premissas da Igreja a proclamarem a inferioridade feminina. Daí serem propriedades socioculturais, e não características intrínsecas. *O dimorfismo sexual e os papéis sexuais estritamente definidos são produtos da cultura patriarcal que mantém e legitima estruturas de controle e dominação da mulher pelo homem* (FIORENZA, 1992, p. 247).

Sexismo feminino

O cardeal Ratzinger, futuro papa Bento XVI (1927-2022), na esteira da encíclica *Casti Connubii* (1930) e da *Humanae Vitae* (1968), ataca a pílula anticoncepcional, afirmando que ela retira da M o seu ritmo biológico próprio e se torna continuamente "utilizável" (RANKE-HEINEMANN, 1996, p. 300).

Surpreendentemente, a psicoterapeuta alemã Christa Meves (1925-) concorda com o cardeal e vai além, tecendo observações pouco ortodoxas em relação ao uso da pílula e às suas consequências para os casais. Ela afirma que a pílula é um fardo para as M e para os H. Pois as M, nos séculos anteriores, viviam em média 35 anos, sendo suas vidas abreviadas pelo enfraquecimento físico de gestações contínuas e partos laboriosos, quando não morriam no próprio parto ou no pós-parto, por complicações deste. Outro inconveniente da pílula seria a longevidade dos casamentos com as pessoas vivendo 20, 30, 40 anos juntas. Esse tempo representaria um fardo para os maridos. Se antes, com a morte da esposa exaurida por sucessivas gestações e partos, ele podia casar-se de novo com uma M mais jovem, hoje é obrigado (pelas normas da Igreja) a suportar a esposa envelhecida. Na visão de Christa, H e M perdem com o uso da pílula. As M se veem limitadas em sua liberdade (a que liberdade se refere?) e continuamente "utilizáveis", e os H perdem sua liberdade com a idade crescente das esposas, impeditivo para um novo casamento. Ela sente pena dos H, solidariza-se com eles, mas não com as M. Colocando os partos sucessivos e as mortes decorrentes deles como uma vantagem para o H, expressa e defende a opinião da Igreja sobre as M: a Eva que, no passado, perdia o H pela concupiscência, hoje perde o H pela longevidade.[50]

Outro exemplo de machismo feminino está registrado no livro *Opus Dei* (2005, p. 139). Numa conferência para M cristãs, houve uma pergunta sobre assédio sexual no local de trabalho. A palestrante, Dr.ª Clementina Meregalli Anzilotti, neurologista no Hospital San Carlo, em Milão, respondeu:

---

[50] Resumo do artigo de Meves, extraído do livro *Eunucos pelo Reino de Deus* (p. 300-301). Ranke-Heinemann assinala ser o texto integral um artigo publicado no Boletim Pastoral para as Dioceses de Aquisgrana, Berlim, Essen, Colônia, Osnabruck, em 1976.

> *Acredito que assédio sexual vem para aquelas que o convidam. Algumas mulheres saem vestidas por aí de tal maneira que atraem esse tipo de abordagem. Se fôssemos mais cuidadosas com nossa maneira de falar, se tomássemos mais cuidado com nossa maneira de vestir, então acredito que esses problemas seriam eliminados pela raiz.*

No Brasil, a pesquisa do IPEA confirma o modo de pensar da palestrante italiana e da maioria das pessoas, que culpam a M pelo assédio ou pela violência sexual.

Rousseau e John Stuart Mill

A submissão feminina foi assunto de pensadores do século XVIII, a exemplo de *Rousseau* (1712-1778) e *Mill* (1806-1873), defendendo ideias opostas. O primeiro defende, em *Emílio,* publicado em 1762, a submissão da M como próprio da natureza feminina. O segundo autor, em *A Sujeição das Mulheres,* publicado em 1869, declara:

> *Minha opinião é que o princípio que regula as relações sociais entre os sexos – a subordinação de um sexo a outro – está errado em si mesmo; [...] tal subordinação deveria ser substituída por um princípio de igualdade, sem qualquer poder ou privilégio para um lado e incapacidade para o outro.* (MILL, 2006, p. 15).

Alguns milênios se passaram desde o advento do patriarcado primitivo e a submissão feminina como produto deste sistema, até surgir algum pensador disposto a questionar a legitimidade e a necessidade social absoluta tanto da escravidão, em geral, quanto do estatuto da submissão feminina. Stuart Mill foi um deles. Aqui estão algumas de suas ideias:

Mill considerava que a escravidão, em geral, foi abolida porque passou a ser vista como uma nódoa, uma vergonha social, mas a escravidão do sexo feminino estaria mudando muito lentamente para uma forma mais amena de dependência.

Afirmava não estar essa dependência assentada em critérios de conveniência e justiça social: é uma continuação do estado primitivo de escravidão, atenuado pelas mesmas causas que abrandaram os costumes, em geral. O sistema de direitos baseados no poder será o último a desparecer (MILL, 2006, p. 20-22).

Ele aponta interessante correlação entre a submissão exigida no regime escravo e a feminina. Explica que a antiga sociedade humana estava baseada no princípio de uma posição fixa pelo nascimento. Era assim no regime de servidão russo, no regime escravo do Brasil; ainda é assim no sistema de castas da Índia, onde não há mobilidade. Todas essas condições eram ou são mantidas pela lei e os costumes. Entretanto, as limitações às quais as mulheres estão sujeitas por terem nascido mulheres são o único exemplo de negação de direitos na legislação que contempla a metade da humanidade.

Mill pondera que o que é conhecido como "natureza feminina" é eminentemente artificial, resultado da repressão forçada em algumas direções e apresentada como não natural em outras. *Pode-se afirmar que a mulher, como em nenhuma outra classe dependente, teve seu caráter fortemente distorcido de suas proposições naturais através da relação com os homens* (2006, p. 37-39).

Antes, no casamento, a lei apresentava dois pesos e duas medidas em termos de direitos e deveres. O homem era autorizado a fazer todas as coisas, e a mulher não estava autorizada a fazer nada, exceto para o prazer do primeiro, além de ser colocada sob fortes obrigações morais e religiosas.

A mesma lei que institui a desigualdade também não permite que a mulher se revolte com qualquer excesso de opressão. No casamento, mesmo havendo verdadeira afeição, a autoridade de um lado e a subordinação do outro impede a geração de confiança plena (MILL, 2006, p. 43).

No caso da sujeição das M, o poder sobre elas não está confinado a um grupo específico e minoritário, mas estendido e automaticamente outorgado a todo o sexo masculino.

A outorga linear de poder levou os H a pensarem que podiam exercê-lo de forma absoluta; que não haveria contestação. Pensaram errado. Algumas M, sem o perigo de retaliações drásticas, protestaram e protestam veementemente. Ontem e ainda hoje, H machucam M, exercendo sobre elas a força do poder masculino, assim, simplesmente.

O autor de *A Sujeição das Mulheres* afirma ainda que um sistema relativamente igualitário já foi alcançado em muitos seguimentos da sociedade, mas não entre H e M. A desigualdade real existente no casamento costuma ser vista, mesmo por pessoas de considerável valor moral, como natural.

Apesar de defender a autonomia feminina, Mill acha preferível a M cuidar da casa e da família a trabalhar: [...] *não é um costume desejável que a esposa contribua através do seu trabalho na renda da família, mas é um ponto de vista injusto [...]. Ter a própria renda é essencial para a dignidade da mulher* (2006, p. 72). Aqui ele deixa claro o dilema feminino de trabalhar em busca de autonomia e as exigências do casamento/maternidade. Embora reconheça ser importante o trabalho para a dignidade feminina, ele próprio não arrisca uma sugestão. Explica e justifica seu ponto de vista:

> *Quando uma mulher se casa, pode-se entender que ela está escolhendo cuidar dos assuntos do lar e da educação dos filhos como primeira exigência de seu estado; [...] que ela renuncia não a todos os objetivos e ocupações, mas a todos que não são compatíveis com as necessidades de cuidar do lar* (MILL, 2006, 72-73).

Mill sabe que sua proposição de igualdade justa para as M não faz eco porque o modelo vigente não a contempla. A subordinação à vida doméstica é mantida porque a maioria dos H ainda não admite perder regalias e dividir o poder, respaldados nas premissas do patriarcado. Por isso, alguns H ainda veem e tratam sua M como serviçal. Alguns ainda acham que ela tem de obedecer; podem espancá-la, podem machucá-la, podem matá-la. A autoridade masculina tinha e tem mão pesada, às vezes.

Além dos castigos físicos que podia infligir à M, desde tapas e até morte, o marido também podia, conforme época e lugar, submetê-la a cárcere privado; e por aqui, de vez em quando, a mídia solta alguma notícia. Podia encerrá-la em convento, mas saiu de moda; podia e ainda pode encerrá-la em hospital psiquiátrico, repudiá-la, vendê-la, prostituí-la. O H é quem controlava e determinava a vida sexual da M; hoje, essa conduta foi bastante abrandada, mas não extinta.

Ao longo dos séculos, oscilou o grau de afastamento da M da vida pública. Essa oscilação era sempre em favor do patriarcado. Se antes as M partilhavam com seus maridos a vida produtiva, com a industrialização o trabalho assalariado foi redefinido como apropriado para o H. Isso gerou um elaborado sistema de crenças que passou a retratar a M como a "rainha do lar", numa esfera isolada e protegida. Essa ideologia empurrou a M para uma vida de domesticidade, incrementando, consequentemente, a submissão. Afirmava-se que a esfera pública devia ser inteiramente masculina porque envolvia competição, política e dinheiro; era perversa demais. A exclusão da M comprovaria sua natureza superior, angelical até. Puro mel na chupeta. Basta ler parte do voto do senador George G. Vest (1830-1904), citado por Wolf, 1996, p. 223). *Eu não ia querer degradar a mulher concedendo-lhe o direito ao voto. [...] esse direito a derrubaria do seu pedestal onde ela se encontra hoje, influenciando com seu carinho delicado e gentil os atos de seu marido no sentido da bondade e da pureza.* O ano era 1887, há pouco mais de um século.

Origem da submissão

Supõe-se, segundo pesquisadores, que o fenômeno da submissão feminina reporta à origem dos tempos, com a conjunção de muitos fatores, dentre eles a descoberta da agricultura, o arrefecimento do nomadismo, a descoberta de que o H tinha papel ativo na concepção, retirando a aura de poder mágico da M. Também é importante considerar a força física que envolve o provimento e a proteção do mais fraco. Quem dá proteção quer fidelidade e a cooperação do defendido, incluindo acatar as normas de segurança as quais evoluíram para obediência e submissão. Naquela época remota, quando não havia filósofo, sábio, sacerdote, moralista, médico ou cientista para proclamar a inferioridade feminina, a conduta submissa deve ter seguido este caminho. E quando o H primitivo percebeu que era um modo de controlar a companheira, logo assumiu o seu papel de senhor.

A germinação do estado de inferioridade e de submissão femininas é da alçada do patriarcado esboçante e pode ser deduzida de pesquisas que remontam a 8.000 a. C.; por hipótese a submissão começava a se formar em pequenas situações do cotidiano.

Portanto, tem raízes antigas, não advém só de especulações filosóficas; não é invenção da Igreja Católica, do protestantismo, do islamismo e outras. As religiões se apropriaram dos pressupostos patriarcais e os adaptaram para abarcar aspectos míticos, místicos e espirituais, consolidando sua estrutura de poder sobre o feminino.

Ao estudar o papel da M desde as civilizações antigas, fica clara a degradação de seu poder e de sua posição. Na Grécia, o homossexualismo era a forma consagrada de amor; a M foi reduzida a procriadora, prostituta ou cortesã. Em Roma, a M tinha direitos bem restritos, mas, quando o Cristianismo se tornou a religião oficial no século IV, os poucos direitos que possuía lhe foram tirados sob a nova ordem patriarcal influenciada pelo Cristianismo.

Da Grécia a Roma, de Roma à pós-Modernidade, a socialização de meninos e meninas mudou pouco. A educação do menino é voltada para o mundo exterior e a da menina para a domesticidade mesmo que, aparentemente, tenha havido grandes mudanças. Ainda persistem o machismo estrutural e a submissão estrutural que se manifestam na subserviência sutil diante de uma figura de poder.

Observando o comportamento de algumas M, a submissão é muito útil devido aos ganhos secundários. Por serem fugazes estes ganhos realimentam um círculo vicioso. A submissão traz um ganho para a M, mas atrelado a um ato de poder masculino. Este ato de poder enfraquece a força feminina e robustece a masculina. Cada ato submisso gera um ganho para ela; em contrapartida, gera um ato de poder para ele. Esse processo insidioso tende

a seguir uma escalada até chegar ao desrespeito escancarado, num acorren-
tamento lento e gradual, às vezes, só identificado quando o abuso já está
instalado. Neste processo, a mulher consente, adere e participa ativamente
da própria degradação, quase imperceptivelmente.

É a conclusão de Mill: *Deve-se dizer que a regra do poder dos homens
sobre as mulheres difere de outras porque não é uma regra de força como na
escravidão. É aceita voluntariamente. As mulheres consentem fazer parte destas
regras* (2006, p. 30).

Donde vem essa prontidão para se submeter? Segundo *Ehrhardt*, o
princípio está lá atrás no processo de socialização o qual se manifesta hoje
nos atos de "adaptação" inocente: um aborrecimento aqui, um desrespeito
ali, uma grosseria acolá, tudo engolido com um sorriso forçado; reprime a
raiva pelos flertes descarados do marido numa festa; compactua com a falta
de colaboração no serviço doméstico; aceita o sexo forçado. Os pequenos
indícios e depois os grandes são repetidos cada vez com mais frequência,
mas recebidos com um sorriso desamparado. A decepção, a raiva, o silêncio
são guardados no fundo da alma. Ao se calar, a M sinaliza que isso pode
continuar. Ela tem esperança e imagina que, em algum momento, ele vai
reconhecer o seu valor. Às vezes, o H nem percebe que está cometendo
abuso. Os deslizes são recebidos com um sorriso, tão naturalmente! Não
reclamou, sorriu. Um sorriso sempre autoriza.

A autora de *Meninas Boazinhas* explica: o estatuto da submissão
perdura na mente de M e de H, apesar dos avanços. Ela se libertou formalmente do papel de sexo oprimido; entretanto ninguém a não ser ela
própria pode remover os obstáculos para sair da condição de oprimida
para o de protagonista da própria vida. *O autopoder leva a mulher a dar
o passo à frente e representa a renúncia a seu papel de súdita que é o que a
impede de desenvolver um saudável sentimento de valor pessoal; o papel de
súdita representa um sinal seguro da autorrenúncia feminina* (EHRHARDT,
1994, p. 116-117).

Em *A Bolsa Amarela* há uma passagem que ilustra o papel voluntário
de súdita e a autorrenúncia numa alegoria interessante. O herói da história,
o galo Afonso, explica para a menina por que fugiu do galinheiro:

*Aí eu chamei minhas 15 galinhas e pedi, por favor, pra elas me ajudarem.
Expliquei que vivia muito cansado de ter que mandar nelas toda noite e dia. Mas
elas falavam: você é nosso dono. Você é quem resolve tudo pra gente. Sabe, elas não
botavam um ovo, não davam uma ciscadinha, não faziam coisa nenhuma sem vir*

perguntar: eu posso? Você deixa? E eu dizia: ora, minha filha, o ovo é seu, a vida é
sua, resolve como achar melhor. Aí desatavam a chorar, não queriam mais comer,
emagreciam. Elas achavam melhor ter um dono [...]. Diziam que pensar dá muito
trabalho (BOJUNGA, 2012, p. 35).

A submissão feminina, ao modo de comportamento natural esperado pelos H, mistura-se com a história do patriarcado, num longo caminho até chegar ao sofisticado treinamento praticado na socialização. O treinamento que as meninas recebiam e atenuadamente ainda recebem era no sentido de se tornarem submissas, passivas, dóceis, serviçais em quaisquer circunstâncias, ante uma figura de poder. A arte da coqueteria e da sedução era cultivada para arranjar marido. Com tão longo treinamento, não é fácil livrar-se das armadilhas que a sociedade e o inconsciente da própria M armam. Os pressupostos de outrora são fantasmas que continuam assombrando o comportamento das M contemporâneas, porque a exigência para assumir o papel submisso na vida adulta costuma ser sutil e cheio de dubiedade.

Ao longo da História, a forma de perceber o sexo feminino, desde o poder constituído no Egito, na Grécia e em Roma, passando pelos sábios, filósofos, políticos, sacerdotes até o H do povo, criou o estereótipo da M como ser inferior, desinteligente, emotivo, falso, sedutor, venal, pouco confiável; era um estorvo para o H, um mal necessário. As leis da época reforçavam os estereótipos, introduzindo artigos confirmatórios para restringir os supostos malefícios e isolar a influência feminina das decisões políticas, econômicas ou de interesse da sociedade, numa flagrante restrição de direitos. Natural que seja assim: se alguém nada vale, também não tem direito algum, porque, na concepção dos legisladores, direito advém de mérito.

Até hoje, muitos legisladores e magistrados brasileiros ainda pensam assim. Para ficar só em dois exemplos: o assassinato da M "em legítima defesa da honra", até há pouco tempo, era invocado com sucesso pela defesa do homicida nos tribunais; ou a questão do aborto, um ramerrame sem fim para que a M, em caso de estupro, risco de vida ou feto anencéfalo pudesse abortar.

Sobre a tese de legítima defesa da honra, o caso mais rumoroso envolveu Doca Street e Ângela Diniz. Ele matou a namorada a tiros e foi condenado a dois anos de prisão. Venceu o argumento de legítima defesa da honra. Por pressão popular, Doca foi a segundo julgamento e, dessa vez, condenado a 15 anos. A partir de então ficou mais difícil emplacar tal argumento e livrar assassinos de mulheres por ciúme ou despeito, aspectos perversos do sexismo masculino que se cristaliza no crime de honra. Esse crime é uma vingança contra a M e uma ostentação da força do patriarcado calcada no machismo.

Para reflexão, três recortes de periódicos: sexismo na Ciência, na atividade profissional e na área da sexualidade.

Revista Veja (16.08.17, p. 15-19) – *A Ciência é sexista* (entrevista com Ângela Saini). Ela afirma que cientistas, a começar por Darwin, erraram ao decretar a inferioridade feminina sem considerar o contexto social em que as mulheres estão inseridas. Ela diz surpreender-se com teses científicas que, ainda hoje, sugerem algum tipo de inferioridade feminina em relação ao gênero masculino. No campo cerebral é mínima a diferença entre os sexos. E ela ocorre em habilidades muito específicas: raciocínio matemático e a fluência verbal.

Revista Veja (02.08.17, p. 82-87) – *Machismo nada virtual*. Mesmo tão modernas e avançadas, as empresas do mundo digital ainda replicam o velho preconceito contra as mulheres em seu ambiente corporativo. "Você entende mesmo disso"? – foi a pergunta feita por um executivo à empresária Giovanna Chiavelli, numa reunião de negócios. Sempre me perguntam se eu entendo do assunto, mesmo tendo um diploma em publicidade, com ênfase em economia. Até já me questionaram se meu cabelo louro me permitiria trabalhar, diz Giovanna. Também a empresária Rosângela Casseano, criadora do site *Rente a Bag*, conta que indagaram, no início de encontros de trabalho, se seria melhor aguardar a chegada do sócio ou do marido antes de abrir a reunião, sem saber se tinha sócio ou marido. O ramo digital, apesar de ser um campo inovador, é dominado pelo universo masculino, porque ainda se ensina às meninas, desde pequenas, que essa área não é para elas, acredita a publicitária e empreendedora Ana Fontes.

Revista VIP – Exame (jan. 2001, p. 46-49) – *Construa uma máquina sexual instantânea*. Aprenda o que fazer e o que não fazer para que ela realize todas as suas fantasias sexuais. O artigo já começa assim: "No íntimo, toda mulher é uma devassa. E não há mal nenhum nisso, porque sexo é bom." Alguns itens do programa de treinamento: como convencê-la a tomar banho de esperma; como convencê-la a levar uns tapas. Como enfiar mais um na relação. Como transformá-la numa gueixa. Como dominá-la totalmente... (E por aí vai. Triste).

Pergunta impertinente: por que sexo teria a conotação de devassidão? Não faz parte da fisiologia, do instinto natural?

Interdição ao espaço sagrado

O sexismo também se manifesta no espaço sagrado. Nas epístolas de Paulo, na proibição da M no coro das Igrejas pelos papas, e ainda hoje, para as M, esse espaço é interdito no Catolicismo e no Islamismo ou é pontual em outras agremiações religiosas. A *Revista Gol* trata do tema em dois artigos resumidos:

Revista Gol (n. 198, set 2018) – *Interdição do espaço sagrado.* A interdição do espaço sagrado para as mulheres é um mandato do patriarcado desde o início dos tempos, tendo sido assimilado pelas religiões, em geral. No início, quando o H primitivo descobriu seu papel procriador, do ponto de vista místico, a mulher não o amedrontava mais. Avidamente assumiu o papel de sacerdote e foi absorvendo as funções femininas perante o sagrado, até esvaziar completamente o papel da sacerdotisa. Algumas culturas abriram espaço para as mulheres, sim, mas numa conotação sexual, a exemplo da prostituta sagrada e na adivinhação da sibila e no oráculo. Na civilização egípcia, uma das mais antigas e influentes, é escasso o registro de sacerdotisa profissional. No Judaísmo, Catolicismo, Islamismo, à mulher, o espaço sagrado é interdito. No protestantismo, em algumas seitas evangélicas, há pastoras e bispas, mas em número reduzido. No budismo, há poucos registros de monjas. O Brasil registra a monja Maria das Dores Pereira da Silva, com o nome de Tenko Shuei-Ni.

Revista Gol (n. 198, set. 2018, p. 86-91) – *Interdição do espaço sagrado.* Nas culturas antigas e consolidadas, não houve e não há lugar para as mulheres no espaço sagrado. O que dizer, então, de tribos indígenas dos confins da Amazônia brasileira? Verdade, existe uma pajé, Hushahu Yawanawa. Ela quebrou paradigmas ao se tornar a primeira pajé de seu povo, assumindo o papel de líder espiritual. Ela provou que as mulheres podem dominar os conhecimentos da cura e rompeu um grande bloqueio cultural.

CAPÍTULO XIV

ESTEREÓTIPO

Segundo o *Dicionário Houaiss*, *estereótipo* é a ideia ou convicção classificatória preconcebida sobre alguém ou algo, resultante de expectativas, hábitos de julgamento ou falsas generalizações.

O estereótipo tem um irmão mais velho, o *preconceito*, que segundo o mesmo dicionário é qualquer opinião ou sentimento, quer favorável quer desfavorável, concebido sem exame crítico; opinião ou sentimento desfavorável, formado a priori, sem maior conhecimento, ponderação ou razão. Atitude, sentimento ou parecer insensato, especialmente de natureza hostil, assumido em consequência de generalização apressada de uma experiência pessoal ou imposta pelo meio.

Em relação a preconceito, Ehrhartdt explica que, do ponto de vista social e psicológico, os preconceitos têm um sentido: servem à delimitação e à valorização de determinado grupo. Geram sentimento de segurança, de pertencimento àquele grupo. Mas também representam modelos de comportamentos esclerosados e clichês de papéis a desempenhar que tendem a se manter estáveis. Para as mulheres, significa confirmar os preconceitos do papel feminino tradicional retrógrado. Os preconceitos também protegem do medo e da crítica.

Estereótipo e gênero

O estereótipo é uma crença. O mais antigo e pertinaz diz respeito à superioridade masculina em contraposição à inferioridade feminina. Este estereótipo e suas derivações vão determinar a forma como H e M se relacionam; começa a se formar na infância, e a família já está estruturada assim: o pai é a autoridade. Fora da família, mas apoiados por ela, todos os setores da sociedade, provavelmente sem má intenção, vão confirmar os estereótipos oriundos da assimetria sexual, por exemplo, a indústria de brinquedos usa a cor, a embalagem, a ilustração para direcionar o gênero a que se destinam. É um reforço sutil. As consequências são permanentes.

Em *Testosterona Rex* (2018, p. 242), Fine assinala: *Os estereótipos de gênero vão atuar ao longo da vida ao modo de expectativas sobre características de homens e mulheres; vão definir normas, vão criar padrões ou a maneira de homens e mulheres se comportarem.* Entre as consequências está o fato de os estereótipos de gênero serem particularmente danosos para as mulheres em termos financeiros e profissionais. Ela ainda assinala (p. 157) que *as mulheres são implicitamente responsabilizadas por seus salários mais baixos, desviando a atenção das influências de gênero.*

Há uma reportagem interessante sobre como se forma o estereótipo da infradotação feminina. Eis o resumo:

Correio Braziliense (Revista do Correio, 05.03.17, p. 22-23) – *O Gênero no sucesso profissional.* Pesquisa da Universidade de Nova York descobriu que, a partir de 6 anos, as crianças passam a associar inteligência ao sexo masculino. Foram feitos dois testes com crianças de idades menores e maiores que 6 anos. Contava-se a elas uma história de alguém muito inteligente. Em seguida, deveriam associar o personagem ao gênero masculino ou feminino. Antes dos 6 anos, identificava o personagem com seu próprio sexo; após, ao sexo masculino, independentemente do próprio gênero. O segundo teste apresentava dois tipos de brincadeira: uma para crianças brilhantes e outra para crianças de inteligência mediana. Antes dos 6 anos, meninos e meninas escolhiam uma ou outra brincadeira, independentemente do próprio sexo. A partir dos 6 anos, a maioria dos meninos escolhia a brincadeira para crianças brilhantes, e a maioria das meninas, a brincadeira para crianças medianas. Os pesquisadores especulam que a diferença nas escolhas pode estar ligada ao fato de as crianças, a partir dos 6 anos, passarem a ficar mais expostas aos estereótipos a respeito da inteligência de homens e mulheres. Essas doses homeopáticas vão se acumulando ao longo dos anos e geram uma grande defasagem de conhecimento e experiência entre os gêneros, desestimulando as meninas a optarem por estudos e carreiras que dependam mais da inteligência lógica, como as Ciências Exatas.

O resultado dessa pesquisa evidencia a assimilação do estereótipo muito cedo. As meninas assimilam sua inferioridade, o que pode interferir na escolha profissional, como interferiu na escolha da brincadeira.

Fine ainda explica, em *Homens não são de Marte, Mulheres não são de Vênus,* que se a escolha profissional invade a seara masculina, as expectativas preconceituosas são logo explicitadas. *Além de bloquear a memória operacional, a ameaça do estereótipo afeta a concentração e o raciocínio. A mulher fica com a atenção voltada para evitar o fracasso. A mente é sensível ao ambiente que a cerca* (FINE, 2012, p. 63). Nesses casos, o desempenho despenca, erroneamente atribuído à incompetência feminina.

O estereótipo da infradotação tem sido atenuado a partir do fato de a educação e o trabalho serem os principais pilares da construção da identidade feminina. A história registra: as M que desejavam estudar ou se negavam a cumprir exclusivamente o papel maternal e enveredavam pelo caminho da realização profissional sofriam todo tipo de escárnio e discriminação. Exemplos não faltam. Aqui estão três, dentre centenas. *Na virada do século XIX, a botânica Jeanne Baret (1740-1807) e a matemática Sophie Germain (1776-1831) foram obrigadas a se apresentarem como homem para levar avante suas pesquisas* (FINE, 2012, p. 87).

No Brasil não era diferente, conforme reportagem:

O Globo (30.06.09, p. 27) – A mulher, na academia de medicina, se vestia de homem e usava bigode falso para trabalhar. Essa M era Marie Josephine Mathilde Durocher (1809-1893).

Segundo Fine:

> *Quando se categoriza alguém como homem ou mulher, as associações de gênero são automaticamente ativadas e aquele indivíduo passa a ser percebido através dos filtros, normas e crenças ditados pela cultura, ao modo de sexismo inconsciente e involuntário. E a mulher que busca papéis não tradicionais de status e poder corre o risco de ativar aquele sexismo hostil que encara as mulheres como adversárias em uma luta pelo poder.* (2012, p. 101).

Uma vertente contemporânea do estereótipo da inferioridade feminina é patrocinada pela cultura popular degradada. Diz respeito à exposição do corpo ao modo de objeto desejado unicamente para uso e consumo. As falas de duplo sentido e as alegorias são de desrespeito e chacota. Parece algo desimportante, irreverente, aparentando brincadeira, inocência e alegria. Não é. Esse tipo de arte, mesmo não intencional, reforça os preconceitos e fixa os estereótipos em relação às M. Na banca das frutas, a maçã do paraíso perdeu importância; tem-se a Mulher Melancia, a Mulher Pera, a Mulher Moranguinho; na galeria dos animais desfilam "As Cachorra", "As Cadela", "As Gatinha"; no quesito relacionamento, "um tapinha não dói". E fica subentendido que também não doem os socos, nem os chutes, nem as pauladas, nem as facadas.

Originalmente, o estereótipo da inferioridade feminina pertence ao patriarcado laico. Sua formulação e cristalização se perdem num tempo muito anterior à era cristã. A partir de Paulo, o Cristianismo se apropriou do estereótipo consolidado da inferioridade feminina para impedir as M de exercerem liderança no âmbito religioso. Elas foram afastadas de qualquer modalidade de poder nas assembleias cristãs, incitadas ao silêncio, à obediência, ao ocultamento e ao recato. Depois, os doutores da Igreja, a partir de Agostinho, baseados no *Genesis,* engendraram o estereótipo do Mal ao modo de atributo feminino, fruto da desobediência a um mandato de Deus. A partir de então, o estigma da inferioridade e o estigma da maldade intrínseca são o pano de fundo para todas as atrocidades contra a M; para todas as interdições, para todos os epítetos. O estereótipo da inferioridade feminina é o maior usurpador da possibilidade de a M e o H desenvolverem suas identidades reais, em sua plenitude.

CAPÍTULO XV

PODER

Segundo o *Dicionário Houaiss*, p*oder:* ter domínio ou controle sobre; direito ou capacidade de decidir, agir ou ter voz de mando; autoridade; supremacia em dirigir e governar as ações de outrem pela imposição da obediência; dominação.

Segundo o *Diccionario Ideológico Feminista*, p*oder* é toda dominação de um homem sobre outro que se apoia na força, sem resistência.

Segundo o *Dicionário de Sociologia Gallino*, p*oder* é a capacidade de um sujeito individual ou coletivo conseguir, de modo intencional, determinados fins numa esfera específica da vida social ou de impor a ela a própria vontade, não obstante a vontade contrária ou a resistência ativa ou passiva.

O *Dicionário Crítico do Feminismo* traz uma reflexão interessante sobre poder e exercício do poder. Conforme aquele dicionário, o poder é pensado em termos do exercício de governo ou comando e, em termos amplos, se desdobra até os limites do direito natural do outro. Se a mulher não é sujeito de direitos, esse limite se torna extremamente elástico a ponto de não existir. As mulheres eram excluídas do poder pelo princípio natural da sujeição ao homem. Liberdade e independência seriam privilégios masculinos, assim também as condições de acesso ao poder, que, por sua vez, funcionariam por obstáculos para a mulher alcançar, ter ou partilhar poder.

Ideias sobre poder:

1. O poder era visto como algo não feminino, indigno da pureza da feminilidade, portanto interdito às M.

2. O poder, seja de que natureza for e de qual fonte brota, em geral, afeta o feminino, particularmente no que se refere à sua identidade singular e sua autonomia, não raro, maleficamente.

3. Ainda existe um mal-estar residual – tanto consciente quanto implícito – quando se trata de mulheres em posição de poder (FINE, 2012, p. 91).

4. A forma como as meninas são educadas por suas famílias influi no relacionamento com o poder.

5. O papel de mãe e dona de casa confere à mulher sensação de poder, a "rainha do lar".

6. Muitos homens não estão preparados para perder poder em um relacionamento ou numa atividade laboral e muitas mulheres não estão à vontade para exercer poder (JACOBS, 2004, p. 32).

7. A narração bíblica da criação em *Genesis* (1, 1-26) parece ser o primeiro registro de poder masculino ostensivo quando tudo passa a existir numa sequência lógica sob o comando de uma vontade única e soberana.

8. Em *Meninas Boazinhas,* a autora explica: o poder eficazmente exercido gera confiança e resulta em mais poder.

9. *A lei do poder foi a regra declarada de conduta geral e qualquer outra lei era somente a consequência particular dessa mesma lei que leva em consideração mudanças nas instituições e costumes, que também são baseados na lei do poder,* num processo de retroalimentação (MILL, 2006, p. 24-25).

10.Freud estava enganado ao supor que os problemas emocionais das M seriam, em sua maioria, provenientes da inveja do pênis: *Não são essas poucas polegadas de carne que as mulheres desejam, mas o poder e o controle que o mundo concedeu a seus proprietários* (MILLER, 1999, p. 83).

Segundo Zimbardo, o poder do sistema envolve a autorização ou permissão institucionalizada de se comportar das formas prescritas ou de proibir ou punir ações contrárias a elas. O sistema fornece a autoridade e o poder que dão legitimidade ao cumprimento de papéis, de obediência às regras (2013, p. 320). Não só. Em relação ao comportamento considerado desviante àquele determinado pela sociedade, a tradição e os costumes formam um sistema de poder não escrito com a mesma força de dissuasão da lei ordinária.

Para muitas M o conceito de poder encerra uma conotação negativa associada à corrupção, ao desrespeito e ao abuso. Isso é verdade em algumas situações e merece repúdio. Excetuando essas condições o poder é positivo; imprime ordem à sociedade e possibilita o progresso.

Feminino e poder

A maioria das M receia o poder e não quer exercê-lo de forma ostensiva. Segundo Ehrhardt, o medo do poder envolve algumas falácias: quem emprega o poder acabará sozinho; mulheres não são capazes, por isso, não devem assumir responsabilidades; mocinha bem-comportada não entra em competição; mulher não deve correr riscos; o poder torna seu detentor malvisto; quem se eleva será rebaixado (religião). Entretanto, *O poder não precisa tornar a mulher solitária, mas a mulher engajada numa carreira desperdiça menos tempo tentando agradar os outros* (1994, p. 49).

O medo do poder afeta as M, sim, porque, se a referência for o feminino está atrelada à imagem da mulher má, evidenciando que, se tiver acesso ao poder, fará mau uso, fará más escolhas. Na tradição judaico-cristã, Eva introduziu o pecado no mundo e a grega Pandora liberou as doenças e o sofrimento, abrindo aquela famosa caixa. No uso do poder, outras imagens de M más proliferaram: da madrasta perversa, passando pelas bruxas da Idade Média e a M fatal de todos os tempos. Restou ao feminino o poder "maléfico" da sedução, pois até uma antiga fonte de poder deixou de existir: a aprendizagem dos segredos de cura e de magia da qual as meninas foram excluídas e os saberes e a tradição se extinguiram.

Do ponto de vista do patriarcado, o poder feminino está centrado na sedução, ou seja, na sexualidade; embora natural, seria maléfico e seria a perdição do H. O poder masculino está centrado no falo, uma parte vistosa da sexualidade que, estranhamente, é a razão, a inteligência, a força e a energia. Do sexo da M deriva o Mal e do sexo do H deriva o Bem. A partir dessa dicotomia, estabeleceu-se que a M é inferior e o H superior, com a inferioridade intrínseca de um criando a exaltação máxima do outro. Se a sensualidade é a essência do poder feminino, a condenação da sensualidade destrói o poder feminino. Seu papel submisso não envolve poder nem exige sua inclusão no contrato da responsabilidade e da justiça. Tanto que, no Brasil, só em 1962, pelo *Estatuto da Mulher Casada* (Lei 4121-62), a mulher deixou de ser civilmente incapaz.

Entre tantas facetas do patriarcado que solapam a capacidade feminina de se opor à submissão, destacam-se duas, as quais jogam com poder e fragilidade. A primeira consiste em engambelar as M com o mito do poder feminino, a rigor, a feminilidade distorcida, que, ao fim e ao cabo, é a sedução a serviço dos H. A sedução é um jogo. Os H gostam de jogar. As M também. Mas jogo ainda não é poder.

A segunda é o mito do sexo frágil: a coitadinha, a fraquinha, mas, principalmente, a incompetente que precisa do braço masculino para se movimentar nesse mundo perigoso, sem se machucar muito. É difícil para a M transitar com segurança e equilíbrio na vida pessoal e profissional sem apelar inadequadamente para seu poder de sedução e sem se deixar abater ante a fragilidade intrínseca que lhe é enxertada na pele. Nem a sedução nem a fragilidade constroem algo consistente. É muito trabalhoso integrar poder e fraqueza que coabitam a psique feminina; a tendência é prevalecer a lei do menor esforço ou de gratificação imediata. O fraco precisa de amparo e de consolo. Mas é bom lembrar: a linha divisória entre amparo, consolo, controle, domínio e submissão tem a consistência da teia de aranha.

O poder masculino exercido sobre as M tem raízes no machismo, na tradição, na religião, nos costumes, mas também na aquiescência das próprias. Algumas delas desejam, ardentemente, abrigar-se sob as asas do patriarcado, poupando-se o árduo trabalho de lutar para conseguir e manter a autonomia, de mãos dadas com o H numa relação relativamente igualitária. Esse é o tipo de poder que cada M precisa empenhar-se em obter. Aquele em que ela não tem medo do poder masculino e considera o H um aliado. A força que emana dessa M não amedronta o H porque ele percebe que está circunscrita ao poder da feminilidade.

No mundo contemporâneo, os conflitos relativos a poder ficaram mais evidentes e não devem ser ignorados. Por ser algo recente, gera receio no mundo masculino acostumado a não dividir nada, muito menos poder. O mundo feminino pisa com insegurança o novo terreno. Um ajuste satisfatório pode levar muito tempo. A educação baliza o conhecimento e parece representar a ponte para tornar a inter-relação menos conflituosa, com relativa equidade da divisão de poder entre H e M.

Tipos de Poder

Os poderes se entrelaçam e se retroalimentam, abarcando uma infinidade de manifestações, desde a primária na relação pais e filhos até a de rei e súdito. Dentre os vários tipos de poder, os principais são o poder da força bruta, o político, o religioso, o social e seus satélites; o econômico, o afetivo e o sexual. Há ainda os poderes formalmente constituídos: Legislativo, Executivo, Judiciário. Estes três poderes comandam a sociedade e de alguma forma estão entranhados em cada dobra e em cada fenda dos demais.

A *força bruta*: ao longo do tempo, à medida que a raça humana foi se desenvolvendo também foi descobrindo o poder. O tigre, de vez em quando, de caçador, virava caça. Neste caso, a inteligência e a estratégia venciam a força bruta. O homem primitivo aprendia. O poder pela força foi o primeiro a ser descoberto e aperfeiçoado. Ninguém duvida dessa herança ancestral. Está na briga de rua, nas desavenças domésticas, nos embates de todos os tipos; e dizem que, civilizadamente, nos esportes e nas artes marciais, em geral.

O *poder político* é bastante complexo. Pode ser imposto pela coação, pela força, manipulação, persuasão, outorgado pelo voto. A principal característica é que precisa ser aceito em algum grau. Se não for aceito estará aberto o caminho para desordens de todos os tipos.

O poder político se apresenta ao modo de um clube masculino fechado. Quando exercido por uma M com a mesma competência de um H, ela passa a ser objeto de escárnio; seus atributos femininos são depreciados publicamente, e suas ideias e propostas, desconsideradas. Por fim, quando consegue o respeito de seus pares, não é por ser M competente e forte, mas porque seu desempenho é digno de um H. Basta dar uma olhada no título do artigo a seguir:

Revista Exame (Internacional, 12.12.1990, p. 135) – *O Grande Homem era uma Mulher*. Uma pioneira do neoliberalismo, Margaret Thatcher, preferiu criar exemplos a ficar na simples retórica, assinala o jornal.

O título da matéria foi infeliz. Escancara o preconceito e o machismo. Por que era M não poderia ser forte, determinada, tomar decisões duras e ter posturas contundentes? Por que se espera que a M se acovarde ante as responsabilidades no exercício do poder?

Frequentemente, o poder político é perverso. Não raro, consolida-se e mantém-se por conchavos, negociatas, propinas, corrupção, desvios, maracutaias. Até porque os detentores desse poder, eleitos ou usurpadores, espelham a sociedade a qual governam.

Sempre foi e ainda é injusta a relação entre o poder e as M, particularmente o político. Elas são afastadas dos espaços decisórios, inferiorizadas na distribuição dos papéis no espaço público. Sucessivas autoridades reservaram e ainda reservam a exclusividade do exercício de poder político ao sexo masculino. Até a Revolução Francesa do *égalité* elaborou um dispositivo de exclusão das M da arena política. E 56 anos após aquela revolução, Pierre Joseph Proudhon (1809-1865) descartou a candidatura de Jeane Deroin (1805-1894) às eleições, argumentando que: *A igualdade política dos dois sexos, isto é, a assimilação da mulher ao homem nas funções públicas é um sofisma rejeitado não só pela lógica, mas também pela consciência e a natureza das coisas* (HIRATA, 2009, p. 185).

A ideia de Proudhon ainda vigora neste tempo de significativas mudanças na sociedade e amplitude dos direitos. Tais condições não podem ser inculpadas somente ao patriarcado. Entretanto, sutilmente, o sistema interpõe todo tipo de dificuldades e amedronta as M. Além das dificuldades, a maioria receia entrar no balaio da política e suas politicagens. Duvida da própria capacidade de encarar as raposas, as hienas, as piranhas, as traíras, os tigres de e sem bengala, uma confraria feroz e hostil à participação feminina. Ainda bem que há aquelas determinadas. Elas não se intimidam facilmente. Abrindo caminho, arregaçam as mangas e se necessário afiam as unhas, mostram os dentes e, mesmo assim, de vez em quando, saem esfoladas.

Repetem-se as mesmas dificuldades de acesso, os conchavos e a movimentação das raposas e sua turma nos escalões do judiciário. As pioneiras também estão lá, defendendo posições e direitos, fazendo história e, de vez em quando, sendo esfoladas com a maior cerimônia e delicadeza, com palavras melosas e salamaleques lá da Idade Média.

A dificuldade de a M participar do sistema judiciário é considerável: a primeira M nomeada para ocupar o cargo de ministra do Superior Tribunal de Justiça (STJ) foi Eliana Calmon, em 1999. No ano seguinte, a mídia noticiou nomeação ainda mais importante:

O Estado de S. Paulo (Política, 01.11.2.000, p. A8) – *FHC indica a primeira mulher para compor a mais alta corte.* Foi confirmada a nomeação da juíza gaúcha Ellen Gracie Northfleet para o Supremo Tribunal Federal.

> *A dissimetria entre o poder exercido no espaço público e o exercido no espaço privado legitima a substituição da universalidade do direito pela universalidade da natureza, própria do ser feminino,* (segundo o patriarcado) *tornando a mulher inapta para as funções públicas. Em vigor até hoje, as regras da democracia representativa foram fundadas sobre essa partição exclusiva.* (HIRATA, 2009).

É fato. Observando os dados da representação feminina nos Poderes Executivo, Legislativo[51] e Judiciário[52], ou seja, no sistema hierárquico existente na democracia representativa, há significativa disparidade entre o

---

[51] O Congresso Nacional é formado por 513 deputados e 81 senadores. Na Câmara, a representação feminina é de 27 deputadas, aproximadamente, 8,5%. No Senado, as 11 senadoras representam, aproximadamente, 13,5% da Câmara Alta. (www.camara.leg.br Ano-base 2019)

[52] Poder judiciário: o STJ é composto de 33 ministros. Hoje atuam 25 ministros, seis ministras e duas vagas em aberto. A participação feminina corresponde a, aproximadamente, 19%. (https://international.stj.jus.br/pt/Sobre-o-STJ/Ministros)

Já o STF é composto de 11 ministros, sendo duas mulheres. A representação feminina na suprema corte corresponde a 10%, aproximadamente. (https://portal.stf.jus.br/textos/verTexto.asp?servico=sobreStfComposicaoComposicaoPlenariaApresentacao)

número de representantes masculinos e femininos. No executivo, apenas uma mulher ocupou o mais alto posto. Outra discrepância: as posições estratégicas enfeixando os poderes de decisão em todas as instâncias do poder público permanecem nas mãos da elite masculina. Essa assimetria se repete na hierarquia das empresas.

Poder social. Lato sensu, este poder se compõe de tradições, costumes e valores de determinada sociedade. Representa uma força cega e difusa, entranhada no tecido social em todas as suas instâncias. É chamado consuetudinário por não ser escrito, resiste à mudança, atualizando-se muito lentamente. Em certos países, há costumes e valores da era medieval ainda vigentes. Exigência de virgindade para o casamento (mulher) e apedrejamento por adultério são exemplos.

Estés (1999) explica: com frequência, o coletivo é a cultura que cerca o indivíduo. Assim somos influenciados por muitos coletivos, sejam os grupos de natureza acadêmica, financeira, espiritual, econômica, profissional, familiar. Eles impõem poderosas recompensas e punições a seus membros, e não membros com idêntica força. Operam de modo a influenciar e controlar todas as áreas possíveis. Geralmente, depreciam e desestimulam os esforços que não se harmonizem com suas preferências. A natureza da cultura consiste em se abater sobre qualquer discrepância entre o consenso de um comportamento aceitável e o impulso divergente do indivíduo. Ele é jogado no ostracismo para forçar o ajustamento ao grupo (p. 284).

O poder social tem outra vertente: a mídia, tão poderosa, é chamada 4º poder. Influencia e, de certa forma, direciona o funcionamento da sociedade por estar intimamente enroscada com todos os outros poderes por meio da palavra escrita, falada e de som e imagem. Com alguma frequência, os meios de comunicação perdem o foco da isenção e da verdade numa relação promíscua com o poder público e o poder econômico, em prejuízo da sociedade que nem sabe que está sendo lesada com informações falsas, tendenciosas, inverdades e meias-verdades.

Em relação à propaganda, um braço robusto da mídia, cai bem o dito popular *nem tudo que reluz é ouro* e a reflexão de Estés: *A maioria das coisas não é o que parece*. E segundo padre Fábio de Melo, *a propaganda trabalha com a luz e escamoteia a sombra*. Sub-repticiamente, a propaganda cria necessidades; direciona o consumo; transforma algo ruim naquilo que você não pode passar sem; promete o corpo perfeito, a beleza inatingível. Exaustivamente, insiste: *abra a felicidade* embalada em potinhos, garrafas, frascos e pacotes, tudo pronto, à venda em supermercados, farmácias, lojas físicas e virtuais. É muita promessa, brilho, estímulo, muito deslumbramento para ser processado. Não dá tempo de filtrar, comparar, decidir. E há urgência, muita urgência. "Você não pode ficar fora dessa"; "ligue agora", "compre agora". Um atordoamento, uma invasão "consentida" do espaço mental. Dentre os muitos dificultadores para a conquista da autonomia feminina, o poder social, por ser tão amplo e difuso, parece ser o que interpõe mais armadilhas.

O *poder econômico* funciona numa única direção: sempre mais. Constrói e derruba impérios; empossa e destitui governos; cria uma nação e leva seu povo à guerra. O poder econômico parece ser o mais difícil de ser exercido com equidade. A vida humana, em princípio, está em suas mãos.

O *poder do sexo* parece ser o único dos poderes femininos que o patriarcado e a Igreja não conseguiram anular, nem tomar. Refere-se àquele mesmo, lá do Jardim do Éden: a sedução e a sexualidade. E a principal forma de um H demonstrar poder na área do sexo é por meio da violação. Parece algo superado, distante. Não é. Todos os dias, centenas de M de todas as idades, adolescentes e meninas, passam por essa experiência e silenciam. A história da violação é tão antiga quanto o patriarcado. É um ato de poder em relação ao corpo feminino. Em certos contextos, se a M engravida como resultado de uma violação é responsabilizada e punida. É frequente ser repudiada pelo marido; se solteira, é frequente ser estigmatizada e empurrada para a prostituição; e pior, em certas sociedades, é condenada à morte, simplesmente.

A ideia de apropriação do corpo feminino pode ser vista, ainda hoje, por causas raciais, políticas, religiosas, sanitaristas. Também por vingança, desforra, humilhação, a exemplo das guerras de todos os tempos (SAU, 2000, p. 276).

Ao longo das eras, a M foi sendo desqualificada e despojada de todos os seus atributos, restando apenas seu papel reprodutor. Despida de valor como indivíduo singular, anulada no seu raciocínio lógico e crítico, ridicularizada por sua capacidade intuitiva, sem acesso à educação, instintivamente, a M se apegou ao único poder que não lhe poderiam tomar. Teria sido por aí que a sexualidade passou a ser a arma das M?

A socialização focada na sedução, nos trejeitos, nas caras e bocas, sinalizava tanto para a menina quanto para a adolescente o caminho do poder. É possível cogitar que a M passou a manejar a sexualidade para se contrapor à exorbitância do poder masculino. Ter o macho tão poderoso e arrogante a seus pés seria a demonstração de suprema força e suprema vingança, mesmo que depois se prostrasse submissa o resto do tempo.

Dois fatos da pós-Modernidade parecem reverter esse quadro. Educação e trabalho criaram relativa paridade entre H e M, forçando a divisão de poder nas esferas pública e particular. Parece que, para a maioria das M com acesso diversificado a outros tipos de poder o sexo como arma para submeter um H perdeu força. Ainda é uma arma poderosa, mas elas próprias estão apreciando bastante o poder advindo dos embates da inteligência, da Ciência, dos negócios, da Tecnologia. Devagarinho, a M está se aproximando, cada vez mais, do ser original que é, aquele formado do equilíbrio relativo entre corpo e mente.

A reportagem a seguir ilustra a tendência feminina em valorizar cada vez mais o trabalho e a autonomia em contraposição às expectativas da sociedade:

Valor (Tendências e Consumo, 08.09.08, p. B4) – *Para a mulher, status é sucesso profissional.* Para a maioria delas, joias, roupas, carros de luxo estão longe do perfil do que pode representar ascensão social. É a conclusão da pesquisa feita pelo portal *Bolsa de Mulher*: em se tratando de status, não há nada tão expressivo para grande número de brasileiras quanto ocupar posição de destaque no trabalho, ser dona do próprio teto e ter um companheiro fixo, nesta ordem, aponta o periódico.

O poder do sexo está enroscado com todos os outros tipos de poder, mais particularmente com o político e o econômico. Em certas instâncias há M que se vendem e há H que as compram. Aqui não se trata da prostituição profissional para atender à sobrevivência. É a promiscuidade pura e simbiótica entre sexo, poder e dinheiro.

Dentre todos os tipos de poder o sexo (inseguro) gera consequências mais graves e mais duradouras, com seu lado perverso: DSTs, gravidezes indesejadas, abortos clandestinos, mães abandonadas, crianças ao léu, recém-nascidos descartados no lixo.

Poder do conhecimento. No mundo animal, o *homo sapiens* foi agraciado com a inteligência. Esta inteligência se enrosca com e se concretiza no conhecimento, a mais sofisticada forma de poder. Foi assim que a Igreja, séculos afora, manteve o poder absoluto, por ser a detentora de todo o conhecimento. É emblemático o fato de o feminino arquetípico, Eva e Pandora, ser punido pela curiosidade. A curiosidade é a base da pesquisa que, por sua vez, é a base do conhecimento, algo interdito às M até há bem pouco tempo.

Sendo o conhecimento o maior poder, os seus expoentes, a Ciência, a Cultura e a Religião, desde o início dos tempos, criaram e continuam criando conceitos; construindo verdades, confirmando-as ou refutando-as; criando mentiras, mitos, condições, soluções, limites e artefatos que afetam diretamente a humanidade. Por exemplo, o médico Hipócrates (460 – 370 a.C.) e o filósofo Aristóteles (384 – 322 a.C.) desaconselhavam relações sexuais por serem extenuantes e prejudicarem a saúde masculina. Baseada em mitos, a teologia criou a bruxa que copulava com o demônio, uma inverdade que desaguou na Inquisição. O nazismo, a partir da ideia de pureza racial, criou e utilizou todos os recursos para implementar o holocausto.

Ciência e Feminino

O postulado da inferioridade feminina nunca saiu de pauta, mas agora vem embalado em outra roupagem e novos argumentos. *Fine* analisa que a Neurociência, usando tecnologia de ponta, tem servido para reafirmar estereótipos criados no tempo das cavernas: a inferioridade feminina baseada nos processos biofisiológicos, sem fazer um contraponto sério com os fatores sociais e culturais; nem com a força da educação, nem com a força do meio e a influência da epigenética. Fine faz interessante contraponto com o livro *Como as Mulheres Pensam,* da neurocientista *Louann Brizendine.*

A crítica de *Fine* refere-se ao fato de *Brizendine* enfatizar exageradamente achados da Neurociência e citar aqui e ali os achados das Ciências Sociais, sem fazer o pertinente contraponto entre o biofisiológico e as influências do meio social e de seus desdobramentos no comportamento do indivíduo. Dentre tantas, três afirmações de Brizendine (2006) no livro *Como as mulheres pensam.*

1- *O senso comum nos diz que meninos e meninas se comportam de forma diferente. Mas o que essa observação não nos ensina é que esses comportamentos divergentes são determinados pelo cérebro* (p.11) 2- *As meninas já nascem moldadas como meninas e os meninos como meninos. Seus cérebros são diferentes já no momento do nascimento, e são seus cérebros que orientam seus impulsos, valores e até sua realidade.* (p.12) 3- *A maternidade muda a mulher porque efetivamente altera o cérebro feminino – estrutural e funcional – de muitas formas, irreversivelmente* (BRIZENDINE, 2006, p. 101).

É fato que a maternidade provoca mudanças no corpo e no biopsicológico da mulher. Mas esse *irreversivelmente* é um determinismo merecedor de reflexão.

Cordelia Fine, em *Homens não são de Marte, Mulheres não são de Vênus,* fala de artigo publicado no *The New York Times,* a partir de uma pesquisa de imageamento por ressonância magnética funcional; no artigo, o autor afirma que *o impulso da mãe de amar e proteger o filho parece estar intrinseca-mente programado no cérebro dela* (FINE, 2012, p. 222). Pois é, – quem diria! – o instinto materno intrínseco e irresistível está de volta ao século XXI, embrulhado na Neurociência.

Fine reclama:[53] quando a Neurociência, baseada em fabulosas imagens em tempo real assim afirma, os achados das ciências sociais perdem valor e até credibilidade. *A Neurociência supera facilmente a psicologia na hierarquia implícita da cientificidade* (FINE, 2012, p. 221). Independentemente das disputas de poder entre neurocientistas e cientistas sociais, a observação de *Fine* faz sentido: *Os efeitos da Neurociência podem ser tanto pessoais quanto políticos. Os estereótipos de gênero passam a ser legitimados por estas explicações pseudocientíficas* (FINE, 2012, p. 223). Essa ideia merece reflexão.

O conhecimento é o que de melhor a humanidade tem a oferecer a seus pares. É democrático no sentido de poder beneficiar um número imensurável de pessoas. Cada ramo da Ciência se entrelaça com os demais e deste entrelaçamento as inovações se sucedem. A biologia, por exemplo, trabalha o melhoramento genético para produzir mais alimentos. A medi-cina avança na cura de doenças antes inimaginada. Transplante de órgãos, pontes de safena, *stents*, válvulas cardíacas; diagnóstico por imagem em tempo real; cirurgia intrauterina para corrigir anomalias; a robótica nas salas de cirurgia; as pesquisas com células-tronco, tudo isso está à dispo-sição da medicina, a favor da vida. O desenvolvimento da tecnologia é o que possibilita tais avanços. É o ramo mais sofisticado do conhecimento, o mais célere e o que mais inova a cada dia. Em geral, qualquer avanço na área do conhecimento beneficia H e M.

Mas o que a pesquisa científica fez de concreto em relação, exclu-sivamente, às M? O corpo feminino parece carregar mais mistérios que o masculino, aguçando a curiosidade dos cientistas. Talvez, por isso, tenha sido objeto de pesquisa mais intensa. Uma questão intrigante envolvia a embriologia. O embrião resulta da fecundação do óvulo, mas sem ovulação não há fecundação, mesmo que haja cópula. Estudando o complexo processo da fecundação, chegou-se à pílula anticoncepcional. A pílula parece ser a pesquisa que mais beneficiou o feminino, diretamente. Com a anticoncep-ção ao alcance de todas, a M controla o ciclo reprodutivo, toma posse de seu corpo. A liberdade para decidir se quer ser mãe ou não; a liberdade de

---

[53] Para saber mais. De Cordelia Fine: *Homens não são de Marte, Mulheres não são de Vênus* (2012) e *Testosterona Rex* (2018). De Louann Brizendine: *Como as Mulheres Pensam* (2006).

desfrutar o sexo; a liberdade de ser M sem ser só uma fêmea: esses foram os presentes que a Ciência ofereceu ao feminino, e as M são gratas por essas dádivas.

Outra pesquisa que beneficiou indiretamente as M foi a dos hormônios, dentre eles a oxitocina. O conhecimento da atuação deste hormônio derrubou o mito do instinto materno, natural e intrínseco. Esse pressuposto tornava a maternidade o único caminho para a realização feminina, uma inverdade que assombrou as M até há pouco tempo.

Poder da afetividade. Este é um poder que perpassa todas as relações humanas, cujo desfecho pode resultar tanto em um bem quanto em um mal. É um atributo da alma que tem o lado luminoso e o lado sombrio. Quando o lado sombrio se manifesta, gera dor e infelicidade. Em contrapartida, as ações geradoras de cuidado, bem-estar, felicidade para si e para o outro são muito, mas muito mais frequentes do que as geradoras de desamor. E se o desamor acontece, aquela alma está ferida e precisa de ajuda.

Poderes constituídos. Os poderes formalmente constituídos, Legislativo, Executivo e Judiciário, apesar de independentes, têm seus atos complementares.

O *Poder Legislativo*, composto por H desde a Grécia Antiga, cria leis conforme o androcentrismo. Em geral, H legislam para H, assegurando e confirmando direitos masculinos. Comumente, leis de propriedade, leis trabalhistas, leis do código civil beneficiam os H. O que a legislação civil não abarca, a lei religiosa preenche a lacuna. Se tudo falhar, entra em cena a lei consuetudinária, fazendo valer seu poder de forma velada, mas eficiente. Por ser maioria absoluta nos parlamentos, mesmo as leis em benefício das M são criadas por H, deixando um ranço sutil de androcentrismo.

O *Poder Executivo*, comandado por H e, muito raramente, por M, tem toda a sua estrutura calcada no androcentrismo. Se o Legislativo cria leis ruins ou restritivas aos direitos das M, o Poder Executivo quase sempre as sanciona.

O *Poder Judiciário* atende aos ditames das leis, interpreta-as e pronuncia sentença. Dos três Poderes, é o mais arrogante, orgulhoso e prepotente, haja vista a autorização para aborto de fetos anencéfalos. O legislativo cozinhou o problema no caldeirão do pouco caso, em fogo brando, usando pressupostos religiosos e morais para não atender a essa demanda feminina, sem considerar a razão, a lógica de suportar uma gravidez cujo fruto seria inviável. O Poder Legislativo falhou. Apelou-se ao judiciário de primeira instância e foi tramitando, tramitando até alcançar o ramerrame do STF.

A gravidez veio a termo, a criança nasceu morta, a causa perdeu o sentido e a mãe foi amargar sua decepção e sua dor. Fica-se pensando na hipótese absurda de o aborto ser uma demanda masculina; aí sim, haveria celeridade. O Poder Legislativo e o sistema Judiciário despiriam rapidamente o moralismo, o religiosismo, o casuísmo e quantos "ismos" aparecessem pela frente e concederiam àquele H o direito de se livrar de um feto inviável, livrar-se de um feto fruto de violência sexual, livrar-se de um feto indesejado. Isso só para ficar na área do aborto.

Ter acesso profissional a qualquer instância significativa de poder é um caminho tortuoso para as M. Há barreiras e entraves de todos os tipos, recheados de sexismo explícito ou camuflado. Não é falta de competência; elas superam muitos H que estão no topo, mas *quando as qualificações para emprego incluem qualidades estereotipicamente masculinas, isso será uma desvantagem para as mulheres* (FINE, 2012, p. 90).

Similar à água em esponja, o sexismo e o machismo estão entranhados no corpo, na mente e na alma das corporações de todos os tipos em todas as instâncias de poder e sempre que possível bloqueiam o acesso das M. Embora o participação feminina na sociedade seja irreversível, será necessário um bom período de tempo envolvendo avanços, recuos e ajustes para que o ranço homem-espaço público e mulher-espaço privado vá diminuindo e uma paridade significativa de acesso ao poder em todos os níveis seja estabelecida. Há pioneiras abrindo caminho. Uma nova geração de mulheres está empenhada e desejosa de chegar ao topo. Mesmo que o Lobo Mau apareça; mesmo que a Fera barre o caminho; mesmo que a Bela Adormecida, a Branca de Neve, a Cinderela, uma vez ou outra, se apresentem no imaginário e tentem roubar a cena. Não há nada de errado sentir-se vulnerável: desejar o colo da mãe ou um braço masculino para se apoiar, mas um pouquinho.

Poder feminino e religião

A exclusão da M do espaço sagrado foi patrocinada pela Igreja aliada ao patriarcado laico levando o poder feminino ao aniquilamento.

E a Deusa, a poderosa figura do tempo antigo, que presidia a semeadura, a maturação e a colheita? Para onde foi a coadjuvante da Mãe-Terra que, nos momentos mais agudos, incorporava a própria deusa e se tornava o seu oráculo? A figura da Deusa e seus saberes foram gradual e imperceptivelmente esvaziados, e seu poder, paulatinamente transferido para a figura masculina do Deus, o primeiro elo do tripé das teogonias primitivas, que posteriormente embasou o dogma da Trindade. Surgiram os cultos intermediados e monopolizados por sacerdotes; a medicina popular proibida pelo poder público e esmagada pela arrogância da medicina oficial. Tomou lugar a religião do uno, da díade ou da tríade masculina com a natural exclusão do feminino.

Há outra tríade, Lilith, Eva e Maria. A rebelde, a transgressora, a submissa. Rebeldia, transgressão e submissão traçaram o caminho trilhado pela M ante a exorbitância do poder masculino. O poder feminino capitulou e curvou-se. Levaram séculos, mas o patriarcado e a Igreja conseguiram subjugar a força feminina: Lilith foi banida dos textos sagrados; à Eva, imputaram pecado, culpa e perdição; à Maria, curvaram seus ombros com o duro jugo da submissão e da anulação da identidade, para que a M, sob este modelo, só fosse digna de viver se estivesse atrelada à costela de um H.

Submissão e cultura

A premissa da submissão feminina e do poder masculino estão fortemente entranhados na cultura, destacando o teatro, o cinema e a música. Por exemplo:

> Você Não Passa De Uma Mulher
> (Martinho da Vila)
> *Mulher preguiçosa, mulher tão dengosa, mulher*
> *Você não passa de uma mulher (ah, mulher)*
> *Mulher tão bacana e cheia de grana, mulher*
> *Você não passa de uma mulher (ah, mulher)*
> *Você não passa de uma mulher (ah, mulher)*
> *Você não passa de uma mulher*
> *Olha que moça bonita*
> *Olhando pra moça mimosa e faceira*
> *Olhar dispersivo, anquinhas maneiras*
> *Um prato feitinho pra garfo e colher*
> *Eu lhe entendo, menina*
> *Buscando o carinho de um modo qualquer*
> *Porém lhe afirmo, que apesar de tudo*
> *Você não passa de uma mulher (ah, mulher)*
> *Você não passa de uma mulher*
> *Olha a moça inteligente*
> *Que tem no batente o trabalho mental*
> *QI elevado e pós-graduada*

Psicanalisada, intelectual
Vive à procura de um mito
Pois não se adapta a um tipo qualquer
Já fiz seu retrato, apesar do estudo
Você não passa de uma mulher (viu, mulher?)
Você não passa de uma mulher (ah, mulher)
Você não passa de uma mulher
Mulher preguiçosa, mulher tão dengosa, mulher
Você não passa de uma mulher (ah, mulher)
Mulher tão bacana e cheia de grana, mulher
Você não passa de uma mulher (ah, mulher)
Você não passa de uma mulher (ah, mulher)
Você não passa de uma mulher (ah, mulher)
Menina-moça também é mulher (ah, mulher)
Pra ficar comigo tem que ser mulher (tem, mulher)
Fazer meu almoço e também meu café (só mulher)
Não há nada melhor do que uma mulher (tem, mulher?)
Você não passa de uma mulher (ah, mulher)

Dentre centenas, a letra desta música reafirma o poder que o patriarcado outorga a qualquer H perante o feminino. Pode-se pensar que é uma rima inocente – e para o artista possivelmente foi, até para compor o ritmo da música. Se observada com outro olhar percebe-se que o compositor deixou registrado, com toda a naturalidade, o que ele e a maioria dos H pensam sobre a M. É uma exibição gratuita de poder: não importa se é competente, QI elevado, intelectual ou uma menina-moça. Não importa quem é, quanto se esforce, o que se faça, o destino está selado: "fazer meu almoço e também meu café". O refrão, o mantra, "Você não passa de uma mulher" é repetido 14 vezes para deixar bem claro que mandato do patriarcado deverá ser atendido incondicionalmente. A mensagem subliminar para homens e mulheres; para jovens e velhos: mulher serve para o sexo e para cozinhar.

Se o samba *Você não passa de uma mulher* apresenta a submissão ao modo de algo imposto pelo patriarcado, a música de Caetano Veloso, *Esse Cara*, mostra o feminino de joelhos, em aceitação plena desta imposição:

Ah, que esse cara tem me consumido,
a mim e a tudo que eu quis,
Com seus olhinhos infantis
como os olhos de um bandido.
Ele está na minha vida porque quer.
Eu estou pro que der e vier.
Ele é quem quer. Ele é o homem.
Eu sou apenas uma mulher.

Ao analisar a relação masculino, feminino e poder o embate é forte por ser difícil sufocar os anseios de liberdade e autonomia da alma, seja num corpo masculino, seja num feminino. Ao longo da história humana o poder se constituiu em um espaço interdito às M. Por isso, quando ocupam posição de mando são vistas como *tendo ultrapassado os limites ou se apossado de algo a que não têm direito. A estranheza vem do fato de que elas ainda são vistas estando sempre ocupando um lugar fora do poder* (BEARD, 2018, p. 64).

Então, como ousam estar lá? E quando ousam, são objeto de deboche; às vezes, de ira e ameaça velada; às vezes, é assédio moral puro e simples.

Por exemplo, nos tempos atuais, M inteligentes, qualificadas e bem-preparadas começaram a ocupar cargos de relevância, principalmente na política. Margareth Thatcher (1925-2013), a dama de ferro, primeira-ministra da Inglaterra; Hilary Clinton (1947-), senadora americana, e Angela Merkel (1954-), primeira-ministra da Alemanha, foram replicadas com as cabeças cortadas, imitando a *Medusa* de Caravaggio. Pois é, o patriarcado ainda acha que é isso que essas mulheres merecem e, por associação, todas aquelas que ousarem erguer a cabeça e achar que têm direito a uma parcela de poder.

E aí o patriarcado proclama: *você não passa de uma mulher*!

CAPÍTULO XVI

VIOLÊNCIA

Segundo o *Dicionário Houaiss, violência* é a ação ou efeito de violentar, de empregar força física (contra alguém ou algo), ou intimidação moral contra alguém; ato violento, força, crueldade; exercício injusto ou discricionário, geralmente ilegal, de força ou de poder, entre outras acepções.

Segundo o *Dicionário de Sociologia Galinno, violência* é a forma extrema de agressão praticada por sujeito individual ou coletivo, consistindo quer no ataque físico intencionalmente destrutivo a bens [...], quer na imposição mediante emprego ou ameaça clara, com uso da força ou armas [...]. A violência sobre pessoas se concretiza em seus vários graus, na coerção física, por fazer ou não fazer algo, na privação da liberdade; nos espancamentos, ferimentos, mutilação, tortura ou morte. Do ponto de vista psicológico, também configuram violência qualquer ato de influência, controle, intimidação ou condicionamento que afete ou anule a vontade de outrem.

Em qualquer ato de violência subsiste alguma forma de abuso. Segundo o *Dicionário Houaiss, abuso* é o uso excessivo ou imoderado de poder; qualquer ato que atenta contra o pudor; sedução, desonra, estupro, entre outros. Também cita outros tipos de abuso: de autoridade, de confiança, de direito, de incapaz, de poder, de pátrio poder.

Ideias sobre violência

1. Só a violência pode tornar as mulheres manipuláveis (Nathanael West, em FERRAZ, 2002, p. 167).

2. A violência é um antivínculo. É o adoecimento do vínculo.

3. Se há dependência há tirania (VIEIRA, *Ortopensatas*, vol. 2; p. 1.701).

4. A violência jamais é um direito (VIEIRA, p. 1.703)

5. A violência não é remédio e não é argumento (VIEIRA).

6. Quem se acostuma a ser maltratado não sabe mais exigir respeito. As pessoas vão me tratar do jeito que eu autorizo (Padre Fábio de Melo).

7. A violência é sempre um abuso físico, psicológico ou de direitos.

8. O código de Hammurabi, (1776 a.C.) há quase 4000 anos, continha cerca de 300 julgamentos (cláusulas). Algumas delas se referiam à violência contra a M. (HARARI, 2016, p. 114-115).

A violência, de qualquer tipo e em que nível for, não é geração espontânea. Tem ingredientes, antecedentes e não desaparece magicamente. Tende a aumentar: as reclamações viram insultos; os insultos viram humilhação; em seguida, vem o isolamento, as ameaças, a violência física e até a morte, se não houver mudança, acomodação ou ruptura do processo, porque, segundo Luz (2011, p. 306-307) *A violência, uma vez posta em curso, não é mais possível livrar-se dela. O recurso à agressão simplifica todos os tipos de relações entre as pessoas; simplesmente se ignora a existência do outro. A violência estará sempre mesclada ao ódio.*

Geralmente, a violência contra a mulher é perpetrada pelo simples fato de ser M. Entretanto, há uma vertente ainda mais perversa. É a violência seletiva em que o processo é exacerbado. Mulheres velhas, pobres, feias, pretas, gordas, num espectro e jovens, ricas, bonitas, bem-sucedidas, poderosas (profissionalmente) no outro, podem tornar-se alvo de violência tanto por parte de homens quanto de mulheres.

Ao longo da história humana é possível catalogar muitos tipos de violência. Dentre principais estão a física, a psicológica, a emocional, a social, a econômica, a sexual, a doméstica. Os alvos mais frequentes dos atos de violência são os membros mais frágeis da sociedade ou os que apresentam algum grau de vulnerabilidade: o idoso, as minorias, o diferente e particularmente a criança e a mulher. A possibilidade de abuso em relação a esses indivíduos é tão evidente que o próprio Estado criou leis protetivas para esses grupos: o Estatuto do Idoso, o ECA, as leis Maria da Penha e do Feminicídio, o sistema de cotas, entre outras.

Referindo-se especificamente ao ser feminino, de onde vem essa crença tão antiga e tão arraigada de a mulher, qualquer mulher, ser naturalmente alvo de maus tratos? Baseada na dicotomia sexual, a ideia da inferioridade feminina e seus múltiplos aspectos parecem ser o motor que gira a engrenagem da violência contra elas. Sabe-se que uma ideia repetida exaustivamente começa a fazer eco na sociedade e a parecer verdadeira. Até para os mais lúcidos, fica a dúvida que, paulatinamente, é engolida pelo contexto geral. Para Mill, mesmo os indivíduos de bem *estão prontos a acreditar que as leis e práticas das quais, pessoalmente, não experimentaram as maldades, não produzem nenhum mal, pelo contrário, provavelmente produzem o bem e está errado não concordar com elas* (2006, p. 69).

A História oferece muitos casos de ideias falsas tornadas verdadeiras, a exemplo da propaganda nazista, transformando concidadãos em inimigos merecedores de tortura e morte. Em relação ao feminino, o patriarcado e a Igreja desenvolveram a tese da inferioridade, uma ideia falsa que passou a ser verdadeira e foi encampada até pelas próprias M.

Violência contra a mulher

Com relação à violência e à dominação, dois autores, Zimbardo (2019), em *O efeito Lúcifer,* e Lobaczewski (2014), em *Ponerologia, psicopatas no poder*, estudaram a força da ideologia para a perpetração do mal e da violência na sociedade e na política. São fenômenos observados por eles no sistema macro da sociedade, mas servem de referência ou são similares ao sistema micro: a família e o casal. A família é espelhada no Estado. A estrutura de poder, de alguma forma, repete-se no casamento, com uma diferença. O sistema macro sofre influência de múltiplos fatores os quais buscam o equilíbrio, atenuam os efeitos, forçam a saturação do modelo e sua substituição no decorrer do tempo, guardando semelhança com o gráfico da Curva de Gauss, um conceito matemático de probabilidade. O fim do nazismo e a implosão da antiga União Soviética são exemplos recentes. Já a família, por ser uma instituição fechada e envolvida em contextos emocionais, tende a perpetuar a forma de poder regida pelo patriarcado, e a condição feminina permaneceu quase a mesma, séculos afora. A força da tradição e dos costumes freia a mudança, reafirmando o status quo, criando ambiente propício para a condição subordinada da M.

Devido ao modelo assimétrico de funcionamento da parceria conjugal, não há nada para contemporizar o poder masculino na família. Se o H é violento, ocorre um fenômeno bastante similar aos achados de Zimbardo e Lobaczewski, inclusive em relação às etapas de enredamento. A dinâmica da violência contra a M encaixa-se na definição de Zimbardo (2013, p. 24): *O Mal* (a conduta abusiva*) consiste em se comportar de maneiras que agridam, abusem, humilhem, desumanizem ou destruam inocentes; ou em utilizar a própria autoridade ou poder sistêmico para encorajar ou permitir que outros o façam em seu nome.*

Segundo Lobaczewski, por ameaçar o poder, *a destruição biológica, psicológica, moral e econômica da maioria das pessoas normais torna-se para os psicopatas uma necessidade* (2014, p. 183). No casamento, ocorre algo semelhante. O parceiro se sente compelido a manipular e controlar a companheira até que ela esteja inteiramente sob seu domínio. O mais intrigante é que a M colabora com o processo de destruição de sua capacidade crítica e anulação de sua vontade.

Zimbardo (p. 316-317) considera que a violência crua só se estabelece mediante a desumanização do alvo e explica como essa ação se processa.

A desumanização ocorre quando o outro é pensado como desprovido dos mesmos sentimentos e valores que o algoz possui. Quaisquer qualidades humanas que este outro possua são diminuídas por meio de mecanismos psicológicos da intelectualização e de isolamento dos sentimentos afetivos. A impressão de o outro ser inferior é facilitada por meio de rótulos, estereótipos e imagens de propaganda. É assim que a desumanização facilita as ações abusivas e destrutivas para com aqueles tornados objetos. Na desumanização, há uma série de mensagens diretas e subliminares constantemente repetidas. Os aspectos da desumanização, catalogados por Zimbardo e colaboradores no Experimento Prisão de Stanford (EPS), ocorrem lentamente e em condição similar, no casamento disfuncional. O H começa com a desqualificação por mensagens indiretas, em seguida, as diretas e, entremeadas a elas, as subliminares. Após, vem a perda natural da liberdade por meio do isolamento dos amigos e da família, exigido pelo algoz ou por vergonha. Para certa parcela de H, é natural agir assim: a socialização, a religião e os ditames patriarcais ensinaram-lhe que a M é uma criatura inferior e indigna de confiança. Nesse modelo, alguns H encaixam especialmente a sua companheira; por isso se sentem justificados ao maltratá-la.

Zimbardo (2013, p. 320) explica que o EPS foi planejado para testar uma teoria sobre o poder das circunstâncias. A lição mais importante derivada do experimento é que as situações são criadas por sistemas. O sistema está apoiado em uma ideologia. O poder do sistema envolve autorização ou permissão institucionalizada para impor formas prescritas de comportamento ou de proibir ou punir ações contrárias a elas. Também fornece a autoridade que dá legitimidade ao cumprimento de papéis e de obediência às regras.

Aplicando esses achados à parceria conjugal, percebe-se que a ideologia patriarcal, embora atenuada, determina que o H é superior e a M é inferior. A esperada submissão, considerada "natural" pela percepção da natureza feminina por parte do patriarcado, decorre disso. E do mesmo modo que o sistema prevê sanções para os cidadãos não cumpridores das normas, há as sanções para as M que não se enquadram no modelo ou estão desatentas aos ditames da ideologia patriarcal. Por hipótese, a violência contra a M frutifica a partir dessa matriz ideológica.

A violência em geral, a violência contra a M e contra outras categorias vulneráveis percorrem uma escala infinita de modos e intensidades, da simples intimidação até atos letais; tais ocorrências não deveriam ser vistas pela sociedade como algo natural. *Lobaczewski* (2014, p. 111) classifica a violência exacerbada como um tipo de psicopatia:

> *Os indivíduos portadores de psicopatia social são frequentemente não familiarizados com emoções duradouras de afeto por outra pessoa, particularmente pelo parceiro de casamento. Para o psicopata, amor entre parceiros é um fenômeno efêmero voltado para a aventura sexual. Depois do casamento, sentimentos que nunca existiram são substituídos por egoísmo, egotismo e hedonismo.*

Essa pode ser a explicação de tantas mortes de mulheres por seus parceiros ou ex-parceiros.

Um paradoxo é que não só a M se liga a parceiro inadequado. Em percentual menor, também o H pode envolver-se com parceira abusiva que perpetra contra seu companheiro abuso físico, social, psicológico, emocional e econômico, de modo muito semelhante àquele do H contra a sua M.

Lobaczewski (p. 258) abre uma janela de esperança, ao afirmar que: *Frequentemente, o simples ato de tornar uma pessoa consciente de que ela está sob a influência de um indivíduo patológico faz com que o ciclo de destruição seja interrompido*, se o domínio sobre a vítima não tiver anulado por completo sua capacidade de pensar criticamente. Por isso, ele sugere uma psicoterapia apropriada, incluída permanentemente nas medidas de reação ao Mal (abuso).

Devido aos danos causados à psique do indivíduo a violência não física, particularmente a psicológica, requer ajuda profissional. Não deixa marcas: não há hematomas, nem sangue, mas uma alma em pedaços que precisa ser reconstruída.

Violência e legislação

Por conta da percepção da inferioridade feminina e do fato de as leis serem editadas por H, a tendência é privilegiar os pares, a exemplo das teorias de Lombroso e Ferri. Na escola positivista italiana do Direito, os criminalistas Cesare Lombroso (1835-1909) e Enrico Ferri (1856-1929) desenvolveram uma teoria divergente das escolas clássicas, propondo isentar de responsabilidade o criminoso passional porque, segundo suas ideias, certas paixões intensas se identificam com determinados processos de loucura, podendo anular a razão, ou seja, o livre-arbítrio. Ferri, companheiro de cátedra de

Lombroso, destacava a existência de paixões sociais, sendo os criminosos por elas acometidos impulsionados por motivos úteis à sociedade: o amor e a honra, o ideal político e o religioso. Em contraposição, os criminalistas clássicos afirmavam que, mesmo no paroxismo da mais violenta paixão não ocorria suspensão temporária da razão, e o indivíduo continuava tendo a percepção do Bem e do Mal (DEL PRIORE, 2012, p. 380). Possivelmente ancorado nas teorias de Lombroso e Ferri, o crime passional ou em "defesa da honra" atingiu grandes proporções na virada do século XX. Os H se sentiram mais à vontade para matar suas mulheres, sabendo que o argumento da "violenta emoção" seria usado pelo advogado de defesa com resultado quase sempre a seu favor.

Para efeito de comparação, duas decisões mostram que a lei pode ampliar sua rede de proteção ou abrir brecha para a violência no lugar de a coibir. Entram em cena Inglaterra e Rússia contemporâneas, com decisões diametralmente opostas. Na Inglaterra, o Conselho de Juízes pediu mais rigor nas sentenças referentes à violência doméstica, com o argumento de que esse tipo de abuso representa a violação de um espaço de confiança. Não só os hematomas contam; o trauma também. Abarca o abuso físico, o psicológico, o sexual e até o virtual. As novas diretrizes reconhecem, pela primeira vez, agressões em e-mails e mensagens.

Enquanto o Judiciário inglês recomenda sentenças mais rigorosas para coibir a violência doméstica, na Rússia, o Legislativo aprovou uma lei sobre agressão mútua: qualquer membro da parceria, o homem ou a mulher, pode bater no outro uma vez ao ano e só vai preso se quebrar ossos da vítima. Foram 385 votos a favor, um contra e uma abstenção. O argumento é que o Estado não deve meter-se nos assuntos de família e que "ninguém se ofende quando vê um homem batendo na esposa", fazendo eco a antigo provérbio russo: "bater significa amar"[54]. Parece um contrassenso ser legalmente permitido bater na companheira, e vice-versa. A lei existe, está em vigor.

Tipos de violência

Qualquer tipo de violência afeta a liberdade do indivíduo. Os ditames do patriarcado somados às características físicas, psicológicas e de socialização tornam a mulher mais vulnerável do que outras categorias. Dentre

---

[54] O presidente da Rússia, Vladimir Putin, promulgou, em 07. 02.2017, uma polêmica lei que despenaliza a violência doméstica, sempre que o agressor não reincidir no prazo de um ano. Segundo a nova lei, a agressões que causam dor física, mas não lesões, e deixam hematomas e ferimentos superficiais, não serão considerados crimes, mas uma falta administrativa. (https://g1.globo.com/mundo/notícia/putin-sanciona-lei-que-despenaliza)

tantos tipos de abuso, há aqueles que afetam direta e fortemente a autonomia feminina, entrelaçados em acumpliciamento tal que realimentam a destrutividade uns dos outros. As principais formas de violência são a física, a psicológica/emocional, a social, a econômica e a sexual. A classificação é didática, levando em conta o fator que sobressai aos demais. Habitualmente, a violência doméstica é tão perversa que enfeixa todos os tipos, quer na interação marido/mulher, quer na intergeracional, quer na parentela.

Abuso psicológico

Os fatores emocionais são os que mais contribuem para a instalação e posterior manutenção do abuso, dentre eles, a culpa e a esperança. Abuso psicológico/emocional é um padrão de comportamento com o objetivo de ameaçar, intimidar, desumanizar ou sistematicamente debilitar a autoestima de determinada pessoa.

Hirigoyen (2002, p. 12) considera a violência psicológica/emocional uma perversão: a *agressão perversa é a invasão progressiva do território psíquico do outro. A perversidade provém de uma fria racionalidade, combinada com uma dificuldade de considerar os outros como seres humanos,* num processo lento de desumanização.

Assumir o papel de vítima depende de muitos fatores. Nos relacionamentos conjugais, geralmente a M tem maior possibilidade de desempenhar o papel, devido à socialização da menina para ser cordata e a não se contrapor. Esse treinamento prejudica o desenvolvimento da autoestima e da assertividade. Ela é ensinada a respeitar a autoridade, particularmente a de um H. O H, por sua vez, espera esses comportamentos da companheira. Desde a infância, ele ouviu e viu que a M é submissa ao H. Embora menos frequente, o H também está sujeito à violência psicológica da companheira, nos mesmos moldes.

Miller explica a diferença entre episódios esporádicos de violência e os sistemáticos: é sabido que, entre os casais, ocorrem explosões ocasionais de raiva seguidos de pedidos de desculpas. Entretanto, os abusos de natureza doentia têm uma linha mestra. *É um comportamento sistemático, que segue um padrão específico com a intenção de obter, manter e exercer controle* (1999, p. 96). A autora também diferencia abuso psicológico e abuso emocional. No abuso psicológico, o objetivo final é abalar a segurança da vítima em relação à lógica sobre a qual ela baseou toda a sua vida. Essa lógica não se aplica mais. No abuso emocional, o objetivo é destruir a autoestima. As ações assumem muitas formas para que o vitimizador consiga o poder e o controle sobre a vítima e todas elas visam a destruir, aos poucos, a valia e o autorrespeito da M em relação a si mesma. O abuso emocional e o psicológico estão fortemente entrelaçados e, via de regra, aparecem combinados. Para efeito didático, será usado o termo abuso psicológico aí subentendido o abuso emocional.

O objetivo do homem que pratica abuso psicológico contra a companheira é o domínio; visa conseguir sua anulação como ser pensante, senhora de vontades.

O propósito do abuso não é infligir dor, mas controlar, um fim em si mesmo. O homem que mantém a mulher sob rígido controle tende a saber muito bem o que está fazendo: enfraquecendo a parceira para fortalecer-se (MILLER, 1999, p. 27-28).

O perpetrador de abusos não físicos, além de destruir a autoestima enfraquece a base de apoio, afastando a M da família, dos amigos, da vida social e dos projetos pessoais, levando-a ao isolamento. Manipula fazendo com que se sinta culpada, fazendo com que se esforce mais e mais para agradá-lo. É parte do jogo perverso o H oferecer migalhas de afeto, fazendo-a acreditar que é apenas uma fase, que ele vai mudar. *Ele não vai mudar. Ele não pode. Ele precisa desesperadamente de poder e controle* (Idem, p. 19). Embora a M se agarre à perspectiva de mudança é uma esperança falsa e funciona ao modo de combustível para o comportamento feminino benevolente nas situações de abuso, porque, na maioria das vezes, quando capturada na rede do abuso psicológico a M tem justificativas coerentes e racionais para as atitudes abusivas dele, por serem aparentemente travestidas de proteção e cuidado. E isso é o que ela mais quer. Se ele tem ciúme, ela se sente lisonjeada; se toma decisões sem consultar, ele deseja poupá-la de aborrecimentos; se não se comunica, é o tipo silencioso, então ela compreende. Se esbraveja ou a deixa constrangida, ele perdeu a cabeça, não queria fazer aquilo, e ela prontamente perdoa.

O abusador psicológico mantém a M em constante estado de ansiedade. Ela nunca tem certeza se será capaz de cumprir as expectativas dele. Neste contexto, na maioria das vezes, o agressor cria o isolamento e a M, psicologicamente, se agarra a ele ao modo do carrapato a seu hospedeiro. O processo é sutil. Parece não haver nada errado e as vítimas duvidam de suas percepções: será que estou exagerando? Entretanto, se a M vier a compreender o processo destrutivo, o homem, sentindo-se ameaçado, passa da desestabilização contínua em pequenos toques para o ódio manifesto, porque a percepção dos abusos por parte da M passa a representar perigo de abandono, sendo preciso deixá-la amedrontada: todas as artimanhas e todos os jogos para dominar a companheira serão aumentados. Neste contexto, submeter-se gera grande tensão interior. Para o H não ficar descontente é preciso obedecer; acalmá-lo nas explosões de raiva; esforçar-se para não reagir às agressões. A M é assaltada pelo medo. Reagindo ou se submetendo, estará sempre errada e sujeita a mais violência. Para fugir a qualquer confronto tende a se tornar mais conciliadora, o que reativa a violência porque, neste tipo de relacionamento doentio, a vítima precisa oferecer algum grau de resistência. O aniquilamento da companheira é feito sem nenhum arranhão, sem nenhuma ofensa física (MILLER, 1999, p. 54).

A violência psicológica tem a tortura sutil por método. Conforme Zimbardo (2013, p. 406), *a tortura sempre envolve um relacionamento pessoal; é essencial para o torturador que tipo de tortura empregar, que intensidade usar naquele indivíduo e em que momento*. Usar método errado ou um muito brando não obtém o resultado desejado. O "morde e assopra" quase sempre funciona na violência psicológica.

As relações abusivas, em qualquer nível, envolvem a questão de o agressor pensar que a vítima merece a agressão. Mas por que a vítima merece ser agredida? Experimento conduzido por Albert Bandura, prof. da Universidade de Stanford, demonstrou o poder dos rótulos desumanizadores para fomentar atos de agressão contra terceiros. O principal achado: quanto mais desumanizado, mais severamente o sujeito será punido. O autor pondera que talvez o prazer não esteja tanto em infligir dor, mas no sentimento de controle e do poder desinibidor do rótulo.

Zimbardo conclui: o agressor vê a *vítima sendo merecedora de punição, culpando-a pelas consequências, desumanizando-a, concebendo-a como aquém de seres humanos* (ZIMBARDO, 2013, p. 435-436). Parece ser isso o que acontece entre os cônjuges, num casamento disfuncional doentio.

Enredamento

Segundo Hirigoyen (2002), de início, as manobras de enredamento no ciclo da violência são insignificantes, uma observação inocente aqui, outra ali: "este vestido é bonito, mas não parece apropriado a uma mulher casada". "Você não acertou o tempero desta massa. Isso está acontecendo com frequência, talvez porque você esteja cansada". Mordeu e soprou.

Ela tem certeza de que usou aquele vestido outras vezes sem ser censurada; tem certeza de que não errou o tempero da massa. E se pergunta o porquê das reclamações. Com o passar do tempo, usando a técnica do "morde e assopra", as manobras vão crescendo em intensidade e frequência para conseguir a submissão e a dependência emocional. Ele se comporta de modo a induzir a M a se sentir culpada. Em geral, ela reage imediatamente, sendo mais submissa e mais solícita. A partir daí, o parceiro vai aumentando o nível de controle numa espiral ascendente até que ela perca todo o referencial e esteja dominada; já não sabe mais quem é, de fato.

> Em uma agressão perversa, assiste-se à tentativa de abalar a auto-confiança do outro, de fazê-lo duvidar dos próprios pensamentos, dos próprios afetos. A vítima perde a noção de sua identidade. O objetivo é paralisá-la, de modo a evitar a emergência de um conflito, para que ele possa atacá-la sem perdê-la. Ela permanece à disposição. (HIRIGOYEN, p. 122).

Na realidade, a vítima parece tornar-se cúmplice do processo de sua aniquilação, conforme observou *Lobaczewski* (2014, p. 288):

> Quando o enredamento vítima/algoz chega a certo nível, a tentativa de persuadir um indivíduo que esteja sob o encanto de um abusador (a mulher, vítima mais comum) é geralmente fadada ao fracasso. Ao perguntar por que a vítima não percebeu o modo anômalo de pensar do abusador, descobre-se que há necessidades do algoz que se encaixam nas características da vítima e podem ser supridas por elas.

É a tampa e a panela.

Geralmente, no começo e em boa parte desse processo o algoz usa o padrão de abuso "morde e assopra", que deixa a M confusa. Depois de reclamações descabidas, ele sai, volta com flores e pede desculpas. A contrição acende a esperança. "Ele vai mudar, preciso ter paciência, um dia ele vai reconhecer". Ela tem esperança de que as mordidas cessarão e que ficará só a lembrança da reconfortante brisa do sopro. Está enganada. Os sopros é que vão cessar. Ficarão as mordidas cada vez mais fortes e mais profundas.

Digno de nota: três autores, explicitamente defensores da submissão feminina, reconhecem a possibilidade de haver abuso da autoridade marital em relação à companheira. Não censuram o H e, paradoxalmente, aconselham à M tolerância, paciência e esperança: León, em *A perfeita mulher casada* (1583, p. 33); Rousseau, em *Emílio, ou da Educação* (1762, p.

536); e Cardoso, em *Casamento Blindado* (2012, p. 204). Embora o mundo tenha mudado bastante, a percepção do feminino e o direito de tratamento abusivo de muitos H em relação a suas companheiras permanecem vivos em muitas mentes masculinas.

Miller (1999), em *Feridas Invisíveis*, chegou a conclusões similares às de Hirigoyen. Descobriu em suas análises que o jogo vítima/algoz tem que ser excitante; a vítima precisa resistir. Ela resiste tentando reparar todas as falhas, por ter autoestima baixa e criticidade frágil. Para o mundo exterior, o algoz está perfeitamente adaptado à sociedade. Isoladamente, cada detalhe é insignificante, mas o seu conjunto e a sua continuidade criam o processo destrutivo. O agressor não sente culpa porque parece que a M concorda com a agressão. A vítima não tem do que se queixar, concretamente.

Ao modo de outros autores, *Ehrhardt* (1994) também encontrou na sua prática psicoterapêutica a desculpa e a esperança no ideário da M cordata, vítima de abuso no relacionamento. Também registrou a tendência de aumento da frequência e intensidade dos abusos. Geralmente, a M é apanhada na rede da tolerância silenciosa; ao não reclamar, ela passa ao ofensor a mensagem subliminar de ser merecedora de maus tratos.

Características da vítima e do abusador

De modo geral, as principais características da vítima são espírito conciliador, transparência, baixa autoestima; tende à dependência, tende ao perfeccionismo, tende a se sentir culpada, tende ao perfil reparador. Alguns desses aspectos vão encaminhar a vítima para desenvolver culpa e consequente reparação.

É importante compreender por que os H praticam e consideram natural a violência contra a M e que justificativas apresentam para esses atos. As explicações dos especialistas divergem muito daquelas dadas pelos H. De acordo com esses profissionais, os motivos são muitos, dentre eles, os mais significativos são:

1. A necessidade exagerada de controlar/dominar é entendida por aquele homem como uma definição da sua masculinidade.

2. A violência é aceita pela sociedade como parte da educação dos meninos.

3. As mulheres tendem a ser dependentes.

4. A violência dá resultado. Ele consegue o que quer à sua maneira.

5. A violência proporciona uma satisfatória sensação de poder.

6. Inabilidade para lidar com conflito.

7. Expressa a maioria das emoções por meio da raiva e da agressão.

8. Não se considera responsável por seu comportamento. As pessoas, ou os eventos, é que o provocam, por isso a reação é justificável.

9. Culpa a vítima.

10. Vê as mulheres como objetos, não pessoas.

11. Vê os relacionamentos funcionando numa hierarquia de poder. É apegado a uma estrutura pessoal de natureza patriarcal.

12. Autopiedade e autoengano.

13. Controle insuficiente dos impulsos e da raiva.

14. Baixa autoestima/insegurança

Contrariando os achados dos profissionais de saúde os motivos alegados pelo agressor são desculpas ou justificativas:

1. Eu me descontrolei;

2. Não é culpa minha;

3. Ela provocou;

4. A culpa é dela;

5. Eu estava só brincando;

6. O fracasso da M no modelo de esposa que ele esperava;

7. De que outra maneira ela vai aprender a obedecer?

8. Sou eu que mando;

9. Ela faz tudo errado;

10. Ela me tira do sério (HIRIGOYEN, 2002, p. 216-219).

Duas autoras, Hirigoyen e Miller observaram que o fato de as características do algoz encontrarem ressonância nas da vítima forma condição propícia à eclosão da violência. E padre Fábio de Melo sintetiza: Vítima é alguém cujas fraquezas podemos explorar.

Abuso social

No abuso social o objetivo do isolamento é o controle. Se um H conseguir manter a M afastada do mundo externo ela dependerá exclusivamente dele. O vitimizador cria situações para, gradativamente, isolar a M. Ela é proibida de trabalhar e de frequentar escola. Ele, deliberadamente, passa a evitar reuniões sociais, afastando-se dos próprios amigos, enquanto ela se afasta dos seus também. Após isso, isola-a da família, manipulando, rearranjando ou restringindo os contatos. O abuso social faz parte do abuso psicológico numa relação direta.

Abuso econômico

No abuso econômico contra a M, o parceiro controla o acesso aos recursos financeiros ou aos bens da vítima. Este tipo de abuso diminui sua capacidade de sustento, tornando-a dependente do abusador para ter acesso à educação, a emprego, progresso na carreira e à aquisição de bens. O abuso econômico opera em duas vertentes: se a M não trabalha, o algoz deixa a vítima à míngua, controlando rigorosamente os seus gastos; se trabalha, ele usurpa os ganhos da vítima. Há ainda três tipos comuns de violência econômica, mas pouco divulgadas: forçar ou pressionar a M a assinar documentos, por exemplo, exigindo procuração com plenos poderes; convencendo ou forçando a vítima a vender bens; convencendo ou obrigando-a a alterar testamento em benefício do algoz.

Os abusos social e econômico estão entrelaçados e uma das táticas é impedir a M de estudar. O vitimizador sabe que a escola dá oportunidade de fazer amigos, trocar ideias. Educação significa independência para pensar e possível independência financeira, algo que o vitimizador não deseja. Ele a controla para não perder poder.

Para muitas M vítimas de abuso o trabalho é o único contato social permitido e é o que mantém seu vínculo com a sanidade. Por isso, ele a proíbe de trabalhar, a não ser que seu salário faça diferença nas finanças da família. Em muitas situações, a M trabalha e, ainda assim, está sujeita ao abuso econômico. Certos H não se constrangem em se apossar das finanças da companheira por ocasião do casamento. Em relação ao salário, argumenta: "assim é mais fácil controlar nossa renda". H abusivos criam muitas maneiras de se apossar dos ganhos da M, privando-a do próprio dinheiro. Outra forma de abuso financeiro consiste em viver às custas da companheira.

Se no abuso social a M é proibida de trabalhar, no econômico ela é empurrada para o trabalho para usufruto dele. Devido à socialização feminina, os H têm facilidade de praticar o abuso financeiro, fato muito mais comum do que se imagina. Elas se adaptam melhor ao abuso econômico que a outros tipos porque, há milênios, dependem financeiramente do pai e, após, do marido. O casamento era um modo de conseguir um provedor pois na história da M a dependência econômica é quase uma herança genética. É dessa forma que a dependência financeira se torna um dos principais obstáculos à autonomia feminina.

Sendo submetida a abuso por que ela simplesmente não vai embora? As razões que levam uma M a permanecer numa relação abusiva são tão complexas quanto mal compreendidas. *A única coisa que determina se uma mulher será vítima de abuso é ela estar num relacionamento com um parceiro abusivo. E a única coisa que determina se ela permanecerá num relacionamento desse tipo é se ela pode ir embora* (MILLER, 1999, p. 120).

O masoquismo feminino é uma explicação popular, justificando o fato de a M continuar no relacionamento abusivo. É simplista ao transferir a responsabilidade do agressor para a vítima. Origina-se da ideia freudiana de que a "mulher tende a desejar a dor", ou seja, a sua natureza masoquista a levaria a aceitar maus tratos. É a famosa ideia machista de que "mulher gosta de apanhar".

O artigo de Maria Laura Canineu descreve o quanto essa ideia ainda se encontra arraigada no ideário masculino:

Revista Veja (12.07.17, p. 51) – *Não, nós não gostamos de apanhar.* A partir de pesquisa sobre violência doméstica, pode-se dizer que Roraima reflete um problema nacional. Um empresário afirma: "mas tem mulher que gosta de apanhar". Outro emendou: "são relações abusivas. A mulher bate no companheiro e acaba apanhando". Muitas pessoas minimizam a violência doméstica e culpam as mulheres. A agressão a elas continua bem real, assim como a inoperante resposta do Estado. Mas por que continuam no relacionamento? Há muitas razões que explicam esse comportamento feminino: pressão familiar para continuar com o parceiro (homem é assim mesmo); dependência financeira (como criar os filhos); o ceticismo ou o pouco caso da polícia; a vergonha, a humilhação. Mas a principal razão é a descrença de que a denúncia fará alguma diferença. Na violência contra a mulher, a impunidade é a regra. Tem-se uma legislação abrangente, mas só no papel. É preciso garantir que a lei seja cumprida, assegura a articulista.

Além da ideia errônea do masoquismo, há outros fatores para a M permanecer em situação abusiva, tais como a espiral do silêncio e o desamparo aprendido, condições iniciadas na socialização da menina, que estão bem consolidados na adultidade. Na espiral do silêncio, o indivíduo silencia por ter uma opinião divergente da dos demais ou da figura de autoridade, guiado pelo medo do isolamento, da punição, da crítica ou da zombaria. O desamparo aprendido é outro fator que leva a M a permanecer no relacionamento abusivo porque representa uma resposta condicionada: *Maus tratos intermitentes, durante certo período de tempo, tornam os indivíduos incapazes de fazer valer a sua vontade, e como resultado, submetem-se à vontade do controlador* (MILLER, 1999, p. 121).

Os profissionais da saúde têm duas explicações para a permanência da M em situação de abuso continuado: em alguns casos, há mais que apenas desamparo aprendido na condição submissa. Existe a possibilidade de alguma vantagem, ou conservar algo desejado ou valorizado: desfrutar os benefícios materiais; evitar a solidão; continuar inserida em determinado estrato social, conservar o parceiro, por exemplo. Também há outra condição com a qual os profissionais de saúde deparam com frequência. São situações em que essas vantagens são descartadas. A M quer, mas não consegue romper a espiral das agressões: teve sua dignidade e sua autoestima tão degradadas que não sobrou nada em que se apoiar. Algumas continuam no relacionamento para preservar o bem-estar dos filhos. Não ter trabalho, não ter dinheiro, nem idade (jovem demais ou velha demais), são fatores que freiam o impulso para se libertar.

Mas, se um dia, com ou sem ajuda profissional, ela percebe a realidade, resolve deixar o relacionamento e quer ir embora, o H se sente desafiado. Até aquele momento, ele conseguia mantê-la sob controle, submissa e quieta, com ameaças a seu bem-estar físico, psicológico, social ou econômico. Quando ela rompe a parceria, ele fará tudo para recuperar o controle sobre ela, às vezes, levando esse esforço à morte, se necessário (MILLER, 1999, p.123, 125, 128 e 203). Talvez isso explique a frequência de M serem mortas depois de terem rompido o relacionamento com seus parceiros abusivos.

Leis e medidas protetivas são fundamentais, mas não bastam para proteger as M de seus vitimizadores. Os primeiros passos em direção ao fim dos abusos precisam ser dados pela educação. Na família, educar igualmente a menina e o menino para a autonomia; na escola, reeducar os professores para oferecerem, além do currículo, a aceitação e o respeito às diferenças; nas empresas, implantar a meritocracia. Além de medidas protetivas, de educação e reeducação da sociedade em geral, homens e mulheres enredados na violência doméstica precisam de ajuda especializada para compreender e romper os padrões simbióticos destrutivos.

Violência doméstica

A violência doméstica é um tipo de abuso diferenciado, por enfeixar quase a totalidade dos tipos de agressões no âmbito familiar. A entrevista com Luiza Brunet ilustra um quadro de violência doméstica padrão:

Revista Veja (14.06.17, p. 15) – *Entrevista com Luíza Brunet: o medo não passou.* A ex-modelo teve o rosto machucado e quatro costelas fraturadas. Ela explica que não denunciou antes porque tinha esperanças de ele melhorar. Acreditava que a violência física e verbal ia terminar. Ele vinha, me pedia desculpas, arrependido, carinhoso e tudo voltava ao normal. Mas só foi piorando com o tempo. Aprendi na pele que um homem abusivo dificilmente deixa de sê-lo. É um ciclo em que o nível de violência vai sempre subindo.

Luíza tem razão. A violência doméstica funciona em escala ascendente. Se não for contida pode resultar em mutilação ou morte. Começa com uma simples discussão:

- Há M que se surpreendem quando, numa discussão boba, o seu marido despeja uma torrente de palavras ofensivas. Passado o momento, contrito, ele pede desculpas. Ela aceita.

- Há M que se assustam quando, noutra discussão boba, já esquecidas do incidente anterior, o seu marido, além de palavras ofensivas, ergue a mão e golpeia seu rosto. Após, contrito, ele pede perdão. Ela contemporiza. A partir daí, a engrenagem da violência começa a girar. Acontece de novo, e de novo.

- Há M que se apavoram quando, numa discussão boba, o seu marido apanha uma faca na cozinha e retalha seu rosto, seu pescoço, seus braços.

- Na escalada da violência, chega um momento em que essa M, inutilmente, se surpreende, se assusta, se apavora, mas não tem tempo de fugir. Vira estatística de feminicídio, e só.

A sociedade tende a aceitar com certa naturalidade a violência doméstica devido à clivagem sexual. A condição assimétrica de H e M, entranhada na concepção social de masculino/feminino nos relacionamentos afetivos, parece ser o principal ingrediente da violência doméstica e o ponto nevrálgico do fenômeno. Mantém-se no segredo da vida privada, às vezes, nem detectada por suas vítimas. Na fase inicial, a violência é confundida com atenção, proteção e mesmo perda de controle diante da natural "inferioridade feminina". Entretanto, a perda frequente de controle pode representar o início da escalada da violência, assumindo desde formas sutis coercivas até abusos físicos violentos, seguidos de morte.

Em todo o mundo, a maioria esmagadora das vítimas de violência doméstica é de mulheres, sendo também o alvo das formas mais agressivas de abuso. Há registro de países nos quais a violência contra a M é considerada justificável. O ataque ocorre quando o abusador, ou grupo deles, acredita ser o comportamento abusivo legal, aceitável ou justificado ou não sujeito a denúncia.

O abuso físico propriamente dito envolve contato físico com a intenção de infligir medo, dor ou qualquer outro tipo de sofrimento com lesões corporais. Geralmente, essa violência é precedida de outros comportamentos abusivos: ameaças, intimidação, limitação da liberdade pessoal por isolamento forçado, manipulação. Todos os dias, a mídia relata dezenas de casos. Os não relatados são milhares.

Há no catálogo de violência doméstica, três tipos pouco considerados: ataque com ácido, imolação da noiva e defesa da honra. O ataque com ácido é pouco comum no Ocidente. Pode desfigurar permanentemente a vítima e causar cegueira. Em geral, o motivo pode ser a vingança do H contra a M por recusar uma proposta sexual ou de casamento; desforra de uma M contra outra em disputa por um H.

O segundo tipo não se verifica por aqui: a imolação da noiva ou morte por dote. A mulher é morta pelo marido ou pela família deste. Segundo um relatório da ONU, de 2012, dos assassinatos por dote conhecidos, 8.383 ocorreram na Índia. No assassinato da noiva recém-casada, a família pode não ter conseguido pagar o dote ou a família do noivo, por alguma razão, aumentou o valor; ou simplesmente por considerar que ela não cumpriu as expectativas em seus deveres de esposa. O homicídio por dote é mais comum nos países do subcontinente indiano, a Índia, em particular. A Índia é também o país do Sati, que é a morte da viúva, induzida pela tradição ou obrigada ao suicídio após a morte do marido. Tanto na morte da noiva quanto da viúva, a principal motivação é ganância. No primeiro caso, a questão é o dote; no outro, a família do marido quer ficar com a herança, um direito da viúva.

O terceiro tipo é o crime em defesa da honra, que, em sociedades patriarcais retrógradas, e nem tanto, é praticado contra vítima habitualmente do sexo feminino.

O paradoxo da violência doméstica está no fato em que a vítima, até certo ponto, aceita ser vitimizada. Segundo Estés (1999), *somos gentis quando deveríamos ser assertivas. Tentar ser cordata, tolerante e submissa diante de uma situação crítica trivializa a violência.* Ela explica: a banalização da violência não só induz a M a ficar com parceiros abusivos, patrões exploradores e grupos que se aproveitam dela, mas também faz com que ela se sinta incapaz de se erguer e defender aquilo em que acredita.

O grau de aceitação da violência contra a M e a legislação que a contempla variam de um país para outro, sendo crime em quase todos eles, mas, em certas regiões do mundo, ela é aceita, tolerada e faz parte da legislação.

Violência sexual

Uma das vertentes mais perversas da violência parece ser a de natureza sexual, quando a integridade física e psicológica é violada de maneira brutal. Esse tipo de violência pode atingir a criança e a adolescente em casa; pode alcançar a M comum, caminhando pela rua; pode ser individual ou coletiva, ou em conflitos de todos os tipos, em qualquer tempo e lugar. O estupro é a violência sexual mais comum. Esta reportagem da *Superinteressante* trata do tema:

Revista Superinteressante (jul. 2015, p. 32-41) – *Como Silenciamos o Estupro.* Todo mundo concorda que o estupro é um dos piores crimes. Ainda assim, 99% dos agressores sexuais dos EUA estão soltos. Imagine por aqui. O silêncio sobre o crime vence por várias questões, entre elas: 78% dos brasileiros acham que o que acontece entre um casal dentro de casa só interessa aos dois, e 63% pensam que casos de violência dentro de casa devem ser discutidos somente pelos membros da família. Segundo ponto: a culpabilização da vítima, pois 59% dos brasileiros concordam que existe "mulher para casar e mulher para a cama"; e 58% acreditam que, se as mulheres soubessem como se comportar, haveria menos estupros. Todo estupro é um ato hediondo, uns mais hediondos ainda. Por exemplo, menino de 9 anos procurava comida próximo de um campo de refugiados na República Centro-Africana, quando encontrou dois adultos que lhe ofereceram comida em troca de sexo. Os adultos em questão eram soldados franceses da força de paz da ONU. Isso aconteceu em 2014. A partir desse fato, uma investigação apurou que mais 11 crianças foram estupradas ou obrigadas a praticar sexo com soldados da força de paz em troca de comida. O relatório foi rolando de mão em mão até chegar em Anders Kompass, um oficial de direitos humanos da ONU, na Suíça. Kompass fez chegar as denúncias até o governo francês, que abriu uma investigação. A ONU foi obrigada a tomar uma atitude: afastou Kompass do cargo. É difícil achar no mundo uma grande instituição que não tenha varrido para debaixo do tapete algum caso de estupro. Exército, empresas, família, universidades, Igrejas, acobertam estupros rotineiramente. Não é fácil denunciar um estupro. A burocracia, as dúvidas, piadinhas, insinuações e humilhações desencorajam a mulher. Se chegar ao tribunal, a acusação corre o risco de se voltar contra ela. Os advogados (do agressor) podem usar qualquer tipo de argumento para invalidar as alegações da vítima. Geralmente são argumentos moralistas – e que funcionam, diz Ana Paula Meirelles Lewin, coordenadora do Núcleo de Defesa da Mulher da Defensoria Pública do Estado de São Paulo. Não é à toa que as mulheres desistem de denunciar. O estupro acaba sendo silenciado pela vergonha. O estupro é um crime extremamente íntimo, uma violação profunda como pouquíssimas outras coisas no mundo. Se as pessoas que lidam com esses casos – médicos, advogados, policiais – não tiverem respeito por essa violação, não vão conseguir ajudar essas mulheres, diz o médico Jefferson Drezett, que atende vítimas de violência sexual no hospital Pérola Byington, em São Paulo. Não há estatísticas confiáveis no Brasil, mas é quase certo que a maioria absoluta dos homens estupradores segue tranquilamente sua vida, sem nenhuma consequência. O mais grave: segundo o Ministério da Saúde, 70% dos casos de estupro são cometidos contra crianças e adolescentes com até 17 anos. A maior parte dos crimes acontece dentro de casa e perpetrado por pessoa conhecida da vítima. O silêncio das vítimas vem de duas fontes. A primeira, são proibidas de falar pela família ou organização, para não manchar a honra de uma e a credibilidade da outra. A segunda se refere à credibilidade. Além de a credibilidade da vítima ser posta em dúvida, ela própria descrê da justiça. Assim, é melhor calar e carregar a própria dor. A mudança só virá por meio da educação, de um trabalho de séculos.

Zimbardo explica: *A violação sexual tem sido, regra geral, encarada como um vício, mas também tem sido tolerada e mesmo exaltada por numerosas hordas de conquistadores e frequentemente considerada normal em situações posteriores à conquista.* Ele cita três exemplos recentes:

1. A violação em massa de mulheres muçulmanas bósnias por sérvios na guerra de 1990.

2. A guerra civil em Ruanda usou o estupro na condição de arma visando à desumanização e degradação. Um relatório das Nações Unidas estima que 200 mil mulheres foram estupradas, muitas delas mutiladas, seviciadas e assassinadas em seguida. A disseminação da *aids* entre as vítimas sobreviventes dos estupros continua a assolar Ruanda; a doença é uma arma biológica de efeito retardado, comprometendo a vida por algumas gerações.

3. Outro exemplo de sevícia sexual ao modo de troféu de guerra ou para liberação do ódio foi a onda de estupros em Nanquim, China, em 1937. Estima-se em 80 mil o número de mulheres estupradas pelos soldados japoneses. Antes, elas foram seviciadas, torturadas, mutiladas. O estupro sistemático de mulheres não se ateve apenas à Bósnia, Ruanda e Nanquim. Está documentado o estupro de, aproximadamente, 100 mil mulheres berlinenses no final da Segunda Guerra (1945) (2013, p. 35-39).

Thomson (2010, p. 45) aponta: *À violação de mulheres em todas as guerras devemos acrescentar a imensa história de violação privada – de escravas, criadas, inquilinas e esposas – à qual se faz vista grossa há milênios.*

A OMS define por abuso sexual qualquer ato sexual ou tentativa, não consentido; abordagens ou comentários de natureza sexual indesejados; ou tráfico sexual direcionado à determinada pessoa por meio de coerção. De acordo com aquele organismo internacional, a mutilação genital ao modo de crime de abuso sexual é qualquer procedimento que envolva remoção total ou parcial dos órgãos genitais femininos, ou qualquer lesão a esses órgãos, exceto por razões médicas. É assustador que, segundo a própria OMS, esse procedimento tenha sido realizado em 125 milhões de mulheres vivas e se concentre em 29 países da África e Oriente médio.

A abuso sexual também engloba situações particulares de algumas vítimas: incapacidade de compreender a natureza do ato, incapacidade de recusar a participação e, ainda, a incapacidade de comunicar consentimento. As condições particulares da vítima são imaturidade, menoridade, doença, influência de álcool ou drogas, intimidação ou pressão sobre ela.

Ao definir "abuso sexual", a OMS destacou a condição de imaturidade e menoridade da vítima. Em relação a tais condições, embora em outra cultura, causa espanto e asco o trecho transcrito do livro *Eu matei Sherazade*. A autora diz:

> *Considere as palavras assombrosas do aiatolá Khomeini, um dos mais famosos sacerdotes islâmicos do século XX, em seu livro Tahrir al-Wasila: "O homem não deve ter relações sexuais com sua esposa antes de ela ter 9 anos de idade, de forma regular ou eventual, mas pode ter prazer sexual com ela, tocando seu corpo, esfregando-se nela [...] mesmo que ela seja apenas um bebê* (HADDAD, 2011, p. 37).

No Brasil, o ECA tipifica como crime de abuso sexual qualquer ato libidinoso ou carnal com menores de 14 anos. Entretanto, sabe-se que a subnotificação é a regra; a lei é ignorada com frequência e quando o infrator é denunciado quase nunca é punido.

Incesto

Dentre os muitos crimes de natureza sexual, o incesto é daqueles que causa estranheza e asco, por suas particularidades e por sua hediondez. É uma modalidade de violência sexual intrafamiliar, correspondendo ao contato libidinoso e/ou sexual entre uma figura de autoridade ou afetiva com outro membro da família. Segundo Forward e Buck (1989, p. 10), *o incesto é cruelmente democrático e ocorre em todos os níveis sociais, econômicos, educacionais e profissionais. Entre as vítimas, as meninas superam os meninos na proporção de 10 para um.*

Conforme o site do IBDFAM, o abuso sexual de crianças e adolescentes é um dos segredos de família mais bem guardados e considerado o delito menos notificado. Por isso, é difícil estabelecer uma estatística e ter uma ideia dos números reais. Cita estatística dos Estados Unidos: apenas 10 a 15% do número de incestos é revelado. Esse quadro deve ser parecido com o de outros países. No Brasil, as informações são baseadas nos registros de ocorrências levadas a efeito após a denúncia. Os dados são impactantes: 90% dos delitos são cometidos por homens que as vítimas amavam, respeitavam e nos quais confiavam; 69,6% dos agressores são os pais, 29,8% são os padrastos – ou seja, o perigo está dentro de casa. Por ser tabu, a subnotificação é acentuada, o que leva a crer ser o percentual de casos, muito maior. Pena que o site consultado não informou os números atuais, nem o intervalo de tempo da coleta de dados, só o percentual de agressores.[55]

O incesto é sempre uma experiência devastadora para a vítima. Seu impacto emocional é destrutivo por diversas razões, principalmente a traição do agressor à confiança nele depositada. No crime do incesto, há ainda um efeito colateral: *a vítima pode se tornar atraente para outros familiares abusadores. Por ter sido abusada,*

---

[55] https://ibdfam.org.br/artigos/223/Incesto

não se acredita que seja merecedora de respeito ou proteção (FORWARD, 1989, p. 29 e 39), partindo do falso argumento de a vítima ser culpada pelo abuso. E o inacreditável: quase sempre a mãe figura ao modo de cúmplice silenciosa e, às vezes, até ativa, nos casos de abuso entre pai e filha ou entre padrasto e enteada. O estranho é que o abusador é uma das pessoas que deveria respeitar e proteger a vítima: em um percentual elevado de casos em relação às meninas, os ofensores são o pai, o padrasto e o avô. O incesto ocorre também entre irmão e irmã; mãe e filho; mãe e filha; pai e filho. É um crime de consequências graves e duradouras. *O incesto nunca é irrelevante* (FORWARD, 1989, p. 163).

Crime de honra

Mesmo nos tempos atuais, nos códigos patriarcais de algumas culturas, a M vítima de abuso sexual é severamente punida. Em certos países, essas vítimas são consideradas fontes de desonra ou vergonha para os parentes e, posteriormente, se tornam vítimas de uma segunda violência, a da própria família, que se vale do crime de honra para limpar o ultraje. É um crime particularmente perverso não só pela motivação, mas também pelo tipo de punição a que a acusada está sujeita.

A Organização Human Rights Watch define os crimes de honra como atos de vingança por membro da família do sexo masculino, contra membro da família do sexo feminino, por ter trazido suposta desonra para a família. A mera suposição de que o comportamento da M desonrou a família é suficiente para desencadear o ataque a sua vida. É um crime diferenciado por enodoar não só o círculo familiar, mas também desrespeitar a religião e a comunidade. A punição redime a família e, ao mesmo tempo, satisfaz certas expectativas religiosas e sociais. É uma vingança contra o comportamento feminino em desacordo com a tradição e os costumes. As penalidades são de arrepiar: violação sexual coletiva, estrangulamento, afogamento, espancamento ou apedrejamento. Todas as modalidades levam a uma morte lenta e dolorosa. Para a maioria das pessoas, pode parecer surreal, entretanto é uma prática relativamente comum em algumas partes do mundo, sendo mais frequentes no Oriente Médio, na Ásia Meridional e no Norte da África.

O resumo a seguir aborda o crime de honra.

Correio Braziliense (Mundo, 05.03.10, p. 18) – *Violência contra Mulher: crimes em nome da honra.* A Alta comissária da ONU para os direitos Humanos, Navi Pillay, denunciou ontem que 5 mil crimes são cometidos contra mulheres, anualmente, no mundo, justificados com "em nome da honra". Em nome da honra da família, mulheres e meninas são mortas apedrejadas, queimadas, enterradas vivas, estranguladas, asfixiadas e apunhaladas até a morte. Os motivos para tais crimes vão da violação a normas familiares ou comunitárias, em questões relativas a comportamento sexual, recusa a casamento forçado, pedidos de divórcio ou reclamação sobre herança – explica.

O crime de honra praticado no Ocidente, sem conotação religiosa e sem envolvimento de família, tem outra motivação: só o homem se sente confrontado ou desrespeitado em seu poder e em seus supostos direitos sexuais, de posse e de mando em relação à M. A maioria dos assassinatos é cometida por ciúme, despeito ou vingança. O desfecho trágico geralmente ocorre porque a M decidiu terminar o relacionamento.

No Brasil, a legítima defesa da honra foi e, às vezes, ainda é uma figura jurídica utilizada pela defesa do homicida para justificar determinados crimes de natureza passional, transferindo a culpa para a vítima.

O resumo do seguinte artigo trata do tema.

Correio Braziliense (Brasil, 09.01.11, p. 11) – *Série Amor, ódio e morte: em nome da honra*. Tese de que o crime foi cometido para justificar uma falha do cônjuge caducou, mas ainda encontra amparo nos rincões do país. Como o motivo é passional, os argumentos da defesa acabam enveredando para a emoção. O mais comum é a defesa "demonizar" a vítima, principalmente se for mulher, para levar os jurados a acordar os sentimentos machistas, critica Norberto Joia, promotor de justiça em São Paulo. É possível que o argumento de legítima defesa da honra ainda prospere nos rincões do país, pondera.

A violência contra a M, tipificada nos diversos tipos de abuso, na violência física, na violência sexual, nos crimes de honra e nos demais crimes, da palavra humilhante à agressão e morte, parecem estar diretamente relacionada com a ideia da superioridade masculina e da inferioridade feminina e aparenta ser o que autoriza certa parcela de H a cometer todos os tipos de abusos e até matar a M.

Feminicídio

Feminicídio é o termo para tipificar crime de ódio baseado no gênero, mais definido como assassinato de mulheres em violência doméstica ou por aversão ao gênero da vítima. Tipificado na Lei 13.104/2015, as características do feminicídio são: 1- mortes intencionais e violentas de mulheres em decorrência de seu sexo; 2- não são eventos isolados na vida da mulher porque resultam das diferenças de poder entre homens e mulheres nos diferentes contextos socioeconômicos em que se apresentam e, ao mesmo tempo, condição para a manutenção dessas diferenças.

O feminicídio ocorre em qualquer classe social e aqui são apresentados três casos de pessoas de projeção na sociedade, tanto vítima quanto algoz.

1. Búzios, (RJ) 1976. Doca Street matou a ex-namorada Ângela Diniz, alegando "matei por amor".

2. São Paulo (SP) 1981. Lindomar Castilho matou a ex-mulher, Eliana de Gramont, por ciúme

3. Ibiúna (SP) 2000. Antônio Marcos Pimenta Neves matou a ex-namorada Sandra Gomide. Ela não quis reatar o relacionamento.

Na contemporaneidade, o assassinato de M por maridos, companheiros, namorados e todas as categorias de ex-parceiros tem crescido vertiginosamente. Por hipótese, a maioria das M não quer mais ter um dono e o H acha que sua condição de macho lhe dá o direito de posse absoluta sobre elas. Os pesquisadores estudam o fenômeno e a mídia registra:

Correio Braziliense (Cidades, 14.03.16, p. 19) – *Unidos contra o feminicídio*. Pesquisadora do Instituto de Bioética, Direitos Humanos e Gênero, da UnB, Débora Diniz, pesquisou casos de violência contra a mulher resultando em morte, entre 2006 e 2011. Os dados revelam: uma em cada três vítimas de morte violenta sofreu feminicídio, e em 80% dos casos as vítimas sofreram os ataques por parte de maridos, ex-maridos, namorados, ex-namorados e ex-companheiros. Débora analisou os laudos cadavéricos e processos judiciais dos assassinatos de mulheres ocorridos no DF naquele período.

Mutilação

Frequentemente aceita pela sociedade, a mutilação física é uma violência gratuita. Tanto a masculina quanto a feminina costumavam e ainda costumam ser impostas como padrão de beleza, para atender a uma tradição ou por uma questão religiosa. Todas acarretam dor. Algumas produzem danos permanentes e sofrimento ao indivíduo enquanto ele viver. Para o sexo masculino, a circuncisão faz parte da religião judaica e outras; os *castrati* eram mutilados para o deleite dos apreciadores de música de certa época.

Em relação ao feminino, na China, pés pequenos eram um padrão de beleza, necessário ao sucesso como M; em Mianmar, as mulheres-girafa com o pescoço alongado por sucessivos aros de cobre têm a mesma função dos sapatinhos chineses: embelezar, tornando essas M atraentes aos olhos masculinos.

Ainda mais trágico é o costume de mutilação genital das africanas, envolvendo a clitoridectomia e a infibulação. A primeira é uma intervenção cirúrgica que extirpa uma parte ou a totalidade do clitóris e, às vezes, os pequenos lábios do aparelho genital feminino. A segunda é ainda mais grave. Além de extirpar o clitóris e os pequenos lábios, costura parte dos grandes lábios, deixando abertura para a urina e o mênstruo. No caso da infibulação, na noite de núpcias, na presença do marido, é revertida a costura dos grandes lábios com o conselho de aumentar a frequência das relações sexuais para que a abertura não torne a fechar. Devido à crença popular de que as meninas e as mulheres têm a sexualidade exacerbada, a mutilação se torna necessária para preservar a virgindade e limitar o apetite sexual. Essa idiotice cultural perdura inalterada por várias razões: aumenta o controle masculino sobre a sexualidade feminina, e a submissão é quase uma consequência natural, pois foi preciso mutilar para se tornar aceitável; as mulheres são levadas a acreditar que é um imperativo para sua maturidade sexual e consequentes casamento, maternidade, família; em resumo, sua aceitação pelo homem como uma mulher plena; países e organizações ocidentais sacam do baú os seus pudores no sentido de respeitar a cultura e costumes de outros povos. Até alguns estudiosos das Ciências são contaminados, a exemplo das psicanalistas Roheim e Bonaparte, que tentaram explicar e justificar a mutilação, baseando-se na teoria psicanalítica de o orgasmo vaginal ser o desejável, concluíram que a mutilação proporcionaria o ajustamento da mulher na vida sexual. Os antropólogos também deram sua contribuição para a aceitação da mutilação, denominando-a circuncisão feminina, numa alusão e clara comparação com a circuncisão masculina. A circuncisão masculina não deixa de ser uma mutilação. É praticada por razões religiosas ou terapêuticas. Consiste na retirada do excesso de pele do prepúcio. Na mutilação feminina, retira-se um órgão inteiro. O homem preserva toda a sua capacidade excitatória e orgásmica. A mulher geralmente fica anorgásmica.

A maioria das pessoas imagina que costumes tão bárbaros aconteceram e acontecem nos confins da África, do Oriente Médio, da Ásia, por questões religiosas ou culturais. Entretanto, até o século XIX, o mundo ocidental praticava a clitoridectomia. O motivo era impedir a masturbação, atividade sexual duramente combatida na Inglaterra, na Europa e nos EUA. A medicina afirmava que a prática provocava graves problemas de saúde, por exemplo, epilepsia, histeria, demais transtornos convulsivos e loucura. Para prevenir o vício, a primeira providência era aplicar o cinturão de castidade em meninos e meninas e em homens e mulheres. Se considerados insuficientes, indicava-se a solução cirúrgica. Por volta do ano de 1858, o médico inglês Isaac Baker Brown (1811-1873) introduziu a clitoridectomia para tratar os transtornos convulsivos provocados pela excitação periférica. Às pacientes, era perguntado se tinham o hábito de se masturbar. Se sim, elas próprias forneciam o diagnóstico. Se negavam, estavam mentindo e confirmavam o diagnóstico e o procedimento estava garantido. O médico Henri Allaix, na obra *As mutilações sexuais* (1934), tendo morado na África, concorda com a mutilação feminina porque "a religião ali não basta para proteger a família e a moralidade". Há outros autores da mesma opinião. Retirando os penduricalhos, a clitoridectomia e outras mutilações femininas escancaram os motivos religiosos e morais e a necessidade obsessiva dessas culturas de controlar a sexualidade feminina e fazer valer a força do macho para a dominação e a submissão. Uma análise crua aponta que o problema reside na negação do prazer sexual feminino, na virgindade, no controle e na posse. Informação e educação podem, a longo prazo, enfraquecer tradições, costumes e tabus (SAU, 2000, p. 77-82).

A mutilação feminina praticada em certas culturas gera controvérsia e divide opiniões:

Correio Braziliense (Coisas da Vida, 17.05.02, p. 5) – *Sexualidade ameaçada*. No Quênia, a mutilação de mulheres para retirada do clitóris atinge 50% da população feminina, mas 16 adolescentes lutam na justiça para evitar a violência. Elas têm entre 12 e 16 de idade. Com base na lei aprovada no ano passado contra a prática, fugiram de suas casas para o Centro de Direitos Humanos. Elas temiam que as famílias as obrigassem. Em audiência, o juiz proibiu os pais de mutilarem suas filhas. A extirpação do clitóris é comumente praticada em países africanos como um rito de passagem simbólico da infância para a vida adulta. No Sul da Nigéria, ocorre quando o bebê tem poucos meses de vida; em Uganda, quando as mulheres ficam adultas. Em países como Egito, Somália e Sudão, a prática vai além do rito. É uma castração para impedir relações extraconjugais: visa a evitar qualquer possibilidade de satisfação sexual. Segundo a OMS, provoca danos físicos irreversíveis com graves complicações sanitárias. Pode ocasionar morte e septicemia. As sobreviventes poderão sofrer problemas crônicos no aparelho gênito-urinário. No Quênia, atinge 50%, enquanto, no Egito e Somália, o número sobe para 98% – explica o jornal.

Fica-se pensando nesse rito de passagem: precisava ser a genitália? Não podia ser uma orelha?

Os incomuns costumes africanos deixam a maioria das pessoas do mundo ocidental perplexa. Entretanto, há vozes discordantes capazes de justificar aquelas tradições:

Gazeta Mercantil (Ciência e Saúde, 29-30 jun., 1 jul., p. 9) – *O Bizarro Ato Cultural das Africanas*. Alguns cientistas reclamam que as campanhas contra a extirpação do clitóris não passam de um equívoco e podem piorar o problema. Antropólogos e etólogos, por força do trabalho, encaram a estranhíssima coleção de costumes, às vezes bizarros e não raros desagradáveis e violentos. Um desses hábitos difíceis de estudar com isenção é a mutilação feminina, feita sem anestesia. O principal motivo da violência: a obediência à tradição dá a seus praticantes a sensação de pertencer a uma comunidade. Conforme o escritor holandês Heinz Kimmerle, na África os meninos e meninas só se incorporam ao grupo de adultos se passarem pelos vários ritos, entre os quais a circuncisão masculina e a excisão do clitóris entre as meninas. Mais que um rito de passagem esses 'verdadeiros sacrifícios' asseguram que os jovens se tornem imortais, incorporando-se emblematicamente a seus ancestrais, explica o autor. Esses valores simbólicos atraem adeptos surpreendentes, como a antropóloga negra americana Fuambai Ahmadu. Ela se mudou para Serra Leoa e se iniciou na cultura de seus avós, por meio da excisão do próprio clitóris. Para ela, a indignação ocidental não tem nada a ver com os sentimentos dos africanos em relação a seus rituais. Ela afirma que a circuncisão, em vez de pesadelo, daria à mulher vantagens estéticas e pessoais, constituindo a essência da feminilidade.

CAPÍTULO XVII

PROSTITUIÇÃO

Quando alguém ou qualquer agente social argumenta que a prostituição é a profissão mais antiga do mundo estão querendo dizer que se prostituir é algo natural para as M. Não, não é. Nunca foi. Prada confirma: *Não comecei na prostituição por vocação e, por minha vivência, não acredito que exista na sociedade em que vivemos algo que se possa chamar de vocação para a prostituição. Nesta sociedade, vira puta quem precisa* (2021, p. 41).

Segundo o *Dicionário Houaiss, prostituição* é a atividade institucionalizada que visa ganhar dinheiro com a cobrança por atos sexuais ou a exploração de prostitutas; meio de vida principal ou complementar de prostitutos e prostitutas.

Neste livro, o termo prostituição será usado em sentido mais amplo, não só relativo ao comércio de sexo, mas abarcando também outros tipos de contato sexual que degrade a figura feminina aos olhos de si própria ou de outrem. Aí se encaixa a promiscuidade, que, conforme o dicionário, é o relacionamento sexual com muitos parceiros diferentes; e relacionamento sexual não regido por leis ou regras (Sociologia). Aí também se encaixa a nova onda da "ficação", um tipo de promiscuidade, apesar de algumas pessoas terem uma visão diferente. Consideram mais como um sinal de liberdade dos tempos modernos. A "ficação" também virou moda entre pré-adolescentes e adolescentes. Os pais precisam orientar e ficar atentos para evitar gravidez indesejada e DSTs.

> *O rei Urnammu, há cerca de 2200 a.C., promoveu um dos primeiros códigos legais, incluindo penalidades para malfeitores. No final daquele milênio foi inventada a prostituição, provavelmente para angariar fundos em âmbito religioso: o bordel de Uruk ficava ao lado do templo de Anu* (THOMSON, 2010, p. 94).

A Arte, com sua sensibilidade particular, capta e denuncia aspectos que a sociedade só percebe a marolinha, sem ter ideia do maremoto em alto mar. A música *Ana de Amsterdam,* de Chico Buarque e Rui Guerra, vale uma reflexão por parte de H e de M.

> Sou Ana do dique e das docas, da compra, da venda, das trocas
> de pernas
> Dos braços, das bocas, do lixo, dos bichos, das fichas, sou Ana
> das loucas
> Até amanhã. Sou Ana da cama, da cana, fulana, sacana. Sou Ana
> de Amsterdam.
> Eu cruzei um oceano na esperança de casar,
> Fiz mil bocas pra Solano, fui beijada por Gaspar.
> Sou Ana de cabo a tenente, sou Ana de toda patente, das Índias,
> Sou Ana do oriente, ocidente, acidente, gelada. Sou Ana, obrigada.
> Até amanhã.
> Sou Ana do cabo, do raso, dos ratos. Sou Ana de Amsterdam.
> Arrisquei muita braçada, na esperança de outro mar.
> Hoje sou carta marcada, hoje sou jogo de azar.
> Sou Ana de vinte minutos. Sou Ana da brasa dos brutos na coxa
> que apaga charutos.
> Sou Ana dos dentes rangendo e dos olhos enxutos, até amanhã.
> Sou Ana das marcas, das macas, das vacas, das pratas. Sou Ana
> de Amsterdam.

A prostituição é uma instituição do patriarcado. A prostituta é chamada mulher livre, o que parece bom. Não é. O sentido é que não está submissa a um H definido, mas a qualquer um. Na verdade, ela é, da pior forma, submissa ao H da vez.

Boa parte dos estudiosos do tema afirma que a prostituição foi criada pelas próprias M, o que não é verdade. Eles consideram que esse modo de vida deriva da prostituição sagrada[56], um ritual religioso.

O termo "prostituição sagrada" devia arrepiar os cabelos dos padres, mas *no Novo Mundo, a primeira casa de prostituição foi aberta em 1526, em Porto Rico, a pedido da Igreja para manter a honestidade das esposas, a virgindade das solteiras e a estabilidade do casamento* (SAU, 2000, p. 249).

Agostinho e Tomás de Aquino consideravam a prostituição necessária para proteger as outras M: as "honestas". É surpreendente que os doutores da Igreja tenham abençoado a prostituição como meio de redução do adultério. Tão ciosa de virgindade, pureza, castidade, a Igreja apoia publicamente a prostituição. Com o aval de Agostinho, a prostituição, um pecado da carne,

---

[56] Conforme o *Diccionario Ideológico Feminista* (2000, p. 250), a *prostituição sagrada* é diferente do simples comércio do corpo. "A prostituição sagrada teve origem na Babilônia, aproximadamente 2000 anos a.C. e se estendeu para o Egito, Fenícia e Grécia, e ainda vigora na Índia". A Wikipedia complementa: Prostituição Sagrada é um termo geral para um ritual que consistia em relações sexuais ou outras práticas relativas ao sexo, realizadas num contexto de culto religioso, um possível rito de fertilidade ou casamento divino (*hieros gamos*) (https://pt.wikipedia.org/wiki/Prostituição_sagrada)

passa a remédio para outro pecado da carne, a luxúria. Poderosos, clérigos e leigos passaram a receitar o remédio, criando prostíbulos em suas jurisdições e cobrando por isso.

Thomson (2010, p. 183, 194, 214) assinala exemplos da criação de prostíbulos:

Em 1309, o bispo João de Estrasburgo mandou erigir novo bordel ao modo de investimento para sua Sé e o Vaticano também arrendava esse tipo de propriedade em Roma.

A rainha Joana de Nápoles fundou o bordel estatal de Avinhão, em 1347 e o duque Alberto IV da Áustria fundou um prostíbulo em Viena, 40 anos mais tarde.

Na Espanha, a prostituição era vista ao modo de proteção saudável do casamento, e o número crescente de bordéis justificava-se com a ideia de que o pagamento por sexo extramarital, de algum modo, redimia o pecado.

Tecnicamente, a prostituição é a troca de favores sexuais por dinheiro. Há séculos, é praticada comumente por mulheres; é um fato universal, ao modo de fenômeno social ligado ao lado instintual dos indivíduos, sendo a consequência esperada no convívio entre H e M, desde o tempo das cavernas. A Bíblia registra o fenômeno, conforme *Lucas* (7, 37-39). As principais civilizações também. No mundo antigo, a prostituição era livre, exceto para as M casadas. No Egito, não há registro oficial de prostituição e a única referência ao tema está contida nas exortações aos jovens em relação às casas de cerveja. Estes estabelecimentos eram comuns em todo o Oriente Próximo e acha-se estipulado no parágrafo 110 do Código de Hammurabi: *entrar na casa de cerveja implica uma conduta imoral por parte de uma mulher.* As "casas de cerveja", eram também prostíbulos, *onde se bebia vinho e cerveja e onde os mercadores sírios sabiam encontrar clientela para suas belas escravas do país do amor* (NOBLECOURT, 1994, p. 329-330). Conclui-se, então, que, naquela época, já havia o tráfico de M para prostituição.

Prostituição e sociedade

No início de Brasília, a polícia foi designada para proteger os prostíbulos. A construção acelerada da nova capital atraiu H de todas as idades e profissões. As condições precárias desaconselhavam trazer a família. Foi desse modo que a prostituição e os prostíbulos floresceram vertiginosamente para atender à demanda masculina por sexo. A mídia registrou:

Correio Braziliense (07.02.17, p. 17) – *Prostituição sob a proteção de militares*. Casas de prostituição concentradas no Km 07, da BR 040, um dos pontos mais conhecidos da década de 1970 e início dos anos 1980, eram protegidas pela polícia.

Em três matérias de jornal, três visões diferentes do tema: a repressão, a análise e a consequência.

Repressão:

Correio Braziliense (Cidades, 17.05.09, p. 32-33) – *W3 Norte, a avenida do prazer*. As prostitutas, que antes ocupavam em massa a entrequadra 314-315 Norte, migraram para as paradas de ônibus da via, uma das principais do Plano Piloto de Brasília, em função do fechamento, pela polícia, de uma boate numa das entrequadras. A casa noturna prejudicava o trânsito e atraía traficantes e demais tipos para junto das residências, com drogas, brigas, facadas e tiros. Ao migrarem para as paradas de ônibus, as prostitutas criaram um prostíbulo a céu aberto.

Análise:

Correio Braziliense (Cidades, 17.05.09, p. 33) – *Mercado do sexo*. (artigo de Vicente Faleiros, assistente social, doutor em Sociologia e professor universitário). A prostituição pode ser vista de vários ângulos: falha moral, opção de trabalho ou escravidão. A prostituta é desvalorizada, não raro chamada de cachorra, cadela, vadia, puta, vagabunda, sem-vergonha. Para enfrentar a questão, propõem-se três formas diferentes de política. A abolicionista propõe erradicar, se necessário, com repressão. A regulacionista estabelece normas trabalhistas, educativas e sanitárias para as profissionais e medidas educativas para os clientes; a *laissez-faire* propõe que o mercado atue livremente e se autorregule.

Consequência:

Correio Braziliense (31.08.05, p. 1-10) – *Filhos da Mãe*. Ela é literalmente uma puta que pariu, ele é literalmente o filho da puta, e esta é uma história sobre mães e filhos. Puta é o substantivo concreto mais humilhante da língua portuguesa e comporta uma fieira de outros: cachorra, marafaia, vadia, quenga, piranha, vagabunda e outros 112 listados pelos dicionários. Esta é também uma história sobre estigmas. Eis algumas histórias de putas e filhos de putas.

- A menina brinca no quintal da avó, dona do bordel. Tem mãe, duas tias, uma avó e nenhum pai. Ele não quis reconhecer a filha, alegando que ela é neta de cafetina e filha de puta.

REFLEXÕES SOBRE AUTONOMIA FEMININA DA EVA PRIMORDIAL AOS DIAS ATUAIS

- A mãe carrega a filha pro bordel e vende a menina para quem der mais. Ela tem 11 anos. Sem peito, sem curvas, sem maldade. Perdeu a virgindade no primeiro programa. Sangrou como sangraria tempos depois ao menstruar pela primeira vez.

- Ela é a mulher errada. Errou duas vezes. Errou porque virou puta e errou por engravidar. Agora conhecerá a fúria do cafetão e o sadismo do aborteiro que, ironicamente, em particular, são dois guardiões do moralismo brasileiro. Porque, nesta terra, se ensina aos machos respeitarem as esposas e se divertirem na zona de meretrício.

As fêmeas devem escolher: serem mães ou serem putas. Segundo o Ministério da Justiça, o Centro-Oeste exibe o pior quadro em matéria de prostituição, porque abriga todas as formas de exploração sexual: a de luxo, a do lixo, a do turismo, a do tráfico para países estrangeiros e a infantil. Cada uma destas formas de prostituição vai implicar em um tipo diferente de relação entre mães e filhos. A prostituição é tabu para quem a pratica e para quem não. Há os "filhos da perdida", com e sem sotaque, em Mato Grosso e Mato Grosso do Sul, nas fronteiras com Bolívia e Paraguai. Há os "filhos da mundana" em Goiás, que também exporta suas mulheres para os prostíbulos da Europa. No DF, as cortesãs fazem o triste contraponto com as prostitutas da W3 Norte e Setor Comercial Sul. A Gol Night Clube é a boate mais requintada de Brasília. Só recebe figuras coroadas da política ou dos negócios. A prostituição de luxo, em Brasília, emprega quase 400 mulheres. Mas seus filhos ficaram na casa pobre de cidades satélites com avós, tios ou cuidadores, que, na maioria das vezes, não sabem qual o trabalho da mãe. Sofrem o mesmo abandono e são filhos da puta como qualquer criança nascida no extrato do baixo meretrício. O homem, o pai, aquele que a gerou, toca a vida sem se importar ou sem tomar conhecimento com o rastro de dor às suas costas.

Sem vitimização, Leila Barreto, filha de Lourdes Barreto, prostituta em Belém (PA), relata alguns aspectos do estigma de ser filha da puta: sou, literalmente, o maior palavrão da língua brasileira. Minha mãe é a puta que me pariu. Mas sou muito mais que isso. Sou filha de Lourdes Barreto, mulher que criou 4 filhos, todos do bem. Consegui muita coisa graças a minha mãe. Sou estudante de letras, milito na área de Direitos Humanos para que as famílias de prostitutas tenham uma vida melhor. Não vou dizer que é fácil ser filho de puta. É muito difícil. Somos invisíveis. A sociedade enxerga a prostituição, mas não vê a mãe, e muito menos o filho.

Prostituição na Grécia

Na Grécia, a prostituição era livre mas, à medida que Atenas crescia, os problemas começaram a aparecer. Sólon (638-559 a.C.), um grande legislador, pensou uma solução. O poder público criaria e manteria o prostíbulo, cobrando impostos sobre a atividade. Na História, parece ser o primeiro registro de prostíbulo criado e mantido pelo Estado. No entender do legislador, o controle sobre o mercado do sexo era necessário para garantir aos jovens o desafogo das necessidades naturais e aos H casados o sexo interessante que não podiam praticar com a esposa. A prostituição era a necessária proteção do casamento e da família. Séculos depois, a Igreja aproveitaria a ideia, ela própria criando prostíbulos com a mesma finalidade: servir aos H, proteger o casamento, a família, a pureza das esposas e um imposto para garantir.

De onde vinham as M para os prostíbulos gregos? A primeira fonte era por certo as crianças abandonadas pelas ruas e praças. *Era comum as famílias pobres abandonarem as crianças em lugares públicos; crianças indesejadas tinham o mesmo destino. A maioria esmagadora eram meninas, pois na sociedade patriarcal a mulher é desvalorizada e a menina uma carga difícil de suportar.* (LEAL, 2004, p. 68-69) A maioria dessas crianças, particularmente as meninas, era recolhida por pessoas ligadas à prostituição ou ao mercado de escravos e, posteriormente, vendidas. A segunda fonte de suprimento de prostitutas eram os piratas. Em suas incursões, aprisionavam H, M e crianças para o mercado de escravos. Se a menina ou M fosse bonita, seria vendida para a prostituição. Nascia o mercado de escravas sexuais, vigente até hoje.

Na sociedade grega, as prostitutas eram divididas em classes. *Dicteríades* eram prostitutas que exerciam a profissão nos prostíbulos criados pelo Estado. Essas M não tinham direitos nem vontade própria. Entregavam a maior parte de sua renda para o fisco e eram discriminadas. Envelheciam cedo; perdiam rapidamente o viço e o poder de sedução. O destino delas é o mesmo das prostitutas pobres de hoje: a indiferença, o desprezo, a doença, a fome, a sarjeta.

A segunda classe de prostitutas gregas era as *aulétrides:* musicistas, tocadoras de flauta, cantoras, dançarinas. Exerciam a prostituição circunstancialmente. Essas M eram artistas e os H gregos, sensíveis ao belo e à arte, tratavam-nas com certa deferência. É um exemplo clássico do poder da educação, carreando algum nível de liberdade e autonomia num mundo hostil ao feminino.

A terceira classe de prostitutas era chamada *hetairas* que significa companheira. Eram M de fina educação. Acompanhavam certos H distintos que pagavam pela companhia. O papel delas era tornar a vida do H poderoso mais interessante e, para isso, eram cuidadosamente treinadas para serem sexualmente excitantes, mentalmente estimulantes, cheias de encanto e de graça. Deveriam ser cultas, capazes de sustentar uma conversação sobre os mais diversos assuntos; deveriam saber tocar um instrumento, cantar, dançar e entreter. A M grega, casada e confinada no gineceu, pairava a anos-luz dessa refinada prostituta.

Prostituição em Roma

Em Roma, era chamada meretriz a prostituta de rua ou de prostíbulo. Diferentes da meretriz, as *delicatae*, M jovens e muito belas, atendiam os H poderosos. Curiosamente, a prostituição em Roma era livre, exceto para a M casada. A sexualidade era exercida sem culpa e sem censura. Não marcava a M com estigma ou maldição. A prostituição, tanto na Grécia quanto em Roma, não tinha caráter moral. Ambas as sociedades a consideravam prática estabilizadora para os H e uma proteção da virtude das esposas e a pureza do lar. Tanto Atenas quanto Roma legislaram disciplinando a atividade, um claro reconhecimento por parte do Estado.

Em Roma, com a ascensão do Cristianismo a religião oficial por volta de 313 d. C., houve mudança significativa em relação à prostituição. Ao introduzir o conceito de pecado ligado ao sexo e à luxúria, a prostituição se tornou uma nódoa que transcende o corpo e atinge a alma. Implantou a censura e a repressão. O estigma vai evoluir e culminar na Inquisição, em que a morte pelo fogo deverá purificar a alma da bruxa, naturalmente mais que uma prostituta por copular com o demônio.

Prostituição na atualidade

Na sociedade atual, não houve mudanças significativas em relação ao perfil da prostituta da Antiguidade, que, com algumas exceções, eram M pobres, não especializadas, um grupo formado por escravas, filhas que foram vendidas por seus pais, esposas arrendadas por seus maridos, meninas seduzidas, meninas abandonadas, divorciadas, viúvas, mães solteiras, cativas de guerra ou pirataria (tráfico): ou seja, M que não tinham meios de se sustentar dentro da estrutura patriarcal. Mesmo com o verniz da

Modernidade, as prostitutas contemporâneas replicam a estratificação das rameiras gregas do século V a.C. Nas ruas, nos becos, nas madrugadas, as prostitutas pobres vendem seus corpos por quantias irrisórias; ou estão nos prostíbulos imundos, exploradas por cafetões que ficam com a maior parte de seus ganhos.

Há um segundo grupo de M com algum dom ou treinamento artístico, particularmente a dança; há também as cantoras e artistas da noite. A maioria delas pratica a prostituição circunstancialmente.

Há ainda as que guardam alguma semelhança com as *hetairas* gregas. Geralmente, são M jovens com grau de instrução razoável, bem-produzidas e sedutoras. São as garotas de programa ou as acompanhantes de luxo. Propõem-se a entreter H ricos ou H de prestígio e poder, oferecendo companhia e quase sempre sexo. Essas M alegam não serem prostitutas e que a atividade seria temporária. A mídia registra:

Correio Braziliense (Coisas da Vida, 09.12.01, p. 3) – *Universitárias de Programa*. Realidade: de um lado, elas se dedicam à faculdade, do outro, vivem da prostituição.

Há ainda dois tipos de prostituição: o agendamento via internet e a corporativa. À medida que a humanidade evolui, as condições de vida alteram-se e a prestação de serviços se adapta. Essas modalidades de prostituição são velhos métodos repaginados. O agendamento via internet transpôs para o meio digital os métodos antigos, atraindo H e M, com sites de encontros e de divulgação do trabalho de prostitutas e prostitutos de todas as idades e classes sociais. A segunda modalidade é a prostituição corporativa remodelada, no sentido de que é planejada e orçada. Consiste na troca de favores sexuais, um mimo para certo nível hierárquico, visando a concretização de negócios ou a bisbilhotice da concorrência.

Os argumentos masculinos são os mesmos, tanto para a prostituta de rua ou prostíbulo, quanto para a de luxo: necessidade biológica; de variar; de espantar o tédio; de novidade.

A história da prostituição repete-se desde os relatos do século V a.C., quando passa a ser uma política de Estado, até o século XXI. O Congresso Brasileiro, numa reminiscência daquele tempo, tenta criar mecanismos que permitam ao Estado controlar a prostituição e cobrar impostos sobre a atividade.

Também causam estranheza o título *Prostituta feliz* e a insensibilidade de uma campanha do Ministério da Saúde: *Correio Braziliense* (Política, 05.06.13, p. 4) – *"Prostituta Feliz" faz diretor perder o cargo*. Campanha veiculada em redes sociais com o objetivo de reduzir o estigma em torno das profissionais do sexo e informações sobre a prevenção de DSTs foi suspensa pelo Ministério da Saúde, informa o jornal.

Brasil

Amparados em relatos de viajantes, Caio Prado Júnior e outros autores afirmam que o fenômeno da prostituição era generalizado em todo o Brasil colonial. Admitiram que a prostituição era uma espécie de expressão tipicamente feminina da pobreza e da miséria, sendo a vadiagem e a criminalidade o contraponto masculino do mesmo fenômeno. Gilberto Freire apontava a prostituição na era colonial, sobretudo das negras, assinalando o aspecto da crueldade intrínseca à exploração sexual das escravas, obrigadas a entregar o dinheiro ao senhor. Na Minas Gerais colônia, reprimir a prostituição envolvia forças do Estado e da Igreja. As visitações (de religiosos) utilizavam com frequência o poder civil para prender, multar e obrigar as mulheres a retomarem o caminho reto. Também o Estado colocou a polícia para reprimir essas condutas (DEL PRIORE, 2012, p. 155).

Modernamente, *talvez o ethos mais cruel de todos tenha sido o das Filipinas onde a corrupção e a incompetência de Ferdinando Marcos (1917-1987) levaram a justificar a prostituição infantil, um dos piores exemplos de abuso de crianças, em massa* (THOMSON, 2010, p. 334).

Para o senso comum, prostituição, quem se importa? Prostitutas são mulheres da vida, umas sem-vergonha, umas depravadas, umas perdidas. Portanto, prostituição, de pronto, remete à M. Não é bem assim. Existe o prostituto, e algumas categorias afins saíram da sombra; boa parte dos travestis, homossexuais, transexuais e congêneres aderiu à prostituição. É uma atividade laboral que escancara um paradoxo: a sociedade considera o trabalho o principal agente de promoção da dignidade humana, um valor social importante, imbuído de respeito, admiração e aplauso. A prostituição é a única profissão considerada vergonhosa, imoral, indigna, e seus profissionais são estigmatizados, são escória.

Em relação às prostitutas, o estigma, a nódoa, a mácula impedem que elas exponham suas dificuldades, seus medos, dores, sonhos, perspectivas e seus saberes acerca do ser masculino. A maioria tem baixa escolaridade, diferente de Gabriela Leite, que abandonou um curso na USP para seguir o caminho da prostituição. O destemor de Gabriela surpreende. O seu livro autobiográfico *Filha, mãe, avó e puta* leva a reflexões interessantes acerca do universo da prostituição. Esclarece que ser puta foi uma opção; usa a inteligência em suas escolhas; vive num ambiente degradado sem se deixar contaminar por ele. Coloca sua capacidade de liderança para conscientizar seus pares, desmascarar a hipocrisia da sociedade, pressionar o poder público e reivindicar direitos básicos. Parece que a educação fez a diferença na sua busca por respeito e autonomia.

Com relação à hipocrisia, relata duas experiências: no primeiro Encontro de Mulheres da Favela e Periferia, fez questão de se apresentar como prostituta, assumindo com naturalidade sua condição. Foi um espanto: a prostituta falou. A segunda ocasião foi no Encontro da Pastoral da Mulher Marginalizada, patrocinado pela Igreja Católica. A prostituta falou de novo e causou não só espanto, mas também escândalo. A ousadia foi contrariar a orientação dos organizadores de se apresentar por "menina", um eufemismo de prostituta, nome ofensivo à distinta assembleia cristã. O evento da Pastoral acabou despertando o interesse da mídia. Aproveitando esse momento, Gabriela começou a planejar um encontro nacional para dar visibilidade aos problemas ligados à prostituição e às prostitutas, mas ainda estava atrelada à Igreja e ao PT católico. Ela se surpreendeu com a proposta: *queriam que eu assumisse o discurso da vitimização da puta. Isso não aconteceria nunca. Eu penso que se você considera uma pessoa vítima é porque já estabeleceu uma relação de dominação com ela* (LEITE, s/data, p.143).

Dentre muitas ideias interessantes, usando fina ironia e bom humor, criou a *Daspu*, uma grife de vestuário feminino, nome inspirado em *Daslu*, butique de luxo de São Paulo. O dinheiro era direcionado para melhorar as condições de vida das prostitutas. Na mesma linha, criou a Ong *Davida, com o objetivo único de defender a prostituição, diminuir os riscos a que estão expostas as prostitutas e o que fosse mais crucial para o desenvolvimento da cidadania dessas mulheres* (LEITE, p. 174).

Criou também o Decálogo, 10 pontos cruciais para tornar a prostituta uma profissional. Entretanto, um importante ensinamento dessa M original é a visão do ser masculino. Ela diz que adora os homens, quer estar com eles e não conhece homem feio; cada um tem seu cheiro característico, seu andar, seu modo de olhar. Alimentam um amor imenso pela mãe e pelo próprio corpo. E revela algo que as M intuem, mas não conseguem acessar: a discrepância entre as atitudes de força e poder que os H exibem no cotidiano e o que revelam às prostitutas. Tem lógica: na visão masculina, a puta é mulher da vida, é ninguém, não tem dono, não oferece risco, não é uma ameaça e não tem o direito de julgar. A autora revela:

> *Conversar com eles é um dos segredos da boa prostituta. Os homens são extremamente frágeis e a história de serem grandes conhecedores da sexualidade feminina é uma grande mentira. Eles sabem de suas vontades urgentes e suas fantasias. Estas, na maioria das vezes, são tratadas como algo a ser escondido, uma fraqueza que não deve ser dividida com ninguém. Principalmente com as mulheres que eles amam* (LEITE, s/data, p. 8).

O senso comum assegura que, quando um H procura uma prostituta, necessariamente está em busca de sexo. Segundo Gabriela, não é sempre assim. Alguns pagam um programa só para conversar; querem ser ouvidos. A maioria quer sexo convencional, sem extravagância, sem exigências. Todos exibem vulnerabilidades e carências. É possível que, quando as M souberem disso, vão acolher seus H e ouvi-los; vão recebê-los de um jeito diferente.

À primeira vista, é curioso o H se sentir tão à vontade com a prostituta a ponto de mostrar suas vulnerabilidades, contar seus segredos. O pano de fundo parece ser outro. O prostíbulo e a prostituta são um espaço seguro para o H fazer a cisão entre a puta e a santa, a dicotomia escondida no fundo de sua psique. No entender desse H, a prostituta é igual a ele, adepta dos pecados da carne. A ela se contrapõe a figura santa da própria mãe, a quem dedica amor extremo. As santas são inalcançáveis: a mãe e a esposa. A prostituta carrega a sexualidade livre da Eva maldita que pode ser explorada sem receio, sem censura e sem punição.

Prada (2021) também prostituta, amplia as considerações de Gabriela Leite. Para reflexão, algumas de suas ideias:

1. Considera que se prostituir não é uma vocação. Quem se prostitui o faz por necessidade (p. 41).

2. A prostituição, em si, é um trabalho exercido de forma consciente e consensual e não um crime cometido contra nós por terceiros (p. 57). Com essa postura, afasta a condição de vítima, também negada por Gabriela Leite.

3. Direito de ser respeitada: Lutamos por nosso direito de existir sem estigma e sem violência, por nosso direito de criar nossos filhos e filhas em segurança, por nosso direito de ocupar espaços para além das esquinas – reais e simbólicas – nas quais temos sido historicamente segregadas (p. 72)

4. A cultura da masculinidade venera e exige a fidelidade feminina, mas abomina e despreza a fidelidade masculina. A cultura da masculinidade ainda é a cultura da monogamia unilateral. Aceita pela sociedade, essa postura alimenta o fenômeno da prostituição (p. 93).

5. Sobre a regulamentação: A regulamentação nos traria não apenas segurança financeira, como também proteção contra o assédio e outros tipos de violência (p. 99).

6. Maternidade: [...] falo a partir do lugar de mãe que lutou para livrar suas crias da mochila pesada do estigma, não só por serem filhos de puta, mas também por ser mãe separada, 'mãe solteira, mãe de filhos de pais diferentes' [...] estigmas que nos atingiam do mesmo modo violento que o de puta, como pude experimentar nos momentos em que exerci a prostituição (PRADA, 2021, p. 41).

Os estudiosos de Sociologia sabem que, em qualquer tempo e lugar, a prostituição é quase sempre sinônimo de indigência atrelada à falta de acesso à educação. No Brasil, nas regiões pobres e nas periferias das cidades, miséria, tráfico de drogas, DSTs, violência, crimes, mortes e prostituição entrelaçam-se e se retroalimentam. O poder público usa a força policial para coibir os crimes, mas não apresenta propostas ou ações concretas para mudar a realidade com políticas públicas envolvendo educação, qualificação profissional e trabalho. A sociedade vira as costas.

E a prostituição velada? Sob as asas do patriarcado, na era do progresso e da tecnologia, as M, sem serem prostitutas e sem se darem conta, continuam sendo exploradas, desrespeitadas, usadas, vendidas, prostituídas, de uma forma muito mais sutil, por meio da exposição, exaltação, comercialização do corpo em si mesmo ou associado a algo. Há muitas formas de prostituir a M: vendendo, abusando, violando, machucando, mutilando, zombando, expondo. Essas práticas estão a cargo de certos H violentos e até de alguns H gentis. Também estão a cargo das mídias diversas e das redes sociais. O estranho é que algumas M se expõem, se oferecem e oferecem imagens para que os abusos de todos os tipos aconteçam. E a propaganda, em mensagem subliminar, apresenta a M ao modo de produto desfrutável e prostituível.

Tráfico de pessoas

Ao longo da história humana, certas práticas foram abrandadas até serem extintas, tendo sido consideradas motivo de vergonha e nódoa social, a exemplo da escravatura. A prostituição se manteve numa condição social natural. Somente em 1899, houve a primeira iniciativa em relação à prostituição, na tentativa de inibir a exploração sexual de M e meninas. Em 1920, a Liga das Nações mobilizou-se na tentativa de erradicar o tráfico de M e crianças para fins sexuais. Em 1949 a ONU denunciou essa prática e propôs medidas para coibir o tráfico de pessoas e a prostituição daí decorrente.

Mas que atividade é essa? O tráfico de pessoas reduz alguém a coisa, transformando-a em mercadoria para exploração e consumo. É a hediondez em estado puro. Envolve ganância e poder. Por ser uma atividade transnacional, tem um espectro de atuação bem abrangente

O tráfico de pessoas é um comércio de seres humanos mais comumente para fins de escravidão: trabalho escravo, exploração sexual comercial, tráfico de drogas ou outros produtos; para a extração de órgãos ou tecidos, incluindo barriga de aluguel e remoção de óvulos, ou ainda para cônjuge no contexto de casamento forçado.

O Protocolo de Tráfico define: recrutamento, transferência, transporte, alojamento ou acolhimento de pessoas, recorrendo à ameaça, ao uso da força ou a outras formas de coação, rapto, fraude, ao abuso de autoridade ou de situação de vulnerabilidade, ou à entrega ou aceitação de benefícios para obter consentimento de uma pessoa que tenha autoridade sobre outra para fins de exploração. A exploração sexual incluirá a exploração para prostituição ou outras formas de exploração sexual. O tráfico também engloba trabalho forçado, escravidão ou práticas análogas à escravidão e, ainda, a remoção de órgãos. O consentimento da vítima é irrelevante.

O tráfico de pessoas é uma atividade econômica bastante lucrativa. Só o tráfico de armas e drogas lucram mais. Não é uma atividade nova. Há relatos que datam dos primórdios da humanidade, nas primeiras civilizações surgidas na Mesopotâmia e às margens do Nilo. O primeiro registro parece constar no código de Hammurabi, por volta do século XVIII a. C.

Na Modernidade, a primeira tentativa de regulamentação foi a proibição do tráfico na Convenção de Viena (1814). Um século depois, veio a Convenção Internacional para a Repressão do Tráfico de Mulheres Brancas (1910), seguida da Convenção Internacional para a Repressão do Tráfico de Mulheres e Crianças (1921), Convenção Internacional para a Repressão do Tráfico de Mulheres Maiores (1933), Protocolo de Emenda à Convenção Internacional para a Repressão do Tráfico de Mulheres e Crianças e à Convenção Internacional para a Repressão do Tráfico de Mulheres Maiores (1947), Convenção e Protocolo Final para Repressão do Tráfico de Pessoas e do Lenocínio (1949). Atualmente, o tema é tratado por meio do Protocolo Relativo à Prevenção, Repressão e Punição do Tráfico de Pessoas em especial Mulheres e Crianças, mais conhecido como Protocolo de Palermo (1998). Este Protocolo é o primeiro instrumento a delimitar, consensualmente, o que é tráfico de pessoas e o que se deve fazer a respeito disso.[57]

Em relação ao tráfico de pessoas, o livro *Passaporte para o Inferno* traz relatos desanimadores. Discorre sobre o tráfico de M brancas, a maioria adolescentes, na Libéria, África. O tráfico está ligado a uma rede de prostituição e o mais intrigante é que, segundo a autora, membros da ONU, encarregados de combater o tráfico, fazem parte dele. Por exemplo: o acompanhante da jornalista da missão da ONU está em uma boate, disfarce para prostíbulo, quando exclama: "aquele sujeito ali é um dos responsáveis pelo Escritório de Direitos Humanos da Missão, na Libéria". O indivíduo estava sentado ao lado de uma menina muito jovem, ela visivelmente constrangida (LAVARÈNE, 2008, p. 19).

Tendo atuado em missões semelhantes, Lavarène constata que nada mudou; que apesar das conferências e das belas palavras, da retórica sobre o escândalo que é o tráfico de seres humanos, nenhum país tomou medidas concretas contra os traficantes (p. 23). Se pergunta por que alguns membros da própria ONU se comportam de maneira mais que liberal com uma população que deveria socorrer e proteger [...]. O que há de mais normal que oferecer os favores sexuais de uma cambojana, bósnia ou africana de 10, 12 anos? O que há de mais natural em alugá-la por um dia, uma semana? Questiona (LAVARÈNE, 2008, p. 203).

As consequências do horror do tráfico para quem conseguiu escapar, segundo profissionais de saúde: ou elas se suicidam, ou se prostituem. Como perderam o respeito por si mesmas, é muito difícil reintegrar-se a uma vida normal. Continuam se considerando prostitutas. Sentem culpa pelo que lhes aconteceu e punem-se por não terem conseguido reagir (LAVARÉNE, 2008, p. 133).

É bom lembrar: a ONU é uma entidade internacional séria que presta relevantes serviços ao mundo. Infelizmente, por ganância ou luxúria, alguns de seus membros desconsideram a missão protetiva a que se propuseram. Mudam de lado e com sua autoridade disseminam a dor e o mal.

No Brasil, o Ministério Público do Trabalho e ONU Brasil publicaram matéria na *Revista GOL*.

---

[57] https://pt.wikipedia.org/wiki/Tráfico_de_pessoas

Revista Gol (n. 210, set. 2019) – *Mercado de Gente: o que você não vê estampado*. É um alerta: subnotificado, cruel e bilionário, o tráfico de pessoas é um crime que tem a desinformação como aliada e precisa do engajamento de toda a sociedade para ser erradicado. Um dos maiores desafios do combate ao tráfico de pessoas reside na falta de clareza sobre a natureza deste crime. Nem mesmo as próprias vítimas se identificam como tal. O Brasil é origem, trânsito e destino dessas vítimas, seja para prostituição, seja para serem aliciadas e depois submetidas a trabalho escravo. As pessoas não acreditam que isto é real e acabam não denunciando. A sociedade precisa saber identificar esse crime, diz o procurador Gustavo Accioly.

A gravidade do problema pode ser conferida nas reportagens a seguir:

Correio Braziliense (Cidades, 17.03.17, p. 25) – *Prostituição internacional: como a máfia matou uma brasiliense*. Os detalhes das investigações no Brasil e na Espanha que desvendaram o assassinato de uma moradora do DF a mando do dono de uma rede de prostíbulos, onde a vítima foi mantida como escrava sexual. Ela denunciou ainda na Espanha o cafetão. Com seu depoimento ele foi preso, julgado e condenado na Espanha. Os depoimentos ajudaram a desarticular a quadrilha, informa o jornal.

Correio Braziliense (Mundo, 09.10.08, p. 31) – *Tráfico de Mulheres: máfia europeia mapeia o Brasil*. A rede de aliciamento para prostituição foi debatida em audiência pública na Câmara. Agência da ONU estima em 80 mil o número de garotas de programa brasileiras atualmente na Europa. Perfil: a maioria das vítimas é de mulheres entre 18 e 40 anos, mães solteiras, de origem humilde e baixa escolaridade. Os dados apontam que a porta de entrada são Espanha e Portugal.

A *Revista SEMIRA*, após conceituar Tráfico de Pessoas, discorre sobre o aliciamento.

Revista SEMIRA (Secretaria de Estado de Políticas para Mulheres e Promoção da Igualdade Racial do Governo do Estado de Goiás; ano 01, ed. 01, jan. 2013, p. 15-17) – Geralmente, o aliciamento ocorre por oferta de trabalho doméstico, para dançarina ou modelo, ou promessa de emprego na indústria do sexo. A maioria das vítimas é de famílias numerosas; são mulheres tanto solteiras quanto com filhos. O tráfico para fins sexuais é predominantemente de mulheres e adolescentes entre 15 e 25 anos, com baixa escolaridade, alta vulnerabilidade social e econômica, com problemas de relacionamento familiar – explica a revista.

CAPÍTULO XVIII

SILENCIAMENTO

Segundo o *Dicionário Houaiss, silenciar* é manter silêncio sobre; impor silêncio a; fazer calar. E *silêncio* é o estado de quem se cala; privação voluntária ou não de falar; de manifestar os próprios pensamentos.

Silenciamento das mulheres, conforme Ferraz, (2002, p. 118 e 120):

- Mulher: animal que vive geralmente nas proximidades do homem, tendo uma susceptibilidade rudimentar à domesticação. A espécie é a mais vastamente distribuída entre os animais de rapina, infestando todas as esferas do Globo. A mulher é delicada em seus movimentos, onívora e pode ser ensinada a não falar (Ambrose Bierce –1842-1913).

- Para mim, a mulher ideal é a camponesa, aquela dos velhos tempos, laboriosa, que serve os homens à mesa, não se senta nunca com eles e não fala (Jacques Chirac – 1932-2019).

Falar e ser ouvido é característica única do *homo sapiens.* Mas, desde tempos imemoriais, o silenciamento das M e seu banimento do espaço público são táticas de poder usadas à larga pelo patriarcado, tendo por base os estereótipos da inferioridade e da infradotação feminina. A religião reforçou os estereótipos por intermédio de Paulo, o primeiro escritor cristão a mencionar, justificar e prescrever o silenciamento das M no espaço sagrado. Em *1Coríntios* (14, 34-35): *Como todas as Igrejas dos santos, as mulheres estejam caladas nas assembleias: não lhes é permitido falar.* E em *1Timóteo*, (2, 11-15): *a mulher ouça a instrução em silêncio, com espírito de submissão. [...] que a mulher permaneça em silêncio.* Séculos depois, os autores de o *Malleus* acharam motivo de condenação até na voz feminina. *Mentirosas por natureza, seu discurso a um só tempo nos aguilhoa e nos debilita, [...] como canto da sereia, que seduz e depois mata* (q6, p. 120)

Com desenvoltura, a literatura e a poesia registraram e registram o silenciamento das M. Por essa razão, Beard se pergunta:

Até que ponto estão profundamente incorporadas à cultura ocidental os mecanismos que silenciam as mulheres; mecanismos que recusam a levá-las a sério e que as afastam dos centros de poder? Esse é um dos pontos em que o mundo dos antigos gregos e romanos ajuda a esclarecer o nosso (2018, p. 11)

Foi assim que Beard fez uma pesquisa para identificar naquelas duas culturas as citações ou os atos destinados a silenciar as M. O que ela encontrou: há quase 3.000 anos, Homero (928-898 a.C.) narra na *Odisseia* a história do herói grego Ulisses. Esse conto parece registrar o primeiro episódio em que um H manda a M calar a boca. Penélope era muito bela, e seu marido Ulisses estava ausente fazia muito tempo. Ela passou a ter muitos pretendentes desejando desposá-la. Certo dia, um poeta, ao se apresentar no salão de sua casa, cantava versos alusivos à ausência de Ulisses e à paixão que sua beleza despertava nos H. Contrariada com o tema, ela desceu de seus aposentos e pediu ao poeta que mudasse a temática. Seu filho Telêmaco, diante dos convidados, repreendeu a mãe: *Mãe, volte para seus aposentos e retome seu próprio trabalho, o tear e a roca. Discursos são coisas de homem, de todos os homens, e meu mais que de qualquer outro, pois meu é o poder nesta casa* (Beard, 2018, p. 16)

Aproximadamente 1 mil anos depois, no mundo mitológico de *Metamorfoses*, de Ovídio, (43 a.C-18 d.C.), não há apenas o episódio de silenciar pelo "cala a boca", mas o silenciamento eterno das personagens. A ninfa *Io* é transformada pelo deus Júpiter numa vaca, que só pode mugir. A ninfa Eco é punida de modo que sua voz seja uma repetição, para sempre. (Idem, p. 21)

Metamorfoses ainda narra o estupro da jovem princesa Filomela. Para evitar a denúncia, o estuprador lhe arrancou a língua. Shakespeare retomou a ideia em *Tito Andrônico*, em que Lavínia, após o estupro, teve a língua arrancada. Essa mudez representa o esvaziamento do poder feminino. *Interessante é a relação entre estes clássicos momentos de silenciar a mulher e alguns dos modos como vozes femininas não são publicamente ouvidas em nossa cultura e em nossa política, das cadeiras do Parlamento ao chão das fábricas* (BEARD, 2018, p. 18).

A M podia levantar a voz em público, sim, mas em condição desfavorável a ela: para anunciar a própria morte, quando sentenciada. Um exemplo vem da Roma primitiva. *A virtuosa Lucrécia, estuprada por um brutal príncipe da monarquia, teve permissão para falar exclusivamente para denunciar o seu violador e anunciar o próprio suicídio* (Idem, p. 23). Na Bíblia, uma das referências está em *Números* (5, 11-31), quando o silêncio imposto à M deve ser quebrado para ela consentir na sua condenação à morte. Fora dessa condição específica, são recomendados silêncio e discrição.

No que diz respeito a silenciar as M, a cultura ocidental tem centenas de anos de prática. Não só na literatura e na poesia, mas também na vida diária. Há homens que atacam o direito feminino de falar e de se expressar. A começar pela violência doméstica: a M é impedida de falar com os amigos e, após, com a família. Também em casa ela é silenciada: "você fala demais, cala essa boca! Você é tão burra, só fala besteira". Isso não fica só no espaço privado. Às vezes, se uma M ousa erguer a voz em público, emitir uma opinião, expor ou defender uma ideia, um projeto no parlamento, no tribunal, na cátedra, estará sujeita a não ser ouvida e, pior, ser ridicularizada e ameaçada. O mau hábito de o patriarcado silenciar as M está tão entranhado na sociedade que situações agressivas são tidas como naturais. Por exemplo, no programa humorístico de TV *Sai de baixo*, lançado em 1966 e extinto em 2002, o bordão "Cala a boca, Magda" popularizou-se. Ainda hoje, certos homens usam a frase com o mesmo objetivo do personagem. Parece inocente e até engraçado, o que escamoteia a pesada carga machista. Neste caso, talvez não intencionalmente, o autor do bordão e a emissora desconsideraram a força da mídia para criar conceitos, preconceitos, rótulos e pechas; erraram feio, ao tropeçar em quatro estereótipos, altamente danosos para as M: a inferioridade, a infradotação, a submissão e o silenciamento. Esses estereótipos foram largamente repisados até colar como um rótulo em todas as M.

O silenciamento feminino é uma condição muito cara ao patriarcado. Por exemplo, o *decálogo*, publicado em 1898 no *Gazetinha* de Porto Alegre, ensinava a M a se portar: *Fala pouco, escuta muito, não interrompe nunca.*

Segundo Heyn (2001, p. 45-46), além do silenciamento, a voz feminina é classificada em dois tipos. O primeiro tipo é a da boa esposa, a voz doce e modulada; abre a boca só quando for necessário e pertinente: *A esposa atraente e feminina, nunca fica zangada, nem emocionalmente descontrolada. Ela deixa de ser boa esposa e perde sua atratividade e sua feminilidade quando sua voz passa a não agradar aos outros.*

E em que circunstância não agrada? Ela não agrada quando se queixa de cansaço, de excesso de trabalho, da falta de companheirismo, de afeto e cumplicidade. Isso não aos gritos, mas em legítima defesa de seus direitos. Também não agrada quando a M atinge o limite tolerável e a voz feminina intensifica-se e passa a verbalizar sentimentos fortes, necessidades, desejos e raiva. Aí é chamada de voz da "megera", da "bruxa", algo assustador que dormita em todas as mulheres. Em contrapartida, a voz masculina não tem qualificativo; não é costume rotular negativamente vozes autoritárias, alteradas, zangadas ou hostis dos H, porque se supõe que eles ocupem posições de autoridade e não sejam obrigados a falar em tons mais amenos para disfarçar ou suprimir sentimentos fortes ou irracionais. Não há norma que iniba a expressão de seus desejos, suas raivas. Espera-se que eles verbalizem e expressem sua fúria; não há censura pública à masculinidade deles quando o fazem.

Beard, em *Mulheres e Poder,* explica que se a mulher se aventura pelo tradicional território masculino (do discurso), as ofensas chegam de qualquer jeito. Não é o que ela diz que ofende; é o simples fato de dizer, o simples fato de ocupar um espaço masculino de poder. Boa parte das ofensas objetiva silenciar as mulheres: "cala a boca, sua vaca; vou cortar sua cabeça e te estuprar; sua língua deveria ser arrancada" são mensagens raivosas e nominalmente dirigidas às mulheres nas redes sociais.

JJ Bola (2020) analisa: a misoginia on-line é especialmente virulenta por ela ser usada como uma estratégia de silenciamento das mulheres. (p. 133)

Pode-se pensar: quem liga para os disparates das redes sociais? Melhor não minimizar, porque as redes sociais espelham o pensamento de boa parte da sociedade.

Parece exagero falar de interdição à voz feminina. Não é. Enquanto for conversa de comadres e não ameaçar o poder masculino, só reafirma o estereótipo de que mulher fala muito sem nada dizer. Entretanto, um olhar nos debates do parlamento; acusação ou defesa nos tribunais; a exposição ou defesa de pontos de vista nas redes sociais são suficientes para se assustar com a virulência dos ataques. Mesmo que sejam ameaças vazias, calcadas num machismo obtuso, deixa claro o recado de que as ideias das M não interessam. Cala a boca, Penélope! Cala a boca, Magda!

PARTE IV

O Feminino ao encontro de si mesmo

CAPÍTULO XIX

FEMINISMO

Desde o início da civilização, as M foram coagidas a se calarem. Sem aviso, as feministas transgrediram esse mandato milenar. Ruidosamente, trouxeram à luz o atemporal desejo das M à autonomia; deram visibilidade à opressão sexista na raiz da infelicidade feminina, tão bem descrita por Beth Friedan, em *A Mística Feminina*. A eclosão do movimento feminista foi possível, principalmente, pelo acesso das M à educação. Elas entreabriram as portas de suas casas e invadiram os liceus e as universidades e, preparadas, os tribunais e as tribunas; os hospitais e as empresas, num ativismo muito similar ao dos H.

Objetivo

Em suas bases, o objetivo fundamental do feminismo era libertar a M da educação cambeta e, consequentemente, das atitudes e práticas sexistas. O movimento feminista tentou e tenta proporcionar às M uma visão mais clara do seu próprio valor. Mas, em certas partes do mundo, a ideia de autonomia proposta por esse movimento é uma miragem. Existe um "feminismo às avessas", também pensado ao modo de movimento para proteger as M, perfeitamente encaixado numa realidade cultural diferente da ocidental e na contramão de tudo que é defendido por aqui. O pragmatismo é simples: se não pode com o inimigo, alie-se a ele. Veja a reportagem:

Folha de S. Paulo (Mundo, 18.12.11, p. A20) – *O Prazer da Obediência*. Clube polêmico da Malásia prega em livro a submissão das mulheres, principalmente a sexual. Nesse clube elas aprendem que não devem comportar-se como prostitutas. Elas devem ser melhores. A presidente do clube, Fauziah Ariffin, diz que a mulher tem de servir ao marido melhor que uma prostituta de luxo. Ela tem que se submeter aos desejos dele e satisfazê-lo. E quando o marido volta do trabalho, ela sempre precisa estar lá para obedecer, servir e entretê-lo, quando e onde ele precisar. O ocidente não entende que os maridos realmente querem que as mulheres sejam obedientes.

A blogueira Alicia Izharuddin, apesar de discordar do mote do clube, acha de certa maneira compreensível que ele exista, porque na Malásia, as mulheres são cidadãs de segunda classe e há muita pressão para que sejam 'boas esposas'. Ela explica que, em geral, as mulheres casadas dependem financeiramente do marido. Por isso, muitas se esforçam para continuar no casamento apesar da obediência irrestrita. Parece que obedecer irrestritamente é uma saída para manter o casamento. O livro foi proibido no país, mas o clube oferece cursos de como se tornar uma esposa obediente, reporta o jornal.

E se a obediência envolver a obrigatoriedade de relações sexuais, legalmente constituídas? No Afeganistão há um projeto de lei tramitando nesta direção:

O Estado de S. Paulo (16.04.2009, p. A-14) – *Feministas afegãs são atacadas por multidão*, por discordarem da nova lei. Segundo elas, essa lei vai legalizar o estupro da esposa. A nova lei permite aos afegãos exigir relações sexuais de suas mulheres a cada quatro dias, independentemente das circunstâncias. Além de não poder recusar, a lei também diz que elas só podem procurar trabalho, estudar ou ir ao médico com autorização do marido.

Ondas

Há divergência de autores sobre o surgimento das ondas do movimento feminista. Para a maioria, o feminismo pode ser dividido em três ondas. Em todas, houve uma condição particular antecedente que permitiu vir à tona o movimento.

A primeira onda foi abafada. A dependência econômica, social e emocional; o medo, a insegurança falaram mais alto. Sem acesso à educação e informação, não havia espaço para debate, não havia massa crítica para engendrar qualquer mudança.

A segunda onda floresceu na década de 20 do século passado, no rescaldo da Primeira Guerra Mundial. Teve avanços significativos, por exemplo, a conquista do voto[58] e a ênfase dos direitos da M à independência, às profissões e à igualdade com os H; tais proposições foram testadas e

---

[58] Em todos os países, a conquista do direito ao voto, ou sufrágio feminino, foi uma batalha que durou muitas décadas. A Nova Zelândia foi o primeiro país a conceder esse direito em 1893, no final do século XIX. Seguiram-se a Finlândia, em 1906; Inglaterra e Alemanha, em 1918; Estados Unidos, em 1920; Equador, o primeiro da América Latina, em 1929; Portugal em 1931; Brasil, em 1932; França, em 1945; Argentina em 1947; Arábia Saudita, em 2011.

reforçadas pelo papel das próprias no esforço de guerra, no conflito de 1945. Essa onda morreu na praia, afogada pela *mística*.

A terceira onda veio num cenário alterado pelo acesso ampliado à educação, pelo advento da pílula e pela luta pelos direitos das minorias. A massa crítica estava concentrada nas M com poder aquisitivo e educação aprimorada nas universidades onde brota a maior parte das ideias relevantes para a sociedade.

O feminismo, em cada uma de suas ondas e demandas próprias, foi uma reação a uma condição feminina sufocante e injusta. Apesar dos desacertos, das más interpretações por parte da cultura e do patriarcado como um todo, o movimento feminista em todos os seus matizes queria e quer garantir direitos básicos e dar suporte para as M conquistarem autonomia, como um ser singular.

Primeira onda

A marolinha precursora da primeira onda deu-se a partir de 1660, cujo desfecho, 300 anos depois, desembocaria no movimento feminista, marco irreversível na luta das M por direito à educação, ao trabalho e à autonomia. Aquela marolinha resultou do interesse pelo conhecimento científico entre as M cultas que vislumbravam a emancipação feminina por meio da educação, da ciência e da cultura. Elas passaram a se interessar mais fortemente não só pela Filosofia, mas também pela Astronomia e Ciências Físicas. Algumas se destacaram, a exemplo de Madame de Grignam (1646-1705), no cartesianismo; Madame Dacier (1651-1720), no humanismo; Madame de La Sablière (1636-1693), na física. Pelo fato de as M não terem acesso à educação de qualidade, a maioria delas chegou ao nível de excelência em suas áreas por meio do autodidatismo. Era um feminismo esboçante, que, em 1789, publicou um artigo anônimo "Petição das mulheres ao Rei", no qual era pleiteado o direito à educação e oportunidade de trabalho para evitar a prostituição e educar melhor os filhos (SAU, 2000, p. 122).

Em 1790, Condorcet (1743-1794) escreveu um artigo reivindicando o direito das M à cidadania, à educação e ao trabalho. Em 1791, Olympia de Gouges (1748-1793) publicou o *Direitos da mulher e da cidadã*, réplica da *Declaração dos Direitos do Homem* (1789), da Revolução Francesa, que não havia contemplado as M no documento. Gouges, ousadamente, propõe a paridade de direitos entre H e M. Em 1793, calaram a sua voz. Gouges foi guilhotinada.

Em 1792, na Inglaterra, Mary Vollstonekraft (1759-1797) publicou o livro *Uma reivindicação pelos direitos das mulheres*, contemplando educação, trabalho, emancipação econômica, paridade de direitos. Foi a primeira publicação tratando dos direitos femininos. Em 1794, a condessa Rosa Califronia (Itália) publicou o livro *Breve defesa dos Direitos da Mulher*.

Esse desejo de conhecimento e de liberdade é um vislumbre da ânsia da Eva ancestral que desconsiderou um mandato de Deus. Essas M buscavam o saber e por essa razão desafiavam o patriarcado. Este não via com benevolência essa avidez de conhecimento. Do fim do século XVI a meados do XVIII, a maior parte dos H e os mais eminentes deles uniram-se num mesmo discurso para dissuadi-las desse caminho. Por exemplo, Montaigne, Rousseau e Fenelon conjuram-nas a voltar às suas funções naturais de dona de casa e mãe. Eles afirmavam que o saber estraga a mulher, distraindo-a de seus deveres mais sagrados.

O avanço daquele feminismo incipiente sofreu o duro golpe da nova moda: a boa mãe, inspirada particularmente em *Emílio, ou da Educação*, de Rousseau, publicada em 1762. Pelos próximos 200 anos, o culto à maternidade e ao lar serão a pedra angular da cultura e mais um coadjuvante no processo de anulação da M como ser pensante.

E tem-se de aturar a hipocrisia de Rousseau que imaginou e escreveu um tratado sobre submissão e maternidade compulsória, mas entregou seus cinco filhos para amas mercenárias. Está registrado em suas memórias, citado na cronologia (1751-1752, p. XXVII), de *Emílio*: Meu terceiro filho foi mandado para os Enfants-Trouvés assim como os primeiros e o mesmo aconteceu com os dois seguintes. E ele ainda se justifica: Pesando tudo, escolhi para os meus filhos o melhor.

Segunda onda

A segunda onda do feminismo veio à luz no pós-guerra de 1918. As M passaram a ter acesso à educação e a desfrutar de um grau de liberdade nunca visto. Participando dos movimentos das minorias, fizeram campanha pelo voto, por acesso à universidade, pelo direito de trabalhar. Houve considerável avanço e o acesso à escola foi o que permitiu estarem preparadas para assumir seu papel na Segunda Guerra (1939-1945), liderando empresas, escolas, hospitais, fazendas e fábricas. Essa desenvoltura começou a incomodar o patriarcado. Um pouco antes do término do conflito, a desarticulação dessa autonomia incipiente já estava em curso. Em 1942, *Garnhan e Lundberg* lançaram o livro *Mulher moderna: o sexo perdido*. Avisavam que as carreiras profissionais e uma educação mais aprimorada estavam conduzindo a mulher à masculinização, com consequências nefastas para o lar, os filhos e a vida sexual tanto do H quanto da própria M. A "mística" dava a partida.

Ao término da guerra (1945), as M foram novamente empurradas para casa, a cozinha, o tanque e as fraldas. Foi assim que a mística feminina começou a se espalhar pelo país, acrescida de velhos preconceitos e confortáveis convenções para os H. Por trás da mística dormitavam teorias enganadoras com aparência de verdades consagradas.

Segundo Friedan (2020, p. 46), a mística afirmava que:

1. O valor mais alto e o compromisso único da M é a realização de sua feminilidade, só possível por meio da maternidade exclusiva.

2. No decorrer dos séculos, houve o erro de desvalorizar a feminilidade.

3. Declarava ser a feminilidade tão misteriosa, intuitiva e próxima à Criação e Origem da Vida que a ciência humana ainda não conseguiu compreender. Segundo os cientistas sociais, a perda da feminilidade ocorria quando as M tentavam ser iguais aos H, buscando autonomia, em lugar de aceitar sua própria natureza de passividade, sob o domínio masculino, na criação dos filhos e no desvelo do amor materno.

A concepção antiga, de a M ser alguém assexuado, sofreu uma mudança interessante. Séculos sem conta, a imagem feminina foi dividida em duas: a pura, a santa no pedestal e a puta, símbolo dos desejos da carne, chafurdando na luxúria e no pecado. Agora a cisão é diferente: a M verdadeiramente feminina, além da maternidade, inclui os desejos da carne. Sexo agora pode. A outra é a M com profissão, cujo vício inclui todos os anseios de uma personalidade independente. O sonho de autonomia dessas M é similar aos desejos carnais. O descontentamento e a ânsia de individualidade precisariam ser vencidos, a fim de que a M pudesse recuperar sua feminilidade e reconquistar o amor do marido e dos filhos.

No período entre as duas grandes guerras, a educação permitia que as moças tivessem liberdade em pé de igualdade relativa com os rapazes, participando de jogos, dominando geometria e ciências exatas, cursando universidade, arranjando emprego, morando sozinhas. Segundo os teóricos da educação e da maternidade, esse nível de liberdade deu às jovens a sensação de serem e poderem fazer o que bem entendessem. Não as preparou para desempenhar o papel feminino. A isso, os especialistas chamaram de "descontinuidade no condicionamento cultural"; terminologia interessante que merece reflexão. Mantendo as devidas proporções, cachorro não mostra a pata, dá cambalhotas, deita-se, rola, levanta-se – que gracinha! – sem treinamento forte à base de punição e recompensa. Na Psicologia Comportamental, isso se chama condicionamento operante. Daí se deduz: o comportamento de submissão e todo o resto da mística não é natural como vinha sendo apregoado, desaguando no desajuste quando a moça era obrigada a se adaptar ao papel feminino determinado pela cultura. Se fossem educadas (condicionadas) para o seu verdadeiro papel, não sofreriam a crise de identidade quando se casassem (FRIEDAN, 2020, p. 84).

O contraponto é avassalador: de um lado a feminista que quer destruir os H, par a par com a profissional sem amor, solitária e amarga; do outro, a suave esposa-mãe, amada pelo marido e rodeada de filhos carinhosos. Que escolha tremenda: o espeto ou a brasa.

Culpa materna

Indiretamente, Freud criou a teoria da culpa materna. A mística surgiu desta ideia originária da psicanálise que levou os estudiosos a uma interpretação errônea das frustrações maternas, dos ressentimentos com a indiferença de maridos e pais. A ideia freudiana foi reinterpretada e reforçada até adquirir a aparência de um fato, uma verdade inquestionável. Friedan admite que a mística é muito difícil de combater, por estar firmemente assentada em velhos preconceitos e largamente divulgada pelos agentes da educação e ciência social. A própria natureza do pensamento freudiano torna-a virtualmente invulnerável à dúvida. Ela foi disseminada pelas revistas populares, pelas opiniões e interpretações de pseudoentendidos.

Se todas as inadequações de filhos e maridos eram culpa da mulher e da mãe e ela ainda ensaiava uns voos fora do lar, então o confinamento em casa era a solução para que cumprisse o mandato de sua feminilidade, até então negligenciado. O caminho natural seria enquadrá-la nos ditames da mística, minimizando o acesso à educação, tolhendo o desenvolvimento da inteligência, do raciocínio, da criticidade, ou seja, pensar. A partir disso, treiná-la exaustivamente para o papel idealizado e convencê-la por todos os meios de que esse papel era natural, além de ser um mandato de Deus – olha Eva aí de novo! – cumprido por meio do servir e obedecer. E não esqueceram o mel na chupeta, o pedestal, o prestígio, o poder de que a mãe e a esposa estariam cercadas.

REFLEXÕES SOBRE AUTONOMIA FEMININA DA EVA PRIMORDIAL AOS DIAS ATUAIS

A ideia da culpa materna engendrada pela psicanálise que desaguou na mística também foi criada e reforçada por escritores, editores de publicação de massa, pesquisadores de publicidade, apoiados pelos divulgadores e tradutores do pensamento de Freud e Margaret Meed[59], em colégios e universidades. Teorias freudianas e pseudofreudianas espalharam-se. Algumas universidades passaram a criar cursos – por exemplo, "Educação para o casamento e a família" – que ensinavam as universitárias a entenderem e representarem o papel da M no casamento. O velho papel se transformara em matéria de estudo universitário, em ciência, resgatando e perpetuando o passado. A pressão excessiva para que as M assumissem o papel artificial de perfeição doméstica vai pavimentar a eclosão da terceira onda.

Terceira onda

Por volta de 1960, surgiu nos Estados Unidos o movimento feminista que punha em questão os fundamentos e as implicações da concepção freudiana da feminilidade, uma premissa moderna utilizada pelo patriarcado para confinar a M no espaço privado. Para alguns estudiosos, representa a terceira onda do feminismo que eclodiu sob o fermento das mudanças daquela década. Esta onda perpassou três fases, didaticamente distribuídas: na primeira fase o movimento se caracterizou pela percepção da própria opressão interna (patriarcado internalizado) e externa, originada na Igreja, na família, no trabalho, nas escolas e instituições, que funcionariam ao modo de agentes limitadores da autonomia feminina. Foi a eclosão da ira reprimida. Na segunda fase as M se dirigiram ao projeto de recuperação, no sentido de resgatar o feminino amortecido. Não bastava pôr abaixo a estrutura vigente; era preciso resgatar aspectos valiosos da experiência feminina; libertar-se da feminilidade estereotipada e renunciar às recompensas do patriarcado. A terceira fase veio com a percepção de que o movimento, até então de classe média, deveria abranger todas as M, ir além das barreiras sociais, étnicas, culturais e de classe

A contestação do status quo e a perspectiva de mudanças profundas na sociedade a partir dos anos 1960 assustou H e M. Os H estavam diante de um valor novo – a paridade de gênero – mas os pés ainda fincados no patriarcado, um modelo em que transitavam com segurança. Da mesma

---

[59] Margaret Meed prestou um desserviço às M. Sua obra emprestou à mística autoridade científica ao ser transplantada pelos cientistas sociais funcionalistas. Eles se apoderaram de suas ideias e as encaixaram em suas teorias de feminilidade que envolvem parto natural, maternidade, amamentação, teorias que funcionam bem nas comunidades primitivas estudadas por Meed, mas não se adequam à complexa sociedade moderna.

forma, as M hesitavam entre o anseio de independência e o desejo da passividade, com menos responsabilidade e com ganhos secundários. *As mulheres precisam compreender que a busca do igualitário não é algo que vem de fora. Elas mesmas deverão atuar como agentes de mudança* (WOLF, 1996, p. 61).

A resistência masculina frente às reivindicações femininas tem muitos matizes. Possivelmente, a mais significativa seja a de que uma verdadeira igualdade de oportunidades para as M afetaria bastante o poder e as vantagens masculinas. *Quem iria se dispor a aceitar de bom grado a perda de uma situação como a que os homens desfrutam?* (WOLF, p. 33).

Vertentes do feminismo

As principais vertentes do feminismo são a da vítima e a do poder. O feminismo da vítima é ligado a um socialismo tacanho, cuja tônica do discurso é a vitimização feminina. O tom raivoso e a ênfase vitimatória por parte desse grupo possivelmente prejudicou e ainda prejudica, em alguma medida, o objetivo original do movimento. O feminismo da vítima foi e é contraproducente por afastar a M da realidade. A vítima é digna de pena, e, possivelmente, não de respeito.

Wolf explica as duas vertentes do feminismo por meio de dois arquétipos[60]: Diana, a vingadora, representa o arquétipo da vítima, e a rainha de Sabá, o do poder e do dinheiro.

A vítima, no papel de coitadinha, culpa o mundo exterior por seus dissabores e pela má sorte, a exemplo de Cinderela dos contos de fada, uma personagem passiva que não empreende qualquer mudança. O único mérito é ter aceitado as injunções do meio, esperando ser salva. Nos contos de fada, o salvador é conhecido e virá a seu tempo. Entretanto, as M precisam entender que na vida real não há salvador à vista a não ser elas próprias.

Lipovetsky considera que a vitimização se constrói sobre o maniqueísmo de todo H ser potencialmente um opressor e um assediador e toda M ser uma oprimida. É o mesmo que Wolf havia observado: o feminismo da vítima culpa o H por todas as dificuldades femininas, seja na condição de antagonista-vítima, seja na condição de explorador-explorado. O feminismo da vítima

---

[60] Arquétipo ou imagem primordial: representação no inconsciente de uma experiência arcaica da raça humana. Conforme Jung: "é o conteúdo arcaico do inconsciente coletivo. Por esse motivo, a imagem primordial ou arquétipo também é, psicologicamente, uma imagem coletiva que se contrapõe ao instinto biológico pessoal. Sendo estritamente inconsciente, um arquétipo é postulado – não observado – pela Ciência" (CABRAL e NICK, 2003, Dicionário Técnico de Psicologia)

critica a ânsia de autonomia, principalmente o impulso e o desejo de vencer. Defende a ideia de não ser possível competir por ser incompetente e frágil. Como enfrentar mercado de trabalho, ganhar dinheiro e poder, se os H não deixam? Seria essa uma das razões de as M não se acharem merecedoras do seu próprio dinheiro, quase sempre fonte de liberdade e autonomia? Geralmente, essa vertente do feminismo conduz a outra forma de anulação: afasta a M da responsabilidade de empreender a mudança (p. 73).

A vitimização é um tipo de autocomplacência; uma forma canhestra de poder. Sob uma identidade de impotência, a M se faz vítima para exercer algum controle, sendo coitadinha. É a percepção da procuradora Luiza Nagila Eluf:

Revista Veja (ano 32, n, 22, 02.06.99) – *Coitadinhas, não!* (entrevista com Luiza Nagila Eluf, procuradora). Sobre direitos ela pondera: a mulher que se faz de vítima é o melhor complemento para o homem que considera a mulher sem nenhum direito. Se quebrarmos esse círculo perverso rechaçando o papel de "coitadinhas" será um bom começo. Não haverá emancipação feminina se os filhos e a casa continuarem responsabilidade exclusiva dela. Ela continua a entrevista falando sobre sedução: pela lei, só quem seduz, manipula e explora são os homens. Às mulheres fica reservado o papel de vítima. Esse excesso de cuidados infantiliza. É um atestado de que a mulher é incapaz, opina.

No senso comum, ela precisa ser protegida. Não consegue defender-se ou tomar decisões por si mesma.

É justo assinalar: em incontáveis situações a M é realmente vítima do H que a explora, degrada ou machuca. Vítima e vitimização existem como fenômeno real, não é invencionice. Em certos casos de vitimização, quando a M é continuamente agredida, machucada ou humilhada e ainda mantém algum grau de amor-próprio, ela assume o papel de Diana e se vinga: denuncia parceiros ou ex-parceiros por maracutaias; mutila ou mata companheiros abusivos. Esse tipo de vítima não tem poder, tem raiva.

A segunda vertente do feminismo é a do poder. É frequente a M ficar amedrontada ante a perspectiva de estar no comando de algo porque *as punições que as mulheres associam ao uso do poder mantêm-nas convencidas de que a liderança e até mesmo um bom resultado não valem a pena* (WOLF, p. 16). Um exemplo antigo, muito antigo mesmo, lembra à M a inconveniência de decidir por si mesma. Eva exerceu o poder de escolha foi punida e levou Adão na queda.

Essa segunda vertente do feminismo pode ser representada pelo arquétipo de poder e dinheiro evidenciado pelo encontro da rainha de Sabá e Salomão. Essa rainha existiu historicamente. Aparece no relato bíblico ao lado de Salomão, o emblemático rei de Israel. Em *II Crônicas* (9, 1-2): *A rainha de Sabá, ouvindo falar da fama de Salomão, veio a Jerusalém para pôr à prova sua sabedoria, por meio de enigmas. [...] Salomão respondeu a todas as suas perguntas e nada houve por demais obscuro que não pudesse solucionar.*

É um relato muito interessante: uma M corajosa, uma rainha poderosa, culta e sábia. Uma M que não se intimida com a pompa do patriarcado, colocando o afamado rei à prova e pondo-se a si mesma à prova porque confia na força de sua feminilidade. Apresenta-se a Salomão como sua igual, apesar da fama, do poder e da apregoada sabedoria dele; não tem medo de lhe propor enigmas. E dá para imaginar que eles chegaram a algum debate até que ela ficasse satisfeita, a confiar no relato de *II Crônicas*. Com relação a dinheiro transita com segurança entre os poderosos; os seus presentes rivalizam com os de Salomão.

O feminismo de poder estimula a M a se identificar basicamente pela força da feminilidade, não pela vulnerabilidade, embora não a negue. Usa a autoafirmação para reivindicar. Usa o lado forte para seguir em frente, apesar de tudo. *Aceita os homens e honra seu lugar na vida das mulheres, e não tem dificuldade para definir a diferença entre odiar o machismo e odiar os homens* (WOLF, p. 83). Para as mulheres, é mais inteligente abandonar os comportamentos de vítima e fazer melhores escolhas. Na vida real, a coragem é respeitada, a vitimização, em geral, não.

Dentro do movimento feminista a terceira onda surfou em mar revolto, num momento de drásticas e profundas mudanças. Chegou para dar nome às frustrações das M, para desvendar e denunciar a mística, para abrir o difícil caminho de andar com as próprias pernas; para ensinar a identificar e a renunciar as falsas chupetas do patriarcado; para desconstruir a imagem idealizada e estereotipada da feminilidade.

E o cenário feminino contemporâneo, o que diz? Diz que as mulheres estão iludidas se pensarem que todas as batalhas já foram ganhas. Há ainda muitas a serem travadas. O patriarcado, em suas múltiplas faces, tem 8 mil anos de experiência. O *ethos* patriarcal tem do seu lado o poder temporal e espiritual; tem a Ciência, a Medicina, o Direito, a Economia e as agremiações religiosas. Às mulheres, restam duas armas poderosas e eficazes para vencer o sexismo e o machismo: a educação e o trabalho.

A Educação abre as portas da Ciência, da Medicina, do Direito, da Economia; elimina a força dos dogmas e dos preceitos religiosos pela força da reflexão, descortinando a liberdade espiritual, dispensando intermediários e verdades absolutas. A Educação pode desenvolver a potência máxima da inteligência, da criticidade, da assertividade, da comunicabilidade. Propicia o desenvolvimento da autoestima, da confiança, do autovalor, caminhos irreversíveis da autonomia e um golpe fatal no pressuposto da submissão.

É também a educação que abre as portas do trabalho. Por meio do trabalho, a M acessa o vasto mundo da economia, dos negócios, das negociações e do empreendedorismo.

Ganhar e administrar o próprio dinheiro derruba a aversão em ganhá--lo além do bastante, em formar patrimônio. A independência financeira é o primeiro passo para a autonomia. A atividade laboral significativa supre um aspecto importante da vida de qualquer indivíduo: o senso de pertencimento e o senso de realização pessoal. Trabalhar reforça os ganhos provenientes da educação: autoestima, confiança, autovalor, autonomia, num ciclo virtuoso de mudança.

A proposta do feminismo genuíno não é competir com, nem desbancar o patriarcado. É criar e ocupar espaços de poder por mérito; é caminhar par a par com o H, com os mesmos direitos e deveres, usando a competência ao modo de arma para eliminar, em qualquer nível hierárquico, as injustiças em relação às mulheres, no sistema Legislativo, Executivo, Judiciário e corporativo. É ensinar o H a respeitar a M em qualquer ambiente e circunstância. É desenvolver a paridade de gênero na parceria conjugal, permitindo que o H assuma, junto a sua companheira, o desgastante trabalho doméstico; mostrar e permitir que o H participe da complexa tarefa de educar os filhos.

A proposta do feminismo genuíno é educação e trabalho que podem direcionar a conquista de liberdade, autonomia e poder.

CAPÍTULO XX

BELEZA

Segundo o *Dicionário Houaiss*, *Beleza* é a qualidade, propriedade, caráter ou virtude do que é belo; caráter do ser ou da coisa que desperta sentimento de êxtase, admiração ou prazer, através de sensações visuais, gustativas, auditivas, olfativas; característica daquilo que possui harmonia, proporção, simetria, imponência.

Ideias sobre beleza

1. Espelho, espelho meu, há alguém mais bela do que eu? (Grimhilde, a Rainha má do conto Branca de Neve).

2. Está errada a imagem vigente em nossa cultura do corpo como escultura (ESTÉS, p. 259).

3. A beleza não tem o mesmo valor para o masculino e para o feminino.

4. O meu corpo não é um ornamento, mas um veículo para os meus sonhos (*Revista Cláudia*, ago. 2014, p. 44).

5. Que me perdoem as feias, mas beleza é fundamental (Vinicius de Moraes).

Na atualidade, beleza é algo que desperta interesse tanto de H quanto de M. Ligada à aparência, varia conforme a época e a cultura. Na Idade Média, ser bela era um estigma: remetia a pacto com o demônio.

A valoração excessiva da beleza feminina é uma criação moderna. Antes, não era cogitada, nem percebida. A procriação definia a identidade feminina. Segundo estudiosos, no Paleolítico Superior (30000-8000 a.C) começam a aparecer as primeiras representações da mulher: era uma imagem amorfa e o corpo se resumia a um ventre volumoso e seios enormes.

Avançando alguns milênios, os gregos, com sua percepção do Belo, representavam a beleza do corpo, particularmente o masculino. Criaram belíssimas esculturas, influenciando a arte de todos os povos da época, especialmente os romanos. Lipovetsky aponta que, mesmo na Renascença, a pintura mostra corpos femininos cheinhos, pré-obesos, com seios fartos.

Nas sociedades que nos precederam, a corpulência feminina era valorizada porque estava associada à fecundidade, destino supremo da condição feminina tradicional (2000, p. 138).

Assim, a fertilidade permaneceu como definidora da feminilidade e da identidade feminina até o advento da pílula, revolucionando as relações da M com seu corpo. A glamourização da maternidade, ainda presente, não deixa de ser um resquício daquele tempo.

Trajetória

Na Grécia, os poetas prestaram homenagem à beleza feminina nas deusas do Olimpo, representativas da quintessência, tudo no plano estético, sem vínculo algum com a M real. E o fato de o patriarcado laico não enxergar beleza na M não acarretava prejuízo algum. A mudança veio com a tradição judaico-cristã que, ao longo da Idade Média e bem depois dela, propagava hostilidade e suspeita acerca da aparência feminina. *O culto à beleza feminina é uma invenção da Renascença. O humanismo da Renascença foi acompanhado de um novo significado da beleza da mulher, em uma ruptura com a diabolização de antes* (LIPOVETSKY, 2000, p. 113-115). Do ponto de vista prático, a ruptura com a diabolização não mudou as relações de subordinação do feminino ao masculino. Mas deixar de ser demonizada representou um grande passo. Foi principalmente por meio da arte renascentista que a beleza feminina passou a ser notada. E ao longo do século XX, cinema, imprensa, publicidade e fotografia de moda definiram e propagaram as normas ideais para o corpo feminino[61]. Foi assim que a fotografia e a indústria da moda empurraram o atributo da beleza para a fase mercantil. Por serem comandadas por H, as M perderam espaço como entidade singular. Imperam os conceitos de anti-idade e antipeso, por meio de coerções estéticas sutis, sendo a esbelteza o modelo intensamente vinculado ao apelo comercial. O controle sobre o corpo feminino continua nas mãos masculinas. Apresenta--se com outra roupagem, tão derrogatória da feminilidade e da identidade feminina quanto antes. O corpo da M continua sendo objeto manipulável e consumível. Por exemplo:

Folha de S. Paulo (Mundo, 16.01.2000, p. 1) – *Jornal Japonês contra Propaganda Erótica.* No Japão, houve a decisão de proibir a publicidade erótica nas duas mais controvertidas revistas semanais, argumentando que elas

---

[61] As primeiras manequins aparecem com a alta-costura na segunda metade do século XIX, mas a primeira agência de modelos foi inaugurada, em Nova York, em 1923; no fim dos anos 1950, surgem as primeiras agências europeias.

constituem encorajamento ao assédio sexual. O debate entre os jornais que publicam anúncios contendo material sexual começou após a questão ter sido colocada pela OAB japonesa, informa o jornal.

O Globo (Esportes, 02.04.13, p. 6) – *Copa das Calcinhas*. Atleta e Musa, Angela Rypien, a craque do Baltimore Charm, conta como é ser jogadora de ponta num time feminino de futebol americano, no qual o uniforme é apenas lingerie, e ainda lidar com os preconceitos.

O culto excessivo da beleza centrada no corpo orienta a M mais para a sedução e menos para o espaço público, ligado ao desempenho profissional. A valorização masculina dos encantos da mulher tende a depreciar o valor do trabalho feminino. Esconder a exuberância da feminilidade é uma estratégia das M em posição de poder no ambiente de trabalho. Além do mais, a beleza feminina atiça o estereótipo da inferioridade e da incapacidade e tende a perpetuar a divisão em profissões apropriadas aos H e apropriadas às M. Atualmente, a beleza não tem mais cumplicidade com o Mal, mas nem por isso ajudou na conquista da paridade profissional entre os gêneros (LIPOVETSKY, 2000, p. 183-185).

Na construção da identidade feminina, a M de antes, e mesmo uma parcela da atual, voltou-se para a sedução numa possível tentativa de compensar sua inferioridade. É por aí que a indústria da moda, da cosmética, da medicina estética, dos suplementos alimentares e as academias de ginástica criam e exploram a demanda feminina na área da beleza. Todo esse arsenal tem o discurso de cuidados com a saúde. Não é bem assim. Atrelado ao poder econômico, seu objetivo principal é criar necessidades e certo tipo de beleza e, a partir daí, modelar o corpo e ajustá-lo o mais possível a um padrão bem diferente do biotipo das M em geral, induzindo-as, pela força da propaganda e da mídia, a buscar um padrão praticamente inatingível para a maioria. Estés explica: se a mulher aceita e mutila o corpo para se ajustar a um padrão determinado, reforça aquele modelo. Por esta razão é tão importante investir no autoconhecimento, um mergulho no mundo dos valores e princípios pessoais e no mundo das emoções.

Esse movimento gera segurança, permitindo a comparação do que se quer para si e o que o mundo lá fora está oferecendo ou exigindo.

Na censura ao corpo feminino não ideal, a obesidade parece ser a maior vilã. Além de solapar a autoestima, o senso comum costuma considerar o indivíduo gordo indolente e indisciplinado. Não é bem assim. A obesidade é multifatorial. Pode resultar de distúrbios hormonais, psicológicos, metabólicos e alimentares. Em paralelo, também existem os descuidados com a saúde, os H e M gulosos e os bons de garfo. A corpulência parece ter relação direta com a abundância de alimentos e bebidas industrializados e prontos para o consumo. É agravada pela publicidade, garantindo a felicidade ao alcance da mão, ao abrir determinado potinho, determinada embalagem ou garrafa.

> *A lipofobia evidencia as contradições de um estilo de vida que gera corpulência e ao mesmo tempo discrimina e culpabiliza os obesos. A publicidade, que permeia e distorce a informação em matéria dietética, acentua a irracionalidade dos comportamentos alimentares* (FRANCO, 2010, p. 267).

O atual padrão de beleza gera mal-estar na maioria das M por não conseguir ajustar-se a ele. Pior, induz certa parcela da sociedade a zombar, maltratar e desrespeitar a M não condizente com aquele modelo, por exemplo:

Correio Braziliense (Brasil, 28.10.10, p. 17) – *"Rodeio" investigado*. Unesp abriu processo disciplinar para apurar denúncia de que alunos montavam em colegas obesas durante os jogos universitários em Araraquara (SP), em um jogo batizado de "Rodeio das Gordas". Eles se aproximavam da colega gorda, a agarravam e montavam. A competição consistia em ver quem ficava mais tempo na cavalgadura. Alguns estudantes gritavam: pula, gorda bandida – reporta o jornal.

O padrão idealizado submete o corpo a rígidas medidas de quadril, seios, altura, peso; considera rosto, olhos, cabelos, sorriso, porte, elegância e a harmonia com o todo, para formar um conjunto similar ao de uma Vênus. As musas das passarelas, ícones da beleza feminina, são admiradas e desejadas pela maioria esmagadora dos H. Corre por fora outro modelo ligado a um erotismo cru, intensamente provocativo, bem ao agrado do público masculino, em geral. Estão nas mídias diversas, as M com bundões e peitões desproporcionais; poses de caras e bocas, vestuários minúsculos, requebros inimagináveis, piruetas fenomenais, um tipo de carne fresca exposta nos açougues do mundo. Pelo sucesso, este modelo de beleza tem consumidor garantido. Nada contra, mas no que tange à construção de uma identidade feminina real e à autonomia, a *miss* e a *top model* parecem ser carta fora do baralho. A "popozuda" também. As primeiras têm uma beleza etérea e harmoniosa, pensada e cultivada por artistas desde a Grécia Antiga. Simbolicamente, representam a santa inacessível. A modelo erótica é a contraparte da dicotomia santa/prostituta. É a M talhada para o consumo, alegremente consentido. É a carne em todo o seu esplendor.

A contemporaneidade oferece às famílias um dilema novo, ligado à socialização. Crianças, adolescentes e jovens são continuamente expostos à hipervalorização da beleza. As mídias intensificam a exposição a modelos pouco realizáveis. Tanto que as meninas e adolescentes sonham com a passarela, um tipo de princesa *light* moderna. Outras tantas querem transformar-se em "bailarina-popozuda" ou em rainha do funk. Estudo sério e investimento no futuro não têm apelo midiático e não dispõem de espaço na mídia.

Beleza: atributo de demonização na Idade Média, exaltação na contemporaneidade. Entre os dois extremos, há o feminino ludibriado, enganado e explorado de todas as formas imagináveis. Porque, embora tendo acesso à informação, as M se permitem ser enganadas e exploradas pela mídia, mas, principalmente, pela propaganda. A propaganda insiste na beleza ao alcance de todas. As promessas não têm pesquisa que as embase; alguns produtos nem passam pelo órgão fiscalizador, mas as M acreditam.

Beleza e vaidade fazem parte do universo feminino. São conceitos neutros. Dependendo de como são consideradas pelas M, concorrem para o desenvolvimento da autoestima, da identidade feminina e da autonomia; ou trava essas possibilidades.

CAPÍTULO XXI

EDUCAÇÃO

Estudo, eis tudo
(Waldo Vieira)

A Igreja teve papel crucial na educação. Na história ocidental, foi a principal responsável pela alfabetização. Na América Latina, não foi diferente. Assim que chegaram por aqui, os jesuítas fundaram na Bahia, em 1549, a primeira casa de ensino. Chegaram a São Paulo em 1554 e de imediato fundaram a cidade que coincide com a criação do primeiro educandário. No Ocidente, as primeiras universidades foram criadas pela Igreja, detentora do conhecimento, principalmente na Medicina, no Direito e na Filosofia.

A educação, *lato sensu*, é a chave mestra da autonomia e tudo o que se refere à educação aplaina o caminho do autopoder.

Segundo o *Dicionário Houaiss*, entre inúmeros sinônimos para o verbete Educação, destacam-se: *educação* é a aplicação de métodos próprios para assegurar a formação e o desenvolvimento físico, intelectual e moral de um ser humano; pedagogia, didática, ensino.

O *Dicionário Crítico do Feminismo* registra: *educação* é a ação exercida pela geração adulta sobre aquela que ainda não está madura para a vida social [...] Visa desenvolver o ser social em cada membro da sociedade.

Rousseau, em *Emílio* (livro I, p. 8-9) escreve: moldam-se as plantas pela cultura, os homens pela educação. Tudo o que não temos ao nascer e de que precisamos quando grandes nos é dado pela educação.

Estés explica: quando a mulher é educada numa cultura que não considera o feminino aceitável, um conjunto de imposições destrutivas aplicadas à menina deixa um rastro de deformação no desenvolvimento de sua feminilidade (p. 602).

Mill (2006, p. 65) registra: *Quero enfatizar que a mulher não nasce e nem deveria ser educada para se sacrificar. Penso que a igualdade de direitos reduziria a autoabnegação exagerada que é um ideal artificial do caráter feminino.* Essa proposição se contrapõe frontalmente à ideia de Rousseau de submissão e autossacrifício que foi a prevalecente na educação feminina.

Educação e sociedade

Um dos pilares da liberdade e da autonomia deveria ser a educação. Não é bem assim. Na direção contrária ao senso comum, em muitas situações e em muitos sentidos, a educação das meninas beirava a treino para a não autonomia. A percepção de a M ser detentora do Mal por parte da Igreja e pouco inteligente por parte da Filosofia criou o estereótipo da insignificância feminina e sua destinação à coisa e propriedade a serviço do H. A superioridade masculina estabelecida por comparação permitia ao patriarcado e à Igreja criarem os mecanismos de opressão, impondo à M o treinamento para a submissão.

Um dos principais objetivos da educação formal e informal é a aquisição de habilidades desejáveis, conjugado com a inibição ou extinção de comportamentos indesejáveis. Para a M aquilo que a cultura rotula de comportamentos indesejáveis é, justamente, o que abre o caminho da autonomia para ela. É justo e necessário celebrar os avanços, mas ainda há muito entulho nessa jornada. Mill assinala: diferente do escravo tradicional, o H quer, além do serviço das M, uma escrava voluntária; para isso, usa a força da socialização, hoje abrandada, para atingir tal propósito. *As mulheres são educadas desde a infância na crença de que seu caráter ideal é o oposto do caráter masculino: sem vontade própria, submissas e governadas pelo autocontrole, permitem ser controladas por outros* (2006, p. 32).

A educação direcionada para a liberdade e a autonomia é um longo processo de desconstrução de premissas, dogmas, preconceitos, estereótipos, sejam religiosos, culturais, ideológicos, sexuais que afetam homens e mulheres de igual modo.

O educador Waldo Vieira (1932-2015) resume em duas frases, duas facetas da educação: a leitura e a lógica, chaves que abrem as portas do conhecimento: *Saber ler é uma defesa* e *A educação desconstrói dogmas e fortalece a razão.*[62] A operacionalização do conceito *Educação* contém um paradoxo. Por um lado, pode desenvolver dependência e submissão, por outro, pode desenvolver liberdade e autossuficiência. Na balança, está a socialização feminina que pode direcionar tanto para a dependência quanto para a autonomia. Educação e autonomia estão diretamente ligadas à construção da identidade masculina e feminina.

---

[62] Léxico de Ortopensatas, vol. I, p. 180-568.

Pensadores

Grandes pensadores do grupo dos Iluministas deixaram registrado o que pensam sobre a educação, em geral, e a feminina, em particular.

- *Montesquieu* – Charles-Louis de Secondat, Barão de La Brède e de (1689-1755) – afirmava que *A Natureza não submete as mulheres aos homens. Se as mulheres parecem inferiores a eles, a causa não reside na natureza* (delas*), mas na educação que recebem.* Também afirmava que a educação oferecida às meninas só perpetuaria o preconceito tradicional sobre as M (BADINTER, s/ data, p. 142).

- *Holbach* – Paul-Henri Thiry, Barão d' (1723-1789) – defende as mesmas ideias e vincula a situação inferior em que é mantida a M à educação que lhe é ministrada, diferente da oferecida aos homens.

- *Condorcet* – Marie Jean Antoine Nicolas de Caritat, Marquês de (1743-1794) – um jurista de ideias arejadas, afirmava que os H criaram leis opressivas contra as M; ele advogou para elas a cidadania com direito a votar e serem votadas e para exercer funções públicas desde que tivessem educação semelhante às oferecidas aos H. Segundo ele, o *talento feminino não se limita à maternidade;* (a mulher) *pode ter acesso a todas as posições. Só a injustiça, e não a sua natureza, lhe proíbe o saber e o poder.* Advogava que a educação deveria ser estendida a todos, incluindo M e negros, de modo a alcançarem um nível mínimo de instrução para entender como funcionava a sociedade e acertar em suas escolhas na hora do voto (BADINTER, p. 143).

No Brasil do século XXI, as ideias de Condorcet são atualíssimas. O acesso irrestrito à educação vai ajudar a entender os mecanismos do poder político e a votar por escolha consciente.

Autores

A maior parte das ideias libertárias desses e de outros pensadores não vingou; e ainda na segunda metade do século XX, Margaret Mead (1901-1978) afirmava:

> Se a mulher permanece inquieta e insatisfeita em face da procriação, isto se dá por causa da educação. É de valor duvidoso empenhar os dons femininos em campos reservados ao homem [...] e que torne a

mulher assexuada. A menina ser instruída sob o mesmo sistema educacional dos meninos é danoso a ambos, homens e mulheres (FRIEDAN, 2020, p. 171-174).

Segundo Friedan, Margaret Mead pôs uma pá de cal no esforço das M em busca de autonomia. Com sua autoridade, nega a elas o direito à educação, a pensarem e a agirem por si mesmas. Manda a M para casa, para a submissão, para o seu papel único de procriadora, afirmando ser isso a prova maior e única da feminilidade; empurrou a M para o não ser, ao prevenir àquela que procura realizar-se para além de seu papel biológico, do perigo de se tornar assexuada; [...] persuadiu jovens a desistir de parte de sua humanidade tão duramente conquistada a fim de não perder a sua feminilidade (p. 175).

Lobaczewski, em *Ponerologia: Psicopatas no Poder* (2014, p. 36) explica: a visão de mundo cotidiana, habitual, psicológica, social e moral é um produto do desenvolvimento do homem dentro da sociedade, sob a influência dos traços inatos. Entre esses traços inatos, estão a função instintiva e filogeneticamente determinada da espécie humana, acrescida da *educação* oferecida pela família e moldada pelo ambiente.

Quase sempre a educação estava a serviço do patriarcado, abafando os talentos femininos desde a infância, mas Noblecourt, em *A Mulher no tempo dos Faraós* (p. 232), afirma que, das civilizações antigas à moderna, a que parece ter oferecido educação mais liberal foi a egípcia. As meninas brincavam ao ar livre, praticavam exercícios físicos com os meninos, participando de seus jogos. Algumas delas eram admitidas no ensino destinado aos meninos em preparação para cargos de funcionários do reino. O cargo mais importante era o de escriba. A disciplina era rígida e fazia parte do currículo dominar a escrita hieroglífica, noções de aritmética, matemática e geometria; há registro de M no grupo de escribas. Não havia restrição em relação às meninas. Tanto que algumas jovens seguiam o ensino de medicina e da cirurgia. Há o registro de uma mulher chamada Péseshet (2.400 a.C.) que usava o título de diretora das doutoras, escrito em sua tumba. No mundo antigo, esse parece ser o primeiro registro de uma mulher titulada, exercendo a medicina. No Egito, há quase 5 mil anos, a medicina podia ser exercida por mulheres.

Excetuando a experiência egípcia, a educação feminina ocupava plano secundário ou era negada e, por consequência, sua participação na sociedade. É o que aponta Stuart Mill, ao defender a participação da M na

REFLEXÕES SOBRE AUTONOMIA FEMININA DA EVA PRIMORDIAL AOS DIAS ATUAIS

esfera pública reafirmando sua ideia de a submissão feminina e sua incapacidade inata estarem atreladas a uma visão masculina quanto a seu valor fundamentada na dicotomia sexual.

> É verdade que as grandes rainhas foram grandes por seus próprios talentos para governar. A razão é que as princesas colocadas acima da maioria dos homens por sua posição social e não abaixo deles devido a seu sexo, foram ensinadas a pensar que se envolver com política e governar era-lhes também adequado. *A adequação vem do conhecimento, o que a educação tem a oferecer de melhor* (MILL, 2006, p. 83-85).

As princesas recebiam educação esmerada para poderem reinar junto do marido. E na ausência deste, a tradição mandava que elas assumissem o poder, nem que para isso precisassem decapitar alguns.

Do ponto de vista da sociedade, a educação formal das M foi sempre um tema menor. Com o rótulo de infradotada e com destino definido pela Natureza, a família e a religião estavam encarregadas de formar seu caráter e treiná-la nas habilidades necessárias a seu papel social. Há obras de todos os tipos que tratam da socialização de meninos e meninas, enfatizando as diferenças e estabelecendo regras baseadas na clivagem sexual. Aqui serão expostas as ideias de autores que podem lançar alguma luz sobre a questão da socialização e da dependência feminina e o caminho para a autonomia.

Cowan (1989, p. 29) afirma: *Na socialização de meninos e meninas, o mesmo homem que ensina o filho a enfrentar e triunfar em situações difíceis, tradicionalmente, adverte a filha para evitar tais situações.*

Assim, a família pede à menina que seja meiga, doce e cordata; e ao menino, que seja independente. Os anos de escolarização emudecem ainda mais a assertividade e a independência das garotas. Aceitar os fatos sem crítica era geralmente gratificado. Questionar, objetar ou discordar costumavam ser consideradas condutas grosseiras, deselegantes e inadmissíveis; elas eram desestimuladas e até punidas. De forma sutil, a educação da menina ainda carrega traços de domesticação. Pode estar aí a possível raiz da deficiência feminina de pensamento independente e de assertividade. Consciente ou inconscientemente, lembram à moça que *pensar é transgredir*[63], um comportamento pouco feminino, não esperado e que quebra as expectativas sociais.

Kolbenschlag (1991, p. 16) pontua: em relação às M, *grande parte daquilo que orienta a vida e que se atribui à natureza ou ao destino é uma insidiosa mitologia cultural.* Por ser uma mitologia cultural, em geral, a socialização

---

[63] Título de livro de Lya Luft.

induz a menina a desenvolver duas personas. A primeira, a do objeto desejável, propõe ensinar-lhe a arte da sedução, dos maneirismos encantadores e o silenciamento de sua assertividade. A segunda persona desenvolve o papel servir o outro, o desejo compulsivo de viver para alguém. Nesse papel, aprende a se esquecer de si mesma, a se sacrificar e a esperar que alguém, magicamente, venha a assumir o controle de sua vida e a torne significativa em lugar de ela própria fazê-lo. Em geral, no inconsciente das M, habitam as duas personas, que se revezam conforme a situação. Se é jovem, a sedutora pode prevalecer. Se casada, costuma emergir a segunda, e os maneirismos sedutores podem aparecer em situações específicas. Na puberdade, terminam os ensaios: o status quo oferece à menina investir na arte sedutiva ou servir a outrem. Há uma terceira via, não estimulada. Consiste em desenvolver e consolidar uma personalidade mais versátil sem deixar de ser feminina, sem deixar de ser ela própria, preservando uma autonomia relativa. Esse caminho é tarefa para a vida inteira: dosar o charme e a sedução na conquista e preservação do amor, servir a este amor sem servilismo; cultivar e usufruir dele é o desejo de toda M. É lamentável que na socialização a família, a sociedade, a escola e a cultura desfavoreçam a menina e a adolescente que desejem desenvolver sua personalidade sem cair nos estereótipos de sedutora ou boazinha.

Ainda há exageros. Certas M e certos H assumem de forma tão completa a persona sedutora que, durante a vida toda, seus interesses e suas energias serão voltados para a sedução compulsória. A M fatal, derrubadora de homens, não é personalidade comum; a absolutamente servil também não. O tipo puro de M voltada à submissão ou à sedução envolve problema de saúde mental e requer acompanhamento especializado. *Goldberg*, em *O Macho Secreto*, descreve com clareza a M fatal e sua contraparte, o Dom-Juan.

Medo do sucesso

Certa faceta da educação oferecida às meninas desenvolve o medo do sucesso e o receio de fracassar, ligados diretamente à autoestima. As M foram acostumadas e condicionadas a serem julgadas por suas características pessoais; por aquilo que vestem e como se comportam, em vez de sua competência. O medo de ser julgada, de ter de assumir responsabilidades é o problema com o sucesso. *Em virtude do condicionamento no outro, em servir, é difícil para muitas mulheres manterem um foco que não seja satisfazer as expectativas de alguém* (KOLBENSCHLAG, 1991, p. 147).

Lipovetsky também considera que a educação feminina pode prejudicar o desejo de sucesso. Os meninos e adolescentes ligam o ser bem-sucedido ao sucesso profissional, as meninas optam, em grande maioria, pelo sucesso sentimental. Geralmente, tanto o comportamento do menino quanto o da menina recebe o apoio irrestrito da família.

A necessidade de cumprir as expectativas da sociedade é o principal traço da socialização feminina; mitologias, sagas e contos de fada são alegorias relativas a esse processo. São também, entre outras coisas, representativas do *ethos* de determinada época. Embora o *ethos* sofra, gradual e lentamente, alterações e ajustes conforme o progresso da sociedade, alguns pressupostos permanecem inalterados por séculos e até milênios. Aí se encaixa o tema da educação. Com o avanço da civilização, pensadores, teóricos e profissionais de todos os matizes passaram a expor suas ideias e alguns propõem algum tipo de metodologia. A partir daí, vieram à luz uma infinidade de teorias, técnicas, manuais, livros, artigos e resenhas tratando de educação. *Ehrhardt* (1994) em *Meninas Boazinhas*, trata de uma dessas teorias: a Teoria do Desamparo Aprendido, desenvolvida por Martin Seligman[64] (1942-). Ela explica que esse desamparo é uma convicção aprendida, nunca uma característica intrínseca, natural. O desamparo aprendido tem início na socialização: a menina é continuamente desestimulada a desenvolver autossuficiência porque é frágil, porque é fraca, porque é linda, porque isso não convém a uma menina e, principalmente, porque ela não é capaz. É um rosário de pequenas interdições. Às interdições somam-se mensagens claramente expressas ou subliminares de que, devido à sua inferioridade e incapacidade, alguém pode e vai fazer isso por ela. A própria família se encarrega de cumprir algumas dessas expectativas. Na vida adulta, mesmo não sendo mais uma menina, sente-se tão assustada quanto. Tem medo de decidir e de assumir responsabilidades. Coloca nas mãos de outro o comando de sua vida. O desamparo aprendido tem consequências nefastas nas múltiplas situações cotidianas, quando a M coloca em dúvida sua capacidade de agir eficazmente; quando se acha aquém de suas possibilidades reais; quando

---

[64] Seligman e sua equipe desenvolveram a teoria do Desamparo Aprendido em pesquisa com animais. A partir de seus achados, criou a Psicologia Positiva com foco particular no que o indivíduo tem de melhor. O principal eixo são as seis virtudes, derivando em 24 forças do caráter, a saber: 1- *Humanidade*: amor, generosidade e inteligência social. 2-*Transcendência:* gratidão, apreciação da beleza, esperança, humor e espiritualidade. 3-*Temperança*: perdão, humildade, prudência e autocontrole. 4-*Justiça*: liderança, imparcialidade e trabalho em equipe. 5- *Sabedoria*: perspectiva, amor pelo aprendizado, critério, curiosidade e criatividade. 6- *Coragem*: bravura, perseverança, integridade e vitalidade.
(https://www.flowpsicologiapositiva.com/forcas_de_carater)

não acredita no seu saber nem na sua capacidade; quando não se sente responsável por seus êxitos e imediatamente debita o fracasso a si própria, um comportamento típico do desamparo aprendido.

Ehrhardt (1994, p. 14) também explica que o desamparo aprendido tem como efeito adverso a profecia autorrealizadora: a profecia autorrealizadora diz que um acontecimento se concretiza porque antes existia uma expectativa correspondente. Essa profecia descreve um sistema pelo qual a pessoa crê no seu destino, ainda que a realidade mostre o contrário. Mesmo sabendo ser tão competente quanto o H e até mais bem preparada, ela duvida de si mesma e não arrisca. É originária de uma crença inconsciente, e a situação presente funciona como gatilho. Por não se julgar capaz e por ter medo do sucesso espera falhar, que é o substrato da profecia autorrealizadora

Outros autores explicam que o comportamento de desamparo e a comunicação indireta das próprias necessidades foram incutidos nas meninas e as maneiras pelas quais os pais apreciavam e estimulavam, tornam-se padrão de resposta frente aos desafios da vida adulta, particularmente nos relacionamentos. Por exemplo, no início do casamento, o companheiro pode achar divertido, lisonjeiro e estimulante esse desamparo: permite-lhe estar no controle. Entretanto, este controle, antes tão interessante, pode evoluir para formas mais complexas e redundar em violência doméstica.

Desamparo aprendido e profecia autorrealizadora completam-se e realimentam-se. É um processo lento e gradativo em que uma autoimagem distorcida de incompetência vai sendo construída. Em cada empreendimento importante, há uma sensação de incompetência e desamparo, comportamento ligado à sensação de não ser capaz, desenvolvido lá atrás na socialização: suas iniciativas foram podadas, sua assertividade foi criticada; sua ânsia de independência configurou desobediência a ser punida. Ensinaram-lhe a agradar para evitar o conflito, para ser amada e benquista. O desamparo só é suprimido quando os insucessos se tornam explicáveis, inteligíveis e a M se permite recomeçar.

Mesmo hoje a educação das meninas ainda guarda traços de treino para a submissão. Por isso, garotas audaciosas são mal toleradas e vontade forte não é desejável em uma menina. Se ela quer fazer valer uma ideia ou experimentar seu ímpeto de movimento, seja físico, seja intelectual ou de autonomia, é considerada "cabeçuda", teimosa, difícil, desagradável e de mau gênio. A reprovação no olhar e o beliscão imperceptível deixarão claro serem esses comportamentos inapropriados para ela. Entretanto, em todas as épocas, apareceu, e hoje aparece ainda mais, um número cada vez maior de meninas buliçosas, inquietas, indomáveis, "bravas"; surpreendem por sua resiliência, sua força e sua inteligência. A história registra o nome de milhares de mulheres notáveis que deixaram claro porque venceram; foram meninas malcomportadas por não terem compactuado com os freios, as exigências da família e da sociedade; porque acreditaram na sua força e na sua capacidade; porque foram determinadas e tiveram coragem de correr o risco de fracassar. É uma inspiração para as meninas deste tempo. Elas vão precisar dessas qualidades porque o status quo, em todos os seus matizes, vai interpor barreira a seus anseios.

Dentre as milhares de vencedoras, o exemplo de três que, em profissões totalmente diferentes, mostraram a excelência em suas atividades:

Florence Nightingale (1820-1910), fundadora das primeiras escolas de enfermagem. Negou obediência aos pais, recusou um casamento promissor e comprou uma briga longa e intensa.

Golda Meir (1898-1978), expoente da política israelense, formulou o seu desejo de vencer, assim: nada na vida acontece de per si. Não é suficiente acreditar em algo; deve-se também ter a força para lutar e superar os obstáculos.

Coco Chanel (1883-1971), estilista francesa, é um exemplo interessante. Ela via o valor do dinheiro num sentido muito diferente do usual, dando-lhe uma nova dimensão, afirmando: o dinheiro nunca significou muito para mim, mas a independência conseguida com ele, muito. Ensinava que não se aprende só com os êxitos, mas também com os fiascos, sendo melhor esquecer e continuar.

Não só estrelas de primeira grandeza brilham neste céu. As M comuns, essas aí do seu lado mesmo, demonstram cada vez mais vontade de fazer a diferença para si próprias. O número de M que buscam estudo e qualificação tem aumentado exponencialmente; o de M ativas profissionalmente cresce sem cessar, garantindo a independência financeira, o mais poderoso antídoto contra as outras dependências e um caminho seguro na conquista da autonomia; a maioria das mães voltam ao trabalho, apesar da dupla jornada; mais M requerem o divórcio.

Aos olhos do patriarcado, as atitudes dessas M não são dignas de aplauso, no mínimo, dignas de uma censura velada. Corajosas, transgridem as regras do "bom comportamento" e criam as suas próprias regras de mais "malcomportadas" ainda; dizem *não* com clareza, não se deixam intimidar facilmente; sabem bem o que querem e mais ainda o que não querem; proporcionam a si mesmas experiências de sucesso e as reconhecem sem culpa e sem desculpa também. Não querem agradar a qualquer preço; têm pouco medo de crítica; controlam o medo de errar; usam a maior parte de sua energia em seus objetivos, ao invés de nos objetivos dos outros e aceitam seus êxitos como parte de seu valor. As M malcomportadas demonstram compreensão e são atenciosas dentro dos limites, mas isso não as impede de seguir seu caminho. *Não querem salvar os outros; insistem em ser reconhecidas e respeitadas; sabem se defender, inclusive daqueles que querem ajudá-las compulsoriamente* (EHRHARTDT, 1994, p. 193-194).

Mística feminina e educação

Na trajetória das M, o anseio por autonomia sempre esteve e de algum modo continua subordinado à conveniência do patriarcado. O fim da Segunda Guerra empurrou as M para casa e abafou a segunda onda do feminismo nascente. A educação retornou ao passado, treinando as meninas para a domesticidade e a submissão. Na década de 1960, o livro *A Mística Feminina* (1963) escancarou a frustração das M com esse modelo, apesar de tudo o que diziam os especialistas. Convictamente, tais especialistas afirmavam que educação paritária, independência e igualdade de direitos com os H tornariam as M pouco femininas. Imagens veiculadas pelas revistas, propaganda, televisão, cinema, novelas, colunas sociais e livros dos entendidos em casamento, maternidade, puericultura, psicologia infantil, ajuste sexual, tentavam moldar a vida da M e refletir seus sonhos. *A imagem feminina que emerge destas publicações é jovem, frívola, infantilizada e doce; passiva e satisfeita no universo constituído de casa, cozinha e criança* (FRIEDAN, 2020, p. 38).

Será que mudou muito? Parece que não. Embora as mídias tenham se modernizado, continuam vendendo e veiculando uma imagem infantil e irreal da feminilidade. As redes sociais só acrescentaram velocidade ao processo.

No período imediato ao fim da Segunda Guerra, o desajuste emocional das M detectado nos consultórios médicos era atribuído ao não cumprimento do papel maternal em sua integralidade. Tudo debitado à frustração da mulher-mãe, desencaminhada de seu papel feminino pela educação errada que insistia na igualdade de direitos e na independência.

Aí era colocada uma condição tão singela quanto enganadora: é mais simples viver através do marido e dos filhos do que abrir caminho no mundo lá fora. Por que essa ânsia de falsa liberdade? Por que dar-se ao trabalho de ser mais que esposa e mãe, se todas as forças da cultura dizem que se sairá melhor se não contestar, não lutar contra a própria natureza?

A mística não é uma elaboração intelectual. Ela funciona na prática e engole até as mais resilientes. Como ainda há resquícios da mística na educação da menina, a M precisa ficar atenta porque, provavelmente, vai enfrentar preconceitos e dilemas desnecessários impostos pelas forças sociais que a rodeiam: parentela, marido, amigos, vizinhos, padre, pastor e agentes culturais.

Segundo Friedan (2020) a mística tem três pontos nevrálgicos. 1- Se a M deseja trabalhar tem de levar em conta que poderá minar a posição do marido provedor; ele também deseja a M em casa para que sua vida flua melhor. 2- A competição no mundo dos negócios poderá incentivar a jovem esposa a atitudes e hábitos que tornem difícil aceitar a liderança do marido (submissão). 3- Ao fim de um dia de trabalho, o marido quer encontrar a casa arrumada e a esposa sorridente, descansada e de bom humor. Ele já está cansado, precisa de aconchego. Tais advertências constavam de um curso direcionado às noivas americanas. No Brasil do século XXI, as mesmas ideias são defendidas no livro *Casamento Blindado*. A mística é uma armadilha muito bem construída. Os agentes sociais sabem que é mais fácil dizer "sim" à mística, não se arriscando às dificuldades de progredir, de se esforçar, de ser competente. Os ganhos secundários ainda são muito atraentes. A mística exige que a M renuncie à ambição pessoal. O casamento e maternidade são o objetivo.

As chaves para vencer as armadilhas da mística são educação e trabalho e uma boa dose de coragem para romper as barreiras. Embora a mística tenha dado uma conotação suspeita aos estudos superiores, qualificando-os de desnecessários e até prejudiciais, só a educação salva a M da mística.

Estés (1999, p. 69) também fala sobre a educação feminina distorcida. *Ainda muito novas, as meninas começam a ser ensinadas a não enxergar e em vez disso dourar todo tipo de esquisitice. Esse treinamento básico para que as meninas sejam boazinhas faz com que elas ignorem a sua intuição* e aceitem a submissão como destino natural.

Modelo

Emílio, ou da Educação, de Rousseau, publicado em 1762, é um livro surpreendente. Quando se trata da criança é um importante manual de puericultura, condenando práticas insalubres, advogando a necessidade do banho, incentivando a troca frequente de fraldas, a amamentação pela mãe, os cuidados com a higiene, a liberdade de movimento, o arejamento das vestes, as atividades ao ar livre. Sugere menos rigor, mais afeto e mais liberdade para todo o período da infância. Entretanto, ao propor normas para a educação da menina, o autor entra em delírio sexista e seus pressupostos anulam completamente a M como uma entidade pensante, prestando um desserviço ao sexo feminino. A seguir, serão apresentadas as ideias de Rousseau para a educação de Sofia, a futura mulher-esposa de Emílio (Livro V, p. 515-711). Esta parte contém o pacote educação para meninas.

Dentre tantos livros analisados, *Emílio, ou da Educação,* por ter vincado o processo da socialização por tão longo tempo, é aquele que mais ajuda a entender o entrelaçamento da educação feminina com a submissão e as consequências desastrosas para a autonomia.

No que se refere à M, é um tratado de sexismo e misoginia. Espelha à perfeição o *ethos* do período e o pensamento do patriarcado. Propõe com toda a crueza o adestramento das meninas para a submissão. O mais grave é que seu modelo, totalmente idealizado, foi encampado por todas as forças sociais, sendo continuamente aperfeiçoado pelos agentes culturais por dois séculos. E ainda hoje, de forma atenuada, é o modelo de educação oferecido a meninos e meninas pela família, escola e comunidade.

Até marido moderninho, vez por outra, dá uma escorregada e exibe comportamentos pautados naquelas ideias, exigindo a submissão de sua companheira, apelando para os direitos de H, cabeça do casal. Eis as ideias de Rousseau:

Ele afirma que as diferenças entre os sexos revelam a inutilidade das discussões sobre igualdade de gênero. Um deve ser ativo e forte, o outro, passivo e fraco. *Estabelecido este princípio, segue-se que a mulher foi feita para agradar ao homem. [...] Se a mulher foi feita para agradar e para ser subjugada, deve tornar-se agradável ao homem em vez de provocá-lo* (ROUSSEAU, 2014, p. 516-517).

Mesmo jogando pedra no clero, o tema do Mal, da vergonha e do pudor lá da Igreja é retomado pelo autor como um freio à sexualidade feminina que ele considera exacerbada. E a compara com a fêmea animal na qual o tempo de aceitação do macho é curto e logo passa. O instinto a empurra e o instinto a detém. Entre humanos, é diferente:

> *O Ser Supremo quis, em tudo, honrar a espécie humana. Deu aos homens inclinações desmesuradas [...], mas junta às paixões o uso da razão para governá-las. Entregando às mulheres desejos ilimitados, junta a esses desejos o pudor que as contenha. Onde ficará o instinto negativo das mulheres quando lhes tiver retirado o pudor?* (ROUSSEAU, 2014, p.518).

Rousseau (2014, p. 524-525-526) argumenta que H e M são diferentes quanto ao caráter e quanto ao temperamento. Por isso, não devem ter a mesma educação. Seguindo as diretrizes da Natureza não devem fazer as mesmas coisas. Segui sempre as indicações da Natureza e tudo o que caracteriza o sexo deve ser respeitado como estabelecido por ela. Cultivar nas mulheres as qualidades do homem e deixar de lado as que lhe são próprias é, pois, claramente trabalhar contra elas. Aconselha as mães a educarem suas filhas dentro do modelo. Sutilmente, deixa ameaça velada: mãe judiciosa, tornai vossa filha uma dama e podeis estar certa de que será melhor para ela e para nós. Depois de morder, sopra suavemente: segue-se daí que ela deva ser educada na ignorância de todas as coisas e limitada exclusivamente aos trabalhos de casa? Fará o homem de sua companheira uma serva?

Ele próprio, o patriarcado, a Igreja, a sociedade e a cultura respondem sim, respaldados por um mandado da Natureza. Rousseau reforça o argumento anterior: para que ela o sirva melhor irá o homem impedi-la de sentir e de conhecer todas as coisas? Ela deve aprender muitas coisas, mas apenas aquelas que lhe convém aprender (naturalmente para se tornar serviçal mais eficiente). A Natureza deu às mulheres um espírito agradável e fino; a Natureza quer que pensem (no bem-estar dos outros), que julguem (o que é melhor para o marido); que amem (incondicionalmente, sem pedir nada em troca), que conheçam o seu lugar, que cultivem o espírito tanto quanto a aparência.

Ele pontua: considerada a destinação particular de cada sexo, observadas as inclinações, enumerados os deveres, tudo contribui para indicar a forma de educação que convém às M. A mútua dependência de homem e mulher não é igual. O homem depende da mulher para seus desejos; a mulher depende do homem por suas necessidades. Num surto de prepotência, afirma categoricamente:

> *Subsistiríamos melhor sem elas do que elas sem nós; para que disponham do necessário é preciso que os demos a elas, que queiramos dar a elas, que consideremos que são dignas disso; elas dependem dos nossos sentimentos, do valor que damos a elas, da importância*

> *que prestamos a seus encantos e a suas virtudes. Pela própria lei da Natureza, as mulheres, tanto para si quanto para seus filhos, estão à mercê do julgamento dos homens.* (ROUSSEAU, 2014, p. 525-526-527).

Com relação à criança, pondera: brincar deve ser a principal ocupação da criança e considera que os brinquedos dos meninos devem ser diferentes dos das meninas. Estas têm predileção pelas bonecas, um modo bastante evidente do seu gosto sendo determinado por sua destinação. Se esse gosto é tão pronunciado basta à educação segui-lo e ordená-lo. E chuta na trave: com efeito, quase todas as meninas aprendem a ler e a escrever com relutância, mas aprendem com todo o prazer os trabalhos de costura. Ele não leva em consideração que os trabalhos de agulha são familiares à menina; a leitura e a escrita, não. Os meninos devem apresentar dificuldades de aprendizagem de leitura e escrita semelhantes às das meninas, mas disso ele não fala.

Criou uma metodologia perversa sobre três pilares: constrangimento, imposição e treinamento. Propõe extrema severidade e o abuso de poder em relação às meninas: "não tolereis que em nenhum instante de suas vidas elas percam o freio. Acostumai-as a serem interrompidas no meio de suas brincadeiras e levadas a fazer outra coisa, sem reclamar". Ele acreditava que esse constrangimento habitual gerava a docilidade de que as M precisariam durante toda a sua vida, pois nunca deixariam de estar sujeitas quer ao H, quer ao juízo dos H e nunca lhes seria permitido colocar-se acima desse juízo. Afirmava que era preciso treinar a menina para obedecer sem contestar:

> *Justificai sempre o trabalho que impondes às meninas, mas não deixeis de impô-lo. O ócio e a indocilidade são os 2 defeitos mais perigosos para elas e os de cura mais difícil. As meninas devem ser vigilantes e laboriosas; e não é só isso: elas devem ser incomodadas desde cedo. Essa infelicidade, se é que se trata de infelicidade, é inseparável do seu sexo e nunca se livrarão dela, a não ser para sofrer outras muito mais cruéis. Serão durante toda a vida sujeitas aos incômodos mais contínuos e mais severos que são os da conveniência. A dependência é um estado natural nas mulheres e as meninas sentem-se feitas para obedecer.* (ROUSSEAU, 2014, p. 534-535).

Submeter e adestrar um ser pensante dá trabalho, por isso propõe: devemos treiná-las primeiro para as coisas obrigatórias para que nunca lhes custem; devemos ensiná-las a domar todas as suas fantasias para submetê-las à vontade de outrem.

O autor justifica a própria misoginia e se sente confortável quando propõe a desforra e quando alimenta a vingança. A vida da mulher de bem é uma luta perpétua contra si mesma e é justo que a mulher compartilhe o sofrimento (ou seja, pague) pelos males que nos causou. Ele não explica que tipo de males as M causaram aos H para serem objeto de tanto ódio e tal sede de vingança, impondo-lhes a destruição sistemática da liberdade e da vontade, transformando um ser pensante em mero objeto para uso e abuso masculino. Afirma que:

> A *primeira e mais importante qualidade de uma mulher é a docilidade; criada para obedecer a um ser tão imperfeito quanto o homem, [...] cheio de vícios e defeitos, ela deve aprender cedo a suportar até mesmo a injustiça, assim como os erros de seu marido sem se queixar; não é para ele, mas para ela mesma que deve ser doce. Sejam as meninas sempre submissas.* (ROUSSEAU, 2014, p. 536).

Propõe o desvirtuamento da expressão verbal do feminino ao afirmar que o homem fala o que sabe, a mulher diz o que agrada. Repressão, fingimento, dissimulação e mentira é o que o autor propõe para a educação da menina.

Põe em dúvida a inteligência e a capacidade femininas: *Serão as mulheres capazes de ter um raciocínio sólido? É importante que elas o cultivem? Cultivá-lo- -ão com sucesso? Será tal cultura útil para as funções que lhe são impostas? Será compatível com a simplicidade que lhes convém?* (ROUSSEAU, 2014, p. 558). Do ponto de vista dele e do patriarcado a resposta a todas a essas questões é não.

Para ele a submissão é um mandato patriarcal que a educação deve promover. A obediência e fidelidade que deve ao marido, a ternura e a atenção que deve aos filhos são consequências naturais e inevitáveis que a M não deve ignorar nem recusar sem má-fé, afirma.

Reconhece que a modelagem proposta é assustadora. Então, para adoçicar as regras, o autor propõe: ao *falar com as moças, não se trata de fazê-las temer seus deveres, nem de agravar o jugo que lhes é imposto pela Natureza. [...] não deixeis que acreditem que seja triste cumpri-los; nada de zanga* (com elas)*, nada de arrogância* (p. 570). O patriarcado é esperto. Sabe que a chupeta é melhor que o tacape, mas os dois juntos dão melhor resultado.

> *Mostrai-lhes, nos próprios deveres, a fonte de seus prazeres e o fundamento de seus direitos.* E ainda especula: *Será tão penoso amar para ser amada, tornar-se amável para ser feliz, honrar-se para ser honrada? Como são belos esses direitos! Como são respeitáveis! Como são caros ao coração do homem [...]* (ROUSSEAU, 2014, p. 570-571).

Interessante: o livro *Casamento Blindado* retoma estas duas ideias. Afirma que a mulher tem obrigação de cuidar do marido, da casa, dos filhos. Ela tinha prazer nisso; e, referindo-se à emancipação feminina, faz uma pergunta semelhante: como pode algo tão bom para as mulheres ser tão ruim para nossos relacionamentos? (p. 174-175).

Para testar a aplicabilidade de sua teoria, Rousseau idealizou Emílio e Sofia. Deu certo; ambos se encaixaram direitinho no modelo. E para saciar a curiosidade dos leitores, a Eva primordial, após conquistar a confiança de Sofia, a persuadiu a se apresentar: não tenha receio, não tenha vergonha, fala Sofia! Timidamente, ela começa:

"Eu sou Sofia. Fui idealizada por um dos principais pensadores deste século (XVIII), que mostra uma visão de mundo similar à da maioria dos homens de sua época, bem ajustada aos pressupostos do patriarcado e da Igreja. Ele exibe sua misoginia e seu sexismo com naturalidade, sem nenhum pudor. Ele gosta muito da palavra pudor, mas aplicada às mulheres.

Eu fui educada para a domesticidade, a submissão e a obediência. Gosto de roupas boas e entendo do assunto, pois minha mãe assim me educou. Como mulher, minha função será agradar meu marido, por isso não gosto de trajes espalhafatosos. Minha mãe me ensinou que, no vestir, a mulher deve aliar elegância e simplicidade. Fujo do que brilha e escolho o que me cai bem. Não sigo a moda; prefiro as cores e os modelos discretos, que fiquem bem em mim. Quem me olha logo pensa: eis uma jovem que cultiva a modéstia e o recato, perfeitamente encaixada no figurino do patriarcado. Segundo meu idealizador, tenho todos os talentos naturais que precisaram ser treinados até a exaustão, porque, apesar de "naturais", minha verdadeira natureza se rebelava contra o treinamento. Para me tornar a esposa perfeita, exercitei a voz e o canto com precisão e gosto; pezinhos para andar rapidamente com graça e simplicidade e para fazer reverência em todo tipo de situação, sem constrangimento. Recebi aulas de canto do meu pai, e a professora de dança foi minha mãe. Tive aulas básicas de cravo e sozinha aprendi a tocar muito bem. Fui educada com esmero nos trabalhos próprios do meu sexo, desde muito cedo. Corto e costuro meus vestidos, sou boa em trabalhos de agulha, mas a renda é minha preferida. Fui treinada por minha mãe para ser exímia dona de casa. Entendo de copa e cozinha, sei os preços dos produtos, conheço as qualidades e faço as compras e as contas. Minha educação em leitura e contas é rudimentar, só o necessário para a função de dona de casa. De algum tempo para cá,

REFLEXÕES SOBRE AUTONOMIA FEMININA DA EVA PRIMORDIAL AOS DIAS ATUAIS

visando ao meu treinamento, minha mãe me fez despenseira de nossa casa. É uma tarefa em que coloco todo o esmero para facilitar meu desempenho futuro como esposa. Isso será agradável ao meu marido, e é isso que ele espera. Sou excessivamente exigente com limpeza e ordem. Minha mãe ensinou ser esse um dos principais deveres e um dos mais importantes na vida de uma mulher.

Eu era gulosa, mas minha mãe me ensinou o hábito da sobriedade em tudo, inclusive à mesa. Por ser conveniente, afastei-me da gulodice, uma sensualidade grosseira[65]. Nunca experimentei vinho, nem outras bebidas. A água pura me satisfaz. Gosto de tudo o que é bom e sei contentar-me com pouco para não desagradar os outros, observando e evitando tudo o que seja impróprio a uma mulher. Eu sou muito amável no trato com as pessoas, jamais levanto a voz (ROUSSEAU, 2014, p. 577 a 581).

Sou muito sensível, choro com facilidade. Se cometo um erro banal, eu me reprovo. Se me punem, não levanto a voz, não reclamo (da injustiça); sou dócil e submissa; se erro, fico muito envergonhada porque não fui devidamente atenta ou não soube me controlar (p. 580-581). Por isso é fácil conviver comigo: suporto com paciência os erros dos outros e procuro reparar imediatamente os meus. Certa vez, minha mãe disse que *a mulher foi feita para ceder ao homem e para suportar até sua injustiça.* Fiquei surpresa com esta afirmação, mas ela me explicou que com os meninos é diferente. *Nunca reduzireis os meninos ao mesmo ponto; o sentimento interior ergue-se e se revolta dentro deles contra a injustiça; a natureza não os criou para tolerá-la.* (ROUSSEAU, 2014, p. 581)

Minha cultura não é brilhante nem sólida, como convém a mim. Um grande amigo de meus pais afirmou que a mulher intelectual é o flagelo de seu marido, dos filhos, dos amigos, de todo mundo. Da altura sublime de seu belo gênio, ela desdenha todos os seus deveres de mulher. Disse também que há escritoras que publicam livros, mas estes não são originais. Há sempre um homem de letras que lhes dita em segredo os seus oráculos. Essa charlatanice é indigna de uma mulher de bem. Mesmo que tivessem talento real, sua pretensão as aviltaria, porque a sua dignidade é ser ignorada, sua glória está no apreço de seu marido; seu prazer na felicidade da família. Segundo esse amigo, *A mulher deve desejar a mediocridade em tudo* (ROUSSEAU, 2014, p. 600 a 602).

---

[65] A temática da simplicidade no vestir, da limpeza e da gulodice também aparecem no livro de Frei Luis de León, *A Perfeita Mulher Casada.*

Eu entendo e me submeto ao duro treinamento da obediência e da submissão imposto por meus pais. Essas serão as virtudes mais importantes para eu ser feliz. Esforço-me para não desagradar os que me educam com tanto rigor. Aí está o segredo da minha felicidade e a do homem com quem me casar".

Envergonhada por ter falado tanto, Sofia se cala.

O autor se derrama em alegria porque tanto sua metodologia quanto a maleabilidade de seus modelos humanos hipotéticos foram um sucesso. Alegra-se também pelos pais de Sofia que conseguiram treiná-la para ser a esposa perfeita:

> *Adorável ignorância. Feliz aquele que lhe foi destinado para instrui-la. Ela não será a professora de seu marido, mas sua discípula; longe de querer submetê-lo a seus gostos, adquirirá os dele. Por isso será melhor para ele que ela não seja culta. Ele terá o prazer de ensinar-lhe tudo.* (ROUSSEAU, 2014, p. 602).

Inacreditável. As ideias propostas em *Emílio* influenciaram por 200 anos a educação de meninos e meninas. É quase certo que alguns ranços continuem direcionando a socialização de crianças e de adolescentes; influenciando a vida de homens e de mulheres, em plena era contemporânea. Se a sociedade aceita o modelo, a Igreja avaliza, a família replica e apoia.

Entretanto, é pertinente assinalar: apesar da força da proposição de Rousseau nem todas as M e nem todos os educadores seguiram a cartilha. Alguns foram defensores lúcidos da educação e intelectualização feminina, a exemplo de Barão d'Holbach (1723-1789), Condorcet (1743-1794), John Stuart Mill (1806-1873) e no Brasil, Nísia Floresta (1810-1855).

Os entraves na área da educação feminina só diminuíram. Às M ainda são interpostas barreiras insuspeitadas não só para estudar, mas também para pôr em prática seus conhecimentos, principalmente no campo da Ciência. O artigo abaixo refere-se à apropriação de um achado científico:

Jornal Zero Hora (Revista ZH Donna, 09.03.2003, p. 6) (artigo de Moacyr Scliar) – *A mulher por trás do DNA*. A descoberta do DNA foi um marco na história das ciências biológicas. Dos grupos que trabalhavam para descobrir seus mistérios, destacavam-se o de Francis Crick e James Watson (Universidade de Cambridge) e o de Maurice Wilkins e Rosalind Elsie Franklin (King's College London). Brilhante pesquisadora, usando a difração dos raios-x para estudar o DNA, concluiu que ele deveria ser longo e fino, sua estrutura devia ser repetitiva e deveria ter a forma de uma hélice, feito uma escadaria em espiral. Tais descobertas demandavam custosos e complexos cálculos matemáticos. Ela os fez com precisão e clareza. Quando os estudos de Rosalin estavam nesse ponto, seu parceiro de pesquisas resolveu mostrar aqueles achados a Watson, chefe da outra equipe. Watson se apropriou daqueles achados e acelerou as pesquisas, chegando ao resultado esperado, imediatamente reconhecido, que o consagrou. Ela aceitou o sucesso deles. Morreu aos 38 anos, em 1958, de câncer, possivelmente em consequência da exposição prolongada à radiação. Em 1962, os citados pesquisadores receberam o prêmio Nobel de Medicina pela descoberta da estrutura do DNA. A Rosalin jamais foi dado crédito algum por sua brilhante pesquisa que permitiu à equipe de Watson o sucesso. A trajetória das mulheres nas ciências, classicamente considerada masculina, nunca foi fácil. Daí ser reduzido o número de cientistas mulheres. Mas Marie Curie, Rosalin e outras mostraram que a vocação para a ciência não está unicamente no DNA masculino, aponta o articulista.

É verdade. Jovens pesquisadoras brasileiras estão provando para as meninas ser possível romper os entraves e alcançar o topo:

O Estado de S. Paulo (Geral, 06.02.2000) – *Cresce a participação da mulher na área científica.* Mais de 50% dos cientistas com menos de 30 anos e 61% dos de menos de 25 anos são do sexo feminino. Dados extraídos do CNPq revelam que, há 40 anos, três de quatro cientistas eram homens. Hoje, as mulheres representam 41% deste universo, confirmando o avanço feminino na área científica. Motivo de orgulho, a geneticista Anamaria Camargo, pesquisadora de 28 anos e pós-doutoranda, foi responsável pela ideia que permitiu juntar todas as peças do sequenciamento genético da bactéria "Xylella fastidiosa", uma das principais pragas da laranja.

Correio Braziliense (Brasil, 27.10.04, p. 16) – *Jovens, Cientistas e Mulheres.* Todos os vencedores do Prêmio Desenvolvimento Científico entregues em 2004 pelo CNPq são do sexo feminino. O fato é inédito na história da premiação.

Comentário impertinente: e hoje, quase 20 anos depois?

Correio Brasiliense (Ciência, 12.01.10, p 20) – *Uma cientista brasileira na Nasa* (entrevista com Duília de Mello). A pesquisadora da Nasa Goddard Space Flight Center fala de um de seus recentes estudos, a descoberta de um berçário de estrelas fora das galáxias. Não sou a primeira brasileira a trabalhar na Nasa. Sei da existência de, pelo menos, quatro, e isso é motivo de orgulho.

Correio Braziliense (Saúde, 22.03.11, p. 23) – *Novas fontes de cura*. Pesquisadoras da USP descobrem novas formas de reconstrução óssea com células-tronco retiradas de tubas uterinas e de polpa de dente de leite. A equipe é liderada pelas geneticistas Maria Rita Passos-Bueno, Mayana Zatz e pela bióloga e doutora em Ciências, Tatiana Jazedje Costa e Silva. Elas trabalham no Centro de Estudos do Genoma Humano da Universidade de São Paulo (Cegh-USP). Ainda na fase intermediária, a pesquisa, largamente promissora, tem um longo caminho pela frente.

Na atualidade, milhares de M buscam educação e qualificação; empenham-se em conquistar autonomia. Nísia Floresta (1810-1885) representou o anseio de todas. É considerada a pioneira do feminismo no Brasil, ao publicar *Direitos das Mulheres e Injustiça dos Homens,* nos idos de 1832, há quase dois séculos. Usava a escrita para reivindicar igualdade de direitos e sua primeira preocupação era a educação. Suas obras tratavam da ausência de participação da M no mundo e dos limites impostos pelos H, particularmente os relacionados à educação feminina: para eles, não interessava contrariar um modelo de sociedade que lhes havia dado o domínio. Nísia, em 1853, iniciava o livro *Opúsculo Humanitário* assim: "enquanto pelo velho e novo mundo vai ressoando o brado – emancipação das mulheres - nossa débil voz se levanta clamando: educai as mulheres". Ela foi uma voz dissonante, denunciando a condição de ignorância e subalternidade em que viviam as M no Brasil.

Ao contrário de Nísia Floresta, o educador José Veríssimo (Dias de Matos), logo após a Proclamação da República no Brasil (1890), há pouco mais de 100 anos, na obra *Educação Nacional,* advogava uma educação adequada para as M:

> *Todo programa de educação precisa atender a duas condições quais sejam o interesse do educando e o interesse da coletividade. A mulher brasileira tem de ser mãe, esposa, amiga e companheira do homem; a primeira mestra dos seus filhos; conselheira e confidente natural do marido, dona e reguladora de sua casa, com todos os demais deveres relativos a cada uma destas funções.* (idem, p. 448)

Pela proposta, o interesse da educanda não foi considerado.

Observando a sociedade, há centenas de travamentos para que os indivíduos desenvolvam autossuficiência e alcancem autonomia relativa. Dentre esses travamentos, destaca-se a pobreza. Em sentido amplo, a pobreza parece ser fruto do descompromisso do poder público e descaso da sociedade: não parece natural o ser pensante ser indigente. Por hipótese, a raiz da pobreza material e da pobreza intelectual pode estar relacionada com a falta de acesso à educação. Não saber ler e escrever apresenta-se como principal barreira para o H ou a M romper o ciclo da pobreza e da submissão, em qualquer nível.

Embora a indigência, no geral, não valorize a escola, o poder público não investe em educação como deveria. Parece haver um cálculo político com duas vertentes: a primeira, educação é projeto de longo prazo e não rende votos; a segunda, mais sutil e mais perversa, povo letrado tem o hábito de pensar. Povo letrado não precisa de um prato de comida, ele próprio o põe na mesa. Povo letrado não costuma confiar na bela estampa, não se impressiona com promessas grandiosas, palavrório vazio. Quer projetos minimamente exequíveis que beneficie o país como um todo.

O poder público finge importar-se com a educação, mas não há estímulo para as pessoas adentrarem o mundo do conhecimento e das ideias. Para que escola, se ela vai minguar a massa de manobra da próxima eleição? Os políticos sabem: se universalizarem a educação terão de desenvolver um projeto consistente de país e serem gestores melhores. Se quiserem seguir a carreira política terão de estudar e se profissionalizar tal qual seus eleitores. Terão que colocar o bem público e o dinheiro público rigidamente separados de seus interesses particulares. Infelizmente, no Brasil de hoje, até boa parcela do povo letrado atua na contramão do esperado.

O resumo da reportagem a seguir mostra o descaso com a educação. O panorama do ensino é preocupante:

Correio Braziliense (Opinião, 15.04.17, p. 8) – *Visão do Correio: jovens fora da escola.* Apesar dos avanços na universalização do ensino, 2,5 milhões não frequentam a escola, seja por falta de acesso, seja por evasão.

Educação e autonomia caminham juntas. Ao longo das eras, as premissas do patriarcado criaram uma muralha impedindo as M à conquista da autonomia. Entretanto, a educação é como a água na base dessa muralha: enfraquece a estrutura do patriarcado, permitindo a M avançar, retirar o entulho e partilhar o poder. Partilhar conhecimento é a vocação natural da humanidade: desacelera os conflitos e torna H e M seres humanos melhores.

Ao pensar na força da educação e dos livros, é bom saber que tipo de informação e conhecimento são repassados aos estudantes. A rigor, a escola precisa cumprir seu papel de oferecer conhecimento e, principalmente, desenvolver a capacidade de pensar criticamente, comparando, analisando e escolhendo a informação significativa. É importante a escola manter isenção quanto aos conteúdos, apresentando ao aluno formas diferentes de pensar a realidade. Nem sempre é o que acontece. Por exemplo:

Revista Veja (11.02.09, p. 84-87, Especial) – *Onde Darwin é só mais uma teoria*. Nas escolas evangélicas, os alunos aprendem que o evolucionismo existe, mas a razão está com a Bíblia. As escolas brasileiras ligadas a instituições religiosas sempre ensinaram o criacionismo. [...] Na maioria das escolas mantidas por confissões evangélicas, o criacionismo passou a ser ensinado também nas aulas de ciências e biologia, dividindo território com o evolucionismo de Darwin. Informa-se aos alunos que, entre as duas teorias, a escola prefere aquela amparada na Bíblia. As escolas católicas, embora sustentem os dogmas bíblicos, adotam a orientação do MEC: "o criacionismo é para ser ensinado e discutido na aula de religião". Dilnei Lorenzo, secretário executivo da Associação Nacional de Educação Católica, assim se posiciona: "Sabemos que o criacionismo é uma teoria de fé e que o evolucionismo é ciência" – esclarece.

A educação influi fortemente a economia e representa um de seus pilares. É a opinião de Zeina Latif. Ela sabe do que fala:

Correio Braziliense (09.10.17, p. 6) – *Crescimento só se sustenta com educação*. A economista-chefe da XP Investimentos, Zeina Latif, considera a melhoria na educação um dos principais desafios do país para aumentar a renda e a produtividade – destaca.

A educação e o livro promovem mudanças profundas e permanentes na vida dos indivíduos. Resgata gente da pobreza. Mostra caminhos de realização insuspeitados. Forma, qualifica e recicla profissionais, por exemplo:

Revista Veja (09.08.17, p. 95) – *A Educação me salvou*. A prof.ª Diva Guimarães, negra de 77 anos, conta que trabalhou como empregada doméstica, colheu algodão e ajudava a mãe a lavar roupa de famílias em troca de material escolar para ela e mais 12 irmãos. Quando passou no vestibular da universidade federal, em Curitiba, um padre da cidade perguntou à sua mãe se ela sabia o que acontecia com as moças que saíam de casa para estudar: negras viravam alcoólatras e prostitutas. Minha mãe não deu importância. A educação me salvou, afirma.

Correio Braziliense (Opinião, 04.12.13, p. 13) – *A revolução do Ensino* (Rui Martins Altenfelder Silva, presidente do Conselho de Administração do CIEE – Centro de Integração Empresa-Escola). Ele registra três histórias de sucesso e superação por meio do ensino:

REFLEXÕES SOBRE AUTONOMIA FEMININA DA EVA PRIMORDIAL AOS DIAS ATUAIS

- Ivanilde Costa dos Santos, aos 30 anos, tinha dificuldade de ler e escrever. Depois de 18 meses desempregada, arriscou e matriculou--se no programa gratuito de alfabetização e suplência, mantido há 15 anos pelo CIEE. Ela tomou gosto pela escola e por artesanato, resolveu fazer outros cursos, conseguindo montar um quiosque, onde vende suas criações e mantém a família.

- Erismário de Jesus Cardoso tinha 17 anos e achava que escola não era importante. Trabalhava como carroceiro quando conheceu o programa do CIEE. Agora planeja cursar faculdade. Encara o estudo como fundamental para conquistar uma vida melhor

- Samuel Martins, aos 40 anos, entrou para o programa do CIEE, cursou a suplência, passou no vestibular para Educação Física e, quando terminar o curso, planeja especializar-se em gestão esportiva. É o sonho de Samuel.

Para essas pessoas e para milhões de outras, a escola fez e faz a diferença.

A educação pode ser usada no combate à violência intergênero, ensinando às crianças respeito mútuo, reeducando e responsabilizando o H e a M. O embaixador da União Europeia no Brasil pensa desta forma:

Correio Braziliense (Opinião, 08.03.17, p. 13) – *Basta de violência contra as mulheres* (João Gomes Cravinho, embaixador da União Europeia no Brasil). O embaixador da União Europeia avalia que não há uma resposta única para combater a violência contra as mulheres e mudar os padrões culturais, dando um basta à violência de gênero. A educação apresenta-se como a medida mais importante por estar no cerne de qualquer mudança social – afirma.

A educação também tem o extraordinário poder de humanizar e devolver a esperança a pessoas em instituição total (presídio), por exemplo:

Correio Braziliense (Cidades, 24.10.08, p. 32) – *Revolução sem armas*. Leitura de romances e poemas em presídio feminino muda rotina de ócio e conflitos e dá asas ao sonho. Após a inauguração da biblioteca no pre-sídio feminino de Brasília, em lugar de briga e discussão, as presas leem, discutem literatura e se emocionam. Percebem-se pessoa em meio a livros e rumos nunca imaginados. E o silêncio, antes impensado, reina. Nas mãos, livros; nos olhos, o brilho da descoberta; no pensamento sem fronteiras, a melhor das viagens: a liberdade. Quem lê muda até o jeito de pensar, diz uma detenta. O presídio hoje é outra realidade. Antes, apenas 70 presas estudavam. Hoje são 215 (ano-base 2008), esclarece Ivone Torres Lima, chefe do Núcleo de Ensino.

Mas qual o papel do feminino na educação? Na contemporaneidade, qualquer M pode e deve assumir o seu papel na educação. É possível educar a criança para desenvolver independência e autonomia dentro de sua capacidade. É possível reeducar o adulto. Para essa tarefa, cada M, em sua singularidade, precisa desenvolver o melhor de si para iluminar com ideias, conselhos, sensatez e exemplo e tornar-se, com naturalidade, uma educadora.

Livros

Diretamente ligado à educação, livro é um bem precioso e transcende seu autor. Democrático e universal, guarda o conhecimento acumulado ao longo do tempo. Também pode consolar, pacificar, gerar esperança, curar. Por isso, os mosteiros e os homens cultos guardavam os livros a sete chaves; reverenciavam o saber e o conhecimento universal. Entretanto, a ignorância, a ideologia e o dogma, não: *Queimai as bibliotecas, pois o que elas têm de precioso está neste único livro.*[66]

Mesmo antes de Cristo, o conhecimento assustava o poder. *Em 213 a.C., o imperador Shi Huandi mandou destruir qualquer livro que pudesse remeter ao passado* (BÁEZ, 2006, p. 25).

Os primeiros livros vieram à luz na Suméria, região da antiga Mesopotâmia, hoje Iraque, há, aproximadamente, 5,3 mil anos (Idem, p. 31). A escrita cuneiforme foi o primeiro registro sistematizado de fatos daquele tempo.

Por volta de 3.300 a. C., foram criadas as primeiras bibliotecas, cujas prateleiras incluíam registros econômicos, lista lexicográficas e catálogos de flora, fauna e minerais. Assurbanipal (690-627 a.C.), rei assírio, foi o primeiro grande colecionador de livros do mundo antigo (BÁEZ, 2006, p. 33-38).

Ao longo da história humana, desde as tábuas sumérias até a avançada digitalização de livros da era contemporânea, o livro foi e é destruído por agentes naturais, pelo descaso e por ação deliberada. Mas o período crítico para a existência do livro foi a Idade Média, não sem motivo chamada Idade das Trevas, era do obscurantismo, do cerceamento da liberdade de pensamento, da proibição e destruição sistemática de livros. Ontem e hoje, o livro é destruído com a intenção de aniquilar o patrimônio de ideias nele contido.

---

[66] Califa Omar (586-644), ao ocupar Alexandria, aludindo ao Alcorão (BAÉZ, 2006, p. 214).

Index

O *Index Librorum Prohibitorum* (Índice de Livros Proibidos) era uma lista de publicações consideradas heréticas, anticlericais ou lascivas proibida pela Igreja Católica. A primeira versão do *Index* foi promulgada por Paulo IV, em 1559. Este documento foi regularmente atualizado até 1948, a 32ª edição. A lista continha 4 mil títulos. O *Index* foi abolido pelo papa Paulo VI, em 1966; vigorou 410 anos. Discretamente, a Igreja ainda patrulha a leitura dos católicos por meio da emissão de advertências em relação a certas obras. Dois exemplos: *O Código Da Vinci* de Dan Brown e a série *Harry Potter*, de J.K. Rowling receberam o selo de advertência. A Igreja se defende: a seriedade e atenção nessa esfera é demonstrada pelo cuidado maternal da Igreja em proibir maus livros. Livro é conhecimento. Eva ainda assusta os padres.

Registrando: não só a Igreja Católica destruiu e proibiu e ainda proíbe livros. Ao longo da História, outras religiões e governos também proibiram obras e ainda o fazem. Por exemplo, durante o Nazismo, a maioria dos bispos alemães viu em Hitler o baluarte contra o bolchevismo e a peste da literatura obscena, clara referência a um livro incluído no *Index* e confiscado pelo regime nazista. Era o livro *O casamento levado à maior perfeição do ponto de vista fisiológico-técnico* do ginecologista holandês, Theodor Hendrik van de Velde. A condenação veemente da obra deve-se às proposições nele contidas. No Ocidente cristão, onde o prazer sexual era suspeito, condenado e punido, o livro removeu tabus das relações físicas dos casais. O autor argumenta a favor da busca de maior prazer por meio variações da posição sexual convencional ou canônica. Van de Velde se preocupava com a fidelidade e o amor entre os cônjuges e, por partilhar do pensamento católico sobre divórcio, contracepção e coito interrompido, achava que "meus pontos de vista não contradizem a moralidade católica". Engano. O livro foi para o *Index*. A Igreja esbravejou em vão. A obra, originalmente publicada em 1926, teve 15 edições até 1930 (RANKE-HEINEMANN, 1996, p. 294-295).

Opus Dei

Não obstante a contemporaneidade, ainda há ranços milenares rondando a liberdade de pensamento de H e M. Por exemplo, na organização religiosa Opus Dei, ainda subsiste um *Index* funcionando sob o disfarce de censura. A lista de livros proibidos está no site www.odan.org, diretório Index Forbiden. A classificação vai de um a seis. A leitura de livros do nível 6 é proibida. Havia

6.982 livros assim classificados, até maio de 2006. Estão lá não só os livros do ateu José Saramago, mas também a obra de Descartes, explica a autora de *Opus Dei* (p. 105). A listagem deve ter aumentado nesses 16 anos. O Opus Dei nega veementemente que haja tal *Index*. Informa que apenas recomenda seletividade de leitura para não atrapalhar o progresso e a vida espiritual dos seus adeptos. Não é o que relatam os jovens egressos da organização.

Sob qualquer circunstância e quaisquer argumentos, a interdição a livros é um atentado à inteligência. Serve de alerta a H e M, pais e professores e a cada indivíduo em particular, porque livro é conhecimento. Livro patrocina mudança. Livro liberta. É hora de perguntar: por que a interdição? Naturalmente aqui se excetuam obras e textos que se refiram à violência, ao crime, ao suicídio, às drogas e correlatos.

Na atualidade, com a democratização do livro, muitas pessoas ficam surpresas quando tomam conhecimento da proibição e/ou destruição de obras, por exemplo:

G1 (06.02.2020) – *Documento da Secretaria de Educação de Roraima manda recolher das escolas, Macunaíma e mais 42 livros; secretário diz ser rascunho.* Na lista, constam, além de *Macunaíma, Memórias Póstumas de Brás Cubas* e *Os Sertões.* Argumento: as obras apresentavam conteúdos inadequados às crianças e aos adolescentes. O documento existe, mas a ordem não chegou a ser cumprida.[67]

As pessoas também se surpreendem quando descobrem que muitas cidades brasileiras médias não têm biblioteca. Nesse sentido, o poder público fez o movimento para corrigir a falha. Alguns políticos tomaram como afronta:

Correio Braziliense (Caderno C, 22.03.2009, p. 8) – *Bibliotecas: alguns prefeitos são contra* (Affonso Romano de Sant'Anna, diretor da Fundação Biblioteca Nacional). Leitura é uma vacina. E há quem tem medo dela. Em uma reunião em São Paulo, fui informado de que, dentro de alguns meses, será anunciado: todos os municípios brasileiros teriam uma biblioteca. Não mais. Alguns prefeitos não querem bibliotecas em suas cidades. Talvez nunca tenham visto um livro e temem que o livro morda – ironiza o diretor da Fundação Biblioteca Nacional.

Aqueles prefeitos avaliaram corretamente. O livro morde mesmo. Eles rejeitam a biblioteca porque livro tem o poder de transformar as pessoas e as comunidades; tem também o poder de incomodar os ignorantes, os muito crédulos e os déspotas.

---

[67] https://g1.globo.com/ro/rondonia/noticia/2020/02/06

Livros e fatos

Para reflexão, há dois livros e dois fatos históricos que parecem guardar estreita relação entre si. O livro *Malleus Maleficarum* seria um desdobramento do *Genesis* bíblico? O Holocausto Nazista seria um desdobramento da Inquisição? Há pontos de convergência irrefutáveis. Em relação aos livros, as duas obras tratam de poder e suas consequências. No *Genesis,* o poder patriarcal se incompatibilizou com o sexo e a M: gerou a maldição. No *Malleus,* o poder clerical demonizou o sexo e a M: gerou perseguição e morte.

Fatos: a Inquisição persegue o diferente, a mulher-bruxa. Ela trazia suposto malefício; detinha o conhecimento (médico) e liderança na comunidade. Eram poderes que inspiravam cobiça aos detratores. Matam pelo fogo. O Holocausto persegue o diferente ou que traria o suposto malefício da genética degenerada e detinha o dinheiro, também uma forma de poder que os detratores cobiçavam. Matam pelo fogo.

CAPÍTULO XXII

TRABALHO

Segundo o *Dicionário Houaiss*, *trabalho* é lida, faina, luta; conjunto de atividades produtivas ou criativas que o homem exerce para atingir determinados fins; atividade profissional regular, remunerada ou assalariada.

Hirata registra: A feminização do trabalho é uma das maiores mutações sociais do final do século XX. A mutação teve início nos anos 1960 e continuou nas décadas seguintes. No espaço de aproximadamente 50 anos as mulheres se tornaram quase metade dos trabalhadores.

A Bíblia fala sobre trabalho, conforme *Genesis* (3, 17-19).

> [...] *porque comeste o fruto da árvore que eu havia proibido, maldita seja a terra por tua causa. Tirarás dela com trabalhos penosos o teu sustento todos os dias de tua vida. Ela te produzirá espinhos e abrolhos, e tu comerás a erva da terra. Comerás o pão com o suor do teu rosto.*

Foi assim que o Deus bíblico amaldiçoou a terra e a atividade laboral. Trabalhar é indigno, um castigo, e talvez por este motivo, criou-se a escravidão. Entretanto, a Natureza, em contraposição a este Criador, nega a maldição e trabalha sem cessar.

Natureza e trabalho

Analisado num sentido mais amplo, trabalho é todo movimento de quebra da inércia. Sob esta ótica, a Natureza, em todos os seus seguimentos, trabalha sem cessar. A Terra executa os movimentos de rotação e translação. As placas tectônicas se ajustam continuamente. O oceano com suas ondas e suas marés. A chuva alimenta o lençol freático. Os rios correm para o mar. O vento forma dunas, esculpe em rochas. Os vulcões são espirros, quando a terra está congestionada.

E o milagre da vida? O livro *Brumas de Avalon* faz uma observação interessante: "a flor é apenas o começo, na semente está a vida e o futuro". O movimento da semente para o *vir a ser* merece reflexão. A semente trabalha duro no esforço de germinar, crescer, florir, frutificar. Depois do fruto maduro, generosamente, a árvore abre mão. E volta a trabalhar. A cotidianidade faz com que esses extraordinários eventos sejam vistos como banais. Não são. A Natureza está ensinando o caminho da realização pelo trabalho: todos os seus seguimentos trabalham em busca de equilíbrio. Também mostra ser a atividade laboral um mandato para tudo o que existe e para qualquer indivíduo.

Por fazer parte da Natureza, o ser humano também começa a vida com esforço. O óvulo fecundado, no instante imediato, começa a se dividir. A divisão celular será um trabalho que as células executarão até o final da vida daquele indivíduo, no contínuo movimento de renovação. A criança faz força para nascer. Trabalha para respirar e a partir de então toda a sua vida será envolvida em movimento e trabalho.

Então, por que o patriarcado negou e, mesmo atualmente, ainda há casos em que se nega à M o acesso à educação e ao trabalho, forçando-a a se desenvolver numa única direção, sufocando o que ela tem de melhor: a inteligência, a criatividade, a afetividade genuína no cuidado com o outro?

Trabalho feminino e sociedade

A consolidação do patriarcado ao modo de referencial para a relação entre masculino e feminino afetou diretamente a liberdade das M. Para comparação, duas sociedades, sendo que uma delas tornou-se pilar da civilização ocidental. Os estudiosos assinalam que o Egito Antigo, ainda no sistema de semipatriarcado, registrou o maior nível de liberdade concedido às M na Antiguidade, por exemplo, o direito à propriedade privada, à educação e ao trabalho. Baseada em suas pesquisas, Noblecourt (1994) afirma que as mulheres escribas, por sua formação e qualificação, podiam exercer mais de 25 atividades na administração pública. Pode-se constatar também que, por documentos daquela época, independentemente de idade e sexo, os empregados recebiam remuneração igual para o mesmo trabalho.

Ao contrário da M egípcia, a condição da M grega e a da M romana é a domesticidade. *Cumpre assinalar que a mulher romana não desempenhava tarefas fora do lar, sendo raríssimos os exemplos em contrário* (SANTOS, s/data, p. 213). A partir da ascensão definitiva do patriarcado, a relação da M com trabalho remunerado oscilou entre alguma concessão ou nenhuma. O travamento generalizado da liberdade laboral feminina, ao modo de atividade significativa, deu-se, particularmente, com o advento da Revolução Industrial (1760) na progressiva e acelerada substituição da produção artesanal pela industrial, privilegiando a mão de obra masculina.

Da Grécia a Roma, até a década de 1960, a atividade laboral feminina, exceetuando cuidados de casa e filhos, oscilou de acordo com a necessidade determinada pela sociedade em dado momento. Muitos autores tratam desse tema.

Simone de Beauvoir descreveu a ligação entre trabalho e a capacidade de crescer, de transcender, tantas vezes ausentes nas M em virtude de seu próprio consentimento e da sua inércia. O menosprezo pelo trabalho doméstico por quem não o faz é decorrente da aceitação acrítica do status preferencial de padrões patriarcais de trabalho, determinados socialmente. Sem um trabalho que dê significado, o caminho da autonomia fica bloqueado. Panelas, pano de chão, fraldas, algum desses itens têm valor social reconhecido? Pontua a autora.

Thomson afirma:

> Sociedades em que as competências laborais das mulheres sejam consideradas tão economicamente valiosas quanto a dos homens tendem a produzir uma sociedade com maior paridade entre os sexos, ao passo que aquelas onde as competências masculinas predominam tendem a favorecer uma perda de estatuto das mulheres (2010, p. 22).

Kolbenschlag (1991) explica: o treino para a submissão levou o feminino a desenvolver uma postura mental de que a *finalidade principal de seu trabalho faz parte de um sistema de apoio para a promoção e preservação do poder masculino; a finalidade principal é servir em vez de realizar.* Talvez por isso, a M tenha desenvolvido o estranho raciocínio de que, sem o seu servir, o H não progride, não alcança o sucesso. Não é verdade. Ele não precisa de uma serviçal. Ele não precisa rebaixá-la e muitos nem gostariam. Certamente, a maioria deles preferiria uma companheira de verdade a um apêndice morrinhento.

Rousseau (2014, p. 524) corta na raiz a pretensão das mulheres de trabalhar fora:

> Se a mulher não se dedica ao lar, a que se dedicará? Estou falando de promiscuidade civil que confunde os 2 sexos nos mesmos empregos, nos mesmos trabalhos, gerando os mais intoleráveis abusos; estou falando da subversão dos mais doces sentimentos da natureza,

> *sacrificados a um sentimento artificial, como se não fosse preciso*
> *uma ligação natural para formar laços, como se não fossem o*
> *bom filho, o bom marido, o bom pai que fizessem o bom cidadão.*

A afirmação de Rousseau, "intoleráveis abusos", visava escamotear e negar os efeitos desvantajosos do casamento e, particularmente, da maternidade sobre a carreira profissional das M; visava a desencorajar e condenar as teimosas, ou as muito ousadas. Casamento e maternidade, ainda hoje, costumam frear a ascensão da M no trabalho. Esses fatores têm sido subestimados, representando alto custo profissional para elas:

> *Divididas entre a responsabilidade da mãe e do trabalho, as mulheres*
> *limitam seu crescimento na hierarquia das empresas. Para além do*
> *efeito misógino, a sub-representação das mulheres no topo, resulta*
> *de sua vontade de encontrar um equilíbrio entre a vida familiar e*
> *a profissional.* (LIPOVETSKY, 2000, p. 289).

Segundo Lipovetski (2000), o direito feminino ao trabalho foi tardio em relação a outras conquistas a exemplo do voto. A possível razão seria o medo tradicional dos H em relação à liberdade feminina; à recusa deles em reconhecer a autonomia das M em esferas sensíveis, a exemplo da sexual; ao recuo do trabalho doméstico a serviço deles e por eles perderem poder e controle em ambos; de sua vontade de controlar o corpo feminino e de perpetuar o princípio de subordinação do sexo frágil ao sexo forte. O novo ciclo, que alia reconhecimento social do trabalho das M e o acesso a atividades e à formação profissional em território reservado aos H, faz parte de uma conjunção de fatores mais ampla de três fenômenos: poder feminino sobre a procriação, diminuição do peso da família como objetivo único de realização da M e promoção relativa do referencial igualitário do casal. Ou seja, se o H sai para trabalhar, a M também; se a M se profissionaliza e ganha dinheiro, a distância entre o casal é reduzida. Aumentam a liberdade e a troca. Representa uma ruptura na maneira pela qual é construída a identidade feminina, assim como as relações entre os sexos. O autor não destaca, mas a educação é o referencial e o combustível de todas essas mudanças.

Creveld, em *Sexo Privilegiado* (p. 148-149), comenta ideias de Friedrich Engels a respeito de emancipação feminina por meio do trabalho. Engels, um dos mais destacados teóricos do comunismo, afirmava que o mais importante instrumento de emancipação das M era o trabalho. Ponderava que, antes da industrialização, sob o comunismo primitivo, H e M tinham sido iguais na atividade laboral. A industrialização tornou o trabalho masculino muito mais importante que o feminino. A propriedade, antes comum, era agora objeto de herança transmitida só aos varões. A combinação de propriedade privada e herança tornou-se fatal à posição social das M. O único meio de elas acabarem com a dependência econômica e social era participar da produção em larga escala em trabalho remunerado fora de casa. Engels considerava o trabalho doméstico improdutivo por definição.

Na mesma linha de Engels, August Bebel, fundador do Partido Social-Democrata Alemão, via a história da M como uma história de sujeição e degradação, cujas origens estavam em sua dependência econômica. Sob o socialismo, as M seriam libertadas, e a essência da liberdade era o direito de participar do trabalho produtivo e remunerado; sugeriu igualar H e M no que dizia respeito ao direito de família, além do direito ao voto. Foram proposições revolucionárias e ousadas. Se implementadas, pavimentariam o caminho da autonomia feminina. Mas, por estarem a serviço de uma ideologia, privilegiou-se a produção em massa, piorando a condição da M. Na prática, foi imposta a elas a dupla jornada, com dificuldades imensas para conciliar a vida doméstica e a atividade laboral fora de casa.

Hoje, num largo espectro, as M estão inseridas no mercado de trabalho. Entretanto, há um dificultador para o pleno reconhecimento da competência laboral feminina: o condicionamento leva alguns H a repararem no rosto, no corpo, na roupa, nos modos, mas falta boa vontade para observar e julgar a capacidade profissional delas; às vezes, mesmo naquele ambiente, ele vê a M ao modo de objeto sexual e se acha no direito de assediá-la. Por parte das M, não é inteligente esperar que os H mudem. A misoginia e o patriarcado ainda têm raízes muito profundas. Qualquer mudança só virá por meio delas. Educação, qualificação, competência, trabalho e autorrespeito têm ação similar à água em terra árida.

Educação e Trabalho

A mulher precisa confiar no poder da educação. É contraproducente descuidar de seus títulos, representativos de árduas conquistas. Para muitas, os títulos têm uma conotação negativa tão grande quanto o poder. Até porque eles são meio-enganchados. Elas tendem a não os valorizar, desistindo de uma chave para o reconhecimento e em consequência à ascensão profissional. Em geral, um título indica competência e qualificação. Não valorizar os títulos é o primeiro indicador de que a M encara o poder ao modo de risco pessoal. Só veem um lado: a possibilidade de errar, mas não a de acertar. Já entra perdedora. O ônus do NÃO é difícil para a M com seu arcabouço psicológico, pronta a obedecer e a servir. Dizer não ao filho, ao marido, ao padre, ao pastor, ao pai, à mãe; dizer não ao empregador e a si mesma. Mas é preciso aprender, treinar e praticar. Dizer NÃO de modo apropriado representa um grama a mais de liberdade; um grama a mais de autonomia.

A remuneração diferenciada da atividade laboral entre H e M parece ser um ranço das ideias do século passado. O pressuposto de menos-valia do trabalho feminino está entranhado na política das empresas e instituições, uma prática injusta. A mídia registra o preconceito na diferença salarial e na oportunidade de trabalho. Sem medo, as desbravadoras estão lá:

Correio Braziliense (Cidades, 03.03.11, p. 42) – *Salário mostra a injusta diferença*. Estudo revela que, embora mais qualificadas, as mulheres ainda ganham, em média, o equivalente a 70% da remuneração paga aos homens, para exercerem a mesma atividade.

A mídia também registra o esforço das M para se qualificarem profissionalmente:

Correio Braziliense (Economia, 13.01.13, p. 9) – *Recém-formadas e donas do mercado de trabalho*. Cada vez mais preocupadas em se qualificar, as mulheres já são maioria em 62 de 122 carreiras de nível superior, analisadas pelo IBGE. As moças frequentam mais a universidade. Na área de medicina, elas tiveram um salto, mas o acesso às especialidades é diferente para eles e para elas. A residente de pediatria do HMIB, Larissa Caetano, reconhece que a diferença existe. Nós não queremos ser iguais aos homens, até porque temos características diferentes. Em algumas especialidades temos de falar forte para conquistar espaço. As mulheres só querem ter acesso às mesmas oportunidades, até porque, no quesito competência, o gênero é indiferente. As áreas críticas são cirurgia, neurologia e ortopedia, aponta o jornal.

É interessante observar o movimento das M para se integrarem ao mercado de trabalho. Elas arregaçaram as mangas, estudaram, se profissionalizaram e corajosamente abriram espaço, inclusive nas profissões destinadas aos H. Um panorama deste avanço está registrado na mídia.

Mulheres de sucesso no trabalho e pioneiras em rompimento de preconceito:

Revista Veja (Comportamento, 25.02.98, p. 46) – *O fim do feudo masculino*. O sexo frágil não tem mais medo de nada. Dá sentença com toga de juiz, comanda empresas gigantes, maneja bisturis. A cada dia avança sobre feudos masculinos tradicionais. Já aparece na tropa de choque da PM, comanda boeing, constrói prédios. A mulher está na ponta da transformação da sociedade brasileira.

Correio Braziliense (Trabalho, 02.03.14, p. 1) – *As Desbravadoras*. A quantidade de mulheres em profissões consideradas masculinas ainda é baixa, mas elas não se deixam abalar por ser minoria e brilham no chamado emprego de homem. As profissões em que são minoria: pilotos, motoristas de carga, policiais, engenheiras, cirurgiãs.

Jornal da Comunidade (Brasília, Imóveis e Construção, 5 a 11.01.08, p. 2) – *Um toque feminino na construção*. Detalhistas e cuidadosas, as mulheres estão cada vez mais presentes no trabalho da construção civil.

O Globo (Segundo Caderno, 25.03.13, p. 3) – *A Capitã Do Copacabana Palace*. Rosimar é a primeira mulher na função de capitã-porteira na história do hotel.

Gazeta do Povo (05.06.06, Transportes) – *Raridade no porto: mulher no comando de navio*. A alemã Seeda Katharina Fink é a primeira capitã a atracar em Paranaguá. No Brasil, há uma mulher no posto de comando de um navio da Petrobrás.

Revista Cláudia (out. 2009, p. 162-172) – *A Usina das 700 Mulheres*. Elas já desviaram um rio. Agora furam pedras, explodem rochas, dirigem máquinas pesadas. Elas trabalham no canteiro de obras da Hidrelétrica de Santo Antônio, em Rondônia. Tem a dinamitadora Zyvane Leite Lira, de 34 anos; Fernanda Medeiros, 30 anos, opera a perfuratriz hidráulica de 13,5 toneladas; a sinaleira Marta Santos, de 23 anos, após a explosão, controla com gestos o fluxo de máquinas pesadas na grande cava com 35m de profundidade e 150m de diâmetro; a carpinteira Laudeci Braz, de 35 anos, prepara as formas para a fundição do concreto; e tem a soldadora Helena Correia de Souza, de 43 anos. O cotidiano dessas mulheres é duríssimo. Não reclamam do trabalho pesado; elas reclamam dos preconceitos masculinos em relação à mulher no canteiro de obras; da dificuldade de os homens aceitarem a supervisão de uma mulher e da inveja por elas serem tão competentes.

O Estado de S. Paulo (Negócios, 08.12.04, p. B16) – *Cresce o número de mulheres na tecnologia*. Num ambiente até pouco tempo domínio exclusivamente masculino, as mulheres conquistam cada vez mais espaço. Cada vez mais executivas ocupam a primeira posição do setor de tecnologia de grandes empresas, aponta o jornal.

É fascinante observar a trajetória feminina desde a ancestral das cavernas até a contemporaneidade. Como em todos os tempos, sua rotina devia ser feita de trabalho. A M moderna traz em sua bagagem inconsciente a experiência de sua ancestral e a atividade laboral é quase uma vocação. A evolução tornou o cérebro maior. Com o acesso à educação, os talentos foram aperfeiçoados. Quanto mais as M estudam e se qualificam, mais elas têm acesso ao trabalho significativo, à Ciência e à Tecnologia e às instâncias de poder, por mérito próprio.

CAPÍTULO XXIII

IDENTIDADE FEMININA

Segundo o *Dicionário Houaiss, identidade* é a consistência da própria personalidade; conjunto de características e circunstâncias que distinguem uma pessoa ou uma coisa e graças às quais é possível individualizá-la.

Ideias sobre identidade feminina:

1. Uma mulher nunca deve conferir a um homem o poder de determinar como se sente em relação a si mesma. Nenhuma pessoa deve ter este tipo de poder em quaisquer circunstâncias (COWAN, p. 113).

2. Se a mulher desconsidera a ideia de que uma parcela da natureza masculina subsiste em si e se engasga com a simples ideia de que o masculino faz parte do feminino, não conseguirá compreender como as polaridades funcionam juntas (ESTÉS, 1999, p. 603).

3. De acordo com Estés a mulher se violenta para se parecer com os homens e para agradá-los. Ela vai contra si própria e se desconecta de sua essência. A cultura reprime a natureza instintiva das mulheres e pune todas as que se rebelam.

4. Segundo Studart (1982, p. 50) pela primeira vez, muitos fatores se combinaram para retirar a mulher do "choco psicológico" e colocá-la frente ao mundo, capaz de usar sobre ele a sua inteligência e suas emoções.

5. Sofremos por acreditar no mito do amor romântico, como se a mulher não existisse sem o homem. (Revista *Marie Claire*, nov. 2011, p. 7)

6. Algumas mulheres consideram que a identidade feminina sofre arranhões na velhice. Não é verdade. O avanço da idade pode representar ganhos insuspeitados.

Ainda no útero, define-se a identidade física de um futuro H ou de uma futura M. No parto, estabelece-se a certeza, menino ou menina. O choro é a primeira manifestação de vida independente. O milagre daquele momento é eternizado pelo umbigo, a cicatriz a que se seguirão centenas de outras, neste mesmo corpo e nesta mesma alma, em busca de sua identidade plena. A biologia, a ciência e o senso comum consideram os gêneros[68] masculino e feminino a primeira definição da identidade.

A partir desse reconhecimento, desdobrar-se-á a vida do indivíduo e será definido seu lugar no mundo. O corpo é a definição física concreta da pessoa e grande parcela da humanidade admite que a identidade vai além. Para esses, o corpo seria o receptáculo da alma, o princípio inteligente que rege a vida física, psíquica, emocional e espiritual do H e da M.

Identidade feminina e educação

Este indivíduo que acaba de chegar ao mundo é imaturo e inexperiente. Oferecer a ele condições para crescer e experimentar cabe à família e à sociedade. A educação está diretamente ligada à construção da identidade masculina ou feminina, a qual deverá ajustar-se às normas de convivência da comunidade de origem. A formação da identidade do menino é direcionada a pensar em profissão, poder e mando, mas a formação da identidade da menina está envolta em fantasia.

Segundo Beauvoir, em *O Segundo Sexo,* a educação insufla na menina o coquetismo: uma intervenção dos adultos. Os adultos também persuadem o menino de que os H são superiores às M, daí as exigências em relação a ele serem maiores. Esta noção abstrata reveste-se de um aspecto concreto: encarna-se no pênis. Se o menino tem a genitália reconhecida e valorizada, em relação à menina nem mães nem tias têm reverência por seus genitais. Têm vergonha. Silenciam sobre esse órgão secreto, escondido entre muitas dobras. A maioria das mães e tias foi ensinada que a genitália feminina é feia e suja (s/data, p. 17-18; vol. 2).

A percepção negativa de algumas M em relação aos órgãos genitais femininos está errada. A Natureza nega esta percepção, apresentando-os com grande esplendor, por exemplo, as orquídeas têm o *design* perfeito da genitália feminina, seguidas das flores das leguminosas e de muitas outras espalhadas pelos campos e pelas florestas.

---

[68] Neste livro, será considerado o gênero binário ou masculino/feminino para efeito de explanação das ideias, embora na contemporaneidade se admita, além do cisgênero, uma multiplicidade de gêneros explicitados na sigla LGBTQIAP+: Muitos países já reconhecem as uniões homoafetivas.

Identidade Feminina

A formação da identidade feminina era desfavorável e sob muitos aspectos ainda é. Agentes públicos, costumes, tradição, escola e família criaram mecanismos sutis de domesticação da menina, de modo a parecer natural a atitude de subserviência. A socialização serve para ajustar a menina à sociedade e à cultura, mas pode levar a uma desconstrução danosa de sua personalidade.

O corpo

Para além dos órgãos genitais, o sexo não entalha naturezas masculinas ou femininas absolutas. Infelizmente, ainda hoje, ideia de o corpo feminino ser algo impuro e sujo está gravado no inconsciente de boa parcela das M. Algumas não se sentem à vontade com o corpo, não ousam tocá-lo, têm medo das sensações, abominam o cheiro e a umidade. Renegam a parte concreta da feminilidade que a carne representa. Faz a cisão entre o corpo, matéria conspurcada e alma, centelha divina.

Segundo Estés (1994) a finalidade do corpo não é ser uma escultura. Sua finalidade é proteger, conter, apoiar; ser um repositório de recordações e sensações; ser o sustentáculo da manifestação psíquica. O corpo não representa o Mal como querem fazer crer certas vertentes religiosas, nem um fardo que estamos condenados a carregar. É o instrumento da alma e que abre uma série de portas, permitindo ter todo tipo de aprendizagem e conhecimento. O corpo é instrumento por seus próprios méritos e é a ponte para o acesso ao numinoso, a essência do ser (p. 259). A ideia da sexualidade sagrada das deusas, uma celebração à vida, contrapõe-se à ideia de pecado atrelado ao sexo.

O corpo carrega cinco instintos básicos, essenciais a sua manifestação no mundo. Ao se falar em instinto, remete-se quase automaticamente ao instinto sexual, por ser fortemente reprimido, visto como bestial por parte da Igreja e certa parcela de H e M. Quanto ao corpo feminino, para perpetuar a espécie, a Natureza criou o útero côncavo e bem protegido, um berço, destinado ao acolhimento de uma nova vida, e os seios, convexos, destinados a nutrir esta mesma vida. Em relação ao H, a M funciona tal qual ímã e cada grupamento humano desenvolve atração por certas partes do corpo feminino, por exemplo, o fetiche dos pés pequenos na China até há pouco tempo. Por estas bandas, as nádegas parecem ser preferência nacional. O exemplo vem de Carlos Drummond de Andrade que escreveu alguns poemas enaltecendo a bunda. A seguir as estrofes iniciais de Bundamel, bundalis, bundacor, bundamor:

Bundamel bundalis bundacor bundamor
Bundalei bundalor bundanil bundapão
Bunda de mil versões pluribunda, unibunda
Bunda em flor, bunda em al, bunda lunar e sol, bundarrabil [...]

A bunda como atrativo feminino tem gerado todo tipo de distorção na tentativa de remodelar e adequar à moda do momento, atraindo M desatentas para uma armadilha. Há charlatães de todos os tipos, inclusive médicos. As consequências estéticas e de saúde podem ser graves e irreversíveis. Se o procedimento for feito sem atender aos protocolos de uma cirurgia ou por profissionais não habilitados há risco de morte. A mídia registra, com frequência preocupante, procedimentos malsucedidos com óbito. Só para ilustrar:

Correio Braziliense (Brasil, 20.07.2018, p. 5) – *Dr. Bumbum e a mãe dele são presos no Rio.* Acusados pela morte da bancária Lilian Calixto, os dois estavam foragidos. Especialistas alertam para o perigo de a pessoa procurar profissionais não habilitados e correr riscos em nome da beleza.

A bunda também faz sucesso mundo afora:

Revista IstoÉ (Gente, 28.05.03, p. 60) – *Alguém aí quer apalpar?* Os fãs mais afoitos da popstar Jennifer Lopez podem comemorar: seu famoso bumbum está em exposição nos museus Madame Tussauds (Londres) e em Nova Iorque. Logo na abertura da exposição, dezenas de homens formaram filas enormes em frente às estátuas com apenas uma intenção: apalpar o bumbum de cera da artista.

Naturalmente, nádegas e seios são os atributos mais evidentes do corpo da M, com relevante papel na identidade feminina. Entretanto, para além deles, quase sempre há um cérebro pensante.

A história da M é uma história de negação de sua identidade. Era uma propriedade do H com um órgão sexual reprodutor. Na arte antiga, nas estatuetas de mulheres são destacados ventre e mamas. A mulher dos tempos remotos é um tronco sem cabeça, nem mãos inventivas; o ventre é assim reconhecido como o órgão essencial da personalidade feminina. Desde aquele tempo remoto, e ainda hoje, a percepção masculina da identidade feminina está atrelada à procriação como destino e vocação natural. Por hipótese, esta ideia levou o H a nem cogitar que as M poderiam ter desejo sexual tanto quanto eles, nem a considerar suas necessidades nesse campo. Os tabus relativos à sexualidade redundaram no escamoteamento do tema e à negligência na educação sexual de meninos e meninas. Em geral, o H nem tem ideia das nuances e delicadezas da sexualidade feminina. É o lamentável: a maioria das M não conhece o próprio corpo. Esta ignorância é fruto da repressão sexual ao longo dos séculos. Segundo Berman, (2003), a compreensão da anatomia sexual é o primeiro passo para o prazer. A autora explica que as M se sentem compelidas a satisfazer o parceiro, negligenciando suas próprias necessidades; internalizam imagens culturais negativas sobre sua própria genitália e preocupam-se com a aparência e o odor da vagina. Para fortalecer a identidade feminina na área sexual, *as mulheres precisam considerar o sexo como parte dos cuidados que têm consigo mesmas e não simplesmente como algo que fazem para o parceiro e o relacionamento* (idem, p. 141-274).

Berman fala ainda da importância da higiene sexual: *ainda somos uma sociedade que usa produtos de higiene feminina para esconder o odor. O uso de desodorantes genitais frequentemente provoca sequidão, irritação e coceira e ainda pode aumentar o risco de infecções* (idem, p. 69).

Entretanto, os cuidados com a higiene sexual vão além da higienização específica da região genital. A roupa apertada no caso da calça jeans, shorts e outras; a peça íntima justa demais ou feita com tecidos inadequados impedem a absorção da umidade natural; certos produtos de higiene íntima visam a disfarçar o cheiro próprio de fêmea uma tentativa de negação de parcela significativa da identidade feminina. Outros aspectos importantes da higiene sexual incluem dizer NÃO ao sexo inseguro e dizer NÃO ao abuso sexual de qualquer tipo.

Identidade Feminina e Pornografia

Em relação a este tema, as observações de JJ Bola (2020) são relevantes:

> Boa parte do conteúdo pornográfico produzido pela indústria é bastante centrado em gratificações e fantasias sexuais masculinas, quase sempre apoiado em temas misóginos e racistas. Também não é o reflexo real do tipo de sexo que as pessoas geralmente praticam no dia a dia; nem é reflexo do tipo de corpo que, em geral, as pessoas têm. Além disso, ao longo dos anos, a pornografia se tornou cada vez mais violenta e misógina. Um dos efeitos desta transformação é a maneira como os homens se referem ao sexo, na linguagem

> coloquial entre eles, por exemplo, "comer", "socar", "passar a vara", "meter", e por aí vai. O uso desta linguagem remove a intimidade do contato sexual, desumaniza seu aspecto pessoal, reduzindo as relações sexuais a um ato meramente mecânico, só físico e agressivo por parte do homem, e não um engajamento mútuo numa dimensão humana da qual a mulher também participa (p. 68-69).

Vista sob o prisma da identidade feminina a pornografia degrada a sexualidade e mostra o lado deselegante dos humanos quando se trata do instinto sexual. Embora a imagem da M seja a mais atingida, a masculinidade também fica arranhada. A indústria da pornografia prospera à sombra da repressão sexual de ambos os sexos, produzindo uma explosão de imagens, de filmes e vídeos de todos os tipos e para todo gosto; alguns de muito mau gosto.

Negação da identidade

A visão negativa do feminino e de sua manifestação é registrada desde a Antiguidade. Aristóteles já falava de fragilidade, passividade e cognição limitada. A Bíblia e os luminares da Igreja – Agostinho, Jerônimo, Ligório e Aquino – atrelaram o ser feminino ao Mal que leva à perdição dos homens. Pensadores e cientistas, de modernos a contemporâneos, se basearam em estereótipos para desenvolver suas teorias acerca do feminino, a exemplo de Rousseau e Freud. Tais ideias foram altamente danosas à formação da identidade feminina.

Freud, de ascendência judia, cresceu imbuído da ideia da inferioridade da M influenciado pela cultura da era vitoriana, somada à tradição judaica em que o H rezava diariamente: "agradeço-vos, Senhor, porque não me criaste mulher" (FRIEDAN, 2020, p. 127). Baseado na diferença sexual, Freud teorizou sobre a M com as ideias de castração, inveja do pênis e masoquismo intrínseco. Desses ingredientes, extrai-se algo que possa ser acrescentado ou auxiliar na formulação da identidade feminina?

As premissas e ideias de pensadores surgidas ao logo das eras, aparentemente incontestáveis e de fontes insuspeitas, conspiram contra o desenvolvimento da identidade feminina que habita o íntimo de cada M. O que emerge é uma identidade fabricada ao gosto do patriarcado e da Igreja, artificial, amorfa, quase sempre pronta para a subserviência; uma identidade aleijada e alijada dos principais atributos do ser feminino. Esta condição facilita a emergência de conflito nas relações entre H e M, em certos momentos, às claras, às vezes, sutilmente. Lya Luft, em *Pensar é transgredir* (p. 20), escreve: *Que o outro entenda que mesmo se às vezes eu me esforce, não sou nem devo ser a mulher maravilha, mas apenas uma pessoa: vulnerável e forte, incapaz e gloriosa, assustada e audaciosa – uma mulher.*

Apenas uma pessoa, para alguns H, a M ainda não é. Por essa razão, até recentemente, o casamento era uma maneira legal de subjugar: "amar, honrar, obedecer". Mesmo que o "obedecer" tenha sido retirado do juramento, a tradição manteve a M moralmente obrigada a agradar seu marido.

É provável que a maioria dos H busque em sua companheira "uma pessoa", com a identidade bem definida. Mas o patriarcado e a Igreja apontam outro caminho. Colocaram nos ombros do H um trabalho similar ao de Sísifo. É tarefa assaz exaustiva domesticar alguém; abafar a manifestação natural de alguém; decidir por este alguém e conduzir os passos deste alguém por toda uma vida. É esta a proposta do status quo para o relacionamento de H e M no casamento. Parece ideia ultrapassada. Não é. Este mandato, embora atenuado, está escrito no inconsciente de H e M deste tempo e emerge na forma de expectativas por parte da sociedade e dos envolvidos na parceria conjugal. Sem pedir licença, a mudança já começou: a M controla seu ciclo reprodutivo, estuda, invade o mercado de trabalho, reivindica e busca autonomia financeira, e não mais vê a maternidade ao modo de uma evidência natural. Esta nova M pede uma reformulação cultural da identidade feminina, incluindo o respeito à liberdade sexual. Entretanto, meninas, moças e M precisam estar atentas porque esta liberdade pode descambar para a promiscuidade; e sem o devido respeito masculino, aumenta exponencialmente a possibilidade de abuso por parte do H. Equivocadamente, boa parcela deles pensa que a M desacompanhada em uma festa é totalmente "liberada"; e uma dose a mais de bebida pode oferecer a senha para desfechos degradantes.

Mas, afinal, quem é a mulher? Para algumas, um cérebro ambulante; para outras, mãos operosas que nunca param; a maioria estende a mão a um H e empreendem juntos a extraordinária jornada do amor. Há aquelas que embalam o berço e fazem de sua vida contínua doação. Algumas acabam sendo um naco de carne exposta nos mercados do mundo; há as que vivem a ânsia de servir e de se submeter; há as que buscam incessantemente a própria identidade no H da vez; há aquelas em que o corpo representa a ferramenta de trabalho, o pão de cada dia; há ainda as obcecadas por sedução, dinheiro e poder. Talvez Freud, na sua arrogância e por não estar na pele de uma, não conseguiu responder a pergunta clássica: "O que querem as mulheres?", que os H repetem, repetem, repetem. Ele, do alto da sua sapiência, não perguntou, a sério, o que elas queriam. Decidiu aplicar-lhes o rótulo de masoquistas. A ciência e a cultura não podem responder tal pergunta porque não conseguem integrar na mesma M as facetas mais significativas de sua essência. No feminino coabitam a santa e a puta; a intelectual e a operária; a mãe e a madrasta, a deusa e a bruxa; a doadora e a megera; a curadora e a vil; a sedutora e a recatada, a devoradora e a submissa: a experiência da Eva de todas as eras. Sendo tão plurais, o que elas querem? Liberdade e respeito para serem apenas mulheres com todos os seus atributos, talentos e sonhos.

Identidade Feminina e a Igreja

A Igreja foi e continua sendo um dificultador para a M desenvolver sua identidade. O estatuto mítico do imaginário católico tem algumas premissas:

a. de acordo com a interpretação do *Genesis* a M foi criada a partir de uma costela de Adão, donde se conclui serem as M secundárias. Ai, aquela costela!

b. Eva e, por extensão, todas as M são culpadas de o H perder sua boa vida no paraíso e responsáveis pelos males que afligem o mundo e a humanidade;

c. sexo frágil, vulnerável à tentação do demônio, seria sexualmente perigosa e prejudicial aos H, desviando-os da perfeição espiritual;

d. para compensar a rebeldia e concupiscência de Eva, Maria é o modelo de submissão, pureza e sacrifício; sob este modelo, as M se tornam as salvadoras da sociedade por meio de seu papel maternal e submisso.

Identidade feminina e Sociedade

Falando em identidade feminina, o que leva uma M a dissimular sua competência, seus talentos? Arnaldo Jabor tem uma resposta bem-humorada:

O Estado de São Paulo (12.04.11, p. 10) (coluna Arnaldo Jabor) – *Eu sou a falsa loura burra*. Tem opinião? Claro que eu tenho opinião, mas faço de burra, senão os homens saem correndo – ironiza o articulista.

A *Revista Veja* também arrisca a responder a mesma pergunta:

Revista Veja (Ciência, 10.03.99, p. 110) – *O Sexo Forte*. Um livro de obstetrícia de 1900 afirmava: a mulher tem um cérebro muito pequeno para o intelecto, mas grande o bastante para o amor. No século XV, um texto de Frei Battista Mantovano (1447-1516) alinhava nada menos que 60 conceitos pejorativos sobre o sexo feminino. Na Antiguidade, Hipócrates (400 a.C.), pai da medicina, definia a mulher como criatura úmida e encharcada; Aristóteles, (384-322 a.C.) afirmava que o sexo feminino era um defeito da natureza, um macho mutilado. Para os monges medievais, a mulher era um mal necessário. Escritos da época retratam-na como um saco de estrume, um perigo doméstico. No século XVIII, em 1710, o ensaísta inglês Richard Steele (1672-1729) caracterizava a mulher como um apêndice da raça humana, cujo único direito era ser o Anjo do Lar. No século XIX, o alemão Rudolf Virchow (1821-1902) afirmava que uma característica básica distinguia os dois sexos: a mulher não passava de um par de ovários ligados a um ser humano; o homem, por sua vez, era um ser humano com um par de testículos. Hoje, pesquisas científicas desfazem a crença de o feminino ser o sexo frágil. As diferenças biológicas e fisiológicas não afetam significativamente as performances físicas de homem e mulher. Quanto ao desempenho intelectual, não foram observadas diferenças significativas, desde que lhes sejam oferecidas oportunidades iguais de desenvolvimento. Tanto que elas conquistaram mercado de trabalho, governam países, vão ao espaço. "As diferenças entre homens e mulheres são apenas diferenças, não defeito, doença ou demérito. A mulher não é o segundo sexo, mas o outro sexo" (Dianne Hales).

Até a publicidade começou a mudar, procurando atenuar os efeitos danosos do erotismo cru, desfavoráveis à identidade feminina.

Revista Veja (29.03.17, p. 82-85) – *A Revolta da Mulher-objeto*. A publicidade se adapta aos novos tempos e começa a abandonar o machismo obtuso do corpão de biquíni. A fórmula, aparentemente imutável, passou por uma reviravolta. Certa cervejaria contratou um grupo de ilustradores para repaginar a propaganda, e o que se vê agora são mulheres exuberantes, mas vestidas. A mudança se deve à patrulha das redes sociais que instantaneamente dispara críticas furiosas contra atitudes machistas de qualquer naipe, destaca o jornal.

Ehrhardt (1994) aponta a renúncia como um dos principais dificultadores no desenvolvimento da identidade feminina:

1. Renúncia a responder uma ofensa: mulheres suportam coisas injustas sem reclamar.

2. Renúncia à intelectualidade: com frequência, desistem de formular seus pensamentos de forma crítica, simulam ser menos inteligentes do que são. Também são induzidas a pensar que a aparência é mais importante que o intelecto e leva mais longe do que a inteligência.

3. Renúncia à autoafirmação: as mulheres relutam em se impor. Continuam quietas mesmo quando injustiçadas, exploradas ou desrespeitadas.

4. Renúncia às próprias regras: as mulheres tendem a se submeter para se adaptar às normas da família, do marido, do grupo ou da sociedade, sem questionar, mesmo que não concordem ou que estejam contra as suas próprias regras. Duvidam de si mesmas, não das regras.

5. Renúncia à independência econômica: param de trabalhar quando se casam ou quando têm filhos. Evitam os desafios profissionais ou a ter propriedades por esforço próprio. Algumas preferem a segurança material vinda de um homem.

6. Renúncia ao sucesso profissional: quando se casa, a vida da mulher começa a girar ao inverso. Para boa parte delas, a maternidade representa a interrupção da carreira, se o seu ganho não for parte indispensável ao orçamento familiar. Entretanto, a mulher que acredita passar pela vida com segurança sem fonte de renda fornece a base para a dependência e a submissão (p. 177-185).

Corpo e Violência

A violência contra o corpo feminino, de qualquer matiz, afeta diretamente a construção da identidade; pode ser autoinfligida por meio de regimes drásticos; pelo descuido na alimentação, consumo descontrolado de açúcar, desrespeito ao sono, sedentarismo. Também pode ser heteroinflingida por marido ou parceiro; pode ser patrocinada por costumes, tradição ou religião, a exemplo das mulheres-girafa de Mianmar e Tailândia; as mutilações genitais das africanas, o Sati na Índia e os sapatinhos das chinesas. Esses costumes ainda vigoram, exceto o chinês. É um contrassenso a identidade feminina estar atrelada à mutilação genital para as africanas, à deformação do corpo para as tailandesas e à morte para as indianas.

CAPÍTULO XXIV

AUTOCONHECIMENTO

Segundo o *Dicionário Houaiss*, *autoconhecimento* é o conhecimento de si mesmo, das próprias características, sentimentos e inclinações.

Ideias sobre autoconhecimento

1. Tornar-se uma pessoa plena é uma tarefa que se apresenta sempre inconclusa.

2. Segundo Heráclito de Éfeso (540-480 a.C.) nada existe em caráter permanente exceto a mudança

3. O pior prisioneiro é aquele que ama suas correntes (Platão; 327-347 a.C.)

4. Você sabe quem você é? (Dostoievski, 1821-1881).

5. A internet cria um mundo paralelo que promove a catequese e que idiotiza. A reflexão diminui a ignorância e aumenta o conhecimento sobre nós (Padre Fábio de Melo).

6. Ao adentrarmos os meandros do autoconhecimento, *vemos nitidamente todos os aspectos de nós mesmos e dos outros, tanto os deformados quanto os divinos* (ESTÉS, 1994, p.140).

E para Ferreira Gullar, autoconhecer-se é uma tarefa desconcertante:

> *Uma parte de mim é todo mundo; a outra parte é ninguém, fundo sem fundo.*
> *Uma parte de mim é multidão; a outra parte estranheza e solidão.*
> *Uma parte de mim pensa, pondera; a outra parte delira.*
> *Uma parte de mim almoça e janta; a outra se espanta.*
> *Uma parte de mim é permanente; a outra se sabe de repente.*

Traduzir-se é um poema de Ferreira Gullar, pseudônimo de José Ribamar Ferreira (1930-2016).

Autoconhecimento é trabalho solitário; é um conceito de difícil apreensão, porque remete às profundezas do Eu, o cofre sagrado onde se guardam as singularidades e as experiências, sejam elas agradáveis ou não;

onde se guardam vivências de amor, dor e ódio. O autoconhecimento se propõe a descobrir as virtudes e os defeitos e indicar o caminho para lidar com tais informações; propõe-se a trazer à luz as experiências e ressignificá-las, atualizando-as para o momento que o indivíduo está vivendo. Ao mergulhar nessas águas, H e M podem sair machucados mas, paradoxalmente, fortalecidos. Autoconhecimento é um processo. A seguir, estão ideias de alguns autores:

Jung fala sobre autoconhecimento como um caminho necessário para se chegar ao EU:

> *Aquele que olha o espelho da água, vê em primeiro lugar a sua própria imagem. O espelho mostra fielmente o que quer que nele se olhe; ou seja, aquela face que nunca mostramos ao mundo, porque a encobrimos com a persona, a máscara do ator. Mas o espelho está por trás da máscara e mostra a face verdadeira. Esta é a primeira prova de coragem no caminho interior, uma prova que basta para afugentar a maioria, pois o encontro consigo mesmo pertence às coisas desagradáveis que evitamos, enquanto pudermos projetar o negativo de nós à nossa volta (2000, p. 30-31).*

Estés considera que o autoconhecimento é um mergulho no mundo dos valores e princípios pessoais e no mundo das emoções.

Friedan explica que a M paga um alto preço emocional por fugir de seu desenvolvimento. Crescimento não tem só compensações, mas também dores intrínsecas. Cada passo é um passo no desconhecido e entendido como possivelmente perigoso. Com frequência significa abrir mão de algo, com a consequente insegurança. Pode significar também desistir de uma vida mais tranquila e com menos esforço em troca de uma vida mais exigente e mais difícil.

Heyn considera ser importante lembrar que muitas vezes a M se coloca na relação com o outro e na sociedade ao modo de Eco no mito de Narciso, apenas repetindo. Quando a M começa a trilhar o longo caminho de entrar em contato com seus verdadeiros conteúdos, ela encontra forças para realizar o que é necessário e romper as convenções que a aprisionam. (p. 10)

Lewis, em *As Crônicas de Nárnia* (2005, p. 744), fala sobre crescimento:

É verdade que o processo de crescimento acarreta muitas perdas. Porém, não são essas perdas a essência do crescimento. A essência do crescimento é a mudança.

Thomson explica:

> *Existe uma clara preferência por processos decisórios fáceis. A tomada de decisão é um árduo trabalho mental e fomenta dúvida e insegurança. A maioria contenta-se com um código comum que lhe dê um conjunto de respostas a certas situações e que os inclua no molde de seus pares (2010, p. 27).*

Perera considera:

> *Pela repressão, a alegria do feminino foi rebaixada como mera frivolidade; sua sensualidade foi diminuída como coisa de prostituta, ou então sentimentalizada e maternalizada; sua vitalidade foi curvada sob o peso das obrigações impostas pela cultura e pela obediência (1985, p. 34).*

Suplicy explica: o autoconhecimento é o meio de romper os grilhões milenares e desaprender os aspectos nocivos da socialização; aprender a conviver com as dificuldades e o medo do desconhecido. Sem isso, mesmo escapando das amarras econômicas e sociais, a M continua de joelhos. O maior desafio a vencer é o medo da solidão ou o medo de ser dependente. É preciso que a mulher ressignifique seu maior desejo secreto: o de ser protegida. Reconhecer e desatar as amarras psíquicas e emocionais é crescimento (1992, p. 275).

Crescer é difícil. Crescer é doído. Até porque a resolução de um conflito implica a procura das causas desencadeantes e requer suturar as rupturas psicológicas, que só é possível por meio da auto-observação. Ao persistir, chega-se ao autoconhecimento. Mas é bom lembrar: esse caminho está atravancado por entulhos de todos os tipos – mitos, crenças, deveres irracionais, normas esdrúxulas, imposições, medos.

Entender os receios paralisantes do movimento de autonomia cria campo propício ao crescimento pessoal, mas ele somente ocorre graças à exploração, compreensão e ampliação do grau de conhecimento sobre o que pensamos, sentimos e fazemos. O comportamento submisso, seja anulante, seja apenas vinculante, implica variados tipos de renúncia, os quais representam barreira e distanciamento cada vez maiores do autoconhecimento. Não só a M é prejudicada. Deve-se considerar que o opressor também fica impedido de se autoconhecer. Esse prejuízo afeta o movimento de mudança tanto do submisso quanto daquele que submete alguém.

O autoconhecimento é um impulso natural de busca que afeta a segurança emocional. Essa segurança permite à pessoa transitar com desenvoltura no mundo circundante, particularmente o psicológico. A ansiedade surge quando o indivíduo se defronta com a possibilidade de realizar de modo mais significativo sua existência, mas essa mesma possibilidade envolve a perda da segurança relativa. Grande parcela das M está disposta a enfrentar o desafio, mesmo sabendo que a necessidade de autorrealização e autoexpressão da M contemporânea é pouco reconhecida pela cultura. Mais senhora de si, passou a desenvolver competências que alimentam o sentimento de autoestima que, por sua vez, inclui a autoconfiança e a segurança pessoal, ou seja, um sentimento geral de capacidade e de autovalor. Essas conquistas pavimentam o caminho da autorrealização, mas ainda são apenas parcelas do autoconhecimento que é muito mais abrangente. O autoconhecimento lida com todas as facetas do indivíduo, particularmente aquelas ligadas às emoções: um repositório de experiências de todos os tipos. As emoções são o que há de mais complexo na natureza humana. *Lato sensu,* podem representar soluções adaptativas relacionadas ao corpo físico e ao corpo emocional; ao convívio com outras pessoas e ao meio. Naturalmente, as emoções precisam ser compreendidas e educadas, mas a influência da socialização costuma desvirtuar, negar ou exagerar a expressão da individualidade. Em relação à M, dentre a infinidade de emoções e atitudes, as mais maltratadas, interditas, feias, ou proibidas, parecem ser a raiva, a assertividade, a espontaneidade e o desejo de autonomia. Abafar ou punir essas expressões da individualidade vai gerar o travamento mais forte da autoexpressão: o medo. O medo é de fato o bicho-papão do autoconhecimento e da autonomia; é a razão principal para a alienação. A maioria das M em busca de autonomia tem de enfrentar o medo para quebrar as amarras da educação direcionada para o servir e o sacrificar-se. Ao menino e ao H, a sociedade ajudou e ajudará a ter menos medo do mundo externo; a menina e a M, ainda hoje, terão de enfrentar os resquícios sutis do aprendizado para ser tutelada e convencida de sua fragilidade, aumentando seu receio frente aos desafios. O medo é o nó a ser afrouxado. Sem esse passo, a M vai continuar amarrada, mesmo sendo financeiramente bem-sucedida.

Raiva

Quando a agressividade feminina se exterioriza costuma causar surpresa e espanto. Em geral, não se espera que a M expresse raiva, com base no estereótipo de sua passividade. Mesmo fora de moda, parte do processo de socialização da menina ainda insiste: meninas bem-comportadas não se exasperam e meninas se sacrificam pelos outros. É um mandato internalizado e ela vai se esforçar em cumprir. A M não deveria ter medo da própria raiva, mas muitas têm. Aos olhos do mundo e aos próprios, ela passa por pacífica.

A necessidade de ser pacífica não lhe permite entrar em contato de modo natural com tais sentimentos. Eles lhe são estranhos. Não deveriam ser. O posicionamento assertivo frente ao motivo ou objeto da raiva esvazia a carga emocional e, geralmente, aponta soluções criativas.

Estés (1999, p. 454) explica:

> No geral, a mulher não percebe a raiva enquanto não estiver dominada por ela. Isso se dá porque a socialização da menina ensina-lhe a não perceber desavenças; a suportar o desconforto até tudo se acalmar. A atitude típica é não agir em sintonia com a raiva na hora certa, num esforço exagerado de pacificação.

A autora toca num ponto importante: esforço exagerado de pacificação. As relações interpessoais, em qualquer nível, precisam do esforço de pacificação frente a conflitos, mas não exagerado. A pacificação a qualquer custo gera uma raiva "surda", uma sensação contínua de beligerância. Essa sensação precisa ser reconhecida e ressignificada para a M seguir em frente.

Imagem

Na busca pelo autoconhecimento, é imperativa a reflexão acerca de si mesmo. Nesta jornada, um dos principais dificultadores é o receio de descobrir o que se oculta sob o véu da imagem idealizada, aquela exibida todos os dias. Naturalmente, esta imagem não corresponde ao verdadeiro "Eu". Até porque foi construída com elementos recebidos na socialização, incluindo significados acerca de "si mesmo", contendo facetas positivas e negativas. Houve algum ajuste aqui e ali, mas a camada mais profunda continua intocada. Costuma ser desconfortável desfazer a imagem idealizada para construir outra mais real. No período entre o velho e o novo, a segurança psicológica é afetada, e o referencial se torna inconsistente. Por esta razão, o autoconhecimento requer conscientizar-se das necessidades de realização e de crescimento, incluindo explorar ao máximo o próprio potencial, ser aquilo que se pode ser. Relaciona-se diretamente com educação, independência e liberdade. Ferreira Gullar expressa o movimento de mudança em busca do autoconhecimento no pequeno poema *Incenso fosse música*:

> Isso de querer ser
> Exatamente aquilo
> Que a gente é
> Ainda vai
> Nos levar além.

CAPÍTULO XXV

EMANCIPAÇÃO

Segundo o *Dicionário Houaiss*, *emancipação* é a libertação do jugo de uma autoridade, de uma sujeição ou de um preconceito; libertação de certos embaraços sociais.

O conceito de emancipação pode ser ampliado para abarcar a prática dos valores e princípios pessoais e a aceitação das camadas mais profundas de si mesmo, que o autoconhecimento permite acessar.

Duas ideias sobre emancipação feminina sob a ótica do patriarcado, extraídas do livro de FERRAZ (2002, p. 56):

- Emancipar a mulher é ótimo; mas seria preciso, antes de mais nada, ensinar-lhe o uso da liberdade (Emile Zola).

- Emancipar as mulheres é o mesmo que corrompê-las (Balzac).

Nunca é demais lembrar: emancipação feminina não é dádiva do patriarcado; é trabalho duro de uma vida inteira.

A emancipação feminina foi um movimento gestado século a século e desencadeado pelas mulheres ao modo de extensão do movimento feminista. Tem tudo a ver com o advento da pílula e com o abrandamento do controle sobre os passos femininos por parte de todos os seguimentos da sociedade. Curiosamente, também patrocina a emancipação masculina: à medida que a mulher ganha espaço na estrutura social, libera o homem dos encargos de controle e vigilância. Assim, ele pode interagir com segurança na parceria com a M. Esse movimento diminui os conflitos, permitindo a intercooperação em todos os campos de atuação humana. Todo mundo ganha: a sociedade, a família, a economia e principalmente o homem e a mulher.

Emancipação feminina e religião

Emancipação feminina não tem afinidade com religião, porque as religiões, em geral, e suas respectivas agremiações foram e são em maior ou menor grau os dificultadores mais implacáveis desta conquista. A própria natureza da religião, baseada em dogmas, explica a impermeabilidade a novas ideias e conceitos e a notória resistência à mudança. Tanto ontem quanto hoje, em nome de Deus e da religião, a liberdade do H e da M é cerceada de alguma forma.

Emancipação feminina e sociedade

A atribuição de papéis é uma necessidade; dá forma, apoio e segurança; define o lugar do indivíduo no sistema de relações interpessoais. E no que se refere ao casamento, a tradição secular do patriarcado criou um modelo de conjugalidade vinculante tanto para o H quanto para a M. Esta tradição atribui o poder aos H, instalando esse privilégio em relação a uma M em particular, a parceira dele. Assim, algumas M se percebem perante o H, como quem precisa ajustar-se a ele. A sociedade considerava isso uma ordem natural do mundo e em certas circunstâncias ainda é.[69]

As condições e experiências intracasamento são prerrogativa dos parceiros. Naturalmente estão contaminadas por mitos, expectativas, promessas e particularmente pela divisão de poder. Se a M decide somente cuidar da família está abrindo caminho para a dependência e restringindo suas possibilidades de conquistar a autonomia relativa. Não há censura em escolher, livremente, ser mãe e dona de casa num papel dependente. Muitas o fazem e usufruem a autorrealização relativa. O problema surge quando a M abre mão de seus sonhos, de sua iniciativa e de suas capacidades para se ajustar a um papel idealizado, imposto de fora. Algumas dessas M não se ajustam ao papel, passando a utilizar a manipulação para escapar dessa condição. Esse exercício "torto" de poder contém o germe da desvalorização pessoal, podendo chegar o momento de esta M se considerar vítima no casamento, quando o ressentimento transborda, provocando acusações, raiva, silêncios e lágrimas. Esta M está presa numa armadilha cuja construção consentiu e cujas portas de saída, por medo, mantém fechadas. Ela ainda não entendeu: o marido e as circunstâncias não costumam mudar; quem deve mudar é ela, se deseja emancipar-se da tutela marital.

Na contemporaneidade, a emancipação feminina está na ordem do dia. É um assunto que influencia toda a sociedade e interfere na vida particular de H e M. Há verdades e mentiras, mitos, interpretações e mal-entendidos de toda ordem. A revolução antissexismo é um movimento forte, que vem

---

[69] A instituição casamento é muito forte. No ano de 2019, conforme números oficiais, foram celebrados 1.024.676 casamentos, e o número de divórcios chegou a 383.286, segundo o IBGE. Considerando os números não registrados, o universo dos casados é muito mais amplo; também o número de separações.

abalando os alicerces onde H e M se movimentam, seja na sociedade, na família ou na empresa. Alguns H se sentem desconfortáveis. Acham que perderam seu lugar no mundo. Tais H tendem a converter essa sensação de desconforto em violência, sem se darem conta de que as mudanças são fruto da evolução natural das coisas. A evolução como processo, busca o equilíbrio relativo; busca atenuar ou transformar as arestas mais agudas, não necessariamente eliminá-las. É preciso um movimento masculino de reflexão que leve a compreender os novos tempos. E as M precisam apoiar os esforços da maioria dos H desejosos de mudar certos comportamentos sexistas incompatíveis com as expectativas femininas. Essas expectativas estiveram e ainda estão particularmente vinculadas à mudança dos costumes e à sexualidade: ideias, certezas, valores, tudo precisou e ainda precisa ser ressignificado sob uma avalanche de contestações e reivindicações, um processo ainda em curso.

Adauto Novaes, no *Correio Braziliense* (28.09.2016, p. 3), explica que essas mudanças atingem indiscriminadamente H e M. O que acontece hoje não é propriamente uma crise, mas uma mutação nos conceitos, nas normas morais, nas mentalidades, na política e na cultura. Essa mutação é produzida pelas revoluções tecnocientífica, biotecnológica e digital.

Por isso, causa espanto que tantas mudanças não tenham despertado certa parcela das M de hoje. Algumas continuam a desenvolver a ânsia de viver à sombra de um H; de somente se sentir inteira sob esta condição, perpetuando a própria insignificância. Ela quer, a qualquer custo, um H para si, mesmo que ele seja uma porcaria. Daí surge a necessidade de educar o H e a M. Educá-lo para sair da armadura do patriarcado e ensiná-lo a ver a M na condição de parceira e não apenas como objeto sexual ou mãe substituta para cuidar dele. Educar a M para não considerar o H seu brinquedo em jogos sensuais, nem sua escora econômica, nem sua escora afetiva, nem seu predador. Ela precisa aprender a considerá-lo um parceiro nos embates da vida. Reconhecer que ele é forte, mas também é frágil; que sofre a pressão dos antigos papéis que lhe foram atribuídos, sem estar completamente pronto para exercer os novos. A M precisa dar-lhe a mão para que ele caminhe sem muito medo da rejeição e da crítica ao frustrar expectativas sociais descabidas. Segundo Haddad:

> As mulheres precisam aceitar e amar a si mesmas. Elas também precisam ajudar o homem a se libertar do medo da mulher "forte", para que ele possa considerá-la uma aliada necessária e não uma ameaça castradora suspensa sobre seus testículos. Ela não deve usar sua força para intimidá-lo, por mais tentador que seja (2011, p. 116-117).

Atitudes acolhedoras de um novo masculino são uma vertente importante da emancipação feminina.

Lipovetski (2000, p. 28-31) traz apontamentos interessantes sobre a temática. Segundo o autor, as M passaram a rejeitar cada vez mais sacrificar estudos e carreira em função do amor, embora sem renunciá-lo. As desigualdades entre os sexos não desapareceram; foram reduzidas e atenuadas. A depreciação dos valores machistas não desembocou numa mudança profunda do status quo. Perdura a socialização díspare de meninos e meninas. O apelo emocional na identidade feminina ligado ao ajuste do papel da M determinado pela cultura ainda é forte. Entretanto, também contempla avanços impensados até há pouco tempo: as M estão aprendendo a ver e a viver outras formas de amor e casamento, perfeitamente integradas à modalidade de união estável ou simples concubinato. O amor se associa cada vez mais com as aspirações de liberdade, felicidade e autonomia individual.

Embora os avanços, a emancipação feminina continua a ser um tema espinhoso para H e M. De modo geral, o patriarcado e o H em particular veem-se ameaçados, em termos de poder, domínio, prerrogativas e privilégios próprios do seu status. Diante de um masculino ainda meio preso a ideias retrógradas, surge uma M diferente, até corajosa. Sob um olhar mais cuidadoso, se o H parece amedrontado, a M parece estar muito mais. Decidida? Sim. Poderosa? Nem tanto. O medo e a insegurança se contrapõem ao desejo de liberdade e realização: anseia atirar longe a coleira e o guizo. Na área da sexualidade, anseia desvencilhar-se do cilício e do cinto de castidade; anseia descerrar o véu e adentrar o santo dos santos de sua intimidade. As possibilidades existem, a começar pela educação e a independência financeira; pode usufruir da sexualidade sem o fantasma da gravidez e sem maior compromisso; pode desfrutar do prazer da liberdade. E no despontar do século XXI, H e M deram início ao difícil movimento de despir os mais de 3 mil anos nos papéis de subordinante e subordinado. Sem se dar conta, o H também vivia preso na condição de opressor. O opressor também não é nada. Também ele estava afastado de sua essência.

Emancipação feminina, casamento e ruptura

Paradoxalmente, o casamento pode representar fator significativo para a emancipação feminina, ao permitir a expansão de atributos da feminilidade. Essa expansão vai depender da maturidade dos parceiros,

REFLEXÕES SOBRE AUTONOMIA FEMININA DA EVA PRIMORDIAL AOS DIAS ATUAIS

porque é a imaturidade que trava a emancipação. Segundo Jacobs: *O maior desafio do casamento é descobrir e aprender a conviver com as diferenças e, ao mesmo tempo, manter um relacionamento de amor e respeito*. Ele ainda afirma: *A verdade é que a felicidade conjugal* (sem esforço) *é um mito* (p. 2004, 19 e 38).

Bürki-Fillenz corrobora a percepção de Jacobs. *O ideal romântico do casamento é um dos grandes desafios e perigos para o próprio. Seduz com expectativas idealizadas, ficando surdo e cego para a realidade. Das expectativas nascem exigências e reivindicações inexequíveis. Cada um tem a sensação de ter sido enganado e não receber a parte que lhe é devida*, uma consequência da atribuição de papéis com forte assimetria sexual (1997, p. 54-55).

No casamento, o anseio de emancipação pode ter efeito colateral. Quando mudanças significativas começam a acontecer na vida da companheira, a estrutura do casamento fica abalada. A reivindicação de se envolver nas decisões da vida em comum e a expectativa de paridade nas tarefas de casa significam, de imediato, perda de poder e privilégios masculinos. Nesta mudança, ele não vê nada que tenha valor para si. Se o H não se dispuser ao diálogo, cresce a possibilidade de rompimento da parceria conjugal.

Embora muitos considerem o casamento uma instituição ultrapassada ainda é uma relação entre pessoas que se reveste das mais altas expectativas de felicidade propiciada pela parceria. O término de um relacionamento afetivo costuma ser carregado de contradições. Se a M quer romper é comum o H tentar retê-la; se é ele que quer ir embora, mais ela mostra desamparo e apego. A música de Chico Buarque, *Gota d'água*, revela o processo de desgaste do relacionamento e o possível desfecho.

> *Já lhe dei meu corpo, minha alegria.*
> *Já estanquei meu sangue quando fervia*
> *Olha a voz que me resta, olha a veia que salta*
> *Olha a gota que falta pro desfecho da festa. Por favor,*
> *Deixe em paz meu coração*
> *Que ele é um pote até aqui de mágoa*
> *E qualquer desatenção, faça não*
> *Pode ser a gota d'água.*

Geralmente, a ruptura de um relacionamento afetivo desgastado pode representar emancipação tanto masculina quanto feminina.

Emancipação feminina e amor

O amor humano pode resgatar pessoas, por ser capaz de insuflar vida. E o que é amor? *Lato sensu*, o amor é a energia que se espalha em efeito halo, construindo o universo, desde a pedra e a água até o céu e as galáxias. O amor é o encontro inevitável.

Dentre todas as palavras, *amor* talvez seja a que carrega em seu bojo as maiores contradições da alma humana. Ao longo do tempo, o amor foi vilipendiado a tal ponto que pode englobar todo tipo de esquisitice, mas também pode abarcar o amor sublime da mãe por seu filho, ou o amor verdadeiro entre casais. Num sentido mais amplo, a plena emancipação feminina só aconteceria com experiências significativas de amor, voltadas para si e para o outro. Por hipótese, se a emancipação feminina é o voo para a liberdade relativa, a experiência de amor, em qualquer nível, não se processa sob repressão nem coação.

E o amor? A arte, particularmente poesia e música, expressa, diretamente ou por metáforas, os diferentes sentidos do que é o amor. Por exemplo:

> *O amor é um grande laço, um passo pr'uma armadilha*
> *Um lobo correndo em círculo pra alimentar a matilha.*
> *Comparo sua chegada com a fuga de uma ilha.*
> *Tanto engorda, quanto mata feito desgosto de filha.*
> *O amor é como o raio, galopando em desafios*
> *Abre fendas, cobre vales, revolta a água dos rios.*
> *Quem tentar seguir seus passos, se perderá no caminho*
> *Na pureza do limão ou na solidão do espinho.*
> *O amor e a agonia cerraram fogo no espaço*
> *Brigando horas a fio, o cio vence o cansaço.*
> *E no coração de quem ama fica faltando um pedaço*
> *Que nem a lua minguando, que nem o meu em seus braços.*

(*Faltando um Pedaço*, composta por Djavan Caetano Viana (1949-)

A poesia de Djavan é dramática, mas no seu delicado *Bilhete*, Mário Quintana explica o amor ao modo de uma troca, algo terno, devendo acontecer sem alarde.

> *Se tu me amas, ama-me baixinho*
> *Não grites de cima dos telhados*
> *Deixa em paz os passarinhos.*
> *Se me queres, enfim*
> *Tem que ser bem devagarinho, Amada,*
> *Que a vida é breve e o amor mais breve ainda.*

Emancipação feminina e sexualidade

Dentre as inúmeras facetas da emancipação feminina o lado mais ruidoso diz respeito à sexualidade, devido ao nível de repressão envolvido no assunto. A revolução sexual afetou diferentemente H e M, permitindo a elas o direito de expressarem suas necessidades e seus desejos de uma forma mais franca. *Embora a revolução sexual tenha beneficiado homens e mulheres, aumentou muito a ansiedade dos homens por seu desempenho* (COWAN, 1989 p. 58). Antes, autocentrado, não comparado, não partilhado, não avaliado. A liberdade sexual tem um viés contraproducente: a visão carnal exagerada da feminilidade sob a ótica masculina desvirtua a feminilidade intrínseca, portadora dos atributos da M como pessoa.

No que se refere ao exercício da sexualidade, pode acontecer de algumas M experimentarem sem culpa ligações passageiras. Entretanto, poucas consideram o sexo um fim em si mesmo. A M tende a associar sexo e sentimento, e o H a disjuntá-los com facilidade; o sexo sem investimento emocional pode convir ao H, mas não corresponde aos anseios da maior parte das parceiras. Cabe à M lidar com o arroubo masculino e usar o discernimento para ligar sexo, prazer e respeito. E as mais afoitas precisam ficar atentas. A liberdade e a emancipação sexual passam longe da promiscuidade. Ainda sob a perspectiva da sexualidade, a perda da virgindade ainda é um evento cercado de tabu, e jovens de ambos os sexos precisam lidar com a ansiedade e a pressão do grupo que considera este fato um rito de passagem, um marco de pertencimento.

Em relação às mídias, a sexualidade feminina está atrelada à propaganda e ao lucro, num viés desfavorável, conforme apontado pelo artigo "Sexo e Saúde", de Mary del Priore, historiadora, resumido a seguir:

Revista Veja (Especial Mulher, jun. 2010, p. 58) – *Sem culpa na Cama, mas...* A sexualidade da mulher brasileira virou assunto obrigatório. Embora os avanços, a imprensa feminina, reflexo fiel da sociedade, continuou a investir na figura da mãe e da dona de casa, mas agora com o viés da culpa e da angústia. O percurso das mulheres rumo à autonomia aponta conquistas e armadilhas. A profissionalização trouxe a independência. Trouxe também estresse e exaustão. A mídia despiu o corpo feminino em público, banalizando-o. Uma estética voltada ao culto da boa forma é fonte de ansiedade e frustração. No início do século XXI, recrudesceu a luta, centímetro a centímetro, contra a decrepitude. A mulher continua submissa, não mais ao marido, mas à publicidade. Nas últimas décadas, ela participou de outro movimento: aquele que separou a sexualidade (direito ao prazer) do casamento e do amor. Foi o momento de transição entre a tradição das avós e a sexualidade "obrigatória" das netas. "Ficação" é a regra. Separada da procriação, o exercício livre da sexualidade é exageradamente exaltado pela mídia, resume a articulista.

Emancipação feminina e trabalho

Lipovetsky explica a correlação entre emancipação feminina e atividade profissional. Segundo ele, após um século de depreciação da M profissionalmente ativa, começou o ciclo de seu reconhecimento e valorização social. O curioso é que parte da mudança veio de onde menos se esperava: a conexão entre a criação de necessidades e a revolução sexual. O consumo de massa passou a se caracterizar tanto pela proliferação de produtos, quanto pela profusão de signos e referenciais de sexo. Uma década antes da pílula e da terceira onda do feminismo, os anos 1950 testemunharam uma escalada erótica bem-comportada na publicidade, em filmes e em revistas. Essa promoção discreta do sexo, paradoxalmente, favoreceu a M. Antes os H se mostravam hostis ao trabalho feminino, sobretudo pelo fato de suporem estar ele associado à licenciosidade, "sombra da prostituição". À medida que a liberdade sexual feminina foi exposta na publicidade e em outros meios, o estigma de imoralidade foi sendo quebrado e a atividade laboral passou a ter julgamentos mais amenos. O reconhecimento social do trabalho feminino e a liberdade sexual têm cumplicidade. Foi por meio deste reconhecimento que o trabalho profissional das M se tornou amplamente autônomo em relação à vida familiar; passou a ser um valor, um instrumento de realização pessoal, um direito. O compromisso feminino com o trabalho corresponde ao desejo de acesso ao espaço público e à consequente recusa de depender de um H; corresponde também ao desejo de emancipação dentro do casamento e à construção de segurança para o futuro, mais um passo rumo à autonomia (Lipovetski, 2000, p. 221, 228-229).

É por meio da atividade laboral que as M buscam afirmação: querem ser protagonistas de suas próprias vidas. O investimento em educação e trabalho retrata o desejo de afirmar e se reafirmar como identidade feminina tomando conta de si.

Comparada a outras conquistas, particularmente o direito ao voto obtido em 1932, a legitimação do trabalho feminino aparece tardiamente. Embora o voto signifique muito para as M, para os H significa pouco: não contém ameaça à supremacia masculina. Suas prerrogativas dentro e fora de casa não sofrem alteração alguma. Entretanto, reconhecer e legitimar o direito feminino ao trabalho é outra coisa: trabalhar fora, competir e participar da vida pública parecem ameaçar prerrogativas masculinas bem consolidadas.

O patriarcado ainda pode interpor dificuldades à emancipação feminina, mas não tem mais força nem poder para barrar o progresso das M. Direito feminino ao trabalho não é concessão, nem benesse masculina. É uma conquista patrocinada pelo acesso ampliado à educação, iniciado no século XX, com forte progressão de matrículas e diplomas, do secundário ao superior, estendendo à pós-graduação, ao mestrado e ao doutorado. Quanto mais escolarizadas, mais esclarecidas, mais confiantes, mais disponíveis e qualificadas para o trabalho remunerado. Parece haver forte correlação entre escolaridade, taxa de atividade laboral feminina e emancipação. A elevação contínua do nível de formação das M tem desempenhado papel fundamental na mudança de sua atitude em relação à atividade profissional e obrigou o H a também considerar esse fenômeno. É a lógica dos fatos. O conhecimento espanta o medo, a insegurança e a dependência; desenvolve confiança e autonomia. Naturalmente, esse processo coabitou e coabita com o mito da M "anjo do lar" que ainda hoje respinga nas relações de trabalho. Até porque aumento de escolaridade não significa sepultamento automático dos valores tradicionais retrógrados. Mas a M esclarecida pensa mais, pensa melhor, pensa diferente, tendo uma visão mais crítica das imposições da sociedade.

Emancipação feminina e arte

A arte tem uma sensibilidade particular para detectar mudanças. É o primeiro seguimento da cultura a trazer uma nova tendência à luz. O exemplo vem do cinema. Em geral, os filmes carregam no drama e o herói salva a protagonista. Isto está mudando. Ultimamente, o cinema tem mostrado algumas heroínas de verdade: fortes, determinadas, que fazem a diferença, e o papel salvático se inverte. Dentre os que exploram essa linha, a título de ilustração, dois filmes em que o par masculino é um H duramente ferido no corpo e, particularmente, na alma. O primeiro é uma trilogia baseada na coleção *Cinquenta tons de cinza; Cinquenta tons mais escuros e Cinquenta tons de liberdade*, de E. L. James. Independentemente das críticas que a temática possa suscitar, a ênfase aqui recai na atitude da protagonista. Mesmo apaixonada, está determinada a manter intactos seus valores; usa a força da sua feminilidade para curar a imensa dor que assola a alma daquele homem e para que cesse sua necessidade de vingança contra a figura feminina em desforra ao ódio à mãe e à amante.

O outro filme, *O que eu era antes de você,* a ênfase recai na resiliência, na coerência, na alegria e no otimismo, mesmo em condições adversas. A protagonista é submetida a grosserias pesadas e a maus tratos. Não é uma aceitação passiva; não é uma submissão genuflexa. Quando surge a oportunidade, expõe claramente: seu comportamento subserviente está atrelado à necessidade econômica. Deixa explícito que as atitudes do personagem a constrangem e a machucam, sem drama, sem   vitimização.

Nesses filmes, não há rio de lágrimas, beicinhos, dissimulação, sedução. O mérito está em mostrar as protagonistas barrando atitudes machistas; são as mulheres que tomam a iniciativa das mudanças na relação com o masculino. Elas não escondem suas carências, não dissimulam seu desconforto com as atitudes sexistas; não têm medo do poder nem da força masculina: embora fragilizados, ainda são homens. Tomam atitudes corajosas para solucionar problemas concretos. Às vezes, erram, consertam o erro e seguem em frente. Com naturalidade, as protagonistas deixam brilhar o lado feminino que acolhe, escuta, cuida, compreende e cura. Esta é uma parte da feminilidade autêntica perdida no tempo, que as mulheres precisam resgatar.

Filmes para crianças seguiam ou adaptavam o enredo dos contos de fada. A princesa, muito linda, vivia dramaticamente sua desventura até o príncipe-salvador aparecer – ufa! E viviam felizes para sempre. Também isto está mudando:

Correio Braziliense (05.01.17, p. 3) – *As mulheres da Disney no poder.* A reportagem fala sobre uma série de animações que rompem com o modelo feminino clássico dos contos de fada, apresentando princesas bem diferentes. A mudança é importante: sinaliza a quebra do modelo estereotipado de feminino fraco e dependente e masculino forte, com direito ao domínio.

Em *Moana, um mar de Aventuras* (EUA, 2016), a princesa é desesteriotipada, uma heroína cheia de energia, decidida, racional e destemida. Ela prescinde de um príncipe para conseguir seus objetivos. Seus feitos têm o cunho do mérito próprio.

O filme *Frozen, uma aventura congelante* (EUA, 2013) também quebra o estereótipo da princesa desvalida-príncipe salvador. Ela toma decisões sabendo e enfrentando as consequências. O lance surpreendente: o amor verdadeiro que lhe devolve a vida é patrocinado pela irmã.

Em *Valente* (EUA, 2012), a princesa Merida se recusa a aceitar um casamento arranjado em nome de conveniências, mas seus argumentos são desconsiderados. Quando uma competição esportiva é lançada para escolher seu futuro marido, a princesa se propõe a disputar o torneio e, se conseguir vencer, quer ter o direito de fazer suas próprias escolhas. Uma quebra de paradigma, uma estocada certeira no coração do patriarcado.

Nas três animações, as heroínas são princesas com todo o treinamento protocolar adequado à sua posição social, mas não são deslumbradas. Elas se permitem pensar. Seu poder de princesa é transformado em poder feminino. É assim que partem para o enfrentamento das dificuldades, agudamente conscientes dos riscos. Para os meninos, isso é uma novidade. Será que imaginam que as meninas também podem aventurar-se? Talvez pensem que essa menina destemida é mais interessante que as meninas emburradeiras e choramingas. Brincar com ela, inseri-la no grupo, poderá ser bem divertido. E a menina? As mudanças sociais vêm sinalizando às meninas que elas dispõem de poder, e as heroínas-princesas mostram como despertar, desenvolver e aplicar o poder de forma livre, autônoma e benéfica; também mostram às meninas o poder arduamente conquistado, sem nada a ver com sua condição de princesa. Custou esforço e enfrentamento de desafios novos a todo momento, coragem e confiança na própria força e na capacidade de atingir objetivos claramente definidos.

Emancipação feminina e realidade

A emancipação feminina é um tema complexo e polêmico, suscitando interesse e antagonismo na sociedade, em geral. Nessa linha, muitos profissionais, particularmente da Psicologia, estudam o assunto. Dentre muitos, três livros tratam do papel da M na sociedade contemporânea. *Você só precisa de Amor* expõe as mentiras e falácias que rondam os relacionamentos. *Não sou mais a mulher com quem você se casou*, trata das mudanças psicológicas das M ao longo do casamento e das consequências para o relacionamento conjugal. *Eu matei Sherazade* trata da relação da M consigo mesma, com o masculino e com o mundo atual.

Bürki-Fillenz (1997) constatou que mais da metade dos casais em terapia tem como tema recorrente a mudança ocorrida na M: ela passou a rejeitar o direcionamento de sua vida pelo marido, faz-lhe muitas objeções.

Ele entende essa recusa ao modo de ataque pessoal e rejeição. Outra faceta do conflito é que ela também quer buscar autonomia.

Referente à emancipação, Haddad (2011, p. 86) assinala ainda haver M acreditando que a batalha pela igualdade de direitos exige a renúncia da feminilidade. *A mulher não precisa parecer homem, falar como homem, agir como homem, para ser uma mulher forte. Também não precisa ser contra os homens para ser a favor das mulheres.* Ela ainda assinala que, nos últimos tempos, houve a exacerbação da dicotomia entre a mulher-pessoa e a mulher-objeto sexual, ficando em evidência, mais frequentemente, a segunda imagem. Um mero objeto sexual é o oposto da verdadeira relação entre H e M.

A mesma autora analisa que a condição feminina precisa do homem. É uma necessidade. A condição masculina precisa da mulher, também uma necessidade. Mas há uma diferença monumental entre precisar do outro e depender do outro. Ela considera um erro a M se eximir da responsabilidade sobre si mesma; quando se rende e não faz praticamente nada para mudar a condição em que se encontra, contentando em se queixar. Toca num ponto sensível: o longo aprendizado feminino em receber migalhas em troca de submissão. Considera natural a insegurança de renunciar aos benefícios da subserviência, mas é preciso: *Quanto aos ganhos dados às mulheres como prêmios de consolação, ou como anestesia, ou como suborno, eles estão em campo minado que esconde concessões traiçoeiras. Melhor não aceitar* (HADDAD, 2011, p. 98).

A emancipação é um processo. Diferente de outros movimentos de mudança empreendidos pelo feminino, é mais voltado para si mesmo, numa espécie de expansão sutil e gradativa dos atributos pessoais em todas as direções, incorporando as conquistas oriundas da educação e do trabalho, mas, principalmente, atualizando e ressignificando os conteúdos emocionais advindos do autoconhecimento. Autoconhecimento e emancipação fazem parte dos pilares da autonomia.

CAPÍTULO XXVI

AUTONOMIA E DEPENDÊNCIA

A autonomia é um processo de crescimento e mudança que envolve todos os aspectos de uma pessoa: econômico, social, físico, emocional, psíquico, espiritual e das inter-relações. Quando o indivíduo consegue desenvolver e integrar todos estes aspectos satisfatoriamente conseguiu mais que autonomia. Alcançou a autossuficiência que é a expressão máxima de si mesmo.

Segundo o *Dicionário Houaiss*, *autonomia* é capacidade de se auto-governar; direito de um indivíduo tomar decisões livremente, liberdade, independência. E *autossuficiência* é a capacidade de viver sem depender de outrem, independência.

Segundo a Psicologia: preservação da integridade do Eu.

Segundo o Direito: direito de um indivíduo tomar decisões livremente, liberdade, independência moral ou intelectual.

Conforme Kant: capacidade apresentada pela vontade humana de se autodeterminar segundo uma legislação moral interna, por ela mesma estabelecida, livre de qualquer fator estranho ou exógeno, como uma influência subjugante, tal a paixão ou inclinação afetiva incoercível.

Segundo Branden, a autonomia pertence à autorregulação, controle e direcionamento a partir do íntimo da pessoa, em vez de ditados por alguma autoridade externa. A autonomia se expressa por meio da capacidade de um indivíduo sobreviver com o fruto de seu trabalho, pensar com independência, vendo o mundo com seus próprios olhos; julgar e decidir, respeitando os valores pessoais sem esquecer que se vive num contexto social. (1997, p. 35)

Algumas ideias sobre autonomia:

1. A autonomia é a condição ampliada e relativamente consolidada da liberdade e da independência, em contraposição à dependência.

2. A dependência, em diferentes graus, acompanha a pessoa a vida toda. Pode ser absoluta ou relativa. Nas relações interpessoais, o inteligente é cultivar a interdependência.

3. A autonomia é resultante do aprendizado de que se pode realizar coisas por si mesmo, mas só é possível quando o indivíduo é livre. A liberdade de tomar decisões é um exercício de poder.

4. As atividades religiosas não patrocinam o desenvolvimento da autonomia, mas promovem e reforçam um padrão de passividade e dependência (LUZ, 2011, p. 380).

5. A mulher só pode conquistar a autonomia transgredindo certas normas do grupo, que são, por definição, coercivas (HIRATA, 2009, p. 187).

6. Ninguém traz da infância para a vida adulta só coisas boas, mas é possível evitar que sua vida seja determinada pelo dote trazido da infância (EHRHARDT, 1994, p. 171).

7. Existe uma censura natural em todos os acontecimentos negativos e dolorosos que ocorrem em nossas vidas. Assim, em vez de fugir do predador, nós o desarmamos não nos permitindo pensamentos discordantes a respeito do nosso valor (ESTÉS, 1999, p. 78 e 87).

8. O acesso à educação permite independência econômica, possibilita a autodeterminação e é um caminho para a conquista da autonomia.

9. A misoginia tem raízes profundas em nossa cultura e vem à tona quando emergem o poder e a autonomia. Não só os homens hostilizam; as mulheres também.

10. As mulheres não são educadas para a autonomia, mas para a dependência (DOWLING, 1986, p.12).

11. Medo e dependência caminham juntos. Esta camaradagem tem consequências. Se a mulher tem medo, o movimento natural é buscar proteção. *Dentre os traços femininos, a dependência e a passividade são os mais estáveis* (DOWLING, 1986, p. 93).

12. O termo autonomia pode apresentar conotação negativa como se independência e solidão fossem causa e consequência. Não são. Na verdade, *a independência é o elo que possibilita o intercâmbio criativo e honesto com o outro. Só quem não depende pode decidir com quem e de que modo quer se relacionar* (EHRHARDT, 1994, p. 31).

Busca

Autonomia é um tema complexo, e sua conquista envolve autoconhecimento, emancipação e liberdade. Entretanto, a bagagem ancestral de submissão interpõe dificuldades. Por hipótese, parte dos desacertos das M em relação ao H, a si mesma e a outras M, tem relação com os estereótipos presentes na cultura, repassados e introjetados através da cadeia ancestral feminina. Veio da mulher-mãe da caverna, espelho para sua filha; alimentou as experiências das M por milhares de anos até chegar à tataravó, bisavó, avó e mãe das jovens descoladas de hoje. Este conteúdo está adormecido e desperta quando a M defronta com situações em que é posta à prova. Poucas M e poucos profissionais de saúde detectam sua existência latente. Libertar-se desta bagagem requer bastante esforço aliado à educação, à reflexão, a autoconhecimento, à determinação, à força e coragem. Ensaboar e enxaguar a alma dá bastante trabalho, leva tempo e paciência. Mas "alma lavada" é outra coisa. Essa M caminha segura. Olha o outro sem medo. Vê o H seu aliado, porque detém o poder sobre si. Este poder sobre si é outro nome para autonomia.

A busca por autonomia é o impulso natural de todo ser vivente; é a conquista máxima de qualquer H ou M. A natureza gregária do ser humano também aspira estar junto de outros, uma combinação interessante de juntos e separados, permitindo que a singularidade de cada qual se expresse, numa autonomia relativa que é a expressão natural da liberdade. No dicionário, o conceito de liberdade é bem interessante. É o mesmo que abjugar (do latim, *abjugare*) desprender do jugo, afastar, apartar, separar. A liberdade é um exercício de poder.

Casamento e autonomia

Muitas M parecem sentir que sacrificou alguma coisa (no casamento) que não deveriam: sua autonomia. Em geral, as M alimentam fantasias exageradas de companheirismo, harmonia e felicidade quando se casam. Parte dessas expectativas não se cumpre. As frustrações ficam mais agudas com a maternidade. Poucas experiências humanas se comparam ou ameaçam mais a liberdade feminina quanto a perspectiva de gravidez e parto. A gravidez já envolve uma série de restrições, e o nascimento da criança amarra a M ao pé do berço. Aí se entende por que casamento e maternidade, em geral, parecem máquina de moer sonhos, inclusive o da autonomia.

Conquista da autonomia

A autonomia é um conceito abstrato multifacetado, difícil de definir. Não se conquista autonomia magicamente. Pressupõe o desenvolvimento da autoestima, da autodefinição e da autorresponsabilidade. É um processo e, como tal, aponta múltiplos caminhos, dentre eles, o amadurecimento dos componentes da pessoa: físico, mental, emocional e espiritual. Envolve coragem, resiliência e ressignificação dos valores, das crenças e dos medos. A dificuldade de ressignificar valores e crenças e enfrentar o medo está atrelada ao mito relativamente consolidado de que as M são fracas e precisam de um H para definir e confirmar sua identidade, com a falsa ideia de que um marido amplificaria a sua imagem. A autonomia também está estreitamente ligada ao mundo exterior, considerando que o indivíduo interage em relação com os pares e com a sociedade, detentores de valores próprios, alguns alinhados com os da pessoa, e outros nem tanto. O ajuste possível em relação a si e em relação às demandas da sociedade vai determinar o grau de liberdade e de livre-arbítrio, chaves da autonomia. Esta, quando deliberadamente colocada em curso, avança de forma descontínua e não linear. Alguém pode ter conquistado independência financeira e não ter conseguido livrar-se do estereótipo de gênero, particularmente aquele que induz a M a desenvolver dependência emocional do H.

Dependência

Segundo o *Dicionário Houaiss, dependência* é o estado ou qualidade de dependente; subordinação, sujeição; disposição para a obediência; submissão à vontade de outrem; necessidade de proteção ou amparo.

O Vocabulário Contemporâneo de Psicanálise registra: a dependência seria uma herança atávica, o nível mais primitivo de todo grupo que elege um líder com características que possam assegurar proteção, segurança e alimentação material e espiritual. Os vínculos com o líder tendem a adquirir natureza parasitária ou exageradamente simbiótica (p. 99-100).

A dependência é a contraparte da autonomia. Um lado obscuro das relações interpessoais. Apresenta-se em diferentes graus, e o quadro mais agudo é a fusão, na qual o sujeito abre mão de sua singularidade para viver em simbiose com outrem. Ser e não ser é a condição do fusionado.

Medo e dependência

Geralmente, a dependência está atrelada ao medo, enfeixado nas amarras internas que se confundem com a história da própria M. As interdições da socialização iniciadas na infância, introjetadas e arquivadas no canto mais escuro do inconsciente, vêm à luz por meio de medos diversos: medo do julgamento alheio; do sucesso, mas também do fracasso; de se tornar pouco feminina se buscar independência; medo da solidão; da responsabilidade; medo de ter que decidir; medo de ser desprezada, mal-amada, malquista e acabar sozinha; medo de perder o namorado ou o marido; medo de frustrar expectativas dos outros; medo do mito da fragilidade, da inferioridade e da malevolência intrínseca. Paradoxalmente, os dificultadores na aquisição da autonomia são os facilitadores do ajuste feminino aos ditames do patriarcado, relativos à submissão.

Segundo Dowling, o medo da autonomia é alimentado por dois fatores: o extrínseco é esperado medo por parte das M, cujo resultado é a dependência; no intrínseco, o reforço contínuo da dependência gera vulnerabilidade. Embora as M deste tempo busquem com afinco independência financeira e afirmação profissional, contraditoriamente, parcela significativa delas ainda suspira pelo modelo do príncipe em suas expectativas amorosas.

Foi o que levou Clara Coria a escrever o livro *El sexo oculto del dinero*, surpresa com o equívoco bastante comum de que independência financeira é a autonomia. Ela queria esclarecer o mistério da independência financeira sem autonomia. As pesquisas empreendidas levaram Coria a concluir que "a independência econômica não é garantia de autonomia". Ela define a independência econômica como a disponibilidade de recursos econômicos próprios e a autonomia está diretamente relacionada à possibilidade de utilizar esses recursos de acordo com critérios pessoais, cujas escolhas incluam uma avaliação das alternativas possíveis considerando a si, os outros e o entorno envolvido. A independência financeira é uma condição necessária, mas não suficiente para a conquista da autonomia (CORIA, 1988, p. 16).

Autonomia, dependência e Contos de fada

Os contos de fada operam dois eixos: vulnerabilidade e salvação, tendo como pano de fundo a socialização de meninos e meninas. Dentre estes contos, destaque para três que melhor representam a educação feminina em aspectos que conspiram contra a conquista da autonomia. Bela Adormecida exibe a inação, a inconsciência, à espera do salvador. Nada que se faça, nem ninguém pode despertá-la para a vida a não ser um H. Branca de Neve exibe a inconsequência, a imaturidade, o infantilismo lúdico. Cinderela cultiva o conformismo, a submissão, a vitimização. Conhece o tempo da espera. As protagonistas têm características diferentes, mas com o mesmo resultado: o feminino é sempre resgatado e libertado das dificuldades da vida pelo masculino. Elas esperam um salvador com o qual se casam para continuarem dependentes e não "acordar" mesmo. Ele irá salvá-la dos pais, das regras da família, de trabalhar, ou da chatice. Elas são sempre muito lindas – e aí se pergunta sobre o destino das feias. No caso da Branca de Neve, é sutilmente transformada em "rainha do lar", cuidando da casa dos anões e deles próprios. E, observando bem, parece que cada anão representa um tipo de marido[70]. Eles a adoram e protegem. Mas quando desobedece (regras patriarcais), falando com uma desconhecida e aceitando a maçã, é castigada. A mensagem é clara: se transgredir as regras, pode sofrer trágicas consequências. O descaso com as prerrogativas masculinas e a curiosidade serão severamente punidas.

Desde a infância as M são ensinadas a crer que um dia serão salvas. Algumas não ficam só na crença, ainda recorrem ao sonho mágico: a fada, a abóbora-carruagem, o tempo; o sapato-símbolo da identidade; a pressa e a expectativa, mesmo sabendo ser um "faz de conta". O mundo mudou bastante. As M não mudaram tanto assim. Para algumas ainda persiste o desejo de proteção absoluta, alimentando a fantasia de ser amada e cuidada para sempre. Parece uma ideia obsoleta, mas não é. Esta miragem ainda povoa a cabeça de M em maior número do que se imagina.

Na contemporaneidade, os contos de fada estão em baixa, embora a ideia central não. Os estereótipos da infradotação e da fragilidade continuam fortes e a imaginação foi substituída por som, luz e imagem. E pior, para algumas jovens o doce e inocente príncipe foi substituído pelo traficante, pelo chefe da gangue e outras categorias ligados à contravenção, ao crime e à violência; seduzem com outra espécie de poder e são elevados à condição de heróis. Para as classes abastadas, o príncipe continua rico, lindo e sedutor. Na vida atual, a fantasia do príncipe traz conflitos insolúveis entre dependência e autonomia. A liberdade assusta, traz responsabilidade; exige que se desloque as expectativas do *loc externo,* o outro, para o *loc interno,*

---

[70] Os Sete Anões representariam tipos de maridos? Dunga, o infantil; Zangado, mal-humorado e sexista; Mestre, mais velho: autoridade e sabedoria; Dengoso, tímido e sentimental; Soneca, o preguiçoso; Atchim, problema de saúde; Feliz, alegre e inconsequente. Uma galera para não deixar mulher nenhuma animada!

para si mesma. As M que escolhem o caminho da autonomia enfrentam o medo da própria vulnerabilidade e confrontam os temores do mundo externo; metaforicamente matam o príncipe e seguem em frente aos trancos e barrancos. Entenderam o preço que atrela liberdade, vulnerabilidade relativa e autonomia.

Um outro aspecto dos contos de fada é o simbolismo do tempo. A maioria deles trabalha com as variáveis de tempo e espaço. Quem controla tempo e espaço controla o resto. No conto *A Bela e a Fera* a jovem fica confinada no castelo. Só tem permissão de ir ao mundo exterior com o compromisso de voltar num tempo determinado. Para *Cinderela* meia-noite é o limite crítico de retorno ao espaço privado; em *A Bela Adormecida*[71], 100 anos na inconsciência absoluta. *Branca de Neve* retorna ao tema da inconsciência no sono. Os dois últimos contos são emblemáticos: a curiosidade feminina é punida, uma alusão ao conhecimento replicando o mito da Eva ancestral. Nos contos, em geral, há mensagens explícitas de punição se a protagonista ousar qualquer movimento em direção à autonomia. Se transgredir, será punida. Mas depois, o patriarcado vai estar lá no esplendor do príncipe, oferecendo o braço amigo, o beijo redentor.

Em relação ao tempo, os contos de fada descrevem por alegoria a interdição e o limite impostos pela sociedade. É tão sutil, parece tão natural, tão dentro do esperado que passa despercebido. Cinderela é o conto que melhor explora o controle do tempo: meia-noite é uma imposição, medida de tempo altamente simbólica. É o fim de um dia e o início de outro. No imaginário de H e M é a hora do pesadelo, do perigo, do confronto com a escuridão e o silêncio. É a encruzilhada ou a outra margem do rio. E ao longo da vida, vezes sem conta, a M se encontra no limiar da meia-noite. A transgressão deste limite aponta o caminho da autonomia. Mas que dá medo, isso dá.

Em geral, o patriarcado ainda reluta em aceitar a ânsia feminina por liberdade e autonomia porque as mulheres ainda evocam hostilidade na cultura vigente. Mesmo assim, a par com a relativa hostilidade do status quo, as M contemporâneas vivem um momento singular, transitando entre a renúncia às benesses do patriarcado e o impulso de ir em busca de autossuficiência. Entretanto, quando uma M, em algum momento de sua vida, se

---

[71] Relembrando: no conto *A Bela Adormecida*, ela, curiosa, espeta o dedo no fuso da roca e cumpre a maldição da bruxa. Dormirá 100 anos. *Branca de Neve*, também por curiosidade, come da maçã magicamente envenenada e dorme. Ambas serão despertadas com o beijo do príncipe.

pergunta donde vêm as coleiras, as amarras, os torniquetes, as barreiras e os impedimentos para a expressão sadia de sua feminilidade é um indício promissor. A bela adormecida vai despertar.

Faz parte deste indício promissor entender o estatuto da subordinação feminina e seus desdobramentos conhecendo a história desse processo. Educação e trabalho remunerado se apresentam ao modo de condições indispensáveis na busca por liberdade e autonomia. Cabe a cada M e a cada H a tarefa de empreender esta jornada. Por isso, o refrão da música de Geraldo Vandré (1935-), *Pra não dizer que não falei das flores,* é um convite interessante:

Vem, vamos embora que esperar não é saber.

Quem sabe faz a hora não espera acontecer.

Com esse convite em mãos, olhe para você, olhe para seus talentos. Use as suas asas.

FINALIZANDO

Boa parte dos estudiosos de Religião consideram que, tal como concebida e praticada pela humanidade ao longo das eras, a crença religiosa parece estar assentada no medo do desconhecido. O H primitivo, diante das onipresentes ameaças a sua vida, e para afastar ou conjurar aquelas ameaças, criou Deus e a religião. Com a evolução humana, os motivos daquele terror foram afastados, tendo persistido o medo da morte e da finitude, uma certeza para cada ser vivente.

Entretanto, quando a Razão disseca o conceito de religião, ou seja, a antropomorfização de um Ente superior que cuida de cada indivíduo em particular, tal proposição não se sustenta, emergindo o sentido de transcendência, a ideia genuína de Deus, que parece habitar, independentemente de qualquer fator externo, o íntimo de cada H e de cada M.

Mesmo nos grupos primitivos, a religião era um elo de poder, quando não a totalidade. Quem detinha o poder era o feminino, representante da deusa-mãe, dando origem ao matriarcado. Com a evolução dos grupos humanos, o matriarcado e o feminino foram perdendo força, substituídos pelo masculino, agora em posição de liderança. Aconteceu naturalmente: na diversidade de tipos humanos, aquele que se destacava pela inteligência e pelo senso prático era transformado em líder, não raro, substituído pelo guerreiro depois. Outros, por valores reais ou pura enganação, assumiam o culto religioso e se transformavam na ponte entre o céu e a terra. No início, o poder caía nas mãos do guerreiro ou do padre, por acaso. Após, passou a objetivo a ser conseguido, consolidado e mantido a qualquer preço. Foi assim que se inventou a guerra, com um pé amarrado na religião.

O patriarcado laico já estava consolidado quando o patriarcado clerical se apropriou dos seus pressupostos, absorvendo-os e ajustando-os ao seu *corpus* de doutrina. O Cristianismo se baseou na Bíblia para estabelecer a hierarquia de poder entre feminino e masculino. Ainda nos primórdios, os padres acrescentaram o Mal à premissa da inferioridade feminina, nova característica inerente à M. A partir daí, a História ganha celeridade: o Mal, derivado do sexo e da luxúria, vai redundar no celibato clerical, na proeminência da feiticeira e na Inquisição.

Inserida no contexto do *ethos* patriarcal, a M tinha e ainda tem sua vida fortemente direcionada para atender aos pressupostos daquele sistema. Por exemplo, a maternidade é um campo em que a M é intimada a seguir um modelo de cuja feitura não participou, particularmente a maternidade sublimada e compulsória, anulante dos anseios femininos. A sociedade valoriza a concepção e a maternidade e, em geral, condena o aborto, mas descuida da mãe e de seu filho quando a gravidez vem a termo. Descuida da criança indesejada, da criança mal-amada, rejeitada, abandonada; também condena o infanticídio. Crianças nessas condições e infanticídio são situações inadmissíveis do ponto de vista humano, moral e ético, mas as censuras e o braço da lei, geralmente, só alcançam a M. O H, o pai, não costuma ser incomodado. A paternidade responsável é uma proposta de valorização do pai que poderá minimizar a ocorrência de gravidez indesejada, aborto, nascimento de crianças mal-amadas, abandono e infanticídio.

A maioria das M alimenta o sonho de casamento com pompa e circunstância ou a cerimônia simples em cartório de registro civil. Há casais que simplificam ainda mais: alugam um apartamento e pronto. Entretanto, em qualquer modalidade de casamento quando se retira a glamourização sobram apenas as expectativas da sociedade e as do casal. Cabe ao par a responsabilidade de fazer funcionar uma parceria de entendimento, harmonia e felicidade relativas. Se os esforços falharem, o divórcio se apresenta ao modo de solução do impasse.

Em relação à Cultura, a M está sujeita a muitas variáveis que impactam diretamente os anseios de liberdade e autonomia. A ascensão do patriarcado como sistema de normas era natural no curso da evolução humana. O matriarcado foi a primeira modalidade de organização social, tendo por base os poderes mágicos do feminino. À medida que o pensamento humano foi se desenvolvendo, o aspecto mágico foi perdendo força. O poder feminino foi migrando para o masculino. A M foi rotulada de sexo frágil infradotado e, por isso, destinado à submissão. Quando o patriarcado se consolidou, incorporou todas as formas de poder. Desenvolveu o sexismo e a misoginia, instituiu a violência, criou a prostituição e silenciou as M.

O encontro do feminino consigo mesmo, numa linha de tempo descontínua, é uma trajetória extraordinária, iniciada com a ancestral da caverna até a M da contemporaneidade. Em algum momento desta trajetória, o patriarcado se sobrepôs ao matriarcado, reduzindo o feminino a objeto de uso masculino. A M se curvou ante tanto poder. A evolução da humanidade criou essas condições. Em contrapartida, desenvolveu a resiliência feminina para se sobrepor às barreiras do seu desenvolvimento ao modo de ser pensante autônomo. Segundo alguns estudiosos, o primeiro movimento nesta direção pode ser representado pelo feminismo esboçante do século XVIII; após, veio o feminismo atuante do entreguerras seguido do feminismo militante na esteira da pílula anticoncepcional e das propostas de mudanças na sociedade. Acesso à educação e ao trabalho remunerado começaram a resgatar a identidade feminina sufocada pela mística e a pavimentar a emancipação e a autonomia. Na contemporaneidade, não cabe mais a M submeter-se aos ditames patriarcais sem questionamento válido. Não cabe mais recear o poder masculino incorporado no pai, no marido, no padre, no pastor, no empregador ou qualquer outra figura de autoridade. Não cabe mais eleger a vitimização ao modo de conduta regular nos embates da vida. Porque, em geral, a vitimização produz o círculo vicioso da transferência de poder da vítima para o algoz. Escolher a não vitimização coloca em movimento a força feminina para continuar, apesar dos embaraços.

O senso comum diz que fazer o que se quer é liberdade, um sinônimo de autonomia. É uma ideia falsa. A autonomia pode ser vista ao modo de um estado de liberdade autorregulada. Neste sentido, autonomia é a combinação de liberdade com os talentos, defeitos e sonhos do indivíduo, um estado íntimo em busca da maturidade em contínuo desenvolvimento. A conquista da autonomia está atrelada à singularidade de cada pessoa, e o grau máximo é representado pela autossuficiência em equilíbrio relativo com todos os aspectos do indivíduo: econômico, físico, emocional, espiritual e nas inter-relações.

No mundo de hoje, as M conquistaram liberdade e oportunidades impensadas pelas bisavós e avós. Entretanto, elas precisam ficar atentas. A subjugação feminina ainda persiste e se apresenta mais sutil. Por exemplo, apregoa-se uma liberdade sexual tão ampla que tangencia a promiscuidade. Aspectos inerentes à identidade feminina, beleza e vaidade transformam-se em extenuante batalha pelo corpo perfeito e pelo não envelhecimento. A propaganda, a mídia e as redes sociais se encarregam de exacerbar o processo. O pensamento corrente valida, numa vertente errada, a carência comum à maioria das M de quererem ser belas, aceitas, amadas e admiradas.

Às vezes, a M é ousada e tende a romper limites. Não faz muito tempo, usar biquini, vestir minissaia, beijar em público eram atrevimentos impensáveis. Na contemporaneidade, essas e outras atitudes são corriqueiras, mas a M ser si mesma é sinônimo de arrogância. Hoje, o atrevimento feminino é usar a inteligência e atrevimento ainda maior é pensar.

E pensar ilumina. Sob essa ótica, cada M tem luz própria que irradia de sua feminilidade singular. Lúcia Helena Galvão, filósofa, fez a síntese:

Desde sempre e para sempre toda mulher tem parentesco com a primeira estrela brilhante que levou luz ao azul profundo do céu.

EPÍLOGO

Eu sou, por todo o sempre, EVA.

E cada criança que abre pela primeira vez os olhos para o mundo recria a experiência primordial por mim vivida no Jardim do Éden. Como eu, esta criança vive a epifania da vida, do eterno retorno, do primeiro despertar.

Sendo mãe, compartilhei a dor de Maria aos pés da cruz; sofri também pelos ladrões a cujas mães não foi dado o direito da despedida.

Na Idade Média, além da tortura, meu corpo ardeu nas fogueiras da Inquisição porque era feia e velha, mas também porque era jovem e bela; porque pensava diferente; porque queria ser livre. Ou por vingança, ou por ódio dos padres celibatários, para castigar minha identidade: a Eva maldita da concupiscência, aliada do Diabo para perder os homens.

Na Alemanha de Hitler fui confinada ao lar para parir mais soldados, em troca do prestígio da maternidade e das falsas homenagens. Concomitante, ardia nos corpos dos filhos e filhas do Holocausto. Fui culpada de ter introduzido o pecado no mundo; por isso, os judeus foram injustamente culpados de matarem a Cristo e, antes, de um deles o ter traído por 30 dinheiros. A Alemanha, também injustamente, acusou os judeus de serem impuros, de carregarem em sua identidade o pecado do deicídio e de carrearem em suas ações o pecado da usura. A Alemanha intencionava purificar a raça e punir o pecado.

Desde tempos imemoriais sou confinada em haréns, objeto de uso e abuso do meu senhor. A burca cobre meu corpo, pois ele é fonte de lascívia para os homens. Vivo confinada na casa do meu senhor em muitos países, em pleno século XXI.

Carrego no meu corpo a mutilação genital, ainda vigente em países africanos e do Oriente Médio.

A cada guerra que se inicia, eu tremo e meu coração se confrange porque sei que ao vencedor será permitido maltratar, machucar, torturar, mutilar e estuprar e matar qualquer menina e mulher no território do vencido. Simplesmente por ser mulher.

Eu sou Eva. Eu sou um arquétipo. Eu sou um mito. Habito todas vós. Sou todas vós. Sou nenhuma de vós, no âmago da vossa singularidade feminina.

Eu sou o afago, eu sou o cutelo. Eu sou o amor e o ódio. Eu sou a bênção e a maldição. Eu sou o ressentimento e a reconciliação. Eu sou a luz e sou a treva. Eu sou o fogo que queima e sou a água que refrigera.

Eu sou a Eva primordial. E sou o elo sagrado que une o homem e a mulher na extraordinária atração dos contrários, por todo o sempre.

E-mail para críticas e sugestões: livroevaprimordial@gmail.com

BIBLIOGRAFIA

ARY, Zaíra. *Masculino e feminino no imaginário católico*: da Ação Católica à Teologia da Libertação. São Paulo: Annablume; Fortaleza: Secult, 2000.

BADINTER, Elisabeth. *O conflito*: a mulher e a mãe. Rio de Janeiro: Record, 2011.

BADINTER, Elisabeth. *Um amor conquistado*: o mito do amor materno. São Paulo: Círculo do Livro, s/ data.

BÁEZ, Fernando. *História Universal da destruição dos livros*: das tábuas sumérias à guerra do Iraque. Rio de Janeiro: Ediouro, 2006.

BARROS, Maria Nazareth Alvim de. *As Deusas, as bruxas e a Igreja*: séculos de perseguição. Rio de Janeiro: Record: Rosa dos Tempos, 2001.

BEARD, Mary. *Mulheres e poder*: um manifesto. São Paulo: Planeta do Brasil, 2018.

BEAUVOIR, Simone. *O segundo sexo.* São Paulo: Círculo do Livro, s/ data. v. 1 e 2.

BERMAN, Jennifer. BERMAN, Laura. *Só para mulheres.* Rio de Janeiro: Record, 2003.

BOJUNGA, Lygia. *A bolsa amarela.* 35. ed. 23. reimp. Rio de Janeiro: Casa Lygia Bojunga, 2012.

BOLA, J. J. *Seja Homem: a masculinidade desmascarada.* 2. ed. Porto Alegre: Dublinense, 2020.

BRANDEN, Nathaniel. *Auto-estima, liberdade e responsabilidade*; 1. ed. São Paulo: Saraiva, 1997.

BRIZENDINE, Louann. *Como as mulheres pensam.* Rio de Janeiro: Elsevier, 2006.

BÜRKI-FILLENS, Ago. *Não sou mais a mulher com quem você se casou.* São Paulo: Paulus, 1997.

CAMPAGNOLO, Ana Caroline. *Feminismo:* perversão e subversão. Campinas: Vide Editorial, 2019.

CARDOSO, Renato; CARDOSO, Cristiane. *Casamento Blindado*: o seu casamento à prova de divórcio. Rio de Janeiro: Tomás Nelson Brasil, 2012.

CORIA, Clara. *El sexo oculto del dinero* – Formas de la dependencia femenina. 3. ed. Buenos Aires: Grupo Editor Latinoamericano - Coleción Controversia, 1988.

CORSO, Diana Lichtenstein; CORSO, Mário. *Fadas no divã*: psicanálise nas histórias infantis. Porto Alegre: Artmed, 2006.

COWAN, Connell; KINDER, Melvyn. *Mulheres inteligentes, escolhas insensatas*. Rio de Janeiro: Rocco, 1989.

DEL PRIORE, Mary (org.); PINSKY, Carla Bassanezi (coord.). *História das mulheres no Brasil*. 10. ed. 1. reimpr. São Paulo: Contexto, 2012.

DIAS, Cláudia Servulo da Cunha (coord.). *Tráfico de pessoas para fins de exploração sexual*. Brasília: OIT, 2005.

DOWLING, Colette. *Complexo de Cinderela*. 10. ed. São Paulo: Melhoramentos, 1986.

DOWLING, Colette. *O mito da fragilidade*. Rio de Janeiro: Record: Rosa dos Tempos, 2001.

EHRHARDT, Ute. *Meninas Boazinhas vão para o céu. As más vão à luta*. 19. ed. Rio de Janeiro: Objetiva, 1994.

ELIADE, Mircea. *Mito e Realidade*. Coleção Debates – Filosofia. 6. ed. São Paulo: Perspectiva, 2002.

ESTÉS, Clarissa Pinkola. *Mulheres que correm com os lobos*: mitos e histórias da mulher selvagem. Rio de Janeiro: Rocco, 1999.

FINE, Cordélia. *Homens não são de Marte, mulheres não são de Vênus*: como a nossa mente, a sociedade e o neurossexismo criam a diferença entre os sexos. São Paulo: Cultrix, 2012.

FINE, Cordélia. *Testosterona Rex:* mitos de sexo, ciência e sociedade. São Paulo: Três Estrelas, 2018.

FIORENZA, Elisabeth Schussler. *As origens cristãs a partir da mulher*: uma nova hermenêutica. São Paulo: Edições Paulinas, 1992.

FLAUBERT, Gustave. *Madame Bovary*. Rio de Janeiro: Ediouro; São Paulo: Publifolha, 1998.

FORNA, Aminatta. *Mãe de todos os mitos*: como a sociedade modela e reprime as mães. Rio de Janeiro: Ediouro, 1999.

FORWARD, Susan; BUCK Craig. *A traição da inocência:* o incesto e sua devastação. Rio de Janeiro: Rocco, 1989.

FRANCIS, Richard C. *Epigenética:* como a Ciência está revolucionando o que sabemos sobre hereditariedade. Rio de Janeiro: Zahar, 2015.

FRANCISCO, Fèvre. *A Faraona de Tebas.* Editora Mercuryo, 1991.

FRANCO, Ariovaldo. *De Caçador a Gourmet* – uma história da gastronomia. 5. ed. São Paulo: Editora SENAC, 2010.

FRASER, Antonia. *As seis mulheres de Henrique VIII.* 3. ed. Rio de Janeiro: BestBolso, 2012.

FRASER, Antonia. *Maria Antonieta.* 5. ed. Rio de Janeiro: Record, 2012.

FRIEDAN, Betty. *A mística feminina.* Rosa dos Tempos. Rio de Janeiro, 2020.

FUSTEL DE COULANGES, Numa Denis. *A cidade antiga*: estudos sobre o culto, o direito e as instituições da Grécia e de Roma. 3. ed. Bauru: Edipro, 2001.

GOLDBERG, Herb. *O macho secreto*: superando bloqueios no caminho da intimidade. Rio de Janeiro: Rosa dos Tempos, 1994.

HADDAD, Joumana. *Eu matei Sherazade.* Rio de Janeiro: Record 2011.

HARARI, Yuval Noah. *Sapiens – Uma breve história da humanidade.* 10. ed. Porto Alegre: L&PM, 2016.

HEYN, Dalma. *Complexo de Amélia*: como evitar as armadilhas do casamento. São Paulo: Mercuryo, 2001.

HIPONA, Agostinho de. *A Cidade de Deus*; XIV. Petrópolis: Vozes, 1990.

HIRIGOYEN, Marie-France. *Assédio moral:* a violência perversa no cotidiano. 5. ed. Rio de Janeiro: Bertrand Brasil, 2002.

JABLONSKI, Bernardo. *Até que a vida nos separe.* A crise do casamento contemporâneo. Rio de Janeiro: Agir, 1991.

JACOBS, John W. *Você só precisa de amor e outras mentiras sobre o casamento.* São Paulo: Globo, 2004.

JUNG, Carl Gustav. *Os Arquétipos e o Inconsciente Coletivo.* 2. ed. Petrópolis: Vozes, 2000.

KOLBENSCHLAG, Madonna. *Adeus, Bela Adormecida*: a revisão do papel da mulher nos dias de hoje. 2. ed. São Paulo: Saraiva, 1991.

KRAMER, Heinrich; SPRENGER, James; *O martelo das feiticeiras (Malleus Maleficarum)*. 6. ed. Rio de Janeiro: Rosa dos Tempos, 1991.

LAVARÈNE, Célhia de. *Passaporte para o inferno*: uma mulher no combate aos mercadores de sexo. São Paulo: Editora Landscape: Francis, 2008.

LEAL, José Carlos. *A maldição da mulher:* de Eva aos dias atuais. São Paulo: DPL, 2004.

LEITE, Gabriela. *Filha, mãe, avó e puta* (depoimento a Marcia Zanelatto). Objetiva, s/data.

LEÓN, Fray Luis de. *A Perfeita Mulher Casada.* Coleção Grandes Obras do Pensamento Universal, número 19. Editora Escala; s/data.

LERNER, Harriet Goldhor. *O jogo da dissimulação*. São Paulo: Best Seller, 1993.

LEWIS, C. S. *As crônicas de Nárnia*. São Paulo: Martins Fontes, 2005.

LÉVI, Eliphas. *Dogma e ritual da alta magia*. 3. ed. São Paulo: Madras, 1998.

LINS, Regina Navarro. *O Livro do amor*; vol.1. 4. ed. Rio de Janeiro: BestSeller, 2013.

LINS, Regina Navarro. *O Livro do amor*; vol. 2. Rio de Janeiro: BestSeller, 2012.

LIPOVETSKY, Gilles. *A terceira mulher*: permanência e revolução do feminino. São Paulo: Companhia das Letras, 2000.

LOBACZEWSKI, Andrew. *Ponerologia:* Psicopatas no poder. Campinas: CEDET, 2014.

LUFT, Lya. *Pensar é transgredir.* 12. ed. Rio de janeiro: Record, 2005.

LUZ, Marcelo da. *Onde a Religião termina.* Foz do Iguaçu: Associação Internacional Editares, 2011.

MAIER, Corinne. *Sem filhos:* 40 razões para você não ter. Rio de Janeiro: Intrínseca, 2008.

MÁRQUEZ, Gabriel García. *Memória de minhas putas tristes*. 15. ed. Rio de Janeiro: Record, 2006.

MARTEL, Frédéric. *No armário do Vaticano:* poder, hipocrisia e homossexualidade. Rio de Janeiro: Objetiva, 2019.

MASSIE, Robert K. *Catarina, a Grande*: Retrato de uma Mulher. Rio de Janeiro: Rocco, 2012.

MICHELET, Jules. *A feiticeira.* São Paulo: Círculo do Livro, s/data.

MILL, John Stuart. *A sujeição das mulheres*; Coleção Grandes Obras do Pensamento Universal, número 39. São Paulo: Editora Escala, 2006.

MILLER, Mary Susan. *Feridas Invisíveis*. São Paulo: Summus, 1999.

NOBLECOURT, Christiane Desroches. *A mulher no tempo dos Faraós*. Campinas: Papirus, 1994.

NORWOOD, Robin. *Mulheres que amam demais*: quando você continua a desejar e esperar que ele mude. Rio de janeiro: Rocco, 2011.

PATTIS, Eva. *Aborto:* perda e renovação: um paradoxo na busca da identidade feminina. São Paulo: Paulus, 2000.

PRADA, Monique. *Putafeminista*. São Paulo: Veneta, 2021.

PRADO, Danda. *Ser esposa:* a mais antiga profissão. São Paulo: Editora Brasiliense, 1979.

RANKE-HEINEMANN, Uta. *Eunucos pelo reino de Deus:* mulheres, sexualidade e a Igreja Católica. 2. ed. Rio de Janeiro: Record: Rosa dos Tempos, 1996.

ROUSSEAU, Jean-Jacques. *Emílio, ou da Educação*. 4. ed. São Paulo: Martins Fontes, 2014.

SANFORD, John A. *Os parceiros invisíveis:* o masculino e o feminino dentro de cada um de nós. 4. ed. São Paulo: Paulinas, 1987.

SANTO AGOSTINHO. *Confissões;* Coleção Pensamento Cristão. Salvador: Livraria Progresso Editora, 1955.

SANTOS, J. M. de Carvalho. *Repertório do Direito Brasileiro*, vol. XLVII; p. 213; O esboço Histórico: o trabalho em Roma. Rio de Janeiro: Editor Borsoi, s/data).

SASSON, Jean P. *Princesa*: A história real da vida das mulheres árabes por trás de seus negros véus. São Paulo: Círculo do Livro: Best Seller, 1998.

SILBERSTEIN, Elisabeth Castejón Latttaro. *Opus Dei: a Falsa Obra de Deus – Alerta às Famílias Católicas*. São Paulo: Betty Silberstein, 2005.

STUDART, Heloneida. *Mulher objeto de cama e mesa*. 13. ed. Petrópolis: Vozes, 1982.

SUPLICY, Marta. *De Mariazinha a Maria*. 9. ed. Petrópolis: Vozes, 1992.

THOMSON, Oliver. *História do Pecado*. Lisboa: Guerra e Paz, 2010.

TOLSTÓI, Liév. *Ana Karenina*. São Paulo: Nova Cultural, 2003.

VAN CREVELD, Martin. *Sexo privilegiado*. Rio de Janeiro: Ediouro, 2004.

WOLF, Naomi. *Fogo com fogo:* o novo poder feminino e como o século XXI será afetado por ele. Rio de Janeiro: Rocco, 1996.

WOLLSTONECRAFT, Mary. *Reivindicação dos direitos da mulher.* São Paulo: Boitempo, 2016.

XINRAN. *As boas Mulheres da China:* vozes ocultas. 15. reimp. São Paulo: Companhia das Letras, 2003.

YALOM, Marilyn. *A história da esposa*: da Virgem Maria a Madonna. Rio de Janeiro: Ediouro, 2002.

ZIMBARDO, Philip. *O efeito Lúcifer:* como pessoas boas tornam-se más. 2. ed. Rio de Janeiro: Record, 2013.

DICIONÁRIOS/OUTROS

AQUINO, Santo Tomás de. *Suma Teológica*; Tomos III, VIII e X. Espanha, Madrid: La Editorial Catolica, 1959.

BÍBLIA SAGRADA. *Edição Pastoral-Catequética*, Editora Ave Maria. São Paulo, 1999.

ELIADE, Mircea. *Tratado de História das Religiões*. 2. ed. 2. tiragem. São Paulo: Martins Fontes, 2002.

FERRAZ Salma. *Dicionário Machista*. Campanário. 2. ed. Londrina (PR), 2002.

FLEURY-TEIXEIRA, Elizabeth; MENEGHEL, Stela N. (org.). *Dicionário Feminino da Infâmia*: acolhimento e diagnóstico da mulher em situação de violência. Rio Janeiro: Editora Fiocruz, 2015.

GALLINO, Luciano. *Dicionário de Sociologia*. 2. ed. rev. e aum. São Paulo: Paulus, 2005.

HIRATA, Helena et al. (org.). *Dicionário Crítico do Feminismo*. São Paulo: Editora UNESP, 2009.

HOUAISS, Antônio; VILLAR, Mauro de Salles. *Grande Dicionário Houaiss da Língua Portuguesa*. Rio de Janeiro: Objetiva, 2001.

KURY, Mário da Gama. *Dicionário de Mitologia Grega e Romana*. 5. ed. Rio de Janeiro:Jorge Zahar Editor, 1999.

PASSOS, João Décio; SACHEZ, Wagner Lopes. *Dicionário do Concílio Vaticano II*. São Paulo: Paulus, 2015.

RÓNAI, Paulo. *Dicionário Universal Nova Fronteira de Citações*. 2. ed. Rio de Janeiro: Editora Nova Fronteira, 1985.

SAU, Victoria. *Diccionario Ideológico Feminista*. vol. 1. 3. ed. Barcelona, Espanha: Icaria Editorial, 2000.

SCHUMAHER, Schuma; BRAZIL, Érico Vital (org.). *Dicionário Mulheres do Brasil*. Rio de Janeiro: Jorge Zahar Editora, 2000.

VIEIRA, Waldo. *Léxico de Ortopensatas*. Foz do Iguaçu: Editares, 2014. v. I e II

ZIMERMAN, David E. *Vocabulário Contemporâneo de Psicanálise*. Porto Alegre: Artmed, 2001.

ANEXOS

ANEXO I

LEIS PROTETIVAS

Código de Hammurabi. Segundo Harari, o primeiro registro sobre violência contra a mulher e sua respectiva punição é encontrado no Código de Hammurabi, (1776 a.C.). Entretanto, ao modo de algumas legislações posteriores, a punição do infrator não era uma reparação à mulher, mas ao proprietário dela. (HARARI, 2016, p. 114-115)

Lei do Ventre Livre. Lei número 2.040, foi assinada pela Princesa Isabel durante sua regência e promulgada em 28 de setembro de 1871, considerando livres os filhos de todas as escravas nascidos a partir daquela data. Esta lei beneficiou as escravas e seus filhos.

Estatuto da Mulher Casada. Lei número 4.121, de 27 de agosto de 1962, altera cláusulas do Código Civil de 1916, o qual definia a mulher como "incapaz" de realizar certos atos para os quais necessitava de autorização do marido, inclusive ter uma profissão ou receber herança. O Estatuto da Mulher Casada anulou aquelas disposições e equiparou as prerrogativas masculinas e femininas na sociedade conjugal. A mulher poder registrar o filho não foi contemplado.

Lei do divórcio. Lei 6.515, de 26.12.1977. A legalização está vinculada ao senador Nelson Carneiro. Sofreu alterações para adequar a novas demandas da sociedade.

Lei Maria da Penha e medidas protetivas. A lei número 11.340, de 07 de agosto de 2006, tem o objetivo de estipular punição adequada e coibir atos de violência doméstica contra a mulher. A alteração no Código Penal possibilita a prisão em flagrante ou decretação de prisão preventiva do agressor. Não pode ser beneficiado com penas alternativas; prevê medida de remoção do agressor do domicílio e proibição de se aproximar da mulher agredida.

A Lei Maria da Penha classifica os tipos de violência doméstica contra a mulher nas seguintes categorias:

1. Patrimonial: entendida como qualquer comportamento que configure controle forçado, destruição ou subtração de bens materiais, documentos ou instrumentos de trabalho.

2. Sexual: engloba atos que forcem ou constranjam a mulher a presenciar ou participar de atos que envolvam sexo não desejado, com intervenção de força física ou ameaça.

3. Física: compreende maneiras de agir que violem a integridade física ou saúde da mulher.

4. Moral: entendida como qualquer conduta que represente calúnia, difamação ou injúria.

5. Psicológica: entendida como qualquer comportamento que cause à mulher dano emocional, afetando sua autoestima, gerando constrangimento e humilhação.

https://pt.wipedia.org/wiki/Lei_Maria_da_Penha Acesso 22.02.2022

A Lei Maria da Penha foi aperfeiçoada por outros dispositivos legais:

Lei 13.827/19. Autoriza a aplicação de medida protetiva de urgência à mulher em situação de violência doméstica.

Lei 13.871/19. Acrescenta dispositivo para responsabilizar o agressor sobre os custos relacionados aos serviços de saúde e dispositivos de segurança utilizados.

Lei 13.890/19. Prevê apreensão de arma de fogo em posse do agressor, em caso de violência doméstica.

Lei 13.894/20. Altera o art. 22 da Lei Maria da Penha para estabelecer como medida protetiva de urgência, a frequência do agressor a centro de educação e de reabilitação e o acompanhamento psicossocial do agressor.

Fonte: www.gov.br>mdh>pt-br>assuntos>noticias>abril acesso 18.02.22.

Lei do Feminicídio. Lei número 13.104/15 altera o código penal, estabelecendo que o feminicídio passe a ser sempre homicídio qualificado e seja enquadrado na Lei de Crimes Hediondos (1990). Feminicídio é o crime praticado "contra a mulher por razões da condição de sexo feminino". https://pt.wikipedia.org/wiki/Lei_do_Feminicídio Acesso em 22.02.21.

Lei do casamento precoce. Lei 13.811/19. Em 13.03.19, o presidente Jair Bolsonaro sancionou a lei que proíbe casamento de menores de 16 anos. O objetivo foi suprimir as exceções legais permissivas do casamento infantil da legislação anterior.

(Fonte: Wikinotícias/Agência Brasil).

ANEXO II

DECLARAÇÃO DOS DIREITOS DA MULHER E DA CIDADÃ
(Olympe de Gouges)

Artigo 1. A mulher nasce livre e é igual ao homem perante a lei. As distinções sociais só podem fundar-se na utilidade comum.

Artigo 2. O objetivo de toda associação política é a manutenção dos direitos naturais e imprescritíveis da mulher e do homem. Esses direitos são a liberdade, a propriedade, a segurança e sobretudo, a resistência à opressão.

Artigo 3. O princípio de toda soberania reside essencialmente na nação, que não passa da reunião da mulher e do homem: nenhum corpo, nenhum indivíduo, pode exercer autoridade que dela não emane expressamente.

Artigo 4. A liberdade e a justiça consistem em retribuir tudo que pertence a outrem; assim o exercício dos direitos naturais da mulher só tem limites na tirania perpétua que o homem lhe opõe; esses limites devem ser reformados pelas leis da natureza e da razão.

Artigo 5. As leis da natureza e da razão proíbem quaisquer ações daninhas à sociedade; tudo que não é proibido por essas leis sábias e divinas não pode ser impedido, e ninguém pode ser obrigado a fazer o que elas não ordenam.

Artigo 6. A lei deve ser a expressão da vontade geral; todas as cidadãs e os cidadãos devem contribuir, pessoalmente ou por seus representantes, para sua formação; ela deve ser a mesma para todos: todas as cidadãs e todos os cidadãos, sendo iguais a seus filhos, devem ser igualmente aceitos em todas as dignidades, cargos e empregos públicos, segundo suas capacidades e sem outras distinções que não suas virtudes e talentos.

Artigo 7. Nenhuma mulher é exceção; ela é acusada, presa e detida nos casos determinados pela lei. As mulheres, tal como os homens, obedecem a essa rigorosa lei.

Artigo 8. A lei só deve estabelecer penas estritas e evidentemente necessárias, e ninguém pode ser punido senão em virtude de uma lei estabelecida e promulgada anteriormente ao delito e legalmente aplicada às mulheres.

Artigo 9. Toda mulher sendo declarada culpada, todo rigor será exercido pela lei.

Artigo 10. Ninguém deve ser molestado em virtude de suas opiniões, mesmo radicais; a mulher tem o direito de subir ao cadafalso; deve ter igualmente o de subir à Tribuna, contanto que suas manifestações não perturbem a ordem pública estabelecida pela lei.

Artigo 11. A livre comunicação dos pensamentos e opiniões é um dos direitos mais preciosos da mulher, uma vez que essa liberdade assegura a legitimidade dos pais com relação aos filhos. Toda cidadã pode então dizer livremente: sou mãe de um filho que lhe pertence, sem que um preconceito bárbaro a obrigue a dissimular a verdade; salvo responder pelo abuso dessa liberdade nos casos determinados pela lei.

Artigo 12. A garantia dos direitos da mulher e da cidadã deve ser mais valorizada; essa garantia deve ser instituída para o benefício de todos, e não no interesse particular daquelas a que é dispensada.

Artigo 13. Para a manutenção da força pública e as despesas de administração, as contribuições da mulher e do homem são iguais; ela toma parte em todas as labutas, em todas as tarefas penosas; logo deve ter a mesma participação na distribuição de cargos, empregos, concessões dignidades e ofícios.

Artigo 14. As cidadãs e cidadãos têm o direito de constatar, por si mesmos ou por seus representantes, a necessidade de contribuição pública. As cidadãs só podem apoiá-la mediante aprovação de uma partilha igual não apenas na fortuna, como também na administração pública, cumprindo estipular-se a cota, a base, o pagamento e a duração do imposto.

Artigo 15. A massa das mulheres, coligada pela contribuição igual à dos homens, tem o direito de exigir uma prestação de contas a todo agente público, de sua administração.

Artigo 16. Toda sociedade, na qual a garantia dos direitos não é assegurada, nem a separação dos poderes determinada, não tem Constituição; a Constituição é nula se a maioria dos cidadãos que compõe a nação não coopera em sua redação.

Artigo 17. As propriedades são de todos os sexos reunidos ou separados: podem ser requisitadas quando a necessidade pública, legalmente constatada, manifestamente exigi-lo, e sob a condição de uma justa e prévia indenização.

(Fonte: BOCQUET, José-Louis; *Olympe de Gouges*, primeira ed.; Record; Rio de Janeiro, RJ, 2014; p. 334-335)

ANEXO III

CURIOSIDADES

As chinesas e seus sapatinhos.

O costume de enfaixar os pés das mulheres existe na China desde o início do século X. A história fala de um imperador encantado por uma concubina de pés muito pequenos que dançou para ele sobre um palco em forma de flor de lótus. Ela teria lançado a moda do enfaixe dos pés batizados de lótus de ouro. Pés tão pequenos, curvados para cima, é alcançado depois de anos de enfaixe com ataduras apertadas o suficiente para quebrar os ossos, arqueando o pé e interrompendo o crescimento. O enfaixe começava aos 5 ou 6 anos, e forçava o calcanhar para dentro, exagerando o arco. O processo era torturante. Claro que isso era doloroso, mas se você não enfaixasse os pés, não achava marido, lembra Wang Yixian, 78 anos. Muitos chineses achavam esses pés muito eróticos, considerados a parte mais íntima da anatomia das mulheres. Um pé enfaixado com sucesso tinha de 7 a 10 cm. Andar era muito difícil: as mulheres oscilavam de um lado para o outro o que também evocava a imagem da flor de lótus ao vento. Reformistas, durante a última dinastia chinesa, a dos Qing, tentaram banir a prática que só foi abolida pelos comunistas em 1949. (Texto adaptado do *Correio Braziliense*; Coisas da Vida; 25.04.2002; p. 3; *Cinderelas em extinção – Lótus de Ouro*)

Sati.

Antigo costume entre algumas sociedades hindus que obrigava (no sentido honroso, moral e prestigioso) a esposa viúva a se imolar viva na fogueira da pira funerária do marido morto. Havia interesse por parte da família do marido que se cumprisse essa tradição, por razões econômicas: a herança da esposa reverteria para a família do morto; também porque a família do marido era obrigada a sustentar a viúva enquanto ela vivesse. Era prática comum há cerca de 4.000 a.C. Alguns exploradores e viajantes descreveram a prática, a exemplo do português Barbosa, que presenciou a cerimônia em 1510, e conforme seu relato era prática prevalente na comunidade Xátria. Não existem dados confiáveis, mas os registros mantidos pela Companhia das Índias Orientais Britânicas apontam, entre 1813 e 1828, 8.135 casos no país, o que dá uma ideia de que o costume se mantinha ativo há menos de 2 séculos. A prática hoje é estritamente proibida no Estado Indiano. Apesar da proibição governamental, existem relatos da ocorrência da prática em pleno século XXI, precisamente em 2006. (https://pt.wikipedia.org/wiki/Sati#Origem), acesso em 03.01.2019

Direito da primeira noite (Ius primae noctis)

É um direito consuetudinário (não escrito) pelo qual o senhor feudal tinha o direito de desvirginizar a recém-casada esposa de seu feudatário e com ela passar a noite de núpcias. Uma humilhação para o marido e um horror para a mulher. O objetivo de tal costume era provar que o senhor reinava absoluto e devia ser obedecido, ou seja, uma demonstração e uma confirmação de poder. (SAU, 2000, p. 89) Eis uma contradição: entre os senhores feudais havia muitos clérigos que reclamavam o direito. Aqui são violados, no mínimo, 2 postulados muito caros à Igreja: a virgindade da moça para seu marido e o celibato para o padre.

Cinto de castidade.

Era um artefato da Idade Média, construído sobre uma base de metal, colocada entre as pernas da mulher, de frente para trás. Tinha 2 pequenos orifícios para urinar e defecar, mas não permitia a penetração. Dava aos maridos o poder de trancar suas esposas, sua propriedade sexual, da mesma forma que trancava seu dinheiro. (BERMAN, 2003, p. 45-46) Conforme o *Correio Braziliense*, de 20.01.2016, na seção Mundo, as primeiras informações sobre os primeiros modelos de um cinto de castidade surgiram na Europa, na Idade Média, provavelmente em Carrara, Itália. Logo se espalhou por todo o continente. O uso do objeto pelas mulheres não era consensual e tinha um viés religioso, pois elas deveriam se manter fiéis aos maridos, afirma o jornal.

Historicamente, o cinto de castidade foi projetado para dissuadir as mulheres e seus potenciais parceiros sexuais, assegurando a fidelidade conjugal. O artefato se tornou amplamente disponível na forma de dispositivo médico antimasturbação, no século XIX. As versões modernas do cinto de castidade têm uso predominante, mas não exclusivo, na comunidade BDSM e são projetados para usuários de ambos os sexos. O artefato pode ser usado como forma de negação do orgasmo visando prevenir qualquer estimulação nos genitais sem a permissão do dominador, o qual detém a posse da chave do cinto de castidade. Ao modo de fetiche, o uso é muito mais comum entre homens.

BDSM é um conjunto de práticas consensuais, envolvendo bondage, disciplina, dominação e submissão, sadomasoquismo e outros padrões de comportamento sexual humano relacionado. Bondage consiste em prender, amarrar ou restringir consensualmente um parceiro.

https://pt.wikipedia.org/wiki/Cinto_de_castidade

https://pt.wikipedia.org/wiki/Bondage Acesso em 26.12.2020´

Fetiche.

Na alta Idade Média os especialistas (padres) tinham familiaridade com 50 ou 60 métodos empregados pelo demônio para impedir o ato conjugal. Um dos métodos mais temidos, "o nó de cordão", consistia em o "feiticeiro" (a) dar nó em um cordão ou fechar um cadeado repentinamente durante a cerimônia de casamento. Fazer o nó ou fechar o cadeado trancava a ereção do noivo. (Ranke-Heinemann, 1996, p. 248)

DNA Mitocondrial.

Os primórdios da Religião e da Ciência estão atrelados à mulher. A vida humana também. Os achados arqueológicos e a biologia comprovam: o DNA mitocondrial é a ponte para a origem da humanidade. A mulher é a única portadora deste DNA específico e o transmite às filhas como um legado de sua origem. Localiza-se na mitocôndria – organela celular – e não no núcleo da célula. Tem sido usado para investigar linhagens muito antigas. O conceito de Eva primordial é baseado em tais pesquisas. É uma herança exclusivamente materna. Além de pesquisas de linhagens muito antigas, o DNA mitocondrial se presta também, em certas circunstâncias, à análise forense em relação a crimes. Por exemplo, a técnica do DNA mito-condrial foi usada para determinar a identidade do Delfim Luís Carlos, filho de Luís XVI e Maria Antonieta, guilhotinados pela Revolução Francesa. A investigação pôde ser feita porque um dos médicos da autópsia retirou e guardou secretamente o coração do menino. Passado o período do terror, os franceses se perguntavam sobre o destino do Delfim. Não se tinha cer-teza, nem se conseguia aceitar que o infante morrera na prisão do Templo, aos dez anos de idade. A recente pesquisa de DNA mitocondrial chegou à conclusão que sim. Neste caso específico, o exame de DNA mitocondrial, que se concentra nos restos de material genético encontrado na linha de ascendência materna, foi feito em 2 laboratórios separados, na Bélgica e na Alemanha. Em abril de 2000 foi anunciado que as sequências de DNA do Delfim, de duas de suas irmãs e de dois parentes vivos pelo lado materno eram idênticas às de Maria Antonieta. (Fonte: Fraser, 2012, p. 491).

Contracepção.

Em 1798, Malthus apresentou a ideia da superpopulação, chamando a atenção para o controle da natalidade. A contracepção sob a responsabilidade masculina é representada pela camisinha. Após a vulcanização da borracha em 1839, por Charles Goodyear, a indústria passou a usar esta matéria prima em substituição a outros materiais, ajudando a popularizar a camisinha, à época, um método pouco confiável e muito caro. Os homens só a usavam nas relações extraconjugais (Ranke-Heinemann, 1996, p. 290-291) O anticoncepcional feminino, a pílula, foi lançada no dia 18 de agosto de 1960, na categoria de contraceptivo oral. A história é interessante: 2 mulheres e 2 homens somaram esforços com a intenção de criar uma pílula para impedir a gravidez. O medicamento deveria ser fácil de usar, eficiente e barato. No início dos anos 50 do século passado, nos Estados Unidos, a enfermeira e ativista pelos direitos da mulher à contracepção, Margaret Sanger, a bióloga feminista Katherine McCornick, o cientista Gregory Pinus e o médico ginecologista John Rock, se uniram para viabilizar o contraceptivo. Katherine era milionária e financiou o projeto. As mulheres têm uma dívida de gratidão com estas 4 pessoas, porque um dos aspectos importantes da autonomia feminina é a possibilidade da contracepção segura.

Lilith

Foi uma deusa adorada na Mesopotâmia e na Babilônia, associada com ventos e tempestades. Na mitologia tradicional judaica, aparece como um demônio noturno, mencionada no Talmude hebraico do exílio da Babilônia, (século V a III a.C.). Na crença islâmica, Lilith é tratada como a primeira mulher e primeira esposa do personagem bíblico Adão. Aparece depois travestida de serpente para tentar Eva, a segunda mulher criada por Deus e segunda esposa do personagem mítico. A crença de uma mulher antecedendo

Eva é bastante lógica, ao seguir a sequência de relatos do *Genesis*. Em 1-27: Deus criou o homem e a mulher e os criou à sua imagem e semelhança. Em 2, 18, Deus afirma que o homem não deve viver só, deixando entrever que aquela primeira criatura não deu certo, criando uma segunda. Conforme 2, 21-22, Eva foi criada de uma costela de Adão.

A lenda diz o seguinte: a primeira mulher, Lilith, foi criada livre, uma criatura independente. Não aceitou a subordinação que Adão tencionava estabelecer. Fugiu e foi amaldiçoada. Ou seja, Lilith foi um erro de Deus. No folclore popular medieval, Lilith é tida como a mulher criada ao mesmo tempo que Adão. Ela o abandonou devido a uma disputa entre os sexos. Segundo a lenda, Lilith era inquieta e forte, preferia decidir por si mesma. O judaísmo transformou esta personagem em demônio-serpente para tentar Eva no paraíso, que, ao desobedecer, comete pecado. Ela transmite este pecado a toda a sua descendência. Os padres ainda acrescentaram o Mal, a bruxaria e mais algumas facetas terríveis, principalmente de a bruxa ter intercurso sexual com os homens para torná-los impotentes. Lilith representaria a antítese de Eva. Eva foi concebida na mente de Deus para ser imatura, descerebrada e tola. Na prática, ela decepcionou o seu criador. Mostrou-se inteligente, curiosa e destemida.

Evangelhos

Conforme a Bíblia referenciada, p. 43-44, os evangelhos foram proclamados canônicos só no fim do século II. Mateus escreveu seu evangelho no ano 60; Marcos, em 64; Lucas, em 68 e João, sem data citada. Portanto, os evangelhos foram compilados entre 70 e 100 d.C. Por volta do século III, os 4 evangelhos, as cartas de Paulo e os Atos do Apóstolos foram aceitos como textos oficiais e assim ficou definido o conteúdo do Novo Testamento, inserido na Bíblia. Todos os outros escritos acerca de Jesus foram considerados apócrifos e a maioria destruída pela Igreja.